ZHONGHUA CHUANTONG HEXIN LUNLI JINGSHEN DE XIANDAI CHANSHI

中华传统核心伦理精神的现代阐释

鹿 林 代晓雅 著

河南大学出版社
HENAN UNIVERSITY PRESS

·郑州·

图书在版编目（CIP）数据

中华传统核心伦理精神的现代阐释 / 鹿林，代晓雅著． -- 郑州：河南大学出版社，2023.8
ISBN 978-7-5649-5583-0

Ⅰ．①中… Ⅱ．①鹿… ②代… Ⅲ．①伦理学－研究－中国 Ⅳ．① B82-092

中国国家版本馆 CIP 数据核字（2023）第 157940 号

责任编辑　李亚涛　薛建立
责任校对　郑　鑫　柴桂玲
封面设计　马　龙

出版发行　河南大学出版社
　　　　　地址：郑州市郑东新区商务外环中华大厦 2401 号
　　　　　电话：0371-86059701（营销部）
　　　　　网址：hupress.henu.edu.cn　　邮　编：450046
排　　版　河南大学出版社设计排版部
印　　刷　广东虎彩云印刷有限公司
版　　次　2023 年 8 月第 1 版　　印　次　2023 年 8 月第 1 次印刷
开　　本　710 mm×1010 mm　1/16　　印　张　30.5
字　　数　424 千字　　　　　　　　　定　价　98.00 元

（本书如有印装质量问题，请与河南大学出版社联系调换。）

序　言

中华文明源远流长，记载着中华民族数千年来认识世界、改造世界的艰苦卓绝的奋斗历程和可歌可泣的执着情怀。正是在认识世界、改造世界的过程中，中华民族的先哲们逐渐学会了如何协调人与自然之间、人与社会之间、人与人之间以及人与自身之间的关系，形成了丰富的中华传统伦理道德思想。从根本上来说，中华传统伦理道德思想是中华文明的基本内核，是维系中华民族的精神支柱，是统率中华民族思想和行动的思想原则，也是使中华民族数千年来生生不息、繁衍不止、屹立于世界民族之林的精神动力源泉。

目前，全国各族人民在中国共产党的领导下完成了脱贫攻坚、全面建成小康社会的伟大历史任务，正沿着中国式现代化道路，迈上全面建设社会主义现代化国家新征程，向着第二个百年奋斗目标进军。到中华人民共和国成立100周年之际，我们不仅能够把我国建设成为富强、民主、文明、和谐、美丽的社会主义现代化强国，也注定能够迎来中华民族的伟大复兴。从根本上说，建设富强、民主、文明、和谐、美丽的中国，就是要从经济、政治、文化、社会、生态五重维度全方位地重建中华民族自身的生活世界，就是要重新协调人与自然之间、人与社会之间、人与人之间以及人与自身之间的关系，重塑中华民族生活世界的和谐秩序。为了实现这一历史性任务，无疑必须重新审视、考察中华传统伦理道德思想，全面地剖析中华民族的先哲们认识和对待这些关系的态度、思想和观点，以和谐为根本宗旨和原则，科学地评判其得失与优劣，从而取其精华，去其糟粕，结合时代特征和实践要求，按照习近平总书记提出的"创造性转化和创新性发展"的"双创"原则，进行现代性转换、改造和诠释，培育中华民族顺应时代发展趋势和历史潮流的伦理道德新思想、新观念、新风尚，从而更好、更快地推进中国社会主义现代化，早日实现中华民族伟大复兴的中国梦。

然而，实现中华传统伦理道德思想文化的创造性转化和创新性发展，面临着千头万绪的工作，是一项庞大的工程，绝非易事。在我们看来，深刻地领会中华优秀传统伦理道德思想文化中的核心精神，即最基本、最核心的因而也是最具有普遍性和代表性的核心伦理精神，做好必要的创造性转化和创新性发展，就是最基础的工作。所谓伦理精神，是一定民族伦理道德体系中深层次的、核心的、起支配作用的精神意蕴和价值诉求，它是整个伦理道德体系内在的灵魂，统率着所有伦理道德规范，在各个领域里实际地规范和约束着人们的各种具体伦理道德行为。我们曾经指出，伦理与道德各有侧重，伦理侧重于人在社会物质生活、经济生活中遵循和恪守最基本的伦理规范，而道德侧重于增强自身的德性而不断地修德，伦理具有社会性、普遍性、基础性，而道德具有个体性、特殊性、主观性。我们在此强调"伦理精神"而不是"道德精神"或"伦理道德精神"，其意图就在于想阐明"道德精神"在一定民族伦理道德思想的发展过程中起着特殊的创新和引领作用，但它毕竟只是极少数具有高度道德自觉的人才能展现和阐释出来的价值理念和价值诉求，难以消除其特殊性、主观性，相反，"伦理精神"恰恰经过了整个社会的伦理道德实践，获得了普遍性和客观性，因而能够更好地规范和约束整个伦理生活世界所有人的思想和行为，有助于培育整个中华民族的精神生活世界。

在我们看来，中华民族在五千年来的伦理道德实践中形成了丰富的伦理道德思想文化，中华传统伦理精神具有独特的风貌和气质。概括说来，中华民族主要形成了仁爱精神、谦和宽厚精神、诚信精神、孝慈精神、勤劳俭朴精神、义利统一精神、公而忘私精神、天人合一精神等八种精神，而这些伦理精神无不体现了对和谐的价值诉求。毫无疑问，中华民族所积淀和形成的优秀伦理精神是中国精神的重要内容，对于新时代建设社会主义伦理道德体系、塑造中华民族的伦理生活世界和精神生活世界具有极为珍贵的价值和意义，值得我们下力气做好创造性转化和创新性发展工作。新时代是我们以中国式现代化推进中国特色社会主义事业、建设社会主义现代化强国、实现中华民族伟大复兴的时代，每一位真正关心国家和民族前途命运的中华儿女，每一位真正渴望早日实现中华民族伟大复兴、实现党的第二个百年奋斗目标的学人，都应当在新时代做出自己应有的贡献。在本书中，我们将在概述中华优秀传统伦理道德基本精神的基础上，重点就上述八种核心伦理精神进行相对具体的论述，不仅揭示其基本概念的历史渊源，阐释其基本精神，而且重点结合新时代我国社会主义伦理道德建设的要求，特别是按照《新时代公民道德建设实施纲要》精神，取其精华，弃其糟粕，进行必要的创造性转化和创新性阐释，并进而探索新时代践行这些核心伦理精神的现实途径。我们坚信，这是一项极有意义的事情，但我们也清楚，这也是一项极为复杂的工作，是需要更多人参与的文化工程，不是我们少数人所能够独力完成的。不辜负自己的青春岁月，为创造中华民族更美好的未来尽我们自己的一份绵薄之力，我们就已经心满意足！

作　者

2023 年 6 月 12 日

目　　录

导　论 ……………………………………………………………（1）

　　第一节　基本概念辨析：道、德、道德、伦理与

　　　　　　伦理精神 ………………………………………………（2）

　　第二节　中华传统核心伦理精神的主要内容与和谐诉求……（16）

　　第三节　坚持"双创"原则　弘扬中华传统核心

　　　　　　伦理精神 ………………………………………………（27）

第一章　中华传统伦理道德的基本精神 ……………………（38）

　　第一节　伦理政治化　学而优则仕 ……………………………（38）

　　第二节　注重内在德性　积善不息 ……………………………（53）

　　第三节　遵守礼义　持守中庸之道 ……………………………（93）

第二章　仁爱精神 ……………………………………………（144）

　　第一节　仁爱概念的历史溯源 ………………………………（144）

　　第二节　仁爱思想的基本精神 ………………………………（150）

　　第三节　仁爱精神的现代阐释 ………………………………（158）

　　第四节　新时代践行仁爱精神的现实途径 …………………（167）

第三章　谦和宽厚精神 ………………………………………（175）

　　第一节　谦和宽厚概念的历史溯源 …………………………（175）

　　第二节　谦和宽厚思想的基本精神 …………………………（179）

第三节　谦和宽厚精神的现代阐释……………………（183）
　　第四节　新时代践行谦和宽厚精神的现实途径…………（188）

第四章　诚信精神……………………………………（193）

　　第一节　诚信概念的历史溯源……………………………（193）
　　第二节　诚信思想的基本精神……………………………（197）
　　第三节　诚信精神的现代阐释……………………………（212）
　　第四节　新时代践行诚信精神的现实途径………………（221）

第五章　孝慈精神……………………………………（239）

　　第一节　孝慈概念的历史溯源……………………………（239）
　　第二节　孝慈思想的基本精神……………………………（248）
　　第三节　孝慈精神的现代阐释……………………………（262）
　　第四节　新时代践行孝慈精神的现实途径………………（274）

第六章　勤劳俭朴精神………………………………（284）

　　第一节　勤劳俭朴概念的历史溯源………………………（285）
　　第二节　勤劳俭朴思想的基本精神………………………（289）
　　第三节　勤劳俭朴精神的现代阐释………………………（305）
　　第四节　新时代践行勤劳俭朴精神的现实途径…………（318）

第七章　义利统一精神………………………………（329）

　　第一节　义利统一概念的历史溯源………………………（330）
　　第二节　义利统一思想的基本精神………………………（335）
　　第三节　义利统一精神的现代阐释………………………（346）
　　第四节　新时代践行义利统一精神的现实途径…………（357）

第八章 公而忘私精神……………………………………………（368）
第一节 公而忘私概念的历史溯源………………………………（369）
第二节 公而忘私思想的基本精神………………………………（374）
第三节 公而忘私精神的现代阐释………………………………（390）
第四节 新时代践行公而忘私精神的现实途径…………………（397）

第九章 天人合一精神……………………………………………（411）
第一节 天人合一概念的历史溯源………………………………（411）
第二节 天人合一思想的基本精神………………………………（419）
第三节 天人合一精神的现代阐释………………………………（426）
第四节 新时代践行天人合一精神的现实途径…………………（437）

结束语 重塑新时代中华伦理精神世界…………………………（458）

主要参考书目……………………………………………………（463）

后　记……………………………………………………………（474）

导　论

　　世界上任何一个在文化上具有原创意义的古老民族在自身的文明史中都创造和积累了丰富的伦理道德思想，然而，不同民族所形成的伦理道德思想却存在着各自的特殊性或民族特色，蕴涵着不同的伦理精神，从而区别于其他民族的相关思想。伦理道德思想上的种种民族特色，归根结底反映了不同民族在认识、解决、协调人与自然之间、人与社会之间、人与人之间以及人与自身之间关系时的特殊的风格、模式、途径、思路和方法。因此，对待同一类关系，不同的民族所持有的立场、态度、观点和方法，实际上存在着根本的差异。这也正如赵春福等人曾经指出的："任何一个民族和国家的社会现代化过程，都伴随着伦理精神的根本变革。"[①] 从本质上来说，我们必须客观地对待人类生活世界中这种深刻而具体的历史与现实。正视历史与现实，充分尊重不同民族在历史发展过程中所形成的独具特色的伦理精神，适应社会现代化，实现其根本性变革，就是我们当前如何科学地推进更加和谐的、美好的中华民族生活世界建构的基本前提。

　　可以说，只有基于这种宽阔的视野，我们才能准确而深刻地把握中华传统伦理道德的核心精神和基本特征，具体辨析中华传统伦理道德思想体系中的基本概念，从而结合当代中国经济社会发展的客观实际，着

[①] 赵春福主编《伦理精神与中国社会现代化——兼论儒家伦理与中国社会现代化的关系》，北京出版社，1994，第43页。

眼于"五位一体"建设中国特色社会主义现代化强国,构建新时代社会主义伦理精神,重塑中华民族伦理生活世界和精神生活世界,实现中华民族伟大复兴的战略目标,阐发其现代价值和意义。

第一节　基本概念辨析：道、德、道德、伦理与伦理精神

为在新时代更好地传承和弘扬中华传统伦理道德核心精神,首要的任务就是对其中最基本的伦理道德概念作深刻的辨析。这些基本概念主要有"道"、"德"、"道德"、"伦理"和"伦理精神"。

一、"道"概念溯源

"道",古字写作"衟",最早出现于金文。西周时期的铜器铭文中的"道"字,《貉子卣》、《散盘》及春秋战国的《曾伯簠》中基本上作"𧗟",从行从首从止,而在春秋战国的《侯马盟书》中作"𧗟"。可以看出,虽然"道"字有一个历史的产生和演变过程,但金文"道"字已经是一个比较成熟的文字,其结构基本由"𢆉"和"𤉭"两部分组成,或者由"𢆉"、"𤉭"和"止"三部分组成。"𢆉"后来演化为"𦣻",即首,"𤉭"即行,"止"即止。段玉裁《说文解字注》:"首者,行所达也。"即指人所行走且通达一定地点的道路。《说文解字》说:"行,人之步趋也。"又云:"止,下基也。象草木出有址,故以止为足。"即止就是足,像人足踩于土地之上。总之,构成道字的三个组成部分"𢆉"、"𤉭"和"止"都与人行走道路有关。《说文解字》说:"𧗟,所行道也,一达谓之道。"即道是指人所行走的道路,能够通达目的地,而且单一无歧路。张立文强调:"道为直通的道路,这一原始意义一直保留下来,并随着社会的变迁和语言文字的发展

而逐渐引申。道的含义愈来愈丰富。"①春秋时期，郑国子产区别了"天道"与"人道"，强调："天道远，人道迩，非所及也，何以知之？"②孔子很少谈论天道，他所讲的道是人道。他的弟子子贡说："夫子之言性与天道，不可得而闻也。"③道对于孔子来说是必须遵循的原则。他说："谁能出不由户，何莫由斯道也？"又说："志于道，据于德，依于仁，游于艺。"④道是老子思想的核心范畴。老子发展了道的思想，赋予其新意，即道成为世界的本源，比天更根本，天出于道。老子说："有物混成，先天地生。寂兮寥兮，独立而不改，周行而不殆，可以为天下母。吾不知其名，强字之曰道，强为之名曰大。"⑤"大"读为"太"，指最初的根源。此外，老子亦强调："道之为物，惟恍惟忽。忽兮恍兮，其中有象；恍兮忽兮，其中有物。窈兮冥兮，其中有精；其精甚真，其中有信。"⑥这是说，道作为天地万物的本源难以用对普通事物的认知方法来把握。老子还从宇宙生成过程说："道生一，一生二，二生三，三生万物。万物负阴而抱阳，冲气以为和。"⑦即天地万物归根结底都是道派生的。老子亦强调"域中有四大"，即"道大，天大，地大，人亦大"⑧。道的位置和重要性显然高于天、地、人。就道的功能，老子说："道常无为而无不为。"⑨张岱年对老子的道论作过深入分析，其观点可以概括为：对老子来说，道是万物的根源，先于万物而存在，既是客观存在，又无形

---

① 张立文主编《中国哲学范畴精粹丛书：道》，中国人民大学出版社，1989，第20页。
② 《左传·昭公十八年》。
③ 《论语·雍也》。
④ 《论语·述而》。
⑤ 《道德经·二十五章》。
⑥ 《道德经·二十一章》。
⑦ 《道德经·四十二章》。
⑧ 《道德经·二十五章》。
⑨ 《道德经·三十七章》。

无象,既是普遍的规律、绝对的抽象,又是实体化的客观存在,既没有目的和意志,又无所不为,总之,"老子的道论可谓一种客观的观念论。老子肯定天地万物具有普遍规律,这是他的理论贡献,但他把普遍规律实体化了,认为是最高实体,就陷于失误了"①。稍后于老子,《易传》作者提出关于道的新的学说。《易传·系辞上》提出了道的总纲:"一阴一阳之谓道。"并强调:"形而上者谓之道,形而下者谓之器。"《易传》作者认为"易"是把握道的根本途径,说:"《易》与天地准,故能弥纶天地之道。"又说:"夫《易》何为者也?夫《易》开物成务,冒天下之道,如斯而已者也。"还说:"《易》为书也,广大悉备,有天道焉,有人道焉,有地道焉。"《易传·说卦》对"天道""人道""地道"作出进一步的说明:"立天之道,曰阴与阳;立地之道,曰柔与刚;立人之道,曰仁与义。"从根本上来说,"一阴一阳之谓道"具有最高的普遍性,天道、地道、人道都是道的特殊表现形式。中国传统哲学中的道范畴至此形成了天道、地道、人道三位一体的思想传统,此后历代哲学家基本上都是在此基础上丰富和发展的。据张立文总结,道的含义基本有五个方面:一是道具有确定的方向,是人往返必经的道路,并由此引申出事物运动变化的必然趋势,即规律性;二是道具有修直不屈的特点,人们必须沿道直行才能到达目的地,否则就会发生偏差,并由此引申出人们所必须遵守的原则、方向;三是道联系着出发点和终点,有一定的距离,人们要达到目的,必须通过这段路程,由此引申为事物运动变化的过程;四是道通达无碍,引申为社会人事的通达;五是道为人所行,走路叫作行,诱人入道为道(导古作"道"),由此引申出引导、道理。②

---

① 张岱年:《中国古典哲学概念范畴要论》,中国社会科学出版社,1989,第25页。
② 张立文主编《中国哲学范畴精粹丛书:道》,中国人民大学出版社,1989,第20页。

二、"德"概念溯源

"德"最早出现于甲骨文,作𢛳,而金文中有多种形式,如"德"、"㥁"和"悳"等,然而其原始意义至今难考。左民安认为,"德"字是个会意字,其左边的"彳"(chi)是古文字中表示行动的符号,右边是一个眼睛,上有一条直线,表示目光直射之意,所以这个字总的意思是行动要正,而且目不斜视,而金文"目"下加"心",其会意更为全面,即目正、心正才算德。① 《诗经》云:"天生烝民,有物有则。民之秉彝,好是懿德。"② 在此,"懿德"指美德。《尚书》说:"惟乃丕显考文王,克明德慎罚。"③ "明德"指"崇尚德化、德教"④。《左传》上强调:"明德,务崇之之谓也。"⑤《尚书·康诰》说:"汝惟小子,未其有若汝封之心。朕心朕德,惟乃知。"又说:"丕则敏德,用康乃心,顾乃德。远乃猷裕,乃以民宁,不汝瑕殄。"《尚书·诏诰》说:"知今我初服,宅新邑,肆惟王其疾敬德。王其德之用,祈天永命。""敬德"指"崇尚美德,敬行德政"。⑥ 总之,这些"德"均指德行、美德或德政。《尚书·蔡仲之命》还强调:"皇天无亲,惟德是辅。"即治理国家最终靠的是德性,此强调了德政的重要性。此后,德与德政受到重视,成为中国儒家重要的思想传统。据张岱年考证,《左传》所载的德亦是德行、品德之义⑦。例如,"以

---

① 左民安:《细说汉字——1000个汉字的起源与演变》,九州出版社,2006,第152页。
② 《诗经·大雅·烝民》。
③ 《尚书·康诰》。
④ 张道勤:《书经直解》,浙江文艺出版社,1997,第103-104页。
⑤ 《左传·成公二年》。
⑥ 张道勤:《书经直解》,浙江文艺出版社,1997,第133页。
⑦ 张岱年:《中国古典哲学概念范畴要论》,中国社会科学出版社,1989,第156页。

德和民"①;"务修德以待时"②;"君若以德绥诸侯,谁敢不服"③;"鬼神非人实亲,惟德是依"④;"太上以德抚民"⑤;"正德,利用,厚生,谓之三事"⑥;"德,国家之基也"⑦……德的基本含义是德性、品德。在此基础上,"德"还引申出"恩德"等义。例如,《史记·秦始皇本纪》:"刻石颂秦德。"

与儒家不同,对于"德",道家除在德性、品德意义上运用"德"字外,还提出了自己的独到观点。老子《道德经》中不少地方谈到德,多指德性,如"孔德之容,惟道是从"⑧、"上德不德,是以有德;下德不失德,是以无德"⑨、"上德若谷"⑩、"报怨以德"⑪和"有德司契,无德司彻"⑫。从根本上说,上述观点说明道家不反对儒家崇德的思想取向,而主张清静无为,不有意讲求德行的人才是有德的。这种观点为庄子所继承,如庄子说:"帝王之德,以天地为宗,以道德为主,以无为为常。"⑬再如,庄子还强调:"知其不可奈何而安之若命,德之至也。"⑭张岱年认为,老子除了在德行、品德意义上使用"德"这一概念外,还赋予其另一含义,即德"指万物成长的内在基础"⑮。老子说:"道生之,德畜之,

---

① 《左传·隐公四年》。
② 《左传·庄公八年》。
③ 《左传·僖公四年》。
④ 《左传·僖公五年》。
⑤ 《左传·僖公二十四年》。
⑥ 《左传·文公七年》。
⑦ 《左传·襄公二十四年》。
⑧ 《道德经·二十一章》。
⑨ 《道德经·三十八章》。
⑩ 《道德经·四十一章》。
⑪ 《道德经·六十三章》。
⑫ 《道德经·七十九章》。
⑬ 《庄子·天道》。
⑭ 《庄子·人间世》。
⑮ 张岱年:《中国古典哲学概念范畴要论》,中国社会科学出版社,1989,第157页。

物形之，势成之。是以万物莫不尊道而贵德。道之尊，德之贵，夫莫之命而常自然。"①所谓"德畜之"，即指万物由道生后是由德来畜养的。老子以德为万物成长的内在基础的思想亦为庄子、《管子》作者等道家思想家所继承。例如，庄子说："故形非道不生，生非德不明。"②又说："物得以生谓之德。"《管子》云："虚而无形谓之道，化育万物谓之德。"③接着又强调："德者，道之舍，物得以生生。……故德者得也；得也者，其谓所得以然也。"④实际上，道家对"德"内涵的新规定，与"得"联系了起来，特别是"德者得也"和"得也者，谓其所得以然也"等重要论断的提出，更直接说明了德为万物生成、发育和生存的内在基础和内在根据。换言之，"德"是道在具体事物上的表现，是具体事物所得以然者。这种观念亦为韩非子所接受。例如，他说："道有积而德有功；德者，道之功。"⑤

就"德"作为"德性"、"品德"来说，不少学者还进一步丰富了其内涵，提出"三德"和"六德"之说，如"德"既有"吉德"和"凶德"之分，又有"正"、"固"和"基"之分。"三德"之说出自《尚书》，《尚书·洪范》说："一曰正直，二曰刚克，三曰柔克。""六德"之说出自《周礼》，《周礼·大司徒》说："知、仁、圣、义、忠、和。""吉德"与"凶德"之分出自《左传》，《左传·文公十八年》说："孝、敬、忠、信为吉德，盗、贼、藏、奸为凶德。"如果细究，不难看出，《左传》实际上提出了"八德"，即"四吉德"和"四凶德"。"德"之"正""固""基"之分同样出自《左传》，《左传·文公元年》上说："忠，德之正也；信，德之固也；卑让，德之基也。"此外，《管子·正》说："爱民无私曰德。"

---

① 《道德经·五十一章》。
② 《庄子·天地》。
③ 《管子·心术上》。
④ 《管子·心术上》。
⑤ 《韩非子·解老》。

而《鹖冠子·环流》则说："所谓德者，能得人者也。"这些论述，不仅深化了德的内涵，而且强化了德的价值和意义。

三、"道德"的本义

在"道"与"德"正式连用为"道德"之前，首先出现的是两者的并举。老子说："道生之，德畜之。"①特别是，无论是从马王堆出土的帛本，还是从郭店楚墓竹简来看，《道德经》实为《道经》和《德经》的统称。"道"与"德"是两个概念，其中，马王堆帛本编排顺序是《德经》在前而《道经》在后，与通行本并不一致，而郭店楚墓竹简则没有分篇，只据竹简形制被整理者分为甲、乙、丙三组。②纵使"道"与"德"连用为"道德"，亦可以区分为两种情况：一是"道"与"德"实质上为并举。《庄子·外篇·骈拇》说："多方乎仁义而用之者，列于五藏哉？而非道德之正也。"《庄子·外篇·马蹄》说："道德不废，安取仁义？"又说："毁道德以为仁义，圣人之过也。"显然，在此"道德"与"仁义"都是并举的概念。二是"道"与"德"实质上为一个词。《庄子·外篇·山木》说："若夫乘道德而浮游则不然。无誉无訾，一龙一蛇，与时俱化，而无肯专为。"又说："悲夫，弟子志之，其唯道德之乡乎！"张岱年强调，"所谓道德指万物的本原而言"③。在此，尽管"道德"已经作为一个词汇出现，然而其内涵并不是我们现代意义上的道德。在罗国杰看来，"把道德二字合在一起，始于战国的荀卿"，荀卿"并赋予了它以确切的意义"④。

---

① 《道德经·五十一章》。
② 丁四新：《郭店楚墓竹简思想研究》，东方出版社，2000，第43页。
③ 张岱年：《中国古典哲学概念范畴要论》，中国社会科学出版社，1989，第158页。
④ 罗国杰：《马克思主义伦理学的一些基本问题》，载《罗国杰文集》（上卷），河北大学出版社，2000，第202页。

或结果正当与否、善恶与否，旨在引导人增强内在德性、提高道德自觉以规范和协调行为，塑造良好人际关系秩序和生活秩序，最终促进人们实现美好幸福生活和彼此心灵自由、和谐和安顿的学问。在这里，尽管我们阐释的重点不是伦理学，但我们对伦理学的认识恰恰构成了我们研究的理论视野。

五、"伦理精神"的实质

毫无疑问，伦理与道德看似非常接近，然而事实上却存在着实质上的内在差别，其境界和旨趣是根本不同的，这也决定着不同的伦理道德体系呈现出不同的伦理精神。

我们曾指出："如果分别开来，伦理侧重于人在社会物质生活、经济生活中遵循和恪守最基本的伦理规范，而道德侧重于增强自身的德性而不断地修德，因而对于具有不同的人生追求的人来说，伦理生活与道德生活是完全不同的概念。"① 如上所述，伦理的旨趣在于人们遵守伦理规范而形成良好的社会生活秩序，而道德恰恰是遵守道德规范而身心有所得或有所造诣。显然，两者的偏重点并不一致。客观而言，伦理是人们之间交往过程中呈现交互主体性的现象，即人们为了更好地维持和协调良好的社会生活关系和生活秩序而彼此形成相互要求的规范，每个人都需要严格按照规范约束自己的思想和行为。因此，伦理规范显然是人们交往过程中的最基本的规范，即人之所以为人的规范，按照刘师培的说法，即"其为人之规则"。相反，道德则具有个人性，道德规范与伦理规范也存在着根本性的差异，即尽管道德规范亦体现于人们交往过程中，体现为对人的思想和行为的约束，然而这种约束是道德的人自己提出和规定的，是指向自身的，是为了提升自己的德性水平的。事实上，许多道德的人所设定的道德规范、道德原理、道德理想都远远超越于伦

---

① 鹿林：《博弈伦理学》，河南人民出版社，2018，第45-46页。

理规范所具有的底线意义，而具有更为根本的深远意义和崇高境界，因此他们要求自己而不强求他人。显然，伦理规范在人际交往中具有准强制性，而道德规范则不具有准强制性，前者仿佛是命令，而后者则体现自由意志。廖申白强调："所以在儒家的哲学中，道德表现为伦理的目的，伦理是人的道德人格生成的路径。道德的尺度是德性的善，反面的是恶；伦理的尺度是正确、正当、是，反面的是错误、失当、非。这是道德与伦理两个概念的主要区别。"① 因此，如果深入辨析，就会发现，"伦理"与"道德"是两个既存在着紧密联系又存在着内在差异的概念，而伦理生活和道德生活是人的两种不同生活类型，分别追求着不同的人生境界。对此，我们曾做出这样的概括：伦理生活的根本精神诉求是"守规而中庸"，道德生活的根本精神诉求是"修德而致善"，即伦理的最高旨趣和境界是人们的思想和行为对伦理规范的最合乎要求的恪守与遵循，在于中规中矩，在于持守中庸之道，而道德的最高旨趣和境界是人通过对道德规则的自觉遵循，追求德性上的至善，提升道德修养和道德境界，在于意志自由，在于心灵超越。就两者的关系来说，伦理是道德的途径，而道德是伦理的目的。②

伦理与道德的区别和联系说明，任何民族文化传统中的伦理道德思想实质上都蕴涵着整个民族对最基本价值规范的诉求和对最崇高的道德理想的向往，蕴涵着本民族独有的伦理精神。针对什么是"伦理精神"，樊浩指出："伦理精神是社会内在生命秩序的体系，它体现人们如何安顿人生，如何调节人的内在生命秩序。伦理精神是民族伦理的深层结构，是民族伦理的内聚力与外张力的表现。"③ 在我们看来，所谓伦理精神，是一定民族伦理道德体系中深层次的、核心的、起支配作用的精

---

① 廖申白：《伦理学概论》，北京师范大学出版社，2009，第22页。
② 鹿林：《博弈伦理学》，河南人民出版社，2018，第57—74页。
③ 樊浩：《中国伦理精神的历史建构》，江苏人民出版社，1992，第29页。

神意蕴和价值诉求。伦理精神是伦理道德体系内在的灵魂,尽管它蕴涵在伦理道德体系之中,却实际地通过具体的伦理道德规范表现出来。换句话说,它在各个领域里实际地规范和约束着人们的各种具体伦理道德规范,实质性地完成伦理道德体系内在伦理精神所设定的价值目标或价值理想。如上所述,伦理与道德各有侧重,伦理侧重于人在社会物质生活、经济生活中遵循和恪守最基本的伦理规范,而道德侧重于增强自身的德性而不断地修德,伦理具有社会性、普遍性、基础性,而道德具有个体性、特殊性、主观性。樊浩强调:"'伦理精神'是个体与共体相统一的'道德精神',既融摄了个体的道德精神,又消解了个体道德精神的主观性和抽象性。"[1] 不可否认,"道德精神"在一定民族伦理道德思想的发展过程中起着特殊的创新和引领作用,但它毕竟只是极少数具有高度道德自觉的人才能展现和阐释出来的价值理念和价值诉求,而且如果不是经过整个社会的伦理道德实践,很可能具有较大的偏颇,难以消除其特殊性、主观性。与"道德精神"不同,"伦理精神"恰恰经过了整个社会的伦理道德实践,获得了普遍性和客观性。杜灵来指出:"'伦理精神'既是人类认识自我、理解社会、把握时代的出发点和落脚点,也是引导人类不断走出自我困境、持续走向美好生活的支撑点和平衡点。"[2]

---

[1] 樊浩:《道德形而上学体系的精神哲学基础》,中国社会科学出版社,2006,第14页。

[2] 杜灵来:《伦理精神的哲学意蕴及其基本特征》,《河南师范大学学报(哲学社会科学版)》2021年第3期。

第二节　中华传统核心伦理精神的主要内容与和谐诉求

中华传统伦理道德具有自己独特的风貌和气质。楼宇烈曾指出："中国的伦理关系最看重的是自然的、内在的关系。中国的伦理关系跟西方的伦理关系不同，它不是一种外在的、契约式的关系。西方人的伦理关系是一种外在的关系，要用契约来规范每个人的行为。"① 因此，中西方对待伦理以及道德的态度是根本有别的，其中贯彻和体现着不同意义上的伦理精神。我们认为，中华民族在五千年来的伦理道德实践中形成了丰富的伦理思想，非常注重个人内在德性，如仁爱、谦和宽厚、诚信等的培养；注重勤劳、俭朴等良好品质的培育和刚健、自强不息等道德人格的培育；倡导重义轻利、义利统一、公而忘私、天下为公；追求天人合一，注重人与自然和谐。概括说来，主要形成了仁爱精神、谦和宽厚精神、诚信精神、孝慈精神、勤劳俭朴精神、义利统一精神、公而忘私精神、天人合一精神等八种精神，而这些伦理精神无不体现了对和谐的价值诉求。而从根本上来说，这些核心伦理精神基本上都是儒家的，正如张岱年所指出的："先秦道家对于当时剥削阶级的道德提出了深刻的批判，但是止于消极的批评，没有能够提出建设性的伦理学说。"②

---

① 楼宇烈：《中国文化的根本精神》，中华书局，2016，第9页。
② 张岱年：《中国伦理思想发展规律的初步研究　中国伦理思想研究》，中华书局，2018，第54页。

一、中华传统核心伦理精神的主要内容

中华传统核心伦理精神在整个中华传统伦理道德体系中占据着主导和支配地位，对整个中华民族精神家园的塑造和中华民族精神命脉的传承起了不可估量的作用，值得我们永远坚持和弘扬下去。在我们看来，仁爱精神、谦和宽厚精神、诚信精神、孝慈精神、勤劳俭朴精神、义利统一精神、公而忘私精神、天人合一精神等八种精神，是中华民族在五千多年来文明发展过程中积淀起来的核心伦理精神，同时也是中华民族独有的因而区别于其他民族的核心伦理精神。在对这八种核心伦理精神进行详细而深入的阐释之前，我们在此先概述如下。

（一）仁爱精神

中华传统文化是蕴涵着丰富人文精神的文化，这首先体现在传统伦理道德思想中的仁爱思想上。张岱年等指出："'仁'可以说是中华民族道德精神的象征，虽然它曾为统治阶级所利用，但并不能由此否认它是中华民族的共德和恒德。'仁'不仅在各个历史时期，在各种道德中是最基本的也是最高的德目，而且在世俗道德生活中也是最普遍的德性标准。"[①] 仁爱是孔子创立的儒家学派的重要思想观念，体现了中国人特别的人本精神和人道主义精神，因为仁爱强调的是仁者爱人，本质上是立足人的立场看待其他人，关爱其他人。所谓立足在"人的立场"上，归根结底就是立足在人之所以为人的立场上。郭齐勇强调："中国人文精神其实不是别的，就是孔子'仁学'的精神！'仁'是什么呢？'仁'是人的内在的道德自觉，是人的本质规定性，即孟子所说的人异于禽兽的那么一点点差别。"[②] 在中国人看来，人区别于动物或禽兽的根本标志

[①] 张岱年、方克立主编《中国文化概论》，北京师范大学出版社，2004，第212-213页。

[②] 郭齐勇：《中国儒学之精神》，复旦大学出版社，2009，第75页。

在于人的道德属性，即人不仅有气、有生、有知，而且有义。荀子说："水火有气而无生，草木有生而无知，禽兽有知而无义，人有气、有生、有知亦且有义，故最为天下贵也。"① "仁"由"人"与"二"构成，本质上体现为二人，即"仁"所反映或表现的是人与人之间的关系。因此，"仁"始终是立足人与人之间关系来界定的伦理范畴，任何具备"仁"德的人都是能够自觉地将其他人视为人的人，即视为与自己具有同等人格的人。孟子说："仁也者，人也，合而言之，道也。"② 换言之，具有仁德的人所行的就是人道。"仁"与"爱"构成"仁爱"。孔子弟子樊迟问"仁"的内涵，孔子回答说："爱人。"③ 孟子直接连在一起强调："仁者爱人。"④ 仁爱思想体现了人的道德自觉。孔子说："为仁由己，而由人乎哉？"⑤ 又说："仁远乎哉？我欲仁，斯仁至矣。"⑥ 同时，儒家认为仁爱必须体现为礼，孔子强调"克己复礼为仁"⑦，实现仁与礼或德与礼的统一，归根结底体现为内在德性与外在规范的统一。这种仁爱精神体现和贯彻在社会生活的方方面面，对中华传统伦理道德体系的形成和发展具有基础性意义，值得我们结合时代要求做好创造性转化和创新性发展。

（二）谦和宽厚精神

中国被誉为"礼义之邦"，中国人是知礼、好礼、守礼的，但对中国人来说，礼绝不只是外在的规范，正如仁与礼是统一的，中国人不仅注重外在的礼仪规范，更注重内在的德性修养，这首先体现在谦和宽厚上。谦和更多地反映了中国人在对待他人时的内在心理态度，而宽厚则

---

① 《荀子·王制》。
② 《孟子·尽心下》。
③ 《论语·颜渊》。
④ 《孟子·离娄下》。
⑤ 《论语·颜渊》。
⑥ 《论语·述而》。
⑦ 《论语·颜渊》。

更多地反映了中国人在对待他人时的内在德性修养，但缺乏内在的宽厚德性，是无法表现出谦和态度的。在人际交往中，只有谦虚、谦和、谦让，才能赢得相互尊重，才能培育和谐、和睦的关系。中国人尤其认识到，在社会伦理道德交往中只有谦和才能最终使自己受益，非常懂得"满招损，谦受益"的道理，只有宽厚才能赢得更多的人心，即才能得人。与之相反，老子强调："自见者不明；自是者不彰；自伐者无功；自矜者不长。"① 这种谦和宽厚精神归根结底体现了对天地的效法，即高明效法于天，谦卑效法于地。谦和宽厚精神深深地影响了中国人的道德品质与人格塑造，是中国在国际社会上赢得"礼义之邦"美誉的重要因素，更是今天值得我们做好创造性转化和创新性发展的宝贵财富。

（三）诚信精神

中华传统以儒家仁爱思想和性善思想为主导的伦理道德思想非常注重人对自身内在德性的修养，强调内在的"诚"与"信"。所谓"诚"，就是内心不掺杂虚情假意，完全遵从自己内心的真实想法。《大学》说："所谓诚其意者，毋自欺也。""毋自欺"就是不欺骗自己，真诚地对待自己，如实地反映自己的内心所想。与之相反，自欺必然欺人，即一旦违背自己的真心和本性，也必然去欺骗他人。中国人认为"诚"源自天道，体现了天道本然的状态。《中庸·二十章》说："诚者，天之道也。诚之者，人之道也。"孟子亦强调："诚者，天之道也；思诚者，人之道也。"② 无论"诚之"或"思诚"都是人效法"天道"之"诚"的表现。中国人强调首先要自诚自信，要慎独，勿自欺欺人，要重诺守信，不可毁诺失信，而在这方面只以诚信为准，不辨亲疏。在中国人看来，一个人是否诚信，是关乎自身道德人格，能否在社会上立身的大事，而忠诚守信则是进德修身的根本途径。传承和弘扬诚信精神，是任何社会伦理

---

① 《道德经·二十四章》。
② 《孟子·离娄上》。

道德建设的必要内容，而对新时代公民道德建设更具有极为特殊的意义，因为诚信是社会主义市场经济条件下中华民族伦理道德共同体建设的基石。

（四）孝慈精神

中国以儒家仁爱思想为核心的伦理道德思想体系非常重视孝慈观念，视孝为百善之首和一切伦理道德的纲纪。孔子弟子有子说："孝弟也者，其为仁之本与！"① "弟"即"悌"。"孝"指孝敬父母，"悌"指尊爱、敬顺兄长。儒家认为孝悌是仁德的根本。孝悌是中国人基于血缘亲情而形成的美德，对于培育家族亲情、维护和谐家庭关系、稳定社会秩序具有极为重要的作用，也是中华传统家文化传承至今的重要文化基因。张岱年等人强调："中华民族之所以形成坚韧的伦理实体并经久不衰，与这种孝悌之德的弘扬及其所形成的稳固的家庭关系有着不可分割的联系。"② 从根本上说，"孝"与"悌"是一致的，它们体现为下对上或年幼者对年长者的态度；相反，"慈"则体现为上对下或年长者对年幼者的态度。《左传》说："父慈而教，子孝而箴。"③ 即父亲慈爱而教育子女，子女孝顺而规劝父亲。中国人认识到孝与慈不仅所蕴涵的道德义务方向相反，而且本身相辅相成；换言之，正是因为父母的慈爱，子女才孝顺父母。从本性上来说，孝慈美德都体现了父母子女间无私的大爱。尤其是，中国人孝敬一体，不计得失，超越了名利。孝慈精神是中华传统伦理道德思想体系中的重要精神，剔除其旧的糟粕，在现代家庭亲情培育和家庭关系维系中依然发挥着极其重要的作用，值得我们结合时代要求和人类文明发展趋势，进行创造性转化和创新性发展。

---

① 《论语·学而》。
② 张岱年、方克立主编《中国文化概论》，北京师范大学出版社，2004，第213页。
③ 《左传·昭公二十六年》。

（五）勤劳俭朴精神

中华传统伦理道德具有强烈的自立自强或自强不息、自力更生的主体意识，因而形成了热爱劳动、吃苦耐劳、勤俭节约的优秀品质。可以说，世界上很少有像中华民族这样勤劳俭朴的民族。中国人相信天道酬勤，即认为只要人勤奋、勤劳，就能够通过自己的双手创造出物质财富来，就能够实现对美好生活的向往。同时，中国人也非常注重节约，非常俭朴，向来反对奢侈浪费。中国人深刻地理解了勤与俭的辩证关系。尧赞美禹说："克勤于邦，克俭于家，不自满假，惟汝贤。"[①]"克勤"即能够勤劳，"克俭"即能够俭朴，"克勤"与"克俭"是相互呼应的，既不能单独强调"勤"，也不能单独强调"俭"，因为单独强调任何一个方面都不能达到恰当治家理政的目的。勤劳俭朴精神深刻地影响着中国人生活的各个方面。例如，英明的帝王认识到节用裕民的道理，品德高尚的君子更强调俭以养德、廉以从政的意义。对于过去饱尝过疾苦而当代已经过上小康生活的中国人来说，勤劳俭朴精神并没有过时，相反，对于实现中华民族伟大复兴、实现社会主义现代化强国，特别是实现共同富裕目标来说，依然具有极为宝贵的意义，值得我们传承和弘扬。

（六）义利统一精神

义与利的关系问题是中华传统伦理道德思想体系中的重要论题，本质上在于协调人们的道德行为与物质利益、个人利益与国家社会公共利益之间的矛盾关系。尽管存在一定程度上的分歧，但从根本上说，无论儒家或墨家从总体上还是倾向于义利统一的。《中庸·二十章》说："义者，宜也。""义"本身所反映的是事物彼此相处恰当适宜的状态，是人们行动做事各行其宜、适中得当的状态。这种适宜、恰当、适当的状态进而成为规范人们行为、判定是非得失的标准，既是"礼"的内在原

---

① 《尚书·大禹谟》。

则，也是英明的统治者治国理政的根本原则。正因为揭示了"义"根源于"宜"，中国古人在处理道德行为与物质利益、个人利益与公共利益之间的矛盾关系上形成了义利统一的思想。墨子明确提出："义，利也。"①《周易·文言》说："利者，义之和也。"即利是义的应和。总之，义与利是统一的。但以儒家义利观为主导的中国传统义利观本质上是先义而后利的，甚至是重义而轻利的。西汉董仲舒强调："天之生人也，使人生义与利。利以养其体，义以养其心。心不得义，不能乐；体不得利，不能安。义者，心之养也，利者，体之养也。体莫贵于心，故养莫重于义。义之养生人大于利。"②他甚至说："夫仁人者，正其谊不谋其利，明其道不计其功。"③这种既强调义利统一又主张先义后利、重义轻利乃至像孟子所强调的舍生取义的思想，对中国传统伦理道德生活和中国人道德人格的形成产生了广泛而深远的影响，至今依然是人们处理利害关系的思想基础，对其进行科学的批判和继承有利于推进适应新时代市场经济条件的社会主义伦理道德体系的建设。

（七）公而忘私精神

中国人在面对和处理私人利益与国家、社会、集体利益之间的利益关系问题时形成了公而忘私思想。公私关系问题本质上是义利关系问题涉及私人利益与公共利益时的延伸。韩非子说："古者苍颉之作书也，自环者谓之私，背私谓之公，公私相背也，乃苍颉固以知之矣。"④即"公"与"私"是相对立的概念，公利与私利是彼此相背的两种利益。当公利与私利发生矛盾时，中国人认识到维护公利的必要和意义。《尚书·周官》说："以公灭私，民其允怀。"即执政者以公心灭私欲，民众

---

① 《墨子·经上》。
② 《春秋繁露·身之养重于义》。
③ 《汉书》卷五十六《董仲舒传》。
④ 《韩非子·五蠹》。

就会信任而归向他。《左传·僖公九年》说:"公家之利,知无不为,忠也。""忠",即忠诚,是中国人面对公利时自觉奉行的道德义务。《忠经》对"忠"与"公"之间的关系进行阐释,强调:"天之所覆,地之所载,人之所履,莫大乎忠。忠者,中也,至公无私。天无私,四时行;地无私,万物生;人无私,大亨贞。忠也者,一其心之谓也。为国之本,何莫由忠?"①即"忠"根本上源自"中",即中正,即在处理利益问题时始终坚持中正原则,没有二心或私心,就是治国理政的根本原则。奉行公道,摒弃私情,秉公持法,对一切人亲疏如一,天下为公,昌明大义,清正廉洁,是中华传统公正无私精神的核心要义,对新时代公共伦理,特别是政治伦理建设具有重要的借鉴意义。

(八)天人合一精神

中国古人在处理人与自然关系问题时既认识到两者之间的分别,也认识到两者之间的统一,但从根本上更倾向于实现两者之间的辩证统一,因而形成了天人合一思想。《庄子·齐物论》说:"天地与我并生,而万物与我为一。"西汉董仲舒指出:"以类合之,天人一也。"②又说:"天人之际,合而为一。"③北宋张载明确提出"天人合一"观念,说:"儒者则因明致诚,因诚致明,故天人合一,致学而可以成圣,得天而未始遗人。"④"天人合一"反映了中国古人在认识和处理人与自然关系问题时对自然规律的认识、敬畏和自觉遵循,中国人没有畏惧和消极,而是相信至诚能化,积极赞天地化育,强调把握时机,觉察自然的几微变化,要做到顺势而为,甚至达到无为而成的至高境界。天人合一是中国传统哲学和思想文化所祈求的最高价值理念,它对中华民族的文化思维方式、

---

① 《忠经·天地神明章》。
② 《春秋繁露·阴阳义》。
③ 《春秋繁露·深察名号》。
④ 《正蒙·乾称篇》。

理想追求、价值判断、道德修养、人格培育、审美情趣、心灵境界、精神信仰、治国安邦、养生保健等产生了深远的影响，并且对于新时代正确处理人与自然之间的关系，从而塑造人与自然生命共同体具有重要的启示意义。

二、中华传统核心伦理精神的和谐诉求

对于人与自然、人与社会、人与人以及人与自身究竟如何相处，应该坚持什么样的原则，究竟应该达到什么样的理想状态或境界，是每个民族都需要考虑的根本性问题，体现着本民族伦理精神的根本宗旨。著名伦理学家罗国杰等指出："人类在'和'与'斗'的矛盾中已经走过了漫长而艰难的历程。但'和'终究是人类的夙愿和理想。中华民族素以'贵和'著称。"① 所谓"贵和"，就是以"和"为贵，和、和谐成为追求的最高价值。对和谐的追求体现在中华传统伦理道德思想的各个维度、各个方面、各个领域，归根结底，和谐是中华民族在认识和处理人所面对的人与自然之间、人与社会之间、人与人之间以及人与自身之间所有关系的根本价值诉求。《中庸·三十一章》云："万物并育而不相害，道并行而不相悖。"尽管要达到这种理想状态很难，但以贵和为根本宗旨，建设和谐文化，培育文明新风，全面提升中华民族每个人的道德水准和文明素养，使人民群众的精神面貌更加昂扬向上，是科学地塑造社会主义伦理道德体系的根本途径。

"和谐"由"和"与"谐"两个单字构成。据考证，"和"字最早出现在甲骨文中，其由甲骨文演变的金文作"𦉢"，是一个典型的形声字，其本义是笙类乐器。例如，《仪礼》云："三笙一和而成声。"② 即"笙"与

---

① 罗国杰主编《中国传统道德：名言卷》，中国人民大学出版社，1995，第698页。
② 《仪礼·乡射礼》。

"和"都是乐器，而"三人吹笙一人吹和才能成乐"[1]。《说文解字》说："和，相应也。"显然，"相应"并非本义，而是引申出来的。《礼记》说："故礼以道其志，乐以和其声，政以一其行，刑以防其奸。"[2] 在此，"和"与"道"、"一"和"防"均为动词，指调和。此意进一步引申为"唱和"。例如，《后汉书·黄琼传》说："阳春之曲，和者必寡。"即后人所谓的"曲高和寡"。"谐"，古字作"龤"，《说文解字》中作"䚯"，解释为："詥也。从言，皆声。""谐"即"和谐"。《尚书》说："诗言志，歌咏言，声依永，律和声。八音克谐，无相夺伦，神人以和。"[3] 在此"谐"主要指音律和谐。就"和"与"谐"的连用来说，在春秋之际，直接出现了"和"与"谐"的对举，如《左传》说："如乐之和，无所不谐。"[4] 后来，"和谐"作为独立的词语开始出现，如《晋书·挚虞传》："施之金石，则音韵和谐。"针对《诗经·周南》中"关关雎鸠"句，东汉郑玄注："后妃说乐君子之德，无不和谐。"在此，和谐引申为和睦。需要指出的是，中国传统思想中的"和谐"思想还以多种形式表现出来，如"中和""和合""和生"等。在《中庸》中，孔子的后人子思说："喜怒哀乐之未发，谓之中；发而皆中节，谓之和。中也者，天下之大本也；和也者，天下之达道也。致中和，天地位焉，万物育焉。"[5] 就是说，"中"与"和"是天下万物的根本，是最普遍的准则，只有达到了"中和"的境界，天地万物才能够各得其位，就能够发育生长。《管子》说："畜之以道，则民和；养之以德，则民合。和合故能谐，谐故能辑，谐

---

[1] 左民安：《细说汉字——1000个汉字的起源与演变》，九州出版社，2006，第422页。
[2] 《礼记·乐记》。
[3] 《尚书·舜典》。
[4] 《左传·襄公十一年》。
[5] 《中庸·一章》。

辑以悉，莫之能伤。"①在此，《管子》作者明确地把"和合"与"谐"联系在了一起，即和合是和谐的前提。概括说来，中国传统思想中的和谐是由音律或韵律之间的和谐、协调而派生出来的概念，其基本含义是事物之间或构成事物的各要素之间的协调一致。

当然，"和谐"亦是西方思想文化中的重要价值观念。例如，赫拉克利特形成了对立和斗争产生和谐的思想。在他看来，"互相排斥的东西结合在一起，不同的音调造成最美的和谐；一切都是斗争中产生的"。"自然也追求对立的东西，它是从对立的东西产生和谐，而不是从相同的东西产生和谐"。"自然是由联合对立物造成最初的和谐，而不是由联合同类的东西"。"结合物既是整个的，又不是整个的，既是协调的，又不是协调的，既是和谐的，又不是和谐的，从一切产生一，从一产生一切"②。再如，毕达哥拉斯学派重视数本原论意义上的和谐。亚里士多德指出："由于他们在数目中间见到了各种各类和谐的特性与比例，而一切其他事物就其整个本性说都是以数目为范型的，而数目本身则先于自然中的一切其他事物，所以他们从这一切进行推论，认为数目的基本元素就是一切存在物的基本元素，认为整个的天是一个和谐，一个数目。"③据第欧根尼·拉尔修记载，毕达哥拉斯学派曾指出："婴儿身上有各种生命的缘由，这些缘由都是根据和谐的规律联系在他身上的，每一个缘由都在规定好的时间显现出来。"④他们还强调："美德乃是一种和谐，正如健康、全善和神一样。所以一切都是和谐的。友谊就是一种和谐的

---

① 《管子·兵法》。

② 北京大学哲学系外国哲学史教研室：《古希腊罗马哲学》，商务印书馆，2021，第20—21页。

③ 北京大学哲学系外国哲学史教研室：《古希腊罗马哲学》，商务印书馆，2021，第38页。

④ 北京大学哲学系外国哲学史教研室：《古希腊罗马哲学》，商务印书馆，2021，第36页。

平等。"①文艺复兴之后，很多哲学家都形成了"和谐"思想。其中，最具代表性的当数莱布尼茨的单子论的前定和谐思想。在莱布尼茨看来，一切实体彼此间的共存或一致，不仅与上帝相称，而且与宇宙的美相称，"因为所有实体都将在相互和谐和相互关联之中，所有实体都将在它们自己之中表达同一宇宙及其普遍原因，即创造者的意志，并且表达他已经规定的神意或法则，以致它们可以以最佳的可能方式彼此调整自己"②。前定和谐对于莱布尼茨所苦恼的个体与整体关系迷宫具有极端的重要性，没有它，莱布尼茨整个形而上学体系就没有了基础或保证。江畅指出："需要注意的是，在莱布尼茨那里经常用到原则、法则这些概念，有所谓个体性原则、秩序原则、连续性法则、充足理由原则（法则），但尚未见到他称前定和谐为原则或法则，而只称它为假设。既然是假设，就有推定的意味。"③不过，莱布尼茨的前定和谐思想的影响是深远的。

总之，无论中国或西方，都非常重视和谐，推崇和谐，但从根本上说，和谐是中华传统伦理道德的最高价值诉求和价值原则，贵和是中华传统伦理道德的根本宗旨。

第三节　坚持"双创"原则　弘扬中华传统核心伦理精神

目前，现代信息技术、网络技术和媒体技术的迅猛发展加速推动着经济全球化、政治全球化、文化全球化的深入发展。尽管以美国为首的

---

① 北京大学哲学系外国哲学史教研室：《古希腊罗马哲学》，商务印书馆，2021，第37页。
② 江畅：《自由与和谐》，武汉大学出版社，1995，第116-117页。
③ 江畅：《自由与和谐》，武汉大学出版社，1995，第122-123页。

少数西方国家看到全球化危害到自身的利益，纷纷设置贸易壁垒、打贸易战，出现了贸易保护主义等逆全球化思潮，但事实上世界上任何国家和民族都无法彻底地摆脱全球化的影响，都处于全球化的旋涡和洪流之中。当前，世界整体上正经历着百年未有之大变局，在这种背景下，世界上的各种思想文化价值观念迅速涌入我国社会生活的各个领域，与中华传统伦理道德观念以及自改革开放以来社会主义市场经济建设过程中萌芽和形成起来的价值观念产生了激烈而深刻的碰撞与冲突。不可否认，我们中国向来为礼义之邦，中华民族具有悠久和深厚的伦理道德传统，形成了中华民族为世人所广泛称誉的传统美德。张岱年等人从人与自身、人与他人、人与群体的关系三个方面概括出中华民族十大传统美德，即仁爱孝悌、谦和好礼、诚信知报、精忠爱国、克己奉公、修己慎独、见利思义、勤俭廉正、笃实宽厚、勇毅力行。①2019年中共中央、国务院印发的《新时代公民道德建设实施纲要》充分地承认和肯定了我国自2001年颁布《公民道德建设实施纲要》以来，尤其是党的十八大以来以习近平同志为核心的党中央高度重视公民道德建设，推进思想道德建设所取得的显著成效和道德领域所呈现出来的积极健康向上的良好态势，但也强调："同时也要看到，在国际国内形势深刻变化、我国经济社会深刻变革的大背景下，由于市场经济规则、政策法规、社会治理还不够健全，受不良思想文化侵蚀和网络有害信息影响，道德领域依然存在不少问题。一些地方、一些领域不同程度存在道德失范现象，拜金主义、享乐主义、极端个人主义仍然比较突出；一些社会成员道德观念模糊甚至缺失，是非、善恶、美丑不分，见利忘义、唯利是图，损人利己、损公肥私；造假欺诈、不讲信用的现象久治不绝，突破公序良俗底线、妨害人民幸福生活、伤害国家尊严和民族感情的事件时有发生。这

---

① 张岱年、方克立主编《中国文化概论》，北京师范大学出版社，2004，第212-219页。

些问题必须引起全党全社会高度重视，采取有力措施切实加以解决。"①显然，人们面前的客观事实是：我们道德领域依然存在着不少问题，完全适应时代发展需要的社会主义伦理道德体系尚未完全建立，特别是，一些社会成员各种思想的冲突出现道德观念上的混乱与模糊，违背了几千年积淀下来的中华传统美德。而这也说明，中华传统伦理道德观念在新的历史条件下遇到了最严峻的挑战，它已经不能很好地适应我们全面推进社会主义现代化建设的需要，不能更好地促进社会主义和谐建设，无法维持中华民族良好的生活世界秩序。为了更好地促进社会和谐，全面推进社会主义现代化强国建设，尽早实现中华民族伟大复兴，就必须充分挖掘和弘扬中华传统伦理精神，尤其是对中华传统伦理道德体系起着奠基作用和支撑作用的核心伦理精神，要立足时代实践，着眼发展要求，坚持习近平总书记提出的"创造性转化、创新性发展"的"双创"原则，做好现代阐释，发挥其凝聚中华民族精神力量和构筑各族人民团结奋斗的共同思想基础的重要作用。

一、中国共产党人对待中华传统伦理精神的科学态度

文化是一个国家、一个民族的灵魂，是国家、民族传承和发展的精神命脉，而伦理道德文化是国家、民族文化中的主体，深刻地反映着一个国家、一个民族的人们对人与自然之间、人与社会之间、人与人之间以及人与自身之间关系的思考和把握。但不可否认的是，任何国家和民族的文化都只是该国家、该民族的人们对所处生活世界中的各种关系形成和发展的独特认识和理解，因而不可能不受当时的生存环境、认识水平、时代条件、社会制度、具体矛盾、客观形势等因素的制约和影响，存在着认识上的偏颇、局限乃至"误区"。中华传统伦理道德思想文化既博大精深又极为庞杂，既蕴涵着具有永恒价值的精华，历久而弥新，

---

① 《新时代公民道德建设实施纲要》，人民出版社，2019，第2-3页。

又夹杂着毫无科学性质的糟粕,陈旧而过时,要想充分地利用和发挥传统伦理道德思想资源,为建设新时代社会主义伦理道德体系而服务,塑造新时代的社会主义道德文明,有必要对中华传统伦理道德思想文化资源进行科学地挖掘、阐释和转化,为此就必须坚持科学的态度和原则。

自毛泽东起,中国共产党人就非常重视对中华优秀传统文化的学习和传承,形成了正确对待中华传统思想文化的科学态度和方法论。众所周知,毛泽东曾经谦虚地强调:"学习我们的历史遗产,用马克思主义的方法给以批判的总结,是我们学习的另一任务。我们这个民族有数千年的历史,有它的特点,有它的许多珍贵品。对于这些,我们还是小学生。今天的中国是历史的中国的一个发展;我们是马克思主义的历史主义者,我们不应当割断历史。从孔夫子到孙中山,我们应当给以总结,承继这一份珍贵的遗产。"①坚持用马克思主义的方法论,历史地批判和传承中华民族传统文化的宝贵遗产,是中国共产党人更好地团结带领中国人民和中华民族在不同的历史时期,面对不同的时代任务,取得一次又一次伟大胜利的思想法宝。作为马克思主义的历史主义者,毛泽东非常注重从历史发展的角度看待问题,认识到人类社会历史总是新事物代替旧事物的过程。1937年,他在《矛盾论》中指出:"世界上总是这样以新的代替旧的,总是这样新陈代谢、除旧布新或推陈出新的。"②1942年,他在《如何研究中共党史》的讲话中提出研究中共党史的方法论,即著名的"古今中外法",他强调:"所谓'古今'就是历史的发展,所谓'中外'就是中国和外国,就是己方和彼方。"③1964年,他为了更好地开展文艺工作,提出"古为今用,洋为中用"的方法论。概括说来,在正确对待中华传统文化方面,毛泽东坚持了马克思主义历

---

① 《毛泽东选集》,第二卷,人民出版社,1991,第533-534页。
② 《毛泽东选集》,第一卷,人民出版社,1991,第324页。
③ 《毛泽东文集》,第二卷,人民出版社,1993,第400页。

史唯物主义的科学态度，提出了"推陈出新"和"古为今用"的科学方法论。这种科学态度和方法论为后来邓小平、江泽民、胡锦涛、习近平等中国共产党人所继承和发展。

鉴于改革开放后社会上出现的资本主义和封建主义的思想流毒及其造成的精神污染，特别是新中国成立后绝迹已久但又泛滥起来的旧社会渣滓，邓小平强调："思想战线上的战士，都应当是人类灵魂工程师。……作为灵魂工程师，应当高举马克思主义的、社会主义的旗帜，用自己的文章、作品、教学、讲演、表演，教育和引导人民正确地对待历史，认识现实，坚信社会主义和党的领导，鼓舞人民奋发努力，积极向上，真正做到有理想、有道德、有文化、守纪律，为伟大壮丽的社会主义现代化建设事业而英勇奋斗。"①针对20世纪末世界风云变幻时代背景下拜金主义、享受主义、极端个人主义的滋生蔓延，江泽民提出宣传思想战线需要落实的主要任务，即"以科学的理论武装人，以正确的舆论引导人，以高尚的精神塑造人，以优秀的作品鼓舞人"②，并强调："一个民族只有在努力发展经济的同时，保持和发扬自己的民族文化特色，才能真正自立于世界民族之林。我们能不能继承和发扬中华民族的优秀文化传统，吸收世界各国的优秀文化成果，建设有中国特色社会主义的文化，这是事关中华民族振兴的大问题。"③胡锦涛在党十七大报告中提出了"弘扬中华文化，建设中华民族共有精神家园"的历史使命，并强调："中华文化是中华民族生生不息、团结奋进的不竭动力。要全面认识祖国传统文化，取其精华，去其糟粕，使之与当代社会相适应、与现代文明相协调，保持民族性，体现时代性。"④

总之，高度重视中华民族的传统文化，坚持马克思主义科学的方法

---

① 《邓小平文选》，第三卷，人民出版社，1993，第40页。
② 《江泽民文选》，第一卷，人民出版社，2006，第497页。
③ 《江泽民文选》，第一卷，人民出版社，2006，第507页。
④ 《胡锦涛选集》，第二卷，人民出版社，2016，第640-641页。

论，全面地认识、科学地批判传统文化，取其精华，去其糟粕，达到推陈出新、古为今用的目的，从而建设中华民族的精神家园，是中国共产党人一以贯之的态度和做法。

二、"双创"原则：继承弘扬中华传统伦理精神的科学原则

以毛泽东、邓小平、江泽民、胡锦涛为代表的中国共产党人在对待中华民族传统文化问题上日益丰富和发展起来的科学态度和方法论，为习近平总书记所进一步提炼，最终形成了具有指导意义的"双创"原则。他指出："传统文化在其形成和发展过程中，不可避免会受到当时人们的认识水平、时代条件、社会制度的局限性的制约和影响，因而也不可避免会存在陈旧过时或已成为糟粕性的东西。这就要求人们在学习、研究、应用传统文化时坚持古为今用、推陈出新，结合新的实践和时代要求进行正确取舍，而不能一股脑儿都拿到今天照套照用。要坚持古为今用、以古鉴今，努力实现传统文化的创造性转化、创新性发展，使之与现实文化相融相通，共同服务以文化人的时代任务。"①在这段话里，显然，习近平总书记既客观地承认了传统文化受各种因素的制约和影响而存在着陈旧过时或已经成为糟粕的东西，又继承毛泽东等中国共产党人所形成的对待中华传统文化的科学方法论，即"古为今用、推陈出新"，又强调要结合新的实践和时代要求，"坚持古为今用、以古鉴今，努力实现传统文化的创造性转化、创新性发展"，更加明确了推陈出新的原则和方向。习近平总书记所贯彻的就是毛泽东所强调的马克思主义的历史主义观点。陈先达强调："为什么习近平总书记在高度称赞中国优秀传统文化的同时，强调创造性转化和发展呢？这是一种历史唯物主

---

① 习近平：《习近平谈治国理政》第二卷，外文出版社，2017，第313页。

义的文化观。"①

客观而言,实现中华传统文化的"创造性转化",此前已为学者们所提出和强调,例如,20世纪80年代,林毓生在《中国传统的创造性转化》一书指出:"我们知道:自由、理性、法治与民主不能经由打倒传统而获得,只能在传统经由创造的转化而逐渐建立起一个新的、有生机的传统的时候才能逐渐获得。这是中国知识分子当前最重大的课题,这也是本书不厌其烦地多次提出这个目标,并试着探讨其进行步骤的主因。"②林毓生的"传统的创造性转化"这一提法或命题曾引起中国学术界的普遍关注,崔之元、陈平原、许纪霖等学者都给予了回应。许纪霖指出:"自林毓生教授提出'传统的创造性转化'命题后,这一命题就成了海内外学术界讨论的热点。"③林毓生所谓的"传统的创造性转化",指"以多元的思考模式,将中国传统中的一些符号、思想、价值和行为模式选择出来,加以重组或改造,使之成为有利于革新的资源,并在这一过程中继续保持文化的认同"④。可以说,学术界这种对待中华传统文化的方法和观念上的创新,为后来我们党和国家形成更科学的方法论进行了初步探索。

习近平总书记提出的"创造性转化、创新性发展"无疑是立足新时代所提炼出来的更具科学性、全面性的方法论。"所谓创造性转化,就是要按照时代特点和要求,对那些至今仍有借鉴价值的内涵和陈旧的表现形式加以改造,赋予其新的时代内涵和现代表达形式,激活其生命力。创新性发展,就是按照时代的新进步新进展,对中华优秀传统文化

---

① 陈先达:《中国传统文化的创造性转化和发展》,载张岂之主编《中华文化的底气》,中华书局,2017,第29页。
② 林毓生:《自序》,载《中国传统的创造性转化》,生活·读书·新知三联书店,1988,第5页。
③ 许纪霖:《"传统的创造性转化"与现代化》,《探索与争鸣》1995年第1期。
④ 许纪霖:《"传统的创造性转化"与现代化》,《探索与争鸣》1995年第1期。

的内涵加以补充、拓展、完善，增强其影响力和感召力。"① 显然，"创造性转化"重点在于对那些直接拿到现在不适用的东西进行转化，而这些东西之所以不适用，就是内涵不新、形式陈旧，但这些东西毕竟仍有借鉴价值。而"创新性发展"重点在于对那些内涵有限的东西进行创新发展，而这些东西之所以能够实现创新性发展，就在于这些东西至今仍然具有价值，所需要做的事情就是根据时代的新进步新进展对其内涵进行补充、拓展、完善，目的在于进一步增强其影响力、感召力。当然，"创造性转化"与"创新性发展"并非截然不同的两件事，而是相互渗透、相辅相成的。陈先达指出："要做到创造性转化和发展，归纳起来主要有三条：一是分辨，区分精华与糟粕；二是激活，通过与时代结合对传统文化做出与时代相适应的新的诠释；三是创新，接续中华民族文化优秀基因推进社会主义文化建设，提出新的概念、新的观点。"② 总之，首先，要清楚地知道中华传统文化到底有什么资源，分清哪些值得传承和发展；其次，要通过重新阐释激活作为资源的优秀文化，使资源转化成财富；最后，要在原有文化财富基础上进行创新发展，融合传统与现代，打造日益发展和完善的中华民族精神生活世界。

当然，对"双创"原则也不能任意地曲解和发展，这本身是一个严肃的方法论问题。对此，姚新中强调："中华文化的创造性转化与创新性发展既不是简单地否定过去，任意解释历史思想，也不是随意发挥，迎合当前流行的时尚。这两种做法都割裂了传统与现代，将其对立起来，以一方否定另一方，是引起当今中华文化复兴混乱的两种思想极端。前者推波助澜了没有精神性的复古、仿古、扬古、效古，一切以过去的观念、礼仪、习俗为基准，把文化当作商业去炒作，而后者则成就

---

① 中共中央宣传部：《习近平总书记系列重要讲话读本（2016年版）》，学习出版社、人民出版社，2016，第203页。

② 陈先达：《中国传统文化的创造性转化和发展》，载张岂之主编《中华文化的底气》，中华书局，2017，第30页。

了庸俗的通俗文化，认为一切现实都具有合理性的本质，把文化复兴变为任意编造，以传统的名义为庸俗、媚俗、恶俗贴上合法性、合理性、合哲学性的标签。这两种偏向的结果是把传统文化变成为所欲为之人手中左右逢源的方便法门，光明正大地打着创新性发展的旗号行利欲熏心的勾当，而在方法论上则是把'损'与'益'作简单理解，要么否定'损'的批判性，要么曲解'益'的建设性。"[①]而针对习近平总书记之所以高度重视中华优秀传统文化并提出"双创"原则，姚新中强调："作为具有悠久历史但在近现代饱受挫折的文明形态，中华文化在今天依然面临着如何传承与创新、传承什么与怎么创新的问题。这些问题不仅涉及我们如何认识中国传统优秀文化的问题，而且也说明我们对文化继承和发展问题在方法论上还没有形成基本的共识。"[②]因此，严格地说，我们必须坚持马克思主义历史唯物主义的基本立场、观点和方法，科学地理解和看待中华优秀传统文化，正确地贯彻落实"创造性转化、创新性发展"这一科学的根本原则，推动中华优秀传统文化在新时代的转化和发展，从而促进中华文化的伟大复兴和中华民族的伟大复兴。

中华传统伦理道德思想文化是中华传统文化的重要内容，立足新时代对中华传统伦理道德文化的现代阐释必须全面地贯彻落实习近平总书记提出的"双创"原则。具体说来，要坚持马克思主义历史唯物主义的基本立场、观点和方法，全面认识和挖掘中华传统伦理道德思想文化资源，进行深刻地辨析和批判，取其精华，去其糟粕，按照新时代的发展变化和道德建设任务要求，对那些至今仍有借鉴价值的东西赋予其新的时代内涵，改造其陈旧过时的形式，激活其生命力，对那些价值内涵不足的东西，按照时代的新进步新进展进行必要的补充、拓展、完善，增

---

① 姚新中：《中华文化创新性发展的方法论思考》，载张岂之主编《中华文化的底气》，中华书局，2017，第86-87页。

② 姚新中：《中华文化创新性发展的方法论思考》，载张岂之主编《中华文化的底气》，中华书局，2017，第80页。

强其影响力、感召力。习近平总书记强调："当前，社会上思想活跃、观念碰撞，互联网等新技术新媒介日新月异，我们要审时度势、因势利导，创新内容和载体，改进方式和方法，使精神文明建设始终充满生机活力。"① 习近平总书记的这段话虽然所谈的是一般意义上的精神文化建设，但对于推进中华传统核心伦理精神的现代阐释同样具有指导意义。与此同时，我们也应当认识到，对中华传统核心伦理精神的创造性转化和创新性发展必须充分吸收、借鉴人类文明发展的一切有益成果，特别是要自觉地学习和批判吸收西方发达资本主义国家所创造的现代文明成果。不可否认，西方资本主义国家在实现现代化的过程中积累了丰富的成功经验，尽管这种经验不能为我们照抄照搬，但其中的合理成分通过必要的批判和扬弃，是能够有机地融入我们中国社会主义现代化建设的。王强指出："中国传统伦理精神的现代转化必然面临着现实上的与观念上的双重否定：一方面是对现实的中国传统的否定，同时也是对传统的社会现实及传统伦理精神的批判；另一方面是对于观念上的西式现代道路的否定，即这种现代化即便在中国大地上变为现实仍然是问题重重、有缺陷的现代道路。"② 事实上，中华传统伦理精神的现代转化其最终的目的就是通过全面地吸收和借鉴人类一切现代文明成果，最终培育出适应中国式现代化的伦理精神。近30年前，赵春福等指出："建构中国现代伦理精神的任务远未完成。要完成这一任务，必须在中国社会现代化进程中逐步发展、完善社会主义伦理精神。"③ 正如中国式现代化依然在不断推进和拓展，完全适应中国特色社会主义现代化需要的社会主义伦理精神也依然需要我们全力培育和建设。

---

① 习近平：《习近平谈治国理政》，第二卷，外文出版社，2017，第324页。
② 王强：《从道德革命到伦理觉悟：唯物史观视野下中国伦理精神的现代转化与创新发展》，《思想战线》2022年第4期。
③ 赵春福主编《伦理精神与中国社会现代化——兼论儒家伦理与中国社会现代化的关系》，北京出版社，1994，第62页。

"精神爽奋，则百废俱兴；肢体怠驰，则百兴俱废。"①伟大的民主革命先行者孙中山亦强调："心信其可行，则移山填海之难，终有成功之日；心信其不可行，则反掌折枝之易，亦无收效之期。"②这就是说，精神具有强大的威力，精神振作，对于事业成功具有决定性的意义。进入新时代，实现中华民族伟大复兴中国梦更需要精神的力量。习近平总书记强调："实现中国梦必须弘扬中国精神。这就是以爱国主义为核心的民族精神，以改革创新为核心的时代精神。这种精神是凝心聚力的兴国之魂、强国之魂。"③这就告诫我们，尽管如《新时代公民道德建设实施纲要》所指出的那样——当前我国道德领域依然还存在不少问题，但只要我们牢固地树立起坚定的信念，就能够早日建构起适应中国特色社会主义发展需要的伦理道德体系，培育出适应中国式现代化的伦理精神，提高全社会的文明程度和道德水准，真正地建设起中华民族的精神家园，塑造起中华民族自由和谐的伦理道德生活秩序，实现中华民族的伟大复兴。

---

① 《呻吟语·治道》。
② 《孙中山全集》，第六卷，中华书局，1985，第158-159页。
③ 习近平：《习近平谈治国理政》，第一卷，外文出版社，2018，第40页。

第一章　中华传统伦理道德的基本精神

中华民族五千多年来的伦理道德实践形成了在整个世界上具有独特文化特征的伦理道德思想。除了阐明仁爱精神、谦和宽厚精神、诚信精神、孝慈精神、勤劳俭朴精神、义利统一精神、公而忘私精神、天人合一精神等八种核心伦理精神外，认真而全面地总结中华传统伦理道德思想的基本特征和基本精神，深入挖掘其内在精华，扬弃其糟粕，总结中华民族伦理道德实践的经验与教训，能为我们更好地塑造适应富强、民主、文明、和谐、美丽的社会主义现代化强国建设要求的新时代社会主义伦理道德体系，奠定必要的思想前提和理论基础。对于中华传统伦理道德的基本特征和基本精神的认识和概括，因其着眼点不同，仁者见仁、智者见智，并没有固定、统一的说法。在此，我们根据自己的理解，试图对中华传统伦理道德的基本特征和基本精神做一番全面的概括和总结。

第一节　伦理政治化　学而优则仕

与世界上各个国家和民族的伦理道德思想文化相比，中国传统以儒家思想为核心的伦理道德思想所具有的突出特征就是伦理与政治的密不可分。伦理与政治的紧密联系、不可分割就说明，在中国传统社会中，政治就是伦理化的政治，伦理就是政治化的伦理。所谓政治伦理化与伦理政治化，即政治偏重于运用社会生活中的伦理思想或伦理原则作为自己的理论基础，而伦理则具备政治的结构、功能和作用。政治伦理化与伦理政治化是政治与伦理两个领域的渗透互动，这种持续的互动不仅使两个领域紧密地联系起来，而且甚至最终融为一体，使政治与伦理成为同一个东西：政治即伦理，伦理即政治。归根结底，伦理政治化和政治伦理化体现了政治与伦理两者一而二、二而一的鲜明特色。贾红莲强调："从观念上，中国传统思想整体自始至终都表现为政治的伦理化和伦理的政治化倾向，其中又以儒家的政治伦理理念为核心。"① 可以说，政治伦理化与伦理政治化是中国传统以儒家思想为核心的伦理思想的最首要的基本特征、基本精神。这种伦理政治化特征的典型体现就是忠与孝两种价值观念的并举，尤其是，这两种价值观念本质上是同一的：忠即孝，孝即忠。

一、德政不分　以德兼人

政治伦理化与伦理政治化实际上表现了伦理与政治在彼此领域里的渗透与融合，是伦理与政治长期互动的结果。伦理与政治的渗透、融合并不意味着两者简单地叠加，相反，是由于伦理与政治拥有或贯彻着共同的价值理念，即无论伦理生活，还是政治生活，它们都体现着共同的价值理念，只不过形式略有些变化而已。然而，从根本上来说，政治化的伦理实际上发挥着政治统治、政治管理的作用，而伦理化的政治却处处体现着伦理的特征，即运用伦理的形式和原则来规范和调节人们的政治思想和行为。任剑涛指出："对于儒家建构起的政治理论，以今天的眼光观察，其伦理政治理论的构造意图，确实就是想建构起一个伦理

---

① 贾红莲：《中国传统政治伦理思想的架构及现代价值》，《中国哲学史》2004年第2期。

王国。这个伦理王国由四根支柱支撑起来：终极追问上的天人合一，人性依托上的善恶辨析，政治理念上的内圣外王，统治策略上的德主刑辅。"① 因此，在以儒家思想为主导的中国传统社会，政治与伦理实际上融合一体、不可分割。

在中国历史上，伦理与政治的这种不可分割的特征在先秦时期已经呈现出来。据《尚书·康诰》记载，周公在告诫康叔时说："惟乃丕显考文王，克明德慎罚，不敢侮鳏寡，庸庸，祗祗，威威，显民。用肇造我区夏，越我一二邦，以修我西土。"在此，周公所强调的就是周文王能够修明道德、慎重刑罚，不敢侮辱鳏寡，任用有用的人，尊敬可敬的人，惩罚应当惩罚的人，并把这个原则明白地告示民众，因此得以开辟了周的疆域，治理好了国家。换言之，在周公看来，周文王正是通过加强德政，最终实现了统一天下的目的。众所周知，周公成为孔子儒家思想的远祖，孔子自己声称："周监于二代，郁郁乎文哉！吾从周。"② 置身春秋时期的乱局，面对自己因误解而被匡人所拘禁的遭遇，孔子亦曾感叹说："文王既没，文不在兹乎？天之将丧斯文也，后死者不得与于斯文也；天之未丧斯文也，匡人其如予何？"③ 就是说，孔子不仅明确地决定"从周"，而且在自己被误解而遭拘禁之时，拥有相当坚定的信念去传播周文王或周公旦的德政文化。事实上，儒家伦理政治思想，更加明确地宣扬德政理念。孔子指出："为政以德，譬如北辰，居其所而众星共之。"④ 又强调："道之以政，齐之以刑，民免而无耻；道之以德，齐之以礼，有耻且格。"⑤ 就季康子问究竟如何做到这一点，孔子还回答说：

---

① 任剑涛：《伦理王国的构造——现代性视野中的儒家伦理政治》，中国社会科学出版社，2005，第395页。
② 《论语·八佾》。
③ 《论语·子罕》。
④ 《论语·为政》。
⑤ 《论语·为政》。

"政者，正也。子帅以正，孰敢不正？"①即在孔子看来，只要君主带头行正道，臣下就没有不敢自觉遵从的。孟子也说："上有好者，下必有甚焉者矣。君子之德，风也；小人之德，草也。草尚之风，必偃。"②在此，"偃"指倒下、伏下。孔子所想强调的是，只要统治者加强自身道德，以仁爱为政，就能引导百姓走向文明、和睦，过上好日子。孔子的德政思想为孟子所继承和发扬，孟子直接提出了"仁政"思想。孟子强调："君仁，莫不仁；君义，莫不义；君正，莫不正。一正君而国定矣。"③孟子的"仁政"思想就是把伦理道德范畴直接地转化为政治范畴，换言之，政治的核心思想就是伦理道德意义上的"仁"。特别是，在他看来，君主所以行"仁政"，归根结底在于其有一个"不忍人之心"。他说："人皆有不忍人之心。先王有不忍人之心，斯有不忍人之政矣。以不忍人之心，行不忍人之政，治天下可运之掌上。"④孔孟所宣扬的德政或仁政思想对中国伦理道德和政治思想的发展产生了深远的影响，数千年来的中国伦理政治实践无不打上了深深的德政思想痕迹。

就中华传统伦理道德思想文化何以呈现出鲜明的政治与伦理不可分割的特征，正如刘太恒等所强调的，其首要的因素在于，"中国传统思想的主要代表人物，大都是一身而二任，既是思想家，又是政治家社会活动家"⑤。例如，孔子以文武、周公为理想政治家，而他自己虽然只当了鲁国的大司寇，但其思想基本是政治哲学，教育学生的目的就是让他们到各国从事政治活动。在其之后，情况基本如此。刘太恒等曾强调："所有这些，都充分说明了解决时代课题与现实问题，是思想家们

---

① 《论语·颜渊》。
② 《孟子·滕文公上》。
③ 《孟子·离娄下》。
④ 《孟子·公孙丑上》。
⑤ 刘太恒、魏长领、朱长安：《中国传统道德与当代精神文明建设》，中央文献出版社，1999，第356页。

积极开展学术研究的目的所在。这反映了中国先哲们，具有强烈的社会责任感、历史使命感与务实精神。正是这种精神，使得中国传统哲学、传统道德，以与社会政治紧密结合为特征。"①总之，在中国传统社会里，伦理与政治密不可分地联系在一起，就是中国伦理政治文化的鲜明特色。

中华传统政治伦理化与伦理政治化所形成的德政思想的一个核心内容就是主张统治者必须通过自觉加强德性修养，来巩固自己的政治统治。众所周知，以德来赢得人心的问题，早在西周文王时期就已经意识到。当然，它是以"天命"说为托词的。例如，《诗经·大雅·文王》说："天命靡常。"即"天命"决定着尘世究竟谁来当天子。然而，在宣传"天命"或"天意"难测的同时，却又认为可以从民心上得到验证："天视自我民视，天听自我民听。"②即归根结底，民心的向背就是天命所在。但是，民心向背的实质又以统治者的德性为最终的归依，换言之，统治者所以能够受"天命"而统治天下，完全在于自身拥有高尚的德性。正是由此，《尚书》说："皇天无亲，惟德是辅；民心无常，惟惠之怀。"③在此，一方面强调上天对人实际上是不分远近亲疏的，它只帮助那些有德性的人；另一方面强调世间并无永远的统治者，百姓只归附对自己有恩惠的贤君。这是说，只有具备高尚道德的君主才能真正赢得人心和拥戴。对此，周公旦有着详细的论述，他强调："王敬作所，不可不敬德。我不可不监于有夏，亦不可不监于有殷。我不敢知曰，有夏服天命，惟有历年；我不敢知曰，不其延。惟不敬厥德，乃早坠厥命。我不敢知曰，有殷受天命，惟有历年；我不敢知曰：不其延。惟不

---

① 刘太恒、魏长领、朱长安：《中国传统道德与当代精神文明建设》，中央文献出版社，1999，第357页。
② 《尚书·泰誓》。
③ 《尚书·蔡仲之命》。

敬厥德，乃早坠厥命。今王嗣受厥命，我亦惟兹二国命，嗣若功。"①在此，周公旦所强调的实际就是"天命"亦曾授予夏和商，并使其经历长久年代，他们所以最终失掉了"天命"，完全在于他们不敬修自己的德性，而如今周王虽然年纪小，因为能够修敬自己的德性，能够继承他们的天命，但必须鉴戒夏与商两国失掉天命的原因，继承其成功经验。正是在借鉴夏与商的基础上，周公旦指出："王其德之用，祈天永命。其惟王勿以小民淫用非彝，亦敢殄戮用乂民，若有功。其惟王位在德元，小民乃惟刑用于天下，越王显。"②这是告诫今周王应自觉加强德性修养，自求天命永存，对百姓要采取宽容的态度，不要轻易运用刑法，不以杀戮为治；而治民如有成功，必是因为王者善于修德、百姓自然效法的结果，而行德于天下，才能彰显王者的光辉。可以说，"敬德"，即敬修德性，是周公旦所坚信的统治者享有"天命"的根本法宝。

以孔子为创始人的儒家思想，以周公旦为思想远祖，因此继承了周公旦强调统治者必须加强德性修养的重要观点。如前所述，关于统治者加强德性修养的必要性，孔孟有着丰富的论述。众所周知，孟子曾强调："以力服人者，非心服也，力不赡也；以德服人者，中心悦而诚服也。"③由此演化出来的"心悦诚服"说明，采用了武力去压制人，不是别人信服你，只是他们力量不够而已，而用仁德使别人归顺，他们就会心悦诚服地追随你。其后，荀子作为儒家思想的集大成者，亦有丰富的论述。特别是，他深刻地分析了统治者"兼人"（即赢得民心和拥护）的三种不同的方法的得失，指出："凡兼人者有三术：有以德兼人者，有以力兼人者，有以富兼人者。彼贵我名声，美我德行，欲为我民，故辟门除涂，以迎吾入；因其民，袭其处，而百姓皆安，立法施令莫不顺

---

① 《尚书·召诰》。
② 《尚书·召诰》。
③ 《孟子·公孙丑上》。

比；是故得地而权弥重，兼人而兵俞强，是以德兼人者也。非贵我名声，非美我德行也，彼畏我威，劫我势，故民虽有离心，不敢有畔虑；若是则戎甲俞众，奉养必费。是故得地而权弥轻，兼人而兵俞弱，是以力兼人者也。非贵我名声也，非美我德行也，用贫求富，用饥求饱，虚腹张口来归我食；若是，则必发夫掌窌之粟以食之，委之财货以富之，立良有司以接之，已期三年，然后民可信也。是故得地而权弥轻，兼人而国俞贫，是以富兼人者也。故曰：以德兼人者王，以力兼人者弱，以富兼人者贫。古今一也。"① 荀子提出三种得到老百姓的办法，而他最崇尚的是"以德兼人"。其所以如此，在他看来，"以力兼人"不能使人心服，只是慑于君王的威势，百姓才勉强归服，但百姓勉强归服，就免不了有背叛的可能，而君王为了防止背叛，就会造成军队越来越多，随之造成军队开支越来越大，最终造成国势衰微，局面难以继续维持。"以富兼人"需要大量的粮食、财物，造成国家的开支很大，最终导致国家的贫穷，这样的局面同样难以维持下去。比较起来，"以德兼人"依靠高尚的道德对老百姓进行感化，赢得老百姓的支持。唐朝魏徵曾向唐太宗李世民上疏说："臣闻求木之长者，必固其根本；欲流之远者，必浚其泉源；思国之安者，必积其德义。"② 南宋陆九渊说："常人所欲在富，君子所贵在德。士庶人有德，能保其身；卿大夫有德，能保其家；诸侯有德，能保其国；天子有德，能保其天下。无德而富，徒增其过恶，重后日之祸患，今日虽富，岂得长保？"③ 陆九渊主张君主施"仁政"，以德立身、立国、立天下，不能对人民横征暴敛，坑害百姓，认为国家的财政积累要遵从一定的规律，考虑到人民承受能力。这种观点是很有见地的。如果说像孔子、孟子、荀子等思想家提出君主只有不断地加强德性

---

① 《荀子·议兵》。
② 《谏太宗十思疏》。
③ 《陆九渊集·杂著·杂说》。

修养才能最终赢得百姓的拥护和爱戴，那么，一些开明的封建帝王，如唐太宗李世民等，亦认识到自觉加强德性修养的重要性。例如，李世民非常反对帝王志尚浮华、讲佛论仙等，认为此皆虚妄之事，相反，应当加强自身的德性，因此他强调："君天下者，惟须正身修德而已，此外虚事，不足在怀。"①即他认识到，统治天下的君王，只要端正自身，加强自身品德修养就行，除此之外的那些虚妄、怪诞之事，都不值得放在心上。当然，虽然"以德兼人"非常重要，同样也不能否认"以力兼人"和"以富兼人"的必要性和重要性，因为治理国家毕竟不是一件简单的事情，单纯依靠"德"或道德感化显然是不可能的。

中国以儒家思想为核心的传统伦理道德形成了首先重视自身道德修养进而实现治国安邦理想的基本观念，这就是通常所谓的"修身、齐家、治国、平天下"。"修、齐、治、平"的思想基础实际上就是孔子提出的"修己以安人"政治理念。因此，在中国古人看来，加强自身修养是为人处世、建构和谐家庭、实现国家治理和天下太平的德性前提。众所周知，孔子的著名弟子子路问如何才能成为君子，孔子回答说："修己以敬。"②即在孔子看来，做君子就在于加强自身德性修养，使自己对任何事物、任何事情都持有恭敬的态度。但是，子路一再追问是否如此就足以达到目的，孔子接着回答说："修己以安人。"③"修己以安人"可以说是儒家政治哲学的重要理念和基本原则，也是儒家伦理道德思想的核心内容之一。针对"修己以安人"，孔子解释道："修己以安百姓。修己以安百姓，尧舜其犹病诸？"④即修己的真正目的在于"安百姓"，即治理天下的百姓。无疑，在此，"修己"是"安人"的德性前提，而"安人"是"修己"的最终目的。因此，"修己以安人"本身是涵盖着两个

---

① 《贞观政要》卷六《慎所好第二十一》。
② 《论语·宪问》。
③ 《论语·宪问》。
④ 《论语·宪问》。

维度、两种内容的伦理道德原则和政治哲学原则。而由此确立起来的就是为后人不断阐释出来的"内圣外王"的圣王之道。孔子所提出的这一重要原则为儒家后人所继承，曾子在《大学》中进一步发挥说："古之欲明明德于天下者，先治其国；欲治其国者，先齐其家；欲齐其家者，先修其身；欲修其身者，先正其心；欲正其心者，先诚其意；欲诚其意者，先致其知；致知在格物。格物而后知至，知至而后意诚，意诚而后心正，心正而后身修，身修而后家齐，家齐而后国治，国治而后天下平。"① 在此，曾子所强调的就是"平天下"的前提就是"修身"、"正心"、"诚意"、"致知"和"格物"，而做到这些，达到"修身"就能够实现"齐家、治国、平天下"的目的。特别是，曾子强调："自天子以至于庶人，壹是皆以修身为本。"② 因此，"修身"成为以儒家伦理道德为核心的整个中华传统伦理政治或政治哲学问题的逻辑起点。

二、忠孝并举　移孝为忠

中华传统伦理道德中的孝慈思想典型地体现在与忠君思想形成了内在的统一，而政治统治领域里的"忠"实际上是从在家庭内部对父母的"孝"派生出来的。《孝经》载孔子对"孝"的认识和观念，说："夫孝，天之经也，地之义也，民之行也。"③ 即在孔子看来，"孝"是天经地义的最高伦理规范。当"孝"扩展到君臣关系时，自然就演变为"忠"，"忠"与"孝"两者是一致的。实际上，"忠"与"孝"的并举与内在一致，其根本的原因是"宗法等级制度的长期存在"④。

在《论语》中，孔子弟子有若强调："其为人也孝弟，而好犯上者，

---

① 《大学》。
② 《大学》。
③ 《孝经·三才》。
④ 刘太恒、魏长领、朱长安：《中国传统道德与当代精神文明建设》，中央文献出版社，1999，第357页。

鲜矣；不好犯上，而好作乱者，未之有也。"① 即在有若看来，"孝悌"是忠君，因而是消除犯上作乱、维持社会风气、实现社会和谐稳定的重要思想条件。正是因为"孝"所具有的这种特殊作用，孟子把天下、国家的安定溯源到家庭和个人，强调："天下之本在国，国之本在家，家之本在身。"② 所谓"家之本在身"，其实质就是在于能够身体力行"孝道"的子女。因此，数千年来，中华民族一直坚持，只要家庭内部父慈子孝，就可以此为基础而培育和营造整个社会、国家的安定和谐，而运用孝慈思想的宗旨来施行政治统治，实现安邦治国的政治理想，就是以儒家孝慈思想或忠君思想为宗旨的历代封建统治者的一贯做法。

中国传统执政理念对儒家孝慈思想的贯彻，典型地体现为统治者提出了"慈民"及教民以孝的执政观念。一方面，封建统治者及其思想代言人强调"慈民"理念。例如，《大学》指出："孝者，所以事君也；弟者，所以事长也；慈者，所以使众也。"③ 朱熹注说："孝、弟、慈，所以修身而教于家者也；然而国之所以事君事长使众之道不外乎此。"④ 再如，贾谊指出："慈民之道，不过于爱其子，故不肖者之爱其子，不可以慈民；居官之道，不过于居家，故不肖者之于家也，不可以居官。夫道者，行之于父，则行之于君矣；行之于兄，则行之于长矣；行之于弟，则行之于下矣；行之于身，则行之于友矣；行之于子，则行之于民矣；行之于家，则行之于官矣。故士则未仕而能以试矣。圣王选举也，以为表也。问之，然后知其言；谋焉，然后知其极；任之以事，然后知其信。故古圣王、君子不素距人，以此为明察也。"⑤ 这是说，"慈民"犹如"爱其子"，而"不肖者"因不能真正爱其子，因而也不可以慈民，而在

---

① 《论语·学而》。
② 《孟子·离娄上》。
③ 《大学》。
④ 《四书章句集注》。
⑤ 《新书·大政下》。

家就不肖者,显然不适合居官。在贾谊看来,"道"实际上体现于居家生活之中,体现在对待父母、兄弟、朋友等人的具体活动中。总之,"士则未仕而能以试矣",即士人在真正出仕做官之前完全可以实践、检验其是否真正践行了道。特别是,在他看来,圣君就是如此选拔自己的官吏的,即通过外表观察、询话、使其阐述自己的谋划、任事等环节,全面地考核官吏。墨子曾强调:"虽有贤君,不爱无功之臣;虽有慈父,不爱无益之子。"① 总之,"慈民"犹如"慈父""爱其子",真正的圣君就是能够贯彻"慈民"思想的人,他在选择自己的官吏时亦时时体现着这种思想。另一方面,封建君王提出教民"莫善于孝"的观念。《孝经》强调:"教民亲爱,莫善于孝。教民礼顺,莫善于悌。移风易俗,莫善于乐。安上治民,莫善于礼。"② 《孝经》还说:"君子之教以孝也,非家至而日见之也。教以孝,所以敬天下之为人父者也。教以悌,所以敬天下之为人兄者也。教以臣,所以敬天下之为人君者也。"③ 即对于统治阶级来说,要想实现臣下与民众对自己的绝对服从,最好的做法就是用孝道来教育他们,使他们自觉地像孝敬、孝顺自己的父母那样,绝对无私地、忠诚地尊敬和臣服于自己。这种以孝道为宗旨的执政理念,不仅典型地体现于《孝经》之中,而且《孝经》甚至强调:"昔者明王之以孝治天下也。"④ 即在儒家看来,能否"以孝治天下",实际上就成为衡量一个君王是否是"明王",即贤明的统治者的标准。正是在大力提倡孝道的前提下,封建统治者要求群臣和天下百姓以孝道忠诚于自己。因此,就出现了所谓"移孝作忠"的现象。孔子直接强调:"孝慈,而忠。"⑤ 许志宏指出:"移孝作忠,便会以国为家,视君为父,忠君报国,鞠躬尽

---

① 《墨子·亲士》。
② 《孝经·广要道》。
③ 《孝经·广至德》。
④ 《孝经·孝治》。
⑤ 《论语·为政》。

痒,死而后已,力达忠孝两全。"①总之,中国传统孝慈思想与政治思想是紧密联系的。这也说明,在中国,伦理与政治两者是相互渗透、相互融合因而密不可分的。

三、学优则仕 为知己死

中国传统思想文化中伦理与政治的紧密关系还典型地体现在中国传统知识分子或士人自身伦理道德追求与出仕任事的统一,即"学而优则仕"。众所周知,孔子弟子子夏强调:"仕而优则学,学而优则仕。"②即在子夏看来,学习与做官是紧密结合着的,而且两者构成了一种必要性,即官做得好还要继续学习,而学习优异就需要任职实践。当然,从根本上说,学习好了便要去做官。可以说,"学而优则仕"构成了中国传统知识分子人生道路的轨迹。但是,需要强调的是,在中国传统儒家思想文化中,"学而优"绝不是单纯对客观事物的知识或帝王之术的掌握,而是具有丰富的内涵,其中,自身伦理道德修养就是最关键的要素。"学而优则仕"实质上体现了中国传统伦理与政治的内在统一。

尽管"学而优则仕"并非儒家创始人孔子提出的命题,但这一命题本身恰恰体现着孔子的思想原则。众所周知,《论语》开篇就记载了孔子对学习的态度:"学而时习之,不亦说乎?"③强调学习,重视学习,可以说是儒家士人的显著特色。孔子曾自述说:"吾十有五而志于学,三十而立,四十而不惑,五十而知天命,六十而耳顺,七十而从心所欲,不逾矩。"④从根本上说,孔子从年轻时立志求学到不惑、知天命、耳顺乃至从心所欲不逾矩,体现了从学习到熟练运用、娴熟驾驭的过程。就什么是学习的内容,孔子有过不少论述。他自己曾说:"志

---

① 许志宏:《中国传统孝文化的内涵特征及社会功能》,《前沿》2010年第10期。
② 《论语·子张》。
③ 《论语·学而》。
④ 《论语·为政》。

于道,据于德,依于仁,游于艺。"①其中,所谓"艺",即礼、乐、射、御、书、数六艺。《论语》还记载:"子以四教:文、行、忠、信。"②在此,"文"指文化知识,尤指《诗》《书》《易》等文化典籍中所记载的文化知识。但从总体上看,孔子对知识的传授是与道德教育紧密结合在一起的。因此,孔子对"学"的论述具有独特之处,即非常强调德在学习中的重要意义。例如,孔子说:"君子不重则不威,学则不固。"③孔子所意指的学习内容,显然更多的是他所传授的政治伦理生活中的礼乐文化,在此他坚信,只有基于内在道德自觉的严肃、庄重才能巩固所学习的内容。孔子还强调:"德之不修,学之不讲,闻义不能徙,不善不能改,是吾忧也。"④即在他看来,"德"是比"学"更为重要的方面,理应列在首位。正是以德为根本,其弟子子夏强调:"贤贤易色;事父母,能竭其力;事君,能致其身;与朋友交,言而有信。虽曰未学,吾必谓之学矣。"⑤"未学"实际上就是没有真正学习文化知识,但儒家所谓的"学"并非单指文化知识,正如钱穆先生所说:"居家出门,凡一切躬行实践,所以为人之道,皆学之事。"⑥特别是,在学习内容上,孔子特别反对专治杂学。他说:"攻乎异端,斯害也已。"⑦即在孔子看来,专门研究攻治杂学技艺,实在有害无益。当然,也正如子夏所说,如果能够做到尊崇贤者而改变喜好女色之心,知道竭力孝敬父母,不惜生命事奉君上,与朋友讲究诚信,实际上这样的人才算上已经学习了。孔子还强调:"君子食无求饱,居无求安,敏于事而慎于言,就有道而正焉,可

---

① 《论语·述而》。
② 《论语·述而》。
③ 《论语·学而》。
④ 《论语·述而》。
⑤ 《论语·学而》。
⑥ 钱穆:《学龠》,九州出版社,2010,第10页。
⑦ 《论语·为政》。

谓好学也已。"① 即在孔子眼中，学习并不是单纯对文化知识或书本知识的学习，相反，是更多地体现着对伦理道德的习得与遵循。归根结底，儒家意义上的"学"，文与行并非偏废任何一个方面，但的确是以伦理道德为实质内涵的。有人问孔子"子奚不为政"，即"为什么不做官参与政治"的问题，孔子曾经回答："《书》云：'孝乎惟孝，友于兄弟，施于有政。'是亦为政，奚其为为政？"② 即强调《尚书》上说只要孝顺父母，又友爱兄弟，并施行于政治，这也是参与政治，不一定要做官才算参政。但是，孔子毕竟还是非常重视直接参与政治的，他曾一度担任鲁国的大司寇，并在周游列国时到处宣扬自己的施政理念。他甚至说过："富而可求也，虽执鞭之士，吾亦为之。如不可求，从吾所好。"③ 就是说，虽然职务低贱，但如果能够求得，也愿意做，只是在求不得的情况下，孔子才做自己喜欢的事情。事实上，对于参政问题，他抱有同样的态度。对于自己的弟子，他也多次谈过他们能否出仕做官的问题。例如，孔子曾说："雍也，可使南面。"④ 即认为冉雍，即仲弓，可以做官。在孔子的弟子中，颜渊、闵子骞、冉伯牛、仲弓被称之为德行较好的学生。孔子所以相信冉雍能够做官，是以德才兼备为标准来衡量的。季康子询问能否让仲由、子贡（端木赐）、冉求他们治理政事时，孔子分别强调"由也果"、"赐也达"和"求也艺"，即仲由果敢决断、子贡通达事理、冉求多才多艺，让他们治理政事是没有什么困难的。总之，孔子本人虽然并没有提出"学而优则仕"的观念，但其弟子子夏的这一观念恰恰体现了他的思想宗旨。

中国传统伦理与政治融为一体的现象还体现为传统士人秉承着"士为知己者死"的价值理念。中国士文化源远流长，然而士文化的传统价

---

① 《论语·学而》。
② 《论语·为政》。
③ 《论语·述而》。
④ 《论语·雍也》。

值核心是儒家伦理道德观念。儒家不仅规定了士人"学而优则仕"的政治前途或"修身、齐家、治国、平天下"的远大理想，而且倡导"士为知己者死"的价值理念。这对数千年来的中国传统知识分子的知识学习、天道体悟、人生探索、政治实践具有深远的影响。不可否认，中国传统文化中的士概念本身有一个漫长的演变过程。最初，士只表现从事耕作、狩猎、作战等事务的成年男子，但随着春秋时期奴隶社会向封建社会的演变，士逐渐地从传统的耕作、狩猎、作战等活动中的人演变成了在整个社会中具有特殊地位和作用的文士，即通过知识与智慧在社会中谋取职位的人。作为一种特殊阶层的士，其根本的生存、生活方式就是"择君而事"。所谓"择君而事"，就是士为了实现自己的政治理想和人生价值，在群雄争霸的列国诸侯之间不断地根据自己的处世原则、要求和尺度来选择自己所值得追随和侍奉的君主。因此，虽然"学而优则仕"，但并不是随意出仕为官的。也正是在此意义上，中国历史上不乏不断选择明君新主而放弃昏君旧主的现象。但是，按照忠君原则，一旦选择准了自己所倾心追随和侍奉的君主，就要根据"忠贞不渝"的伦理道德原则，誓死效忠自己的君主。这种情况在春秋战国时期已经成为一种普遍的现象。例如，当齐人蒯通劝说韩信反刘邦而自立时，韩信则强调说："汉王遇我甚厚，载我以其车，衣我以其衣，食我以其食。吾闻之，乘人之车者载人之患，衣人之衣者怀人之忧，食人之食者死人之事，吾岂可以乡利倍义乎！"[①]换言之，吃喝享用都由人家供养，就要为人家分担祸患、分担忧愁和效命，只有这样才算得坚守信义。《战国策》记载，赵襄子杀知伯，其谋士豫让说："士为知己者死，女为悦己者容。"[②]豫让发誓为知氏报仇，并最终为赵襄子所感动。赵襄子在几番擒获豫让的情况下，并没有杀死他，相反，接受豫让的要求，令其刺杀自

[①]《史记·淮阴侯列传》。
[②]《战国策·赵策一》。

己的衣服。尽管如此，豫让伏剑而死，成为"士为知己者死"的表率。司马迁非常欣赏豫让的这种可歌可泣的壮举，他亦强调："谚曰：'谁为为之？孰令听之？'盖钟子期死，伯牙终身不复鼓琴。何则？士为知己者用，女为说己者容。"①在此，司马迁改"士为知己者死"为"士为知己者用"，虽然有所变化，但其实质是统一的。

从根本上说，"士为知己者死"典型地体现了中国传统知识分子心目中以道义或信义为基础的忠君思想的精神实质，反映了伦理与政治的高度统一。毫无疑问，正是这种思想、这种中国传统士人的立身和行为处事原则，引导和塑造了影响数千年的中国传统封建忠君文化。

第二节 注重内在德性 积善不息

中华传统伦理道德精神向来注重人的自身内在德性的培育与提升。注重内在德性，与之相应的伦理致思取向就是返求诸身而不断提高自我要求，严格按照伦理道德规范从主观意识端正自己的待人处世的基本态度，通过反复的伦理道德实践而加强自我修养，增强内在德性和素质，并最终通过体现内在德性素质的道德行为，即德行，而参与社会伦理交往，这"表现了中国传统道德突出主体地位，强调向内用力的特征"②。战国荀子说："锲而舍之，朽木不折；锲而不舍，金石可镂。"③不断加强学习、提升自身修养，特别是道德修养，是中华民族最优秀的思想品质之一。中国人对道德修养的培育与提升，从根本上来说，侧重于通过向

---

① 《报任安书》。
② 刘太恒、魏长领、朱长安：《中国传统道德与当代精神文明建设》，中央文献出版社，1999，第364-365页。
③ 《荀子·劝学》。

周围道德高尚的人学习，改正自己的错误而获得进取，加强自我反省而弥补不足，注重德性的日积月累，以及择友等周围环境的影响，从善恶的辩证关系中把握积善不怠、除恶务尽等。特别是，人们认识到，内在的美德是通过外在的德行实现于道德实践中，即是实现于待人处事中的。因为美德恰恰就是在道德实践中养成的。孔子曾经强调："文，莫吾犹人也。躬行君子，则吾未之有得。"① 即是在他看来，书本知识与别人差不多少，但身体力行地做一个君子，自己还远没有达到。因此，道德意识的觉醒，内在德性和素质的养成，最终都必须转化为道德实践的美德或德行，这就是中国人的伦理道德精神。

一、修身养性　返求诸身

对人道德修养的考察，实际上可以分为内与外两个方面。其中，德性是人的内在道德品质，而以德性为根基的符合伦理道德规范的外在伦理道德行为就是德行。换言之，德行彰显道德人的内在德性，而德性势必通过一定的伦理道德行为呈现出来，即外化为一定的伦理道德行为。

中华传统伦理思想中，非常注重德性或德行的修养与培育。注重人的内在德性的修养和锤炼，是中国古人加强自身修养的首要方面。老子指出："含德之厚，比于赤子。"② 这就把道德高尚的人，即通过孕育、修养而使自己的德性充实、丰厚的人视如身体透明的赤子，即内在灵魂的高度纯洁，或者没有丝毫的自私自利之心。与内在德性孕育、修养、锤炼相一致，中国古人亦非常重视外在德行的完善，从而使自己达到对伦理道德规范的切实遵循、遵守。例如，《周礼注疏》说："正岁，属民读法，而书其德行道艺。"③《左传》说："善不可失，恶不可长。"④ 因此，加

---

① 《论语·述而》。
② 《道德经·五十五章》。
③ 《周礼注疏》卷十二。
④ 《左传·隐公六年》。

强德性，改善德行，是人，特别是君子的分内职责。在中国人看来，高尚的品德能够使人的行为更加美好。《大学》云："富润屋，德润身。"即财富能够使自己的房屋光辉夺目，而高尚的品德则使人的行为更加美好。东汉王充亦强调："德不优者不能怀远，才不大者不能博见。"[①]即道德高尚的人才能抱有崇高远大的理想，而才能不大的人则不能有广博的见识。唐朝张说强调："行为人之师表。"[②]即高尚的品行，即德行，能够成为别人学习的榜样。北宋杨时说："一德立而百善从之。"[③]即高尚的道德一旦确立起来，各种善行就会相应地产生出来。因此，高尚品德修养能够影响人们现实的伦理道德行为。

加强德性修养，不断改进自己的德行，是世界上任何民族在伦理道德实践中都必须注重的根本问题，这实质上是道德主体性问题。然而，究竟如何加强和改善自己的德性、德行，各个民族所采取的方式则存在着极大的差异。对于中华民族来说，"返求诸身"，或者"近取诸身"，是中国人观察和审视人与世界关系的根本方式。"返求诸身"的思维方式早在《周易》中就有记载："古者包牺氏之王天下也，仰则观象于天，俯则观法于地，观鸟兽之文与地之宜，近取诸身，远取诸物，于是始作八卦，以通神明之德，以类万物之情。"[④]从根本上说，"返求诸身"是人立足于整个世界之中，从自身出发全面衡量人与周围世界中的一切事物或他人关系的根本方式。毫无疑问，整个生活世界之中，天地万物构成了整个世界的基本内容，然而世界之为人的生活世界，完全在于在这个世界之中，人是最终衡量一切生活关系的主体，是真正的生活的主人。《孝经》说："天地之性，人为贵。"[⑤]因此，正因为人的存在，整个

[①]《论衡·别通》。
[②]《故开府仪同三司上柱国赠扬州刺史大都督梁国公姚文贞公神道碑奉敕撰》。
[③]《河南程氏粹言·论道篇》。
[④]《周易·系辞下》。
[⑤]《孝经·圣治章》。

世界才是具有意义的存在，换言之，才成为对人而有意义的世界。这也说明，"近取诸身"就是人全面衡量周围世界的必然的，也是现实的方式。当然，在中国传统伦理思想中，能够自觉地从自身来观察事物，特别是在加强道德修养上能够从自身着眼，从自己的身边事着手的人，即孔子所谓的"君子"。孔子强调："君子求诸己，小人求诸人。"①意思是说，只有君子才会严格要求自己，而小人则总是苛求别人。孟子也强调："发而不中，不怨胜己者，反求诸己而已矣。"②西汉董仲舒强调："以仁安人，以义正我。"③即用仁爱来安抚别人，用义理来规范自己。唐朝李世民说："君不约己，而禁人为非，是犹恶火之燃，添薪望止其焰；忿池之浊，挠浪欲止其流，不可得也。莫如先正其身，则人不言而化矣。"④即君主要加强品德修养，先正其身。明朝李贽亦强调："夫君子之治，本诸自身者也；至人之治，因乎人者也。本诸身者取必于己，因乎人者恒顺于民，其治效固已异矣。"⑤当然，中华传统伦理道德思想中，"君子"与"小人"并不是凝固不变的，伦理道德意义上的这种区别，会随着现实生活中的人的具体思想和伦理行为而发生变化。例如，李世民告诫自己的儿子们："君子小人本无常，行善事则为君子，行恶事则为小人。"⑥即判断君子与小人的唯一根据是到底在行善事还是行恶事，并没有固定不变的标准。北宋欧阳修亦强调："不修其身，虽君子而为小人；……能修其身，虽小人而为君子。"⑦因此，世上没有天生的君子或小人，只有后天不断加强修养，不断提高自己，才能使自己成为有道

---

① 《论语·卫灵公》。
② 《孟子·公孙丑上》。
③ 《春秋繁露·仁义法》。
④ 《帝范·务农》。
⑤ 《焚书·论政篇》。
⑥ 《贞观政要》卷四《教戒太子诸王第十一》。
⑦ 《欧阳修全集》卷四十七《答李诩第二书》。

德的人；反之，则无法进步，甚至沦为小人。

诚然，在中国传统儒家学者看来，"君子"与"小人"毕竟存在着区别，因为尽管两者都学习，然而"君子之学"与"小人之学"存在着本质上的不同。荀子告诫说："古之学者为己，今之学者为人。君子之学也，以美其身；小人之学也，以为禽犊。"① 即学习不仅有今古之别，而且有君子之学与小人之学之别，君子为了完美自己的身心，而小人为了满足自己的兽行。明朝王艮说："安身者，立天下之大本也。本治而末治，正己而物正也，大人之学也。"② 作为泰州学派创始人，王艮所谓的"大人之学"境界更高，这一视"安身"为"立天下之本"的思想，强化了"安身"对立天下、治天下的决定性意义，蕴涵有为民请命的意思，具有一定的进步意义。

"返求诸身"，即以自身为根本出发点来加强道德修养，是中国人选择的根本途径，但伦理道德方面的事情并非仅仅是个人的主观努力、自觉认识和自觉加强的问题，相反，还客观地存在着他人的评价问题。如何达到个人自我评价与他人对自己的评价的高度一致或统一，就是一个值得考虑的重要问题。这其中，不仅有方法问题，还客观地涉及人的态度。中国人正是在"返求诸身"的基本致思取向下形成了注重从自身查找不足的思想传统。众所周知，孔子曾强调说："不患莫己知，求为可知也。"③ 即不怕没有人知道自己，只求自己成为有真才实学值得为人们知道的人。显然，在孔子看来，君子当不为人所重视时，首先应当深切反省自己，进一步加强自身的修养，做到精益求精，而非简单地归咎于他人的不知重用。与此类似，孔子还强调："不患人之不己知，患其不能也。"④ 即不要忧虑别人不了解自己，应该忧虑自己没有才能。换言之，

---

① 《荀子·劝学》。
② 《王心斋语录》。
③ 《论语·里仁》。
④ 《论语·宪问》。

孔子仍然在强调君子首先应当加强自身的修养，提高自己的本领，而不是过多地忧虑自己是否为人所知晓、所重视、所重用。清朝金缨强调："临事须替别人想，论人先将自己想。"[①]即遇到事要设身处地地为别人着想，议论别人时则要先想想自己究竟如何。北宋苏轼强调："凡免我厄者，皆平日可畏人也；挤我于险者，皆异时可喜人也。"[②]换言之，平日批评我的、对我严格要求的人从根本上来说是肯定我的人，而平日讨我喜欢的人、恭维我的人、高度评价我的人从根本上说则是否定我的人。因此，人们应当全面地、正确地认识自己周边的人，既需要辨清哪些人是对自己真正有益，哪些人看似与自己亲近事实上则存在着危害，要时时提防，而且要从他们对我的态度和评价中正确地判断自己和认识自己，不为其外表的假象所迷惑。总之，人不能受周围任何人的评价所影响，更不能为一些人的假象所迷惑，要始终从自身出发，自觉地加强自身的道德修养，始终考虑自己究竟做得如何。

中国古人认识到加强德性修养本身还必须确立起正确的心态。众所周知，老子曾说："上善若水。"[③]即道德高尚的人像水一样。在此，老子是通过水处低下洼地而宁静平和得能恩泽万物来喻指人的高尚品德。南朝梁萧绎亦说："上善若水，至人若镜。"[④]这是说，道德修养深、思想境界高的人心地如水一样清澈，道德修养达到最高境界的心地像镜子一样明亮。因此，中国古人形成了如何加强自己的德性修养的正确心态，即必须做到心平气和。明朝吕坤指出："奋始怠终，修业之贼也；缓前急后，应事之贼也；躁心浮气，畜德之贼也；疾言厉色，处众之贼也。"[⑤]即开始时雷厉风行，结果松松垮垮，有害于学习知识；前头慢慢吞吞，

---

① 《格言联璧·接物类》。
② 《东坡文钞·刚说》。
③ 《道德经·八章》。
④ 《释尊祭孔子文》。
⑤ 《呻吟语·修身》。

后边匆匆忙忙，有害于应对事变；心情急躁，神色轻浮，有害于培养道德；说话急躁，声色俱厉，有害于处好群众关系。事实上，在德性修养问题上之所以要心平气和，还在于这是一个欲速则不达的问题。例如，孟子对如何进德修业做出了一番经验总结："于不可已而已者，无所不已。于所厚者薄，无所不薄也。其进锐者，其退速。"①就是说，第一，进德修业不能任意停止，因为如逆水行舟，不进则退，停滞不前是没有的；第二，过错不能轻责，因为躬自厚，薄责人，则怨必远；第三，进德修业都不能急于求成，因为欲速则不达。而在与其他人交往、相处问题上，明朝薛瑄强调："人未已知，不可急求其知；人未已合，不可急求之合。"②即当别人还没有了解自己的时候，不要急着想让人知道；当别人还没有与自己相处融洽时，也不要急着与其相处。显然，在此薛瑄所阐明的也就是这样一个道理，即交友必须保持心平气和的态度，只有如此，才能真正建立起比较融洽而持久的关系，相反，欲速则不达。因此，加强自身的德性修养，既不能心浮气躁，也不能急于求成，应当持有平静的心态积极追求，达到顺其自然。

尤其是，中国人这种修身养性重在返求诸身的思想强调只有自我容忍克制才能提升自身道德修养。"成人"，即完人，是儒家人生哲学所确立的理想人格。在孔子看来，"成人"实际上包含着多个方面内容的规定性或标准。孔子指出："若臧仲武之知，公绰之不欲，卞庄子之勇，冉求之艺，文之以礼乐，可以为成人矣。"③在此，孔子把"不欲"与"知（即智）"、"勇"、"艺"和"礼乐"等视为"成人"的标准，显然，他是把人的"不欲"，即对自己欲望的克制或清心寡欲，看作非常重要的修养。孔子还说："今之成人者何必然？见利思义，见危授命，久要不

---

① 《孟子·尽心上》。
② 《薛子道论·中篇》。
③ 《论语·宪问》。

忘平生之言，亦可以为成人矣。"①孔子相信，全面意义上的完人实在太少，因此不可能处处都能达到各方面的标准，但只要能够"见利思义"和"见危授命"，日常中能够坚守诺言或契约，实际上已经是完人。在此，孔子优先强调的就是"见利思义"，这就是用道德规范或道义来制止自己对利益的欲望。因此，这也就是说，在孔子看来，只有当人能够控制自己的欲望时，他才能真正地成为一个道德上的完人。荀子指出："行忍情性，然后能修。"②荀子也是在强调只要人做事情能够自觉克制自己的性情，就能够加强修养成为有德之人。成为有德之人，需要自我内心的克制与宁静，纵使在特殊的情形下引发其他人的疑心，也不必介意，不应影响自己的内心。西汉刘向记段产说："夫宵行者能无为奸，而不能令狗无吠己。"③即纵使人在夜里行走不干坏事，也不能阻止狗不对自己吠叫。这是告诫人们，因为身处特殊的环境，做事必然引起其他人的疑心，但只要心中正直，这些疑心的存在会随之自生自灭，而不必过分在意。

二、祈向心灵　内在超越

中国人修身养性、返求诸身的伦理精神并没有止步于寻求内心的宁静，还有更高的追求，即内圣外王。内圣外王之道是中国以儒家思想为核心的传统伦理道德的核心内容之一，它充分地说明了中国古人加强道德修养的根本途径和最终目的。从精神追求上来说，追求精神上的自由或心灵自由，实现一种内在的超越，恰恰是人加强自身德性修养的根本方法、根本途径。事实上，无论是儒家还是道家，从根本上都比较重视追求内在精神上的超越。返身求诸己，不仅是反思的重要表现，而且是探求内心世界或心灵宁静的表现，是真正地为己。在此种修为中，心灵

---

① 《论语·宪问》。
② 《荀子·儒效》。
③ 《战国策·韩策》。

不再凭借任何外在事物而达到宁静平和，任何外在的物质利益或纷纭繁琐事务不再为心所累，而且在此基础上，返诸自身的最高境界则是自我心灵的超越与自由，即心灵突破旧的、原有的格局的限制而享有越来越多的无拘无束。在中华传统伦理道德思想中，追求心灵境界的自由，具有深厚的传统，广泛而持久地影响着中国传统知识分子或士大夫的人生追求和道德人格塑造。

"心"在中国传统哲学中既有思维器官的意义，更有伦理道德意识或精神意志的意义，这要视各位哲学家具体的论题或论域而断定。最早明确阐释"心"的是孟子。[1] 孟子参照耳目之官，提出"心之官"之说。他说："心之官则思，思则得之，不思则不得也。"[2] 在此，孟子主要强调心是思维器官。但是，在更多的语境中，孟子的"心"既不是指现代生理学意义上的心脏，也不是现代人所谓的大脑，而是伦理道德意义上的德性意识，即良心。孟子说："人有鸡犬放，则知求之；有放心而不知求。学问之道无他，求其放心而已矣。"[3] 在此，所谓"放心"，是指善良或仁义之心放纵、丧失，而"求其放心"就是把丧失的良心找回来。显然，孟子所谓的"心"不仅仅是"心之官则思"意义上的思维器官，而是善良或仁义之心，即伦理道德意义上的良心。具体来说，孟子在伦理道德意义上的"心"就是著名的"四心"。孟子说："无恻隐之心，非人也；无羞恶之心，非人也；无辞让之心，非人也；无是非之心，非人也。恻隐之心，仁之端也；羞恶之心，义之端也；辞让之心，礼之端也；是非之心，智之端也。人之有是四端也，犹其有四体也。"[4] 所谓"恻隐"、"羞恶"、"辞让"和"是非"，本质上都是伦理道德生活中的情感、心理与判断，是伦理道德意识的表现。这种既把"心"视为思维器官，

---

[1] 张岱年：《中国古典哲学概念范畴要论》，中国社会科学出版社，1989，第189页。
[2] 《孟子·告子上》。
[3] 《孟子·告子上》。
[4] 《孟子·公孙丑上》。

又强调其具有精神意志或良心的现象,当然还出现在其他哲学家那里。例如,荀子一方面指出:"耳、目、鼻、口、形,能各有接而不相能也,夫是之谓天官;心居中虚,以治五官,夫是之谓天君。"①即"心"对五官具有主导、统率作用,"心"是"天君"。另一方面,他又强调"心"具有意志自由,如:"心者,形之君也,而神明之主也,出令而无所不受令。自禁也,自使也,自夺也,自取也,自行也,自止也。故口可劫而使墨云,形可劫而使诎申,心不可劫而使易意,是之则受,非之则辞。故曰:心容,其择也无禁,必自见。"②在此,荀子强调的就是"心"具有意志自由的特性,是"形之君",是"神明之主",能够"自禁"(自主限制)、"自使"(自主行使)、"自夺"(自主放弃)、"自取"(自主接受)、"自行"(自主行动)和"自止"(自主停止),归根结底,"无禁必自见",即心对是非的选择不受任何限制而能够自主地表现出来。《管子》作者对"心"与感官之间的关系进行了详细的论述,而且强调"心以藏心"和"心中之心",强调"心"对感官的统率作用。例如:"我心治,官乃治;我心安,官乃安。治之者心也,安之者心也。心以藏心,心之中又有心焉。"③毫无疑问,"心"对"官"具有统率作用,而且"心中有心",不仅说明"心"能够自己认识自己,而且还能够主导自己。此后,古代哲学家们对"心"的认识,基本上沿着同样的思路。北宋程颐提出"心"有"体"与"用"之别,强调:"心一也,有指体而言者(寂然不动是也),有指用而言者(感而遂通天下之故是也),惟观其所见如何耳。"④南宋朱熹对程颐及先前张载提出的"心统性情"观念进行发挥,指出:"性是体,情是用。性情皆出于心,故心能统之。统,如统兵之'统',言有以主之也。且如仁义礼智是性也。孟子曰:'……恻隐

---

① 《荀子·天论》。
② 《荀子·解蔽》。
③ 《管子·内业》。
④ 《河南程氏文集》卷九《与吕大临论中书》。

之心,羞恶之心,辞逊之心,是非之心。'以此言之,则见得心可以统性情。"①此外,他还强调:"心,主宰之谓也。动静皆主宰,非是静时无所用,及至动时方有主宰也。"②在此,朱熹明确提出了"心统性情"说和"心为主宰"说。显然,朱熹不仅发展了前人的观点,而且形成了比较成熟的思想体系。南宋陆九渊提出了"心即理"说,明朝王阳明则发挥说:"心不是一块血肉,凡知觉处便是心,如耳目之知视听,手足之知痛痒,此知觉便是心也。"③《传习录》记载王阳明与黄以方有关"心"的问答:"先生曰:'你看这个天地中间,甚么是天地的心?'对曰:'尝闻人是天地的心。'曰:'人又甚么教做心?'对曰:'只是一个灵明。''可知充塞天地中间,只有这个灵明,人只为形体自间隔了。我的灵明,便是天地鬼神的主宰。天没有我的灵明,谁去仰他高?地没有我的灵明,谁去俯他深?鬼神没有我的灵明,谁去辩他吉凶灾祥?天地鬼神万物离却我的灵明,便没有天地鬼神万物了。我的灵明离却天地鬼神万物,亦没有我的灵明。如此,便是一气流通的,如何与他隔得?'"④在此,王阳明不仅强调"心"具有对感觉器官的统摄作用,而且强调人为"天地的心",而所谓"做心",就是"灵明","我的灵明"是天地鬼神万物的主宰。当然,王阳明也强调如果离却天地鬼神万物,也便没有我的灵明。显然,王阳明是从心学的角度来阐明"心"为天地万物的主宰。蒙培元强调:"理学中的两位代表人物,朱熹和王阳明,都明确地提出,心是天地万物的'主宰'。如果说,朱熹思想中还夹杂带着认识论的成分,那么,王阳明则是从心灵存在及其本体论根源上来说的。"⑤王阳明之后,明末清初王夫之对"心"的论述,侧重于强调"心"与感

---

① 《朱子语类》卷九十八《张子之书一》。
② 《朱子语类》卷五《性理二·性情心意等名义》。
③ 《传习录》卷下。
④ 《传习录》卷下。
⑤ 蒙培元:《心灵超越与境界》,人民出版社,1998,第4页。

官的关系,当然还特别指出"心"具有想象的功能。从根本上说,王夫之主要强调"心"的认识论意义,而不是强调其伦理道德意义。伦理道德意义上之所以要返诸自身的内心,无不是因为立德之本在于正心。例如,西晋傅玄说:"立德之本,莫尚乎正心。心正而后身正,身正而后左右正,左右正而后朝廷正,朝廷正而后国家正,国家正而后天下正。故天下不正,修之国家;国家不正,修之朝廷;朝廷不正,修之左右;左右不正,修之身;身不正,修之心,所修弥近,而所济弥远。禹汤罪己,其兴也勃焉;正心之谓也。心者,神明之主,万里之统也;动而不失正,天下可感,而况于人乎,况于万物乎?夫有正心,必有正德;以正德临民,犹树表望影,不令而行。大雅云:仪刑文王,万邦作孚,此之谓也。"①明朝庄元臣说:"人之有心,犹舟之有舵也。舵横则舟横,舵正则舟正。故善检身者先治心。"②总之,伦理道德意义上的心即纯正的心或良心,是人外在德行的主宰。

但是,在中国人眼中,"心"并非只具有道德意义,它还有更高层面上的精神意志和自由的心灵意义。祈向伦理道德意义,甚至超越道德而言的天地境界的心灵境界是中华传统伦理道德思想的主要特色之一。孔子说:"君子泰而不骄,小人骄而不泰。"③即君子与小人所能够达到的道德境界是根本不同的,前者能够做到心灵的安宁与舒泰,后者则容易骄傲,无法实现心灵的宁静。在孔子看来,君子所以能够达到这安宁、舒泰的心灵境界,完全在于君子具有高尚的品德。孟子说:"尽其心者,知其性也。知其性,则知天矣。存其心,养其性,所以事天也。夭寿不贰,修身以俟之,所以立命也。"④实际上,在对心灵境界的祈求上,道家与儒家具有相似性。例如,蒙培元强调:"道家虽然不主张人有善良

---

① 《傅子·正心篇》。
② 《叔苴子》卷二。
③ 《论语·子路》。
④ 《孟子·尽心上》。

本性即本心，但在'收放心'这一点上同儒家是一致的。他们认为，心灵自身是清净光明的，是'道德心'或'德性心'，或称之为'真心'。心可以应万物，却不能随物而转，不然就失去自主性；失去自主性，也就失去了'道心'或'真心'。老子的'致虚守静'，庄子的'心斋'、'坐忘'，都是心灵的自我操持，自我修养，其目的是使心灵更加纯洁、更加高尚、更加美好。"① 总之，祈向心灵境界，实际上是中华传统伦理道德所追求的最高表现。

对中国古人而言，修身养性的重要内容是养心和养气。所谓养心，其实质就是使自己的内心通过自觉的伦理道德实践训练而达到在任何环境和形势下心平气和、心静如水、不骄不躁、不愠不火的境界。所谓"养气"，是指通过不断加强自身的德性修养，使自己在待人处世上更加自信，更加正直，更加充满刚强之气、凛然正气。养心与养气在中国传统伦理思想中是紧密相关的。孟子强调："故苟得其养，无物不长；苟失其养，无物不消。孔子曰：'操则存，舍则亡；出入无时，莫知其乡。'惟心之谓与？"② 即如果得到很好的养护，没有什么东西不能茁壮成长；相反，如果得不到精心养护，没有什么东西不会枯萎甚至死亡。所谓"操则存，舍则亡，出入无时，莫知其乡"，孟子把它解读为孔子关于养"心"的问题。朱熹注解时强调："孔子言心，操之则在此，舍之则失去，其出入无定时，亦无定处如此。孟子引之，以明心之神明不测，得失之易，而保守之难，不可顷刻失其养。学者则无时不用其力，使神清气定，常如平旦之时，则此心常存，无适而非仁义也。"③ 即在朱熹看来，"心"是需要时时刻刻加以存养的，只有如此，才能达到神清气定，使其所适皆仁义。"养心"的外在功夫就是使神清气定，因此，

---

① 蒙培元：《心灵超越与境界》，人民出版社，1998，第8页。
② 《孟子·告子上》。
③ 《孟子集注》。

"养心"与"养气"本质是统一的。孟子的弟子公孙丑问他哪些地方最擅长，孟子回答说："我知言，我善养吾浩然之气。"① 所谓"知言"，就是指能分析别人的言辞；而所谓"善养吾浩然之气"，即善于培养自己的浩然之气。针对什么是浩然之气，孟子回答说："难言也。其为气也，至大至刚，以直养而无害，则塞于天地之间。其为气也，配义与道；无是，馁也。是集义所生者，非义袭而取之也。行有不慊于心，则馁矣。"② 在此，孟子并没有直接阐释什么是"浩然之气"，而是间接描述了其形象与根基。在他看来，"浩然之气"作为气，既"至大"又"至刚"，即最伟大、最刚强，需要"直养"，即运用正义来培养，而不能受到任何妨碍或伤害，这样就能够充满天地之间。不难看出，孟子的"浩然之气"，实质上是道德意义上的正气。因此，他强调"其为气也，配义与道"，即这种气是与义与道相一致的，而如果违背义与道，则就没有力量或萎缩，归根结底是正义的经常积累孕育、滋长出来的；相反，不是偶然一次的正义行为所能够取得的，如果行为使自己产生了愧疚感，也就没有力量或萎缩了。事实上，正义或公正是公共社会里能够得到普遍认同的原则，因此在空间上具有最普遍的适用性，即所谓能够充塞天地之间；同时，它也是最有权威的原则，因此在时间上具有最巨大的力量，即所谓最为刚强。与此相反，如果丧失正义、有损公道，人的行为就不再具有合理性、合法性，因此，就不可能理直气壮，特别是，这种坚持公正原则的决心与勇气，并不是偶然一次正义行为或巧合的正义行为能够培育起来的。孟子所说的"行有不慊于心"实质上就是因为违背了公正原则或义与道，基于自己的高度的道德自觉意识而产生了愧疚之感。无疑，违背公正原则或义与道，就不能使自己的行为得到认同，因而也就丧失了坚持的决心与勇气。客观而言，孟子的"浩然之气"并不

---

① 《孟子·公孙丑上》。
② 《孟子·公孙丑上》。

是纯粹的自然性情，而是以道德自觉为基础坚持和贯彻公正原则与道义的人间正气，是道德高尚的君子在长期的道德实践过程中培育和壮大起来的刚正之气。针对北宫黝、孟施舍二勇士"养勇"的"守气"与孟子"浩然之气"的区分，冯友兰强调："孟施舍等所守之气，是关于人与人的关系者。而浩然之气，则是关于人与宇宙的关系者。有孟施舍等之气，则可以堂堂立于社会间而无惧。有浩然之气，则可以堂堂立于宇宙间而无惧。"① 当然，孟子的"浩然之气"毕竟还存在着一定的神秘性，因为在他看来，孕育和滋长"浩然之气"的"义"本质上是纯粹内心的。孟子批评告子说："告子未尝知义，以其外之也。必有事焉而勿正，心勿忘，勿助长也。"② 在此，"正"，历来注释有争议，朱熹释"正"为"预期"，王夫之释"正"为"征"和"的"，"指物以为征准使必然也"，而《毛诗·终风序笺》释"正"为"止"。在杨伯峻看来，朱熹的义训不足取，"正"释为"征"和"的"比较合理，而释为"止"也说得通③。实际上，冯友兰就是这样理解"正"的。他说："'勿正'就是'勿止'，也就是'心勿忘'。养浩然之气的人所须用的工夫，也只是如此。"④ 基于对"正"的这种解释，可以看出，在孟子看来，告子所以未曾懂得义，是因为他把义看成心外之物；相反，应当看成心内之物，一定要培养它，但不能有特定目的，要时时刻刻记住精心培养它，但不能违背规律去帮助它。客观而言，"义"并不纯粹是内心之物，而是体现于人们社会生活、社会交往中的伦理道德关系，反映了行为与伦理道德规范的契合与一致，把它视为内心之物，无疑是把客观的伦理道德关系或规范与道德意识对它的主观反映等同了起来，归根结底把其主观化了。事实上，孟子所以强调"浩然之气"的培养不能有外在目的，

---

① 冯友兰：《新原道》，生活·读书·新知三联书店，2007，第14页。
② 《孟子·公孙丑上》。
③ 杨伯峻：《孟子译注》（简体字本），中华书局，2008，第52页。
④ 冯友兰：《新原道》，生活·读书·新知三联书店，2007，第15页。

不能违背规律去人为地助长它，其实质是为了说明人们的道德意识或公正意识的培养不能有任何外在的功利目的，不能刻意地去人为拔高，相反要顺其自然在长期的道德实践中，在坚持和贯彻公正原则或义与道的过程中去培养。因此，善于养"浩然之气"，在孟子看来，对任何君子来说都是非常必要的。此外，孟子还阐发了"大丈夫"思想，强调："居天下之广居，立天下之正位，行天下之大道；得志，与民由之，不得志，独行其道；富贵不能淫，贫贱不能移，威武不能屈，此之谓大丈夫。"①在此，"大丈夫"亦是道德意义上坚持独立人格、正直做人、不为外在力量所动心的高尚君子，并非指帝王，这与善养"浩然之气"的君子实质上是一样的。当然，在冯友兰看来，浩然之气的境界与大丈夫的境界实质上是存在着区别的，即浩然之气的境界是天地境界，而大丈夫的境界是道德境界。他说："天下是说人类社会的大全，天地是说宇宙的大全。此所说大丈夫的境界是道德境界。有浩然之气的境界是天地境界。此所说大丈夫的境界尚属于有限。有浩然之气者，虽亦只是有限底七尺之躯，但他的境界已超过有限，而进于无限矣。"②毫无疑问，孟子所倡导和阐发的"浩然之气"思想和"大丈夫"思想，对中华传统伦理道德思想的发展起了重要的影响，是中国传统知识分子或士大夫培养自身道德人格的重要方面。自孟子之后，很多学者不断深化对"浩然之气"的认识，从而奠定了中华传统伦理道德观念中的重要根基。最为著名的当数南宋文天祥。文天祥写出著名的《正气歌》，诗中写道："天地有正气，杂然赋流形。下则为河岳，上则为日星。于人曰浩然，沛乎塞苍冥。……"毫无疑问，文天祥的"正气"正是孟子所谓"浩然之气"。浩然之气培育了中华民族富贵不能淫、贫贱不能移、威武不能屈的高尚情操，使中华民族在遭遇外来欺侮，面临国家、民族危难关头时，勇于

---

① 《孟子·滕文公下》。
② 冯友兰：《新原道》，读书·生活·新知三联书店，2007，第16页。

誓死抗争，谱写了许多可歌可泣的英雄诗篇。

中国古代思想家虽然对理想人格的塑造存在着差异，如儒家的"君子"、道家的"真人"等，但从根本上说，"君子"基本上代表了中华传统伦理道德所推崇的道德高尚的人，而君子就是心胸坦荡、光明洞达的人。孔子说："君子坦荡荡，小人长戚戚。"① 所谓"坦荡荡"，是指心胸宽广。北宋程颐说："君子坦荡荡，心广体胖。"② 明朝何伦强调："君子以礼义养心，则心广体胖；若恣食肥甘，则神昏气溃。"③ 因此，君子不仅道德高尚，而且正因为内在德性的充沛而心胸坦荡、光明洞达，性情通达、顺达。"达人"正是对道德高尚的君子的描述。在中国传统文化中，对何为"达"孔子就有自己的见解。例如，弟子子张曾问："士何如斯可谓之达矣？"孔子反问道："何哉，尔所谓达者？"子张对说："在邦必闻，在家必闻。"然而，孔子指出了"闻"与"达"的区别，说："是闻也，非达也。夫达也者，质直而好义，察言而观色，虑以下人。在邦必达，在家必达。夫闻也者，色取仁而行违，居之不疑。在邦必闻，在家必闻。"④ 即"闻"与"达"本质并不一样："闻"在于表面，即外表上看似合乎义，但实际行为上却违背义；相反，"达"则是内在质地纯朴、耿直，行为真正合乎义，并且善于辨析别人的言语，善于观察别人的脸色，对人心存谦让。此外，众所周知，据《论语》记载，孔子弟子子贡问："如有博施于民而能济众，何如？可谓仁乎？"⑤ 孔子在回答这一问题时重点解释了"仁"，强调说："何事于仁！必也圣乎！尧舜其犹病诸！夫仁者，己欲立而立人，己欲达而达人。能近取譬，可

---

① 《论语·述而》。
② 转引自朱熹：《论语集注》。
③ 《何氏家规》。
④ 《论语·颜渊》。
⑤ 《论语·雍也》。

谓仁之方也已。"① 在此，孔子认为子贡所说的"博施于民而能济众"已不只是仁善，而一定是圣人，甚至尧舜那样的圣人还担心做不到。特别是，孔子阐释了什么是"仁"，即"己欲立而立人，己欲达而达人"。"立人"指使别人站住脚跟或存在，"达人"则指使别人发达、通达、顺达或腾达，在此，两者皆是使动用法。然而，在中国传统伦理思想中，"达人"并非只有这种意义，它还指性情通达、豁达、豪放的人。春秋时期左丘明的《左传·昭公七年》载："圣人有明德者，若不当世，其后必有达人。"②孔颖达疏："谓知能通达之人。"再如，西汉贾谊指出："小智自私兮，贱彼贵我；达人大观兮，物无不可。"③东晋葛洪强调："顺通塞而一情，任性命而不滞者，达人也。"④ 在此，"达人"即通达之人，心胸坦荡，而万物等量齐观，无所不宜。就"达人"的性情、品性来说，《列子》记载："卫端木叔者，子贡之世也。藉其先赀，家累万金。不治世故，放意所好……段干生闻之曰：'端木叔，达人也，德过其祖矣。'"⑤金代孟宗献《张仲山枝巢》诗说："达人孤高与世疏，百年直寄犹须臾。"明朝徐渭则强调："循理称达人，险难亦何戚。"⑥明朝吴麟征强调："人心只此方寸地，要当光明洞达，直走向上一路。若有龌龊卑鄙襟怀，则一生德器坏矣。"⑦ 在此，达人指通达事理的人。清朝叶廷琯记述其曾叔祖莪洲诗说："造物忌阴谋，达人务远识。"⑧ 总之，"达人"在此之后，逐渐地发展成为独立词语，指通达、顺达的人。需要强调的是，中国传统观念中的"达人"，与当前社会上的流行话语并不一致。当前，所谓

---

① 《论语·雍也》。
② 《左传·昭公七年》。
③ 《鹏鸟赋》。
④ 《抱朴子·行品》。
⑤ 《列子·杨朱》。
⑥ 《自浦城进延平》。
⑦ 《家戒要言》。
⑧ 《鸥陂渔话·莪洲公诗》。

"达人"往往指在某一方面某一领域有不凡的成就、通达顺畅无阻之人。显然，这种意义上的"达人"，主要不是在伦理道德意义上而言的。

中国人这种追求内在超越所要达到的境界在于实现心与道的契合。客观而言，伦理道德存在着不同境界，而人的德性或心灵实际上亦存在着不同境界，正是这种内在的境界最终决定着外在德行。这种境界不仅有法律的境界、道义的境界，而且有道德的境界和最高的天地境界。所谓最高的天地境界，也就是心与道契合的境界。《礼记》载孔子说："仁有三，与仁同功而异情。与仁同功，其仁未可知也。与仁同过，然后其仁可知也。仁者安仁，知者利仁，畏罪者强仁。仁者右道，道者左也。仁者人也，道者义也。厚于仁者薄于义，亲而不尊；厚于义者薄于仁，尊而不亲。道有至、义有考。至道以王，义道以霸，考道以为无失。"① 这是说，实现"仁"实质上有三种不同情形的境界：一是安于行仁，二是为了利益而行仁，三是勉强行仁。在孔子看来，虽然三者都能达到仁的效果，因此仅从效果上根本看不出差异来，但如果行仁时遇到了挫折就能够看出它是属于哪种仁。事实上，害怕犯罪受罚而勉强行仁的人只存在于法律的境界里，为了利益而行仁的人只存在于功利境界里，而出于内在仁德而行仁的人则存在于道德境界里。冯友兰强调："儒家讲道德，并不是只宣传些道德的规律，或道德格言，叫人只死守死记。他们是真正了解道德之所以为道德，道德行为之所以为道德行为。用我们《新原人》中所用的名词说，他们是真正了解人的道德境界与功利境界的不同，以及道德境界与自然境界的不同。"② 孔子说："吾十有五而志于学，三十而立，四十而不惑，五十而知天命，六十而耳顺，七十而从心所欲，不逾矩。"③ 在此，孔子从一般的学习到"立"、"不惑"、"知天命"、

---

① 《礼记·表记》。
② 冯友兰：《新原道》，读书·生活·新知三联书店，2007，第2页。
③ 《论语·为政》。

"耳顺"乃至"从心所欲,不逾矩",其实质就是在德性修养基础上自身境界的升华,"立"是指"知礼"并循礼而行,"不惑"是指知道"礼"之所以为礼背后有"义","知天命"是指意识到除了社会人事尚有人力不及之处,"耳顺"指自觉顺从天命,而"从心所欲,不逾矩"是指与天地之道的契合与融合。孔子说:"可与共学,未可与适道;可与适道,未可与立;可与立,未可与权。"① 即是说,从共同学习到共同走向道,到共同依道立身,到共同通权达变,本身就是人们彼此间的不同境界,而只有达与道的契合、融合,即通权达变,才是最高境界。钱穆说:"孔子之学,至于七十而达此一境,至是则据德之学与志道之学达于极则,亦即'一以贯之'之学达于极则;盖至是而即心即道,即心即天,为他人所莫能企及矣。"② 对此最高境界,《中庸》强调:"诚者,天之道也;诚之者,人之道也。诚者,不勉而中,不思而得,从容中道,圣人也。"③ 即天地至诚的境界,也是圣人的境界。在冯友兰看来,儒家所达到的境界绝不如道家所批评的那样只是道德境界,而是达到了天地境界,但可惜的是,儒家并没有明确地提出。他说:"孔子所说的天是主宰的天,他似乎未能完全脱离宗教底色彩。他的意思,似乎还有点是图画式的。所以我们说:他所说到的最高境界,只是'有似于'事天乐天的境界。孟子所说到的境界,则可以说是同天的境界。我们说'可以说是',因为我们还没有法子可以断定,孟子所谓'天地'的抽象的程度。"④ 冯友兰提出的评判标准是"极高明而道中庸",然而对于儒家,他说:"他们于高明方面,尚未达到最高底标准。"⑤ 归根结底,天地境界就是心与道契合、融合的境界。这种最高境界,在不同的学派那里实际

---

① 《论语·子罕》。
② 钱穆:《学龠》,九州出版社,2010,第28页。
③ 《中庸·二十章》。
④ 冯友兰:《新原道》,读书·生活·新知三联书店,2007,第17页。
⑤ 冯友兰:《新原道》,读书·生活·新知三联书店,2007,第17页。

上有不同形式的表现。《周易》是儒家的经典。《周易》说："夫'大人'者与天地合其德，与日月合其明，与四时合其序，与鬼神合其吉凶，先天而天弗违，后天而奉天时。天且弗违，而况于人乎？况于鬼神乎？"①显然，在此，与天地、日月、四时、鬼神相契合，其实质就是与道相契合，与道不相违，即"天弗违"和"奉天时"。这种人即是"大人"。荀子亦强调君子与道之间的关系，他说："事乱君而通，不如事穷君而顺焉。故良农不为水旱不耕，良贾不为折阅不市，士君子不为贫穷怠乎道。"②即"道"成为士君子行为的根本准则。再如，韩非子说："古之人目短于自见，故以镜观面；智短于自知，故以道正己。"③即在韩非子看来，人如果囿于自身对自己的认识，总是存在短见、短视的现象，必须超越自身，通过能够端正自己的外物，如镜子或尺度、道学，来规范自己，纠正自己。所以用道来规范、端正自己，就在于道是最高的法则，是万物必须遵循的尺度，具有普遍性。《管子》说："有无弃之言者，必参于天地也。……能予而无取者，天地之配也。"④这是说，谈论大道的人，一定融合了天地的精神，而能做到只给予而不索取，就可以与天地匹配。又强调："有闻道而好为天下者，天下之人也；有闻道而好定万物者，天下之配也。道往者其人莫来，道来者其人莫往。道之所设，身之化也。持满者与天，安危者与人。失天之度，虽满必涸；上下不和，虽安必危。欲王天下而失天之道，天下不可得而王也。得天之道，其事若自然；失天之道，虽立不安。其道既得，莫知其为之；其功既成，莫知其释之。藏之无形，天之道也。"⑤这也在于强调，必须与道共往来，达到道与身的契合或"事若自然"的境界。

---

① 《周易·文言》。
② 《荀子·修身》。
③ 《韩非子·观行》。
④ 《管子·形势》。
⑤ 《管子·形势》。

三、见贤思齐　闻过则喜

人的道德修养是无止境的,不断地加强德性修养,特别是以品德高尚的人为榜样,不断加强自觉学习和效仿,就能够向至高、至善的境界不断有所提升和进步。这就是中华传统伦理道德中所谓"见贤思齐"的真正意蕴。也正是因为中国人在道德修养上倡导见贤思齐,无止境地追求至高、至善的道德境界,因而真正有修养的人并不忌讳其他人指出自己的缺点和过错,相反,而是闻过则喜、乐于改正。

中国人在道德修养上总喜欢确立参考的标杆和对象,以使自己不断地趋向至高、至善的境界。《诗经·小雅·鹤鸣》云:"他山之石,可以攻玉。"原义是指别的山上的石头可以用来琢磨玉器,但现在却常常借以比喻他人的做法或见解能够为自己改正错误提供借鉴。实际上,学习必须以品德高尚的人为榜样。《尚书》上说:"德无常师,主善为师。"[①]意思是说,学习和提升道德修养并没有固定的老师,相反,凡是行善的人即可为师。正是凡是行善之人均可为师,应当向他学习,所以孔子强调:"见贤思齐焉,见不贤而内自省也。"[②]所谓"见贤思齐",就是指看见贤者向其看齐,即自觉地学习其品德,以达到其思想境界。众所周知,孔子还有一句经典名言:"三人行,必有我师焉。择其善者而从之,其不善者而改之。"[③]即只要有多个人存在,与多个人交游,在某些问题上,总可以有一个人能够给予学习、思想上的指导,即能够成为自己的老师。当然,见贤思齐,加强学习,在中国传统文化中,不只是在一般的知识、文化上,而更主要地是在道德修养上,因为这才是学习的真正目的。对于一定要向贤德之人学习看齐,孟子承认:"人皆可以为

[①]《尚书·咸有一德》。
[②]《论语·里仁》。
[③]《论语·述而》。

尧舜。"① 在他看来，追求高尚的道德，不断加强自身道德修养，是任何一个人都应当做的事。例如，他曾用比喻的方式来说明人应当向道德高尚的人学习的道理，说："吾闻出于幽谷迁于乔木者，未闻下乔木而入于幽谷者。"② 即你应当像鸟儿那样从低洼的幽谷飞上高大的乔木那样，向道德高尚的人学习。特别是，中国传统伦理强调学习的榜样必须是最高、最优秀的，而不是中等或较低下的。例如，明代薛蕙说："取法乎上，仅得其中；取法乎中，斯为下矣。"③ 类似的说法还有唐朝李世民所说的："取法于上，仅得其中；取法于中，故为其下。"④ 清朝章学诚说："学于圣人，斯为贤人；学于贤人，斯为君子；学于众人，斯为圣人。"⑤ 但真正能够学于众人而成圣人的，是很难的。清朝申涵光强调："凡弈棋，与胜己者对，则日进；与不如己者对，则日退。取友之道亦然。"⑥ 这是说，下棋与交友具有相似性，只有跟那些比自己品德优异的人相交往，才能不断地提升自己，否则只可能导致自己的退步、退化。因此，加强自身的道德修养一定要追求最高的境界，一定要见贤思齐，以圣人为标准。孔子被他的弟子及后人尊称为圣人，成为世人学习的榜样，他的得意弟子颜回在称颂其道德学问时曾感叹说："仰之弥高，钻之弥坚。"⑦ 在颜回看来，正是因为孔子的思想高深、品德高尚，才彰显出极大的人格魅力，才对弟子产生无限的感召力，才让人觉得其形象越是抬头仰望越觉得高大，其学问越是用心钻研越觉得深奥。显然，在颜回看来，向老师孔子的学习本身是无止境的，是需要不断地努力的，而且也只有自

---

① 《孟子·告子下》。
② 《孟子·滕文公上》。
③ 《升庵诗序》。
④ 《帝范·跋》。
⑤ 《文史通义·原道上》。
⑥ 《荆园进语》。
⑦ 《论语·子罕》。

觉向榜样学习，不舍不弃才能有所收获。孟子强调："求则得之，舍则失之，是求有益于得也，求在我者也。求之有道，得之有命，是求无益于得也，求在外者也。"①中国古人强调，不仅见贤思齐，而且要积极地、经常地、循序渐进地向善人学习。孔子曾说："见善如不及，见不善如探汤。"②即是说，每看见善良行为，总感觉到自己相差还很远，而看见错误行为，就像把手伸进热水一样，要赶快避开，以引起警惕。孟子则说："流水之为物也，不盈科不行；君子之志于道也，不成章不达。"③即流水这种东西，不积满洼坑就不前进，道德高尚的人立志学习道义，不积累深厚的素养并见于仪容，就不能通达圣道。显然，这里所体现的道德修行上的循序渐进、渐积而前的思想，先求充实，然后才能通过。唐朝王建强调："常慕正直人，生死不相离。"④即只有那些道德高尚、作风正直的人，才是人们时常仰慕的对象，而与这样的人相交友，就能够同生死、共命运。当然，学习圣贤正是在与贤于己者的朝夕相处中、不知不觉中得到提高的。例如，明代何伦强调："学问之功，与贤于己者处，常自以为不足，则日益；与不如己者处，常自以为有余，则日损。故取友不可不谨，惟谦虚者能得之。"⑤就是说，只有抱有谦虚的态度，在与贤于己者的相处中才能不断地得到提高、提升。

除了积极地向圣贤学习，不断自觉趋于至善境界，中国人还因为自觉地加强道德修养，重视及时地修改和纠正错误，因而闻过则喜、有过则改。《周易》云："君子以见善则迁，有过则改。"⑥这是说，对于一个渴望加强自身道德修养的人来说，一方面要见善则迁，即积极向品德

---

① 《孟子·尽心上》。
② 《论语·季氏》。
③ 《孟子·尽心上》。
④ 《王建诗集》卷四《古风·求友》。
⑤ 《何氏家规》。
⑥ 《周易·益》。

高尚的圣贤主动学习，另一方面要对自己的过错及时改正。南宋崔敦礼说："善者，亲之以治吾不善；不善者，亲之以成吾善。"①这就旨在告诫人们，亲近善良的人，纠正自己的过失；亲近不好的人，保持自己的长处。以正确的态度对待自己的过错，自觉主动地改正自己的过错，从而弥补自己的缺陷与不足，是中华传统伦理道德在自身道德修养方面所形成的重要观念。儒家认为，君子身处众人之中，其言谈举止倍受关注，因此不断发现和改正自己的过错，就是非常重要的事情。孔子说："君子之过也，如日月之食焉；过也，人皆见之；更也，人皆仰之。"②即在他看来，君子由于自身的身份和地位的问题，比较容易引起众人的注意，其所犯过错如同日蚀月蚀，为众人所明鉴，是掩饰不了的，但如果君子能够自觉改正，则能够赢得人们的敬仰。然而，如果不具有高尚的道德修养或自觉意识，就不会主动地去改正自己的过错。例如，孟子说："古之君子，过则改之，今之君子，过则顺之。古之君子，其过也，如日用之食，民皆见之；及其更也，民皆仰之。今之君子，岂徒顺之，又从为之辞。"③在此，"顺"指顺过饰非，"仰"指向高处看，"辞"指寻找言辞为错误辩解。无疑，孟子所谓的"今之君子"所以不仅为自己的过错顺过饰非，而且用言辞为自己辩解，归根结底在于缺乏对待自身过错的自觉意识。再如，三国时期，吴帝孙皓凶暴骄矜，中书令贺邵劝诫时说："臣闻兴国之君乐闻其过，荒乱之君乐闻其誉。"④即在贺邵看来，闻过则喜、虚心纳谏理应是国家君主的优秀品质，而刚愎自用、昏庸腐朽则是乱君的基本特征。西晋潘尼说："夫修诸己而化诸人，出乎迩而见乎远者，言行之谓也。故人主之患，莫甚于不知其过；而所美，莫美

---

① 《刍言》卷下。
② 《论语·子张》。
③ 《孟子·公孙丑下》。
④ 《三国志》卷六十五《王楼贺韦华传第二十·贺邵传》。

于好闻其过。"①因此,作为帝王或君主,要更加清晰地认识到知过则改、闻过则喜对自身的重要意义。

然而,"见善则迁,有过则改",首先在于能正确地认识自己的过错,敢于认识自己的过错,树立正确对待自身过错的科学态度。在中国古人看来,认识自己的过错,主要有几种途径:一是经常反思自己的行为。孔子曾说:"见贤思齐焉,见不贤而内省也。"②所谓"内省",实质上就是对自己的言行进行反思。孔子的弟子曾子亦强调:"吾日三省吾身——为人谋而不忠乎?与朋友交而不信乎?传不习乎?"③事实上,"三省"不仅是曾子自我修养的基本方法,而且是整个儒家普遍倡导的道德修养方法,对中国传统士人的文化心理和道德人格的养成产生了深远的影响。例如,荀子强调:"君子博学而日参省乎己,则知明而行无过矣。"④北宋林逋说:"昼之所为,夜必思之,有善则乐,有过则惧,君子哉!"⑤这说明,一个人每天都要反省自己的言行,好的继续发扬光大,而不好的要立即改正,这是每个君子提高自身修养都要做到的事情。二是要多学多闻多见。人并非天生就知道事理,只有自觉学习才能知道,礼义文化或道德知识是在学习后掌握的,也是在道德实践或谦让中形成的。荀子说:"不知则问,不能则学,虽能必让,然后为德。"⑥清初颜元说:"学所以明伦耳。"⑦就是说,只有学习才能明白人伦事理。相应地,缺乏必要的道德知识无法认识自己到底有否过错,因而要认识自己的过错也必须多学多闻多识。换言之,只有学得多、听得多,思想的视域越

---

① 《晋书》卷五十五《潘岳传附潘尼传》。
② 《论语·里仁》。
③ 《论语·学而》。
④ 《荀子·劝学》。
⑤ 《省心录·一四》。
⑥ 《荀子·非十二子》。
⑦ 《颜元集·存治·学校》。

来越广阔才能更好地去辨识自己的过错。例如，孔子就非常主张人应当多学多闻多识，他指出："多闻，择其善者而从之；多见而识之。"①清初方中通指出："聚古今之议论，以生我之议论；取天下之聪明，以生我之聪明，此之谓择善。"②多闻多见是提升自己认识水平的重要途径，但人们也必须学会自觉进行反省、反思，因为只有这样才能清楚地省察自己的得失功过。实际上，北宋林逋还认识到，除了自我反省外，君子还应当确立正确对待他人批评、指正的态度。他强调说："闻善言则拜，告有过则喜。"③就是说，听到别人对自己的善言规劝要表示感谢，而别人如果告诉自己有过错，也应当值得高兴。三是要自觉确立最高标准，反思自己的不足与过错，以人之长补己之短。荀子强调："故学至乎《礼》而止矣。夫是之谓道德之极。"④这里荀子强调，学到《礼》可以说就达到了道德的极致。西汉韩婴转述孔子说："学而不已，阖棺乃止。"⑤所谓"阖棺"，即死去盖棺，这是说，从一生来说，学习没有止境，直到死去学习才算真正终止，这与后人所谓"活到老，学到老"是一样的。《吕氏春秋》上说："故善学者，假人之长以补其短。"⑥即善于学习的人能够取别人的长处来弥补自己的短处。清朝苏惇元说："学不足以修己治人，则为无用之学。"⑦即如果所学的知识不能提高自己的修养，不能服务于社会，那就是没有用处的学问。换言之，无用之学不值得学习，要学就学有用之学。因此，真正的学问必须是能够提升自己的道德修养，能够有益于社会的学问，在于成就君子。隋朝王通说："君子之学

---

① 《论语·述而》。
② 《陪集》。
③ 《省心录·一》。
④ 《荀子·劝学》。
⑤ 《韩诗外传》卷八。
⑥ 《吕氏春秋·孟夏纪·用众》。
⑦ 《方望溪先生全集·年谱序》。

进于身，小人之学进于利。"①即君子与小人各自学习的目的存在着根本差别，即前者目的在于提高自身的德行，而后者学习的目的则是为了谋取私利。

在中国人看来，人不仅要知过、好闻其过，而且自觉了解过错本身就是聪明的表现；相反，如果厌恶聆听自己的过错，则非常愚蠢。例如，"反听之谓聪，内视之谓明，自胜之谓强"②，即对别人的批评能够反省算得聪明，能够反省自己算得明智，而能够自觉克服私心才是真正的强者。清朝申居郧指出："人生至愚是恶闻己过，人生至恶是善谈人过。"③即人生最愚昧的事与人生最丑恶的事其实质就是不能以正确的态度来对待自己与别人的过错，不能虚心地接受别人的批评与指正，相反，对别人的错误却又表现出无比的热情。孔子曾说一句妇孺皆知的名言："良药苦于口而利于病，忠言逆于耳而利于行。"④西汉桓宽则说："扁鹊不能治不受针药之疾，圣贤不能正不食谏诤之君。"⑤因此，身为君子的人应该虚心接受他人的批评与指正，应该冷静地对待他人比较尖刻的话语。

四、进德修业　持之以恒

自先秦以来，中国古代思想家对于人的本性究竟是善的、恶的、不善不恶的、兼善恶的、善恶混的或者性有"三品"等问题存在着极大争论。但是，无论哪家哪派，无不承认在德性修养问题上，实际上都需要平日的实践积累，认识到善与恶本质上最终取决于人的自觉选择，承认人的本性虽然如此，然而通过人的努力是能够有所改进和改善的。换言

---

① 《中说·天地篇》。
② 《史记·商君列传》。
③ 《西岩赘语》。
④ 《孔子家语·六本》。
⑤ 《盐铁论·相刺》。

之，人性的善与恶，归根结底，本身都不是凝固不变的，加强德性修养或教化就能够有所改进和改善。然而，德性的修养本身是一个漫长的过程，在此过程中，在中国古人看来，积善就能够成为善人，而积恶就能够成为恶人，而不论人原本是否贫贱。尤其可贵的是，中国古人非常重视这种学习，认为必须持之以恒，否则不会有什么效果。

　　从根本上说，孔子对人性的认识基本奠定了中国传统人性论的思想基础，也为人们现实的道德教化或道德修养提供了科学的人性论根据。众所周知，孔子说："性相近也，习相远也。"① 在此，"习"不少人释为"习俗"，但释为"习染"似乎更准确。显然，孔子只是基本肯定了人的天性本来是相近的、近似的，相差不远，只是经过社会环境的长期习染和人为教育，人们彼此之间才在品德上出现较大差别，但他并没有对人性下进一步的判断。从某种意义上说，孔子的观点具有一定的科学道理。然而，在孔子之后，儒家内部对人的本性的认识出现了分歧。孟子是"性善论"的提出者。《孟子》载："孟子道性善，言必称尧舜。"② 孟子的"四端说"把仁、义、礼、智看成了人固有的道德属性，这显然是他的"性善论"思想的体现。与孟子相反，荀子则提出了"性恶论"。荀子强调："人之性恶，其善者伪也。"③ 即在荀子看来，人的本性是恶的，善则是人为的结果。针对什么是所谓的"人为"，他又说："今人之性恶，必将待师法然后正，得礼义然后治。今人无师法，则偏险而不正；无礼义，则悖乱而不治。古者圣王以人之性恶，以为偏险而不正，悖乱而不治，是以为之起礼义、制法度，以矫饰人之情性而正之，以扰化人之情性而导之也。使皆出于治，合于道者也。"④ 在此，"师法"即君师与法制，在荀子看来，只有通过后天的君师教化与法制规范，才能矫

---

① 《论语·阳货》。
② 《孟子·滕文公上》。
③ 《荀子·性恶》。
④ 《荀子·性恶》。

正，借助礼义才能治理，而如果没有君师与法制，人性就偏邪不正，没有礼义人们就会违背秩序不得治理；古代的圣王正是根据人性恶，看到现实中人"偏险而不正"、"悖乱而不治"，才有针对性地发明礼义、制定法度来矫正、疏导人的性情，使之受到治理，合乎"道"。针对孟子的"性善论"，荀子则说："是不然！是不及知人之性，而不察乎人之性伪之分者也。凡性者，天之就也，不可学，不可事。礼义者，圣人之所生也，人之所学而能、所事而成者也。不可学、不可事，而在人者，谓之性；可学而能、可事而成之在人者，谓之伪，是性伪之分也。"①在此，荀子主要强调了"性"与"伪"的区别，认为"性"是"天之就"，即天然生成的，不可学、不可事，而"伪"是后天的，是人可学、可事的，在他看来，孟子实际上根本没有辨析性与伪的内在差别。当然，对于什么是善与恶，荀子强调："凡古今天下之所谓善者，正理平治也；所谓恶者，偏险悖乱也。是善恶之分也已。"②即所谓"善"与"恶"，本质上是指是否符合礼义法度，是否遵守社会秩序。正是由此，荀子强调了"性善论"与"性恶论"在具体实践中所产生的实际效益，说："故性善则去圣王，息礼义矣；性恶则与圣王，贵礼义矣。"③即若主张性善，则远离圣王，废除礼义，而主张性恶，则颂扬圣王，推崇礼义。总体上来说，荀子提出"性恶论"，其实质在于强调人必须通过君师与法度、礼义的教化才能达到治理，才能产生善。对于荀子的"性恶论"，北宋理学家程颐持否定态度，说："荀子极偏驳，只一句'性恶'，大本已失。"④然而，从根本上说，无论是"性善说"还是"性恶说"，都有偏颇性，都不能绝对化。李申强调："孟轲讲人性善，是说人人都有教化好

---

① 《荀子·性恶》。
② 《荀子·性恶》。
③ 《荀子·性恶》。
④ 朱熹：《孟子集注》。

的可能；荀子讲人性恶，是说人人都有被教化的必要。"①从根本上来说，只是不同的学者对问题的观察、分析的角度不同，因而其提出的解决问题的方案不同罢了。许斌龙指出："性善论与性恶论相反相成，恰恰是强调了'性相近也，习相远也'中意义的两个方面，前者肯定了人性的可完善性，但没有否定认同规范的非可能性，后者肯定了人性的可完善性，但没有否定规范的可能性，并且，不管性善论或性恶论，其结论都是一致的：'人皆可以为尧舜'，'涂之人可以为禹'，'人人皆具佛性'。因此，传统伦理学并不是将其人性认同建立在科学认识基础之上，而仅仅是一种道德预设或人性认同。"②事实上，人的本性无所谓善恶，善与恶都是相对一定的伦理道德规范或社会秩序而言的，归根结底，也都是相对于后天的社会因素而言的，它始终体现着自然属性与社会属性的统一，而任何人从自然人向社会人的生成要经历一个漫长的过渡过程，抽象地从自然属性或从社会道德属性肯定人，都是偏颇的。

从根本上说，无论是孔子的观点，还是孟子的"性善论"或荀子的"性恶论"，都没有否定人性是会随着学习和教化而不断地改进、改善的，积善则为善人，积恶则为恶人。例如，荀子强调："性也者，吾所不能为也，然而可化也；情也者，非吾所有也，然而可为也。注错习俗，所以化性也；并一而不二，所以成积也。习俗移志，安久移质。并一而不二，则通于神明，参与天地矣。故积土而为山，积水而为海，旦暮积谓之岁，至高谓之天，至下谓之地，宇中六指谓之极，涂之人百姓，积善全尽谓之圣人。彼求之而后得，为之而后成，积之而后高，尽之而后圣。故圣人者，人之所积也。"③即在荀子看来，人之性是可变化的，人之情是可以形成的，普通人积善到全尽的程度就叫作圣人，人们

---

① 李申：《简明儒学史·导论：什么是儒学》，中国人民大学出版社，2006，第12页。
② 许斌龙：《从血缘走向契约——马克思实践观视野下的经济学、伦理学与法学分析》，法律出版社，2009，第84-85页。
③ 《荀子·儒效》。

才能得到向往的东西；有行动才能得到成功，有积累才能得到提高，而达到完善程度的人就是圣人。荀子还说："人积耨耕而为农夫，积斫削而为工匠，积反货而为商贾，积礼义而为君子。工匠之子，莫不继事，而都国之民安习其服。居楚而楚，居越而越，居夏而夏；是非天性也，积靡使然也。"①在此，"反"同"贩"。李斯是荀子的学生，他在劝诫秦王勿听信秦宗室大臣驱逐宾客时曾强调说："是以太山不让土壤，故能成其大；河海不择细流，故能就其深。"②实际上，李斯所强调的道理同样适用于人对自身道德的修养。西汉扬雄强调："人之性也善恶混。修其善则为善人，修其恶则为恶人。"③扬雄坚持的是"善恶混"说，即认为善恶相杂，但他也强调善恶之别实际上在于人的"修"，即培育、培养或修养，归根结底在于荀子所谓的"积"。《周易·系辞下》说："善不积不足以成名，恶不积不足以灭身。"可以说，这一对"积"的认识和观念对中国人的道德教育影响深远。

中国古代思想家不仅认识到人性不是凝固不变的，而是积善、积恶的问题，还深刻地认识到积善、积恶恰恰是从点滴开始的，但其实际影响却根本不同，必须在积善的过程中高度自觉、谨慎、果断地去除恶。战国左丘明说："从善如登，从恶如崩。"④这是说，人向好处学，进步非常艰难，而向坏处学，发展非常迅速。既然如此，对积善积恶必须抱有谨慎的态度。东汉王符强调："故仲尼曰：汤、武非一善而王也，桀、纣非一恶而亡也。三代之废兴也，在其所积。积善多者，虽有一恶，是为过失，未足以亡；积恶多者，虽有一善，是为误中，未足以存。人君闻此，可以悚惧，布衣闻此，可以改容。是故君子战战栗栗，

---

① 《荀子·儒效》。
② 《李斯子·谏逐客书》。
③ 《法言·修身》。
④ 《国语·周语下》。

日慎一日。"①唐朝张玄素曾说:"慎终如始,犹惧渐衰,始尚不慎,终将安保!"②事实上,对于积善积恶,不仅要谨慎、自觉,而且无论是做善事还是改正自己的错误,在中国古人看来,还必须果断。例如,明末清初颜元说:"善恶要知,更要断。知一善,则断然为之;知一恶,则断然去之,庶乎善日积而恶日远也。"③显然,这种从善恶辩证关系的角度来认识积善与除恶,具有相当的合理性。众所周知,蜀汉昭烈帝刘备临终前曾告诫自己的两个幼子说:"勿以恶小而为之,勿以善小而不为。"④刘备的这句名言影响深远。例如,唐太宗长子承乾被立为太子后,大臣张玄素上疏直言规劝说:"古人有言:'勿以小恶而不去,小善而不为。'故知祸福之来,皆起于渐。"⑤清朝钱泳亦说:"勿以小善为无益,小善积得多,便成大善;勿以小恶为无伤,小恶积得多,便是大恶。"⑥这都是告诫人们要正确地对待小善与小恶,要知道积小善成大善就是道德修养的必由之路。例如,明末清初思想家陈确强调:"故利一而害百,君子不趋其利;害一而利百,君子不辞其害。"⑦在此是说,君子必须权衡利害,如果害处多于利处,就不去追求,而害少利多,也不逃避其害。

尽管进德修业、积小善成大善是一个漫长的过程,然而中国古人亦有强烈的时间紧迫感。作为儒家的创始人,孔子具有鲜明的时间观念。《论语》记载:"子在川上,曰:'逝者如斯夫,不舍昼夜。'"⑧即在孔子看来,时间像河水一样流逝,昼夜不停。《论语》还记载季氏家臣阳虎

---

① 《潜夫论·慎微》。
② 《旧唐书》卷七十五《列传第二十四·张玄素传》。
③ 《颜元集·颜习斋先生言行录·理欲》。
④ 《三国志》卷三十二《先主传第二》裴松之注。
⑤ 《贞观政要》卷四《规谏太子第十二》。
⑥ 《履园丛话·示子》。
⑦ 《葬书·深葬说下》。
⑧ 《论语·子罕》。

警示孔子应该出仕做官时也曾说:"日月逝矣,岁不我与。"① 阳虎的这句话很是触动了孔子,他听之后随即说:"诺,吾将仕矣。"《周易》九四爻记载孔子说:"君子进德修业,欲及时也。"② 这都是告诫人们要增进德行创建功业,必须抓紧时间,不失时机。庄子亦强调:"来世不可待,往世不可追也。"③ 此在,庄子则从来世与往世的动态变换中认识到既不能消极等待,也不能懊悔过去,而必须抓住眼前的时光。东晋陶渊明的《杂诗》说:"盛年不重来,一日再难晨。及时当勉励,岁月不待人。"北宋欧阳修强调:"君子之学也,其可一日而息乎?"④ 即强调进德修业是一个不能间断的事业,一日都不能停止学习。清朝康有为指出:"德贵日新。"⑤ 也是强调君子进修学习应当坚持不懈,每日有所更新。正因为进德修业不能停息、不能懈怠,因此必须持之以恒。例如,西汉韩婴说:"君子之于道也,犹农夫之耕,虽不获年,优之无以易也。"⑥ 总之,加强道德修养必须增强时间感和危机感,只有持之以恒,才能趋于至善。《周易·恒》说:"不恒其德,无所容也。"⑦ 即人如果不能保持自己高尚的道德品行或道德原则,就会在群体中丧失认同感而无处容身。因此,从自身角度而言,只有持之以恒,始终保持着自己的德性,不因环境而改变,才能为周围其他人所容纳。

中国古人在长期的伦理道德实践中,发现人们的关系、交情或友谊往往会随着身份、地位、权势的变化受到影响,而道德真正高尚的人不应受此影响。唐朝骆宾王曾指出:"一贵一贱交情见。"⑧ 即随着贵贱或地

---

① 《论语·阳货》。
② 《周易·乾》。
③ 《庄子·人间世》。
④ 《杂说》。
⑤ 《论语注》卷九。
⑥ 《韩诗外传》卷十。
⑦ 《周易·恒》。
⑧ 《帝京篇》。

位的变迁，人们之间的交情究竟是否真诚、真实显而易见。在中国人看来，道德高尚的人总是坚守着自己的道德原则，不因外在环境、条件、形势的变化而改变。"苟富贵，勿相忘"①，"我有清风高节在，知君不负岁寒交"②，是中国人对渴望维护往日交情的真情呼吁，即假使以后富贵了，彼此之间也不要忘记；我有高洁的品行，希望你也不要辜负了我们患难岁月中的交情。客观而言，人们在贫贱之际所形成和培育的友谊或夫妻感情往往是真挚的，因为那个时候人们的心境没有受到物质利益的干扰，没有过多的私心杂念。也正因为如此，真正珍惜真挚交情或感情的人都非常欣赏宋弘在拒绝汉光武帝刘秀把自己的妹妹许配于他时所说的那句名言，即"贫贱之知不可忘，糟糠之妻不下堂"③。事实上，人之所以不应当忘记自己在贫贱中结识的朋友，不应当抛弃自己患难与共的妻子，就在于真正如此这般去做的人，他本身也是不能长久地正常发展或飞黄腾达的。例如，西汉黄石公强调："贵而忘贱者不久。"④ 东汉王符则说："是故贫贱之时，虽有鉴明之资，仁义之志，一旦富贵，则背亲损旧，丧其本心。皆疏骨肉而亲便辟，薄知友而厚狗马。财货满于仆妾，禄赐尽于猾奴。宁见朽贯千万，而不忍赐人一钱；宁积粟腐仓，而不忍贷人一斗。人多骄肆，负债不偿，骨肉怨望于家，细民谤讟于道。前人以败，后争袭之，诚可伤也。"⑤ 因此，在王符看来，这种前后贫富贵贱变化而疏远旧交或亲人的做法是"前人以败"而"后争袭之"的普遍现象，值得鉴戒。不可否认，中华传统伦理道德实践中的确存在着一些势利的现象，如"贵易交，富易妻"⑥，但这种现象遭到了社会上有德

---

① 《史记·陈涉世家》。
② 《题赵支》。
③ 《后汉书》卷五十六《伏侯宋蔡冯赵牟韦列传第十六·宋弘传》。
④ 《素书·遵义章》。
⑤ 《潜夫论·忠贵》。
⑥ 《后汉书》卷五十六《伏侯宋蔡冯赵牟韦列传第十六·宋弘传》。

之人的激烈批评和抵制。例如，唐朝孟郊在《伤时》诗中对当时的不良世风就有所揭批："有钱有势即相知，无财无势同路人。"在同代人中，亦有多人对唐朝当时金钱、权势支配下的社会交往不良现象有所批评，如张谓说："世人结交须黄金，黄金不多交不深。"①崔膺则指出："本以势力交，势尽交情止。"即如果凭借权势相交，一旦权势没有时就会导致交情终止。当然，中国传统戏剧《铡美案》所塑造起来的嫌贫爱富、趋炎附势、贪图权利、忘恩负义的"陈世美"形象，可谓妇孺皆知，深入人心，影响深远。事实上，如果以利益或权势相交，根本不能持久。因此，在中华传统伦理道德中，人们从总体上还是非常欣赏、赞美那种不因外在因素而影响彼此交情、感情的恒久、厚道、淳朴的德性。例如，唐朝欧阳询引贾览说："士之相知，温不增华，寒不改叶，贯四时而不衰，历夷险而益固。"②即士人或君子之间真正的友谊不因四季变换而发生更改，而是历经四时而不衰，越是接受了困难的考验越能够牢固、持久。无疑，这种真正的友谊并不是建立在利益或权势基础上的，而是建立在内在恒久、厚道、淳朴的德性基础之上的，因此并不会因那些因素的得失而发生根本性的改变。

当然，正因为对那些因富贵而绝弃旧交、旧情的嫌恶，中国古人也对那些依然处于贫贱或低下地位的人提出了相应的规范和德性要求。例如，三国杜恕指出："不面誉以求亲，不偷悦以苟合。"③即不要当面吹捧别人，以求得对自己的欢心；也不要无原则地随声附和，而求得一团和气。总之，做人要正直，要讲究一贯的、不变的原则，不能为了自己的某种利益而无原则地讨好于人，求得别人的欢心。可以说，中国人对为人为臣者保持这样的恒久操守和德性的人给予了充分的肯定和赞扬。当

---

① 《题长安壁主人》。
② 《艺文类聚》卷二十一。
③ 《群书治要·体论》。

然，坚持原则，持守道义，关键还不能心眼太多。中国人极端鄙视对朋友耍心眼的人。例如，唐朝马总强调："百心不可以得一人，一心可以得百人。"① 即心眼太多可能没有朋友，但一心一意，坚持原则恰恰能够得到更多朋友。总之，能够持之以恒地追求和保持自己的德性，坚持原则，一以贯之，前后一致，是中国人非常欣赏的可贵品质。

五、不求闻达　名以德显

名与实的问题不仅是中国传统哲学中的一个基本问题，而且还是人生哲学或伦理道德上的重要问题。这表现为，中国古代人比较重视名节，爱惜自己的名誉，渴望美名为后人所传诵，坚守名副其实的原则，但也并不刻意去追求美名，不求闻达，更不愿浪得虚名，更不齿于沽名钓誉。中国人强调的是名以德显，更希望通过自身的美德而赢得美名。

以孔子为创始人的儒家向来讲究名正言顺，讲究名副其实，而在伦理道德领域，在为人处事或做人方面，也更珍爱自己的名声。孔子说："君子疾没世而名不称焉。"② 意思是说，君子忧虑的是死后而名声不被传称。中国人眼中的名声是与名誉、名节紧密地联系在一起的。在中国人看来，名誉、名声、名节比金子更珍贵。实际上，对名誉、名声的维护和珍爱，归根结底体现了人的鲜明的道德耻辱感。例如，西汉司马迁说："耻辱者，勇之决也；立名者，行之极也。"③ 清朝金缨说："护体面，不如重廉耻。"④ 即保护名誉、脸面或体面归根结底是对廉耻的意识，要更加重视廉耻。北宋林逋指出："大丈夫见善明，则重名节如泰山；用

---

① 《意林·子思子》。
② 《论语·卫灵公》。
③ 《报任安书》。
④ 《格言联璧·持躬类》。

心刚，则轻死生如鸿毛。"①明朝于谦亦强调："名节重泰山，利欲轻鸿毛。"②与名誉、名声、名节紧密相关的是气节或节操。中国古人强调气节或节操不能因外在环境和条件而有所改变。西汉桓宽说："不以穷变节，不以贱易志。"③三国杜恕说："其身可杀而其守不可夺。"④即志士是不会因为断头而改变自己的坚贞节操的。杜恕还指出："不为苟得以偷安，不为苟免而无耻。"⑤即为人处世要讲究气节，苟且偷安不是君子所为，做事要光明磊落、心胸开朗，不可卑躬屈节，不可因为邪恶势力而改变自己的节操而成为不知廉耻的人。南宋文天祥尤其强调："时穷节乃见，一一垂丹青。"⑥这是说，正是因为出现这种特殊的境遇，反倒能够衬托出真正的节操来。中国古代先哲在伦理道德实践中，总结和提出了不少的伦理道德规范，多涉及对自己及他人名节的维护。例如，明朝刘基指出："弱不可陵，愚不可欺，刚不可畏，媚不可随。"⑦这说明，为人处世要正派，一方面不凌弱，不欺愚，不辱他人名节；另一方面也要不畏刚，不随媚，不辱自己的名节。显然，这"四不可"是维护名节的非常重要的伦理道德规范。正是出于维护名节的目的，清朝魏裔介载薛文清说："名节至大，不可妄交非类。"⑧要慎重选择交往的朋友，不要因为结交了一些不善良的人而危害了自己的名节。因此，在对待自己的名誉、名声方面，中国古人既强调要善于保护、维护，也强调自己的名声必须能够流传于后世。

但是，中国古人也认识到，人要想获得美名是非常困难的，需要

---

① 《省心录·六一》。
② 《忠肃集》卷十一《无题》。
③ 《盐铁论·地广》。
④ 《群书治要·体论》。
⑤ 《群书治要·体论》。
⑥ 《文天祥全集》卷十五《吟啸集·正气歌》。
⑦ 《诚意伯文集·官箴上》。
⑧ 《琼琚佩语·人品》。

以内在的高尚道德为基础和前提,而离却了美德,根本就谈不上什么美名。贞观十年,唐太宗李世民教育自己的儿子们说:"桀、纣虽是天子,今若相唤作桀、纣,人必大怒。颜回、闵子骞、郭林宗、黄叔度,虽是布衣,今若相称赞道类此四贤,必当大喜。故知人之立身,所贵者惟在德行,何必要论荣贵。"① 因此,美德或美好的德行是真正使人赢得尊敬的前提。真正道德高尚的君子以追求道德为目的,始终都会感觉到自己的道德还不够高尚,因而对待名誉、名声问题,始终持有谨慎的态度。这就表现为崇尚名副其实,反对追逐虚名,特别是沽名钓誉。例如,孟子说:"故声闻过情,君子耻之。"② 即名声超过实际情况,君子就会觉得耻辱。荀子强调:"贵名不可以比周争也,不可以夸诞有也,不可以势重胁也。"③ 即人看重名声,但不能靠勾结他人去争取,不能靠吹嘘得来,也不能靠权势威胁他人而得来。《列子》说:"不矜贵,何羡名?不要势,何羡位?"④ 即人们往往贪图富贵而贪慕虚名,因贪恋权势贪慕权位。但追逐虚名的人,实际上恰恰表明其道德境界不高。《管子》说:"钓名之人,无贤士焉。"⑤ 即沽名钓誉者绝不是贤德之人。东晋葛洪引鲍敬言说:"让爵辞禄,以钓虚名,则不如本无让也。"⑥ 北宋林逋指出:"忠信廉洁,立身之本,非钓名之具也。"⑦ 即忠义诚信廉洁是人的立身之本,而不是沽名钓誉的工具。北宋梅尧臣说:"安求一时誉,当期千载知。"⑧ 即不应当企求一时的荣誉,而应当追求千年之后仍然为人们所了解和知晓的美名。尤其是,人们还深刻地认识到,纵使是名副其实下的高名,也往往

---

① 《贞观政要》卷四《教戒太子诸王第十一》。
② 《孟子·离娄下》。
③ 《荀子·儒效》。
④ 《列子·杨朱》。
⑤ 《管子·法法》。
⑥ 《抱朴子·诘鲍》。
⑦ 《省心录·四五》。
⑧ 《寄滁州欧阳永叔》。

招来诽谤、指责或诋毁。例如，唐朝刘禹锡说："名高毁所集，言巧智难防。"即一旦人的名望高了，就会成为人们诽谤、指责、诋毁的对象，受到各种花言巧语的中伤，纵使智者也难以提防。不仅如此，好虚名必然导致整个社会风气败坏。例如，南宋叶适强调："高者为名，而世道愈降矣。"① 正因为如此，人们认识到，"人君不可有独好其名之心。不可使天下无好名之心。好其实故不得独好其名。因名以责实。故不得不使天下好名"②，即当君王者，不能独好其名，不得以名责实，导致整个天下名实大乱。

既然缺乏内在的高尚道德就难以赢得美名，因此中国人也倡导清醒地、客观地看待名声。孔子说："人不知，而不愠，不亦君子乎？"③ 即君子不为人知，依然是君子，真正道德高尚的人不必强求让人知道。相反，孔子说："不患人之不己知，患不知人也。"④ 又说："不患无位，患所以立。不患莫己知，求为可知也。"⑤ 在这里，孔子所强调的实质上就是自己要想在社会上立身、成名，首先要有内在的素质、本领和德性。《淮南子》指出："兰生幽宫，不为莫服而不芳；舟行江海，不为莫乘而不浮；君子行义，不为莫知而止休。"⑥ 这是强调不要因为人不知道而停止行义、做好事。明朝薛瑄强调："人未己知，不可急求其知；人未己合，不可急与之合。"⑦ 这是强调不必急着让人了解自己，也不必急于与其他人融洽相处。"桃李不言，下自成蹊"，这句话出自西汉司马迁的《史记·李将军列传》，借桃李树不会说话而能引来众人到来欣赏，结果

---

① 《宋元学案》卷五十四《水心学案上·水心习学记言》。
② 《皇朝经世文编》卷十三《好名论》。
③ 《论语·学而》。
④ 《论语·学而》。
⑤ 《论语·里仁》。
⑥ 《淮南子·说山训》。
⑦ 《薛瑄全集·读书录》卷二。

树下自然而然踏出小路来比喻以自己的高尚道德而赢得美名。总之，中国人在是否能够赢得美名问题上，并不强求，而是更加注重提升自身内在的道德修养，靠内在的美德以赢得名副其实的美名。

第三节　遵守礼义　持守中庸之道

中华民族向来重视礼义，即伦理道德规范，包括现代语境中的"礼仪"，中国向来被誉为礼义之邦。实质上，在中国古人看来，"礼以立身"，即礼义不仅使人区别于动物，而且是使华夏民族独特于其他民族的根本标志。客观而言，中国古人充分地认识到礼义在调节社会关系、维护社会秩序、塑造社会文明方面的重要作用，认识到遵守礼义实际上体现了对他人人格的尊重，是赢得朋友信任的重要前提，但同时在崇尚礼尚往来的同时，并不完全拘泥于小节，而是更看重内在的高尚德性，遵循中庸之道，寻求内在德性与外在规范的辩证统一、知与行的辩证统一。

一、立身以礼　学礼成人

人的社会化是人逐渐地摆脱自然动物状态而成为社会人的过程，人在这一过程中不仅意味着得到社会上周围其他人的承认，而且意味着人以自身的素质、能力和条件立身于社会。人的这些素质、能力和条件既包含着必要的身体素质、专业知识、职业技能、经济实力、社会关系，也包含着内在德性、礼仪知识、文明素养等。中华传统伦理思想比较重视礼、礼仪对人之所以为人的意义，认为遵守礼义、礼仪或礼教是人之所以区别于动物的内在前提。

众所周知，以孔子为创始人的儒家非常重视礼、礼义对人的立身意义，认为礼是人立身的根本，人们正是通过遵从礼义而彼此认同和接受,从而成为社会人。孔子所谓"立于礼",即是说礼使人立身于社会。《左传》说:"礼,身之干也;敬,身之基也。"① 即礼貌就好像人的身体的躯干,而诚敬则是立身的基础。《礼记》说:"鹦鹉能言,不离飞鸟;猩猩能言,不离禽兽。今人而无礼,虽能言,不亦禽兽之心乎!夫唯禽兽无礼,故父子聚麀。是故圣人作,为礼以教人,使人以有礼,知自别于禽兽。"② 晏子说:"凡人之所以贵于禽兽者,以有礼也。"③ 即人之所以比禽兽高贵,就在于人懂礼义,能够按照礼仪规范自己的行为。因此,如果一个人的行为突破伦理底线,即突破伦理规范体系中最基本、最低层次的规范,他就已经退化到动物或猪狗不如的层次上去了。西汉扬雄强调:"天下有三门:由于情欲,入自禽门;由于礼义,入自人门;由于独智,入自圣门。"④ 正是因为遵守礼义是人能够立身于社会之上的根本,儒家重视学习礼义。孔子说:"不学礼,无以立。"⑤ 即如果人不学习礼义,就无法在社会上立身做人,就无法获得其他人的认同和接受。中国人向来注重礼尚往来,例如,《诗经》中就出现所谓"投我以桃,报之以李"⑥。《礼记》说得更为明白:"礼尚往来,往而不来,非礼也;来而不往,亦非礼也。"⑦ 即礼节重在相互往来,无论是有往无来还是有来无往,都不符合礼节。事实上,礼尚往来不仅符合礼节,而且有利社会发展。孔子说:"仁者,天下之表也,义者,天下之制也,报者,天下之利也。"⑧ 在此,"报",郑玄注说:"报,谓礼也。礼尚往来。"⑨ 注重礼

---

① 《左传·成公十三年》。
② 《礼记·曲礼上》。
③ 《晏子春秋·内篇谏上二》。
④ 《法言·修身》。
⑤ 《论语·季氏》。
⑥ 《诗经·大雅·抑》。
⑦ 《礼记·曲礼上》。
⑧ 《礼记·表记》。
⑨ 《礼记正义》。

尚往来，是彼此尊重人格、平等相待的表现。无疑，人们之间的社会交往必须遵循为整个社会所奉行的礼仪规范，因为只有按照为人们所普遍承认和奉行的礼仪规范，不仅能够有效地得到他人的认同，而且本身还体现为对他人的人格的敬重，而这恰恰是人能够赢得他人尊敬，最终得到朋友的前提。孔子弟子子夏说："君子敬而无失，与人恭而有礼。四海之内，皆兄弟也——君子何患乎无兄弟也？"①这是说，只要遵守礼仪，对人尊敬，就能找到朋友和兄弟。《管子》作者说："衣冠不正，则宾者不肃。进退无仪，则政令不行。"②即在接待朋友或宾客时，衣冠端正是对人的尊敬；同样，在国事活动中，只有遵守相应的礼仪，才能使政令为人们贯彻执行。事实上，遵守礼仪规范，不仅能够表达对他人的尊敬，实际上还能够确保自己远离耻辱。例如，孔子的弟子有若强调："恭近于礼，远耻辱也。"③当然，中国古人也认识到，在遵守礼仪规范问题上，恭敬并不代表谄媚。例如，《周易》说："君子上交不谄，下交不渎。"④即君子与地位比自己高的人相交往不应谄媚，而与地位比自己低的人交往也不要轻慢。中华传统伦理道德中，由于人们之间非常崇尚礼仪，因此，纵使朋友之间绝交也是非常文明的。西汉刘向记乐毅说："臣闻古之君子，交绝而不出恶声。"⑤即古代的君子即便断绝了交情，也不会因此口出恶言，也不以诋毁对方的人格为能事。总之，正是因为礼义、礼仪，中国人塑造了一个彰显文明、文化的礼义之邦，即一个现实的伦理道德世界，人们彼此借助社会上普遍流行的礼义、礼仪或伦理道德规范而彼此认同和接受。

中国作为礼义之邦，规范、协调了人们之间的远近亲疏关系，塑造

---

① 《论语·颜渊》。
② 《管子·形势》。
③ 《论语·学而》。
④ 《周易·系辞下》。
⑤ 《战国策·燕策》。

了整个社会的稳定秩序。礼义、礼仪就是来规范人们之间的社会关系、社会身份、社会地位，从而塑造安定有序的社会环境，端正社会风俗的。中国古人很早就认识到这一点。《礼记》说："夫礼者，所以定亲疏，决嫌疑，别同异，明是非也。"① 即所谓礼，是用来界定人们之间的亲疏关系、解决误会、区别同异、辨明是非的原则。礼义对规范和协调社会关系发挥着重要的作用。再如，《礼记》又强调："道德仁义，非礼不成；教训正俗，非礼不备。"② 由于礼义具有规范社会关系的作用，因此违背礼义制度也就造成了社会关系的混乱。孔子向来非常重视礼义制度在规范社会关系、约束自己思想和行为的重要作用。针对季氏，孔子说："八佾舞于庭，是可忍也，孰不可忍也？"③ 针对"季氏旅于泰山"，即作为鲁大夫而祭祀按照礼乐制度唯有天子才能祭祀的天下名山这件事，孔子知时任季氏家臣的冉有不能劝阻，就感叹说："呜呼！曾谓泰山不如林放乎？"④ 在祭祀问题上，他强调："非其鬼而祭之，谄也。"⑤ 即对死人的祭祀，必须遵守礼义祭祀自己的祖先，而不是违背礼义去祭祀别人的祖先，如果那样，只不过是谄媚而已。针对管仲，他说："邦君树塞门，管氏亦树塞门。邦君为两君之好，有反坫，管氏亦有反坫。管氏而知礼，孰不知礼？"⑥ 针对自己，他是非常强调必须遵循礼乐制度的。例如，他每次进入周公庙，对每件事都发问，以致有人说："孰谓鄹人之子知礼乎？入大庙，每事问。"这是质疑孔子既然进入大庙为什么每件事都要问，还谈得什么懂得礼。然而，孔子听说这种议论后，反倒说：

---

① 《礼记·曲礼上》。
② 《礼记·曲礼上》。
③ 《论语·八佾》。
④ 《论语·八佾》。
⑤ 《论语·为政》。
⑥ 《论语·八佾》。

"是礼也。"①总之，以孔子为创始人的儒家是非常强调礼的，希望通过礼来规范人们的行为，维持正常的社会秩序。

正是因为认识到礼义或道德的重要作用，中国古人极为重视道德教育或教化的重要性。儒家倡导德治思想，即以道德教化维持统治。例如，孔子强调："为政以德，譬如北辰居其所而众星共之。"②儒家特别强调道德教育问题，而这也是中华传统伦理道德的根本特色之一。作为儒家的创始人，孔子非常重视道德教育问题，他分别了刑罚与教化所产生的不同效果，指出："道之以政，齐之以刑，民免而无耻；道之以德，齐之以礼，有耻且格。"③尤其是，孔子强调道德教育必须从自身做起，他指出："政者，正也。子帅以正，孰敢不正？"④西汉扬雄在回答"何以治国"这一问题时，他强调"立政"，而在回答"何以立政"时，他则说："政之本，身也。身立则政立矣。"⑤中国古人非常注意道德教育过程中的上行下效现象，因此比较强调言传身教，尤其身教重于言传。扬雄又说："君子为国：张其纲纪，谨其教化。道之以仁，则下不相贼；莅之以廉，则下不相盗；临之以正，则下不相诈；修之以礼义，则下多德让。"⑥西汉桓宽说："语曰：'货赂下流，犹水之赴下，不竭不止。'今大川江河饮巨海，巨海受之，而溪谷之让流潦，百官之廉，不可得也。夫欲影正者端其表，欲下廉者先之身。故贪鄙在率不在下；教训在政不在民也。"⑦东汉荀悦说："善禁者，先禁其身而后人；不善禁者，先禁人而后身。善禁之，至于不禁，令亦如之。若乃肆情于身，而绳欲于众，

---

① 《论语·八佾》。
② 《论语·为政》。
③ 《论语·为政》。
④ 《论语·颜渊》。
⑤ 《法言·先知》。
⑥ 《法言·先知》。
⑦ 《盐铁论·疾贪》。

行诈于官,而矜实于民,求己之所有余,夺下之所不足,舍己之所易,责人之所难,怨之本也。谓理之源,斯绝矣。"①这种重德政、重教化尤其强调从自身做起的思想,对后世统治者影响深远。《贞观政要》记载唐太宗李世民对待臣下说:"古人云:'君犹器也,人犹水也;方圆在于器,不在于水。'故尧、舜率天下以仁,而人从之;桀、纣率天下以暴,而人从之。下之所行,皆从上之所好。"②在君主治国问题上必须去掉偏爱与憎恨之心方面,魏徵则强调:"君严其禁,臣或犯之,况上启其源,下必有甚,川壅而溃,其伤必多,欲使凡百黎元,何所措其手足!此则君开一源,下生百端之变,无不乱者也。"③唐朝韩愈也说:"古之君子,其责己也重以周,其待人也轻以约。重以周,故不怠;轻以约,故人乐为善。"④即在韩愈看来,古人在道德修养方面严以律己、宽以待人,而当时盛行的却是要求苛求别人而放纵宽容自己的坏风气。明朝宋濂说:"君人者兼治教之类,率以躬行,则众自化。"⑤在这里,宋濂强调治理天下必须注重对民众的教化,注意以身作则,以自己的实际行动感化民众。

当以华夏族为主体的中原人形成礼义之邦时,也以礼义来辨别和区分周围其他民族,即坚信是否遵守礼义、是否有礼义教化,是华夏民族区别于周围其他民族的根本标志。中华民族本身是一个多民族融合的概念,然而在历史的发展过程中,其核心则是华夏族,特别是长期生存、生活在中原大地上的汉民族。在古代,由于思想和视域的局限,中原被中国古人视为天下的中心,视为"中国",并由于在此地带上生活的人们衣着的华美,被视为"中华"。不仅如此,"中华"民族还是制订礼义、

---

① 《申鉴·政体》。
② 《贞观政要》卷六《慎所好第二十一》。
③ 《贞观政要》卷三《君臣鉴戒第六》。
④ 《韩昌黎全集》卷十一《杂著一·原毁》。
⑤ 《明史》卷一百二十八《宋濂传》。

遵守礼义的礼义之邦。以此为基础，在中华人的眼中，其他少数民族根据距离中原的关系而被称为"夷"。例如，《庄子》说："吾闻中国之君子，明乎礼义而陋于知人心。"[1]唐朝孔颖达说："中国有礼仪之大，故称夏；有服章之美，谓之华。"[2]元朝王元亮说："中华者，中国也。亲被王教，自属中国，衣冠威仪，习俗孝悌，居身礼义，故谓之中华。"[3]当然，这也不是绝对的。西晋傅玄指出："中国所以常制四夷者，礼仪之教行也。失其所以教，则同于夷矣；失其所以同，则同乎禽兽矣。不唯同乎禽兽，乱将甚焉。何者？禽兽保其性然者也。人以智役力也，以智役力而无教节，是智巧日用，而相残无极也。相残无极，乱孰大焉？不济其善而唯力是持，其不大乱几希耳。"[4]这也就是说，人与禽兽的区别，就在于是否制订了礼仪，是否奉行了礼仪之教，是否按照礼仪形成了稳定的社会秩序。总之，这一切都说明，在中国古人看来，所谓中华民族，从根本上来说就是明乎礼义或接受了王教、礼教教化的民族，而是否遵守礼义就是华夏民族区别于周围其他民族的根本标志。事实上，"华夏"处于中原，既称"中国"，又称"中华"，三者实际上是统一的。当然，中国向来是一个以汉族为主体的多民族国家，人们还从是否遵守礼义进而解释了变动中的中华民族概念。1907年7月，《民报》第15期发表《中华民国解》强调："中华之名词，不仅非一地域之国名，亦且非一血统之种名，乃为一文化之族名。……中国可以退为夷狄，夷狄可以进为中国，专以礼教为标准，而无亲疏之别。其后数千年，混杂数千百人种，而称中华如故。以此推之，华之所以为华，以文化言之可决也。"[5]因此，

---

[1]《庄子·田子方》。
[2]《春秋左传正义》。
[3]《唐律疏议释文》。
[4]《傅子·贵教篇》。
[5] 张岱年、方克立主编《中国文化概论》，北京师范大学出版社，2004，第270页。

是否有礼义、是否行礼教，才是判定礼义之邦的标准，进而也是判定中华或中国的标准。

二、知行合一　恪守中庸

诚信精神是中华传统伦理精神的重要内容，彰显于人们生活的任何领域、伦理道德的任何实践或人际交往的方方面面之中。但从根本上说，诚信体现于人的伦理道德行为中。北齐刘书曾强调说："信者，行之基，行者，人之本。"①在中华传统伦理道德思想中，诚信精神主要表现为知行合一、言行一致、表里如一，这些是道德修养达到较高境界的标志。

知与行的关系问题，在中国传统文化思想中，不只是一个认识论、实践论的问题，更主要的是一个伦理道德的问题。当然，知行问题首先是一个认识论问题，但在中国传统文化思想中，并没有纯粹的认识论，认识论与伦理道德思想本质上是融为一体的，不可截然分割。伪《古文尚书》最早提出了知与行的关系问题："非知之艰，行之惟艰。"②此即后来所谓"知易行难"说的出处。此后，不论是宋代程朱学派所谓的"知先行后"说还是清代王夫之、颜元等人所谓的"行先知后"说，但在伦理道德问题上，明朝王阳明提出的"知行合一"说应当说具有最广泛的影响。伦理道德实践上的知与行的合一问题本质上就是诚信问题，可以说，这是中华传统伦理道德的精神实质之一。众所周知，《论语》记载："子以四教：文、行、忠、信。"③因此，对"行"的问题与"信"的问题，在孔子看来，是一个人必须学习的主要内容。在孔子这里，"行"本质上就是伦理道德实践意义上的人的行为。孔子说："弟子，入则孝，

---

① 《刘子·履信》。
② 《尚书·说命中》。
③ 《论语·述而》。

出则悌，谨而信，泛爱众，而亲仁。行有余力，则以学文。"①在此，孔子所讲基本上就是道德上的"行"，并且体现出"信"，人只有道德上做得优秀，才能进而去学习文章典籍。在知行问题上，孔子提出："盖有不知而作之者，我无是也。"②"不知而作之"是指不懂而凭空创作。但本质上说，孔子否定了不知而行的现象，更强调自己没有这种现象。孟子对知行问题的认识是建立在他的"良能"和"良知"说上的。他指出："人之所不学而能者，其良能也；所不虑而知者，其良知也。"③在他看来，具备这种良能、良知的人就是所谓"大人"，相反，对于"小人"，即"众人"，他说："行之而不著焉，习矣而不察焉，终身由之而不知其道者，众也。"④即"众人"只是"行"和"习"，但"不知其道"，即不知自己行为所以应该如此所依据的原则或道理。正是由此，他引伊尹的话说："天之生斯民也，使先知觉后知，使先觉觉后觉。"⑤然而，尽管孟子其目的是为剥削阶级制造统治理论根据，却说明了一个问题，即人们必须达到知与行的统一。这一点应当是毫无疑问的。此后，荀子进一步强调了知与行合一的必要性，他说："不闻不若闻之，闻之不若见之，见之不若知之，知之不若行之。学至于行而止矣。行之，明也，明之为圣人。圣人也者，本仁义，当是非，齐言行，不失毫厘，无它道焉，已乎行之矣。"⑥在此，荀子肯定了人们伦理道德上知与行统一的必要性，并且强调只要达到对自己的"行"非常明白，就算得上是"圣人"，即圣人是以仁义为根本，妥当分辨是非，言行一致，不错一毫一厘，而这并没有其他途径，只是把学习到的东西落实到实际行动上而已。又说：

---

① 《论语·学而》。
② 《论语·述而》。
③ 《孟子·尽心上》。
④ 《孟子·尽心上》。
⑤ 《孟子·万章下》。
⑥ 《荀子·儒效》。

"君子之学也，入乎耳，箸乎心，布乎四体，形乎动静；端而言，蝡而动，一可以为法则。小人之学也，入乎耳，出乎口。口耳之间则四寸耳，曷足以美七尺之躯哉？"①在此，荀子对"君子"与"小人"的分别就在于对需要学习的东西是否真正地认真学习并付诸实践。北宋黄晞亦强调："生而不知学，与不生同；学而不知道，与不学同；知而不能行，与不知同。"②即人生在世就要学习，学习就要知道，知道就要行动，否则就丧失了意义。南宋朱熹说："大抵学问只有两途，致知力行而已。"③在此，朱熹所谓"学问"，并非单纯指文化知识，其实质重在伦理道德修养，在他看来，只有两个途径，即掌握知识并且能加以实践。南宋文天祥的《题戴行可进学斋》说："独有一言，愿献于君者，曰行。"即在他看来，做学问最重要的就是"实践"。清代颜元亦强调："人之为学，心中思想，口中谈论，尽有百千义理，不如身上行一理之为实也。"④即人在学习中，必须把心中所想、口中所说的大道理付诸实践，只要做到一条也是相当不错的。

特别是，知行合一还在于能够明确地知道自己什么时候该做某事和不该做某事，而其最高的境界就是时止而止、时行而行或知几而动。《周易·彖传·艮》说："时止则止，时行则行，动静不失其时，其道光明。艮其止，止其所也。"在此，"艮"就是停止的意思，即该停止就停止，该行动就行动，动和静都不失时机，人的道路就宽广而明朗。《大学》首句说："大学之道，在明明德，在亲民，在止于至善。知止而后有定，定而后能静，静而后能安，安而后能虑，虑而后能得。物有本末，事有终始。知所先后，则近道矣。"在此，曾子提出儒家"修己以安人"的圣王之道的三条基本原则，即"明明德"、"亲民"和"止于至善"。其

---

① 《荀子·劝学》。
② 《聱隅子·生学篇》。
③ 《朱熹文集·答吕子约》。
④ 《颜元集·颜习斋先生言行录》。

中，"止于至善"具有决定性的意义。南宋朱熹注解说："止者，必至于是而不迁之意。至善，则事理当然之极也。"① 因此，"止于至善"就是达到至善而不再迁移，即以至善为最高归依。《诗经》说："绵蛮黄鸟，止于丘隅。"② 意即鸟儿知道自己应栖息在山丘最茂盛的树林之中。读此，孔子则感叹说："于止，知其所止，可以人而不如鸟乎！"③ 即在孔子看来，连鸟儿都知道挑选最适合自己栖息的地方栖息，而作为万物之灵的人，又怎么还不如鸟儿的见识呢？北宋邵雍说："知行知止唯贤者，能屈能伸是丈夫。"④ 如果说知止而止是知行合一的一个方面，那么，知行则行则是其另一方面。《周易·系辞上》云："夫《易》，圣人之所以极深而研几也。唯深也，故能通天下之志；唯几也，故能成天下之务。"对于什么是"几"，《周易·系辞下》说："几者，动之微。"《周易·文言·乾》说："知至至之，可与言几也。知终终之，可与存义也。"古人是借助《周易》来深研"几"，而把握准"几"就能够成就人生事业。为此，就要做到"知几而动"。所谓"知几而动"，就是通过对事物或道细微变化的把握来科学指导或规范自己，迅速地行动起来。因此，知几而动，从本质上来看，就是中华传统伦理道德所渴望达到的知行合一的最高境界。

如果说知与行的合一本质上体现着人对自身的诚信问题，那么，言与行的统一或一致就不仅表现为人对自己是否诚信的问题，而且更主要表现为人是否对他人诚信的问题。与知行合一相一致，中华传统伦理道德观念非常注重人们的言与行的统一，即说与做要实现一致。言行一致是儒家伦理道德思想的根本原则之一。孔子非常重视人们的言行一致问

---

① 《四书章句集注》。
② 《诗经·小雅·绵蛮》。
③ 《大学》。
④ 《伊川击壤集》卷七《代书寄前洛阳簿陆刚叔秘校》。

题,他强调说:"古者言之不出,耻躬之不逮也。"①即古代人之所以不轻易把话说出口,就在于羞耻自己的行动会赶不上。换言之,真正严肃的人不轻易说话,因为如果言行不一,只可能给自己带来羞耻。所以,孔子强调:"君子耻其言而过其行。"②即道德高尚的人把他的言论超过他的行动当作羞耻。显然,孔子为人们确立了一条待人处世的根本原则。孔子主张言行一致,说到做到。也正因为如此,在他看来,要正确评价一个人的品德修养,那就要看他言行是否一致。他要求:"听其言而观其行。"③显然,不从具体的行动上进行考证,人们很容易受花言巧语蒙蔽。这说明,对于一个人的道德品质的全面衡量,关键在于看他究竟如何做事。荀子亦强调:"相形不如论心,论心不如择术。"④在此,"术"即"方法",指思想方法,"择术"指选择正确的思想方法。荀子实际上想强调的是,观察一个人的外表不如了解其内心,而了解其内心不如看他实际的思想方法,当然,归根结底要看的还是他的实际行动。《中庸》说:"言顾行,行顾言,君子胡不慥慥尔!"⑤在此,"慥慥(zàozào)尔"指忠厚诚实的样子。这是说,说话时要考虑能否实行,行动时要考虑是否与所说的相符,做到言行一致,君子就是忠厚诚实的。因此,只有言与行相一致,才是诚实君子的当然所为。《中庸》甚至强调:"是故君子动而世为天下道,行而世为天下法,言而世为天下则。"⑥即君子的举动成为天下人的法则,行动成为天下人的楷模,言论成为天下人的准则。当然,事实上,君子很难做到这一点。例如,北宋欧阳修说:"臣闻古王者之治天下……虽有纳谏之明,而无力行之果断,则言愈多而听愈

---

① 《论语·里仁》。
② 《论语·宪问》。
③ 《论语·公冶长》。
④ 《荀子·非相》。
⑤ 《中庸·十三章》。
⑥ 《中庸·二十九章》。

惑。"①而中国古人对违背言行一致原则的人向来持批判态度，认为这不仅是令人耻辱的事，而且这样的人不可大用。例如，隋朝王通强调说："言不中，行不谨，辱也。"②特别是，"言过其实，不可大用"③，是人们形成的共识。因此，明朝袁崇焕告诫自己的子孙说："心术不可得罪于天地，言行要留好榜样。"即人必须心术端正，不能心术不正有愧于天地，而言行一定要为子孙留下好的榜样。

以诚信为实在根基的知行合一、言行一致，本质上是人在伦理道德修养问题上的一个严肃的事情，因此必须抱有非常严谨、谨慎的态度。中国人的谨慎态度鲜明地体现在慎言慎行上，即具有高度自觉意识的人，不轻易在公开场合发表言论，而在行动上也严加约束，防止自己违犯伦理道德规范。与此相一致，中国人历来讨厌脱离实际、捕风捉影的夸夸其谈，反对毫无根据的道听途说。慎言慎行是典型的儒家伦理道德规范要求。例如，孔子在回答子贡什么是君子时，说："先行其言而后从之。"④即对于想说的话首先要付诸行动，然后才说出来。换言之，君子不能轻易地说出今后想干什么，而要通过切实的行动来验证自己的想法，只有待事实已经证明了自己的想法的合理性、正确性之后才能大胆地说出来。显然，这是为自己的话负责任的谨慎表现。孔子还强调："君子欲讷于言而敏于行。"⑤即对于君子来说，出言要迟钝，行事则要敏捷，孔子所以这样要求，其实质就是恐怕说了做不到，结果导致言行不一。例如，他说："其言之不怍，则为之也难。"⑥即他认识到，说起话来大言不惭，但实行起来往往就遇到了困难。西汉贾谊亦强调人必须

---

① 《准诏言事上书》。
② 《中说·王道篇》。
③ 《三国志》卷三十九《马良传》。
④ 《论语·为政》。
⑤ 《论语·里仁》。
⑥ 《论语·宪问》。

慎言慎行，他说："夫一出而不可反者，言也；一见而不可得掩者，行也。故夫言与行，知愚之表也，贤不肖之别也。是以智者慎言慎行，以为身福；愚者易言易行，以为身灾。故君子言必可行也，然后言之；行必可言也，然后行之。"① 贾谊所强调的是言行一致的重要性，认为言行一致是区别智慧与愚蠢、好人与坏人的标准，即聪明人慎言慎行，从不乱说乱做，用以求得自身的福分，而愚蠢人则轻言妄行、乱说蛮干，结果给自己带来灾祸。因此，智者应当慎言慎行，严格要求自己，做一个品德高尚的人，尤其是当权者更应该如此。隋朝王通说："多言不可与远谋，多动不可与久处。"② 即喜欢说话或话太多的人，不可与他商量大事，而对于轻举妄动者，则不可与之长期相处。慎言慎行，同样也是君主必须重视的问题。例如，《管子》作者强调："言而不可复者，君不言也；行而不可再者，君不行也。凡言而不可复、行而不可再者，有国者之大禁也。"③ 在此是说，不能重复说的话君主绝不能再说，不能重复做的事君主绝不能再做，因为这些都是君主最大的禁忌。中国人慎言的表现还体现在基本上不在交往不深的朋友面前谈论重要的话题。一般情况下，人们议论的事往往涉及他人，在臧否之间，不免会有失偏颇而伤害人。孟子曾说："言人之不善，当如后患何？"④ 即说别人的坏话，招来后患怎么办？因此，人们养成了一般情况下不在生疏人面前谈论重要话题，特别是臧否人事的习惯。例如，西晋羊祜强调："恭为德首，慎为行基。愿汝等言则忠信，行则笃敬。无口许人以财，无传不经之谈，无听毁誉之语。闻人之过，耳可得受，口不得宣，思而后动。若言行无信，身受大谤，自入刑论，岂复惜汝，耻及祖考。"⑤ 西晋曹志说："事虽

---

① 《新书·大政上》。
② 《中说·魏相篇》。
③ 《管子·形势》。
④ 《孟子·离娄下》。
⑤ 《诫子书》。

浅，当深谋之；言虽轻，当重思之。"①这是说，纵使做小事，也当认真对待，纵使平常说话，也要非常谨慎，不要轻易出口。这在于，"欲人不知，莫若不为；欲人不闻，莫若勿言"②。唐朝司空图指出："交疏自古戒言深。"③即对交情浅薄之人自古以来都注意避免谈话太深刻。北宋苏轼则强调："交浅言深，君子所戒。"④即不要犯交情很浅薄却谈论深刻话题的错误。与慎言慎行相一致，中国人向来反对道听途说。例如，孔子认为："道听而涂说，德之弃也。"⑤在此，"涂"通"途"。朱熹注说："虽闻善言，不为己有，是自弃其德也。"⑥所谓"道听而涂说"，就是在道路上听到的东西，又很快地随意散布出去。显然，"道听"的东西没有根据，而随意地散布出去又是不负责任的表现。因此，道听途说往往与拨弄是非联系在一起，只可能混淆是非、制造矛盾，于人于己都有害无疑。

如何科学地评判人实际上是一个非常复杂的问题。从根本上来说，言与行是考察和衡量一个人道德品质究竟如何的重要参考标准。例如，孔子说："不知言，无以知人也。"⑦在中华传统伦理思想中，对人的道德品质的考核与评判，形成了一条比较客观、科学的原则，即侧重以行为评判人，而不轻易地以言推举人，当然也不因人而否定其某些思想观点本身的客观性、正确性。这即通常所谓的"以行取人"、"不以言举人"和"不因人废言"。言与行是全面彰显人的内在道德品质的两个重要标志或途径。但是，言与行之间显然存在着并不一致的现象。因此，对人

---

① 《晋书》卷五十《曹志传》。
② 《贞观政要》卷五《公平第十六》。
③ 《狂题十八首》。
④ 《苏轼集》卷二十五《奏议·上神宗皇帝书》。
⑤ 《论语·阳货》。
⑥ 《论语集注》。
⑦ 《论语·尧曰》。

的内在道德品质的判断和衡量，就既不能依赖言，也不能全凭其行。在中华传统伦理道德实践中，人们形成了侧重于"以行取人"的观念。所谓"以行取人"，就是指从人在现实生活中的伦理道德实践或待人接物、为人处世的具体行为来评判和衡量其道德品质。儒家比较看重人们的思想品质，尤其比较注重从具体的伦理道德实践或行为上评判人。例如，孔子看到宰予白天睡大觉，不仅感叹其"朽木不可雕"和"粪土之墙不可杇"，而且得出一个重要认识。他说："始吾于人也，听其言而信其行；今吾于人也，听其言而观其行。于予与改是。"①即在孔子看来，对于人，不仅要听其言，而且要观其行，不能轻易地听其言就信其行。换言之，言与行本身并不一致，如果轻易地相信其言语，势必造成判断失误。与宰予相反，孔子非常欣赏那些虽然说话很少但言行一致的人。西晋孔晁说："以言取人，人饰其言；以行取人，人竭其行。"②即根据言论来选取人才，人们就只会说漂亮话，而根据行为来选取人才，人们就会竭尽全力去做事。当然，"言"依然是观察一个人的重要方面。孔子强调："君子不以言举人，不以人废言。"③因此，在孔子看来，我们不能仅仅根据一个人的言辞就推举他，也不因为一个人的品德不好就全部否定他的言辞，即"言"在一定程度上也有其独立的价值和意义。

如果说知与行不统一、言与行不统一还存在着各种客观因素阻碍自己的问题，那么，表里不一，特别是对待君主、上司或他人阳奉阴违，甚至暗地里通过诋毁别人而求得自己在仕途上的进取，本质上则是非常恶劣的不道德行为。因此，中华传统伦理道德对表里不一、阳奉阴违的现象，对通过诋毁别人而钻营取得自己仕途成功的人极为鄙视。表里不一、阳奉阴违实际上是做人不诚实的表现，亦是道德人格分裂的表现。

---

① 《论语·公冶长》。
② 《逸周书·芮良夫解》。
③ 《论语·卫灵公》。

蜀汉蒋琬指出："人心不同，各如其面；面从后言，古人之所诫也。"① 即一些人当面应承，而背后里却发表议论，这是古人就知鉴戒的事情。唐朝白居易《放言》说："朝真暮伪何人辨，古往今来底事无。"即白日里装得一本正经，而晚上就露出虚伪的原形，谁能辨识呢，古往今来，这样的事怎么能没有出现呢？与表里不一、阳奉阴违相近似，就是进而运用言论或心术去攻击他人。北宋林逋指出："以言伤人者，利于刀斧；以术害人者，毒于虎狼。"② 即恶言恶语对人的心灵伤害远远胜过刀斧造成的皮肉伤害，用权术、心术对人的伤害比虎狼对人的伤害还狠毒。当然，攻击他人一般情况下都是为了实现自己特殊的野心，求得自己的进取、成功。但是，中国自古以来，人们就非常欣赏直谏的人，同时，鄙视谗佞之徒。孔子就如何事君强调："勿欺也，而犯之。"③ 唐太宗李世民强调："今人颜貌同于目际，犹不自瞻，况是非在于无形，奚能目睹？何则饰其容者，能解窥于明镜，修其德者，不知访于哲人？"④ 在李世民看来，谗佞之徒是祸国殃民的蟊贼，"败德败正，莫逾于谗佞"；相反，君子要加强德行修养，必须防止谗佞之徒的蒙蔽，必须像整理仪容照镜子一样，去访问智慧卓越的人。三国杜恕也告诫说："不诽毁以取进，不刻人以自入。"⑤ 即不要给别人捏造罪名、诽谤别人而求得自己登上权力宝座。总之，中华传统伦理道德更倾向于堂堂正正地做人、做事，注意自己的言行一致，做到心口如一，该说的说，该批评的批评，决不通过诋毁他人而钻营投机。

要做到言行一致、知行合一、心口如一，就必须严格按照礼仪规范要求自己，最高境界是做到随心所欲不逾矩。中国传统儒家伦理道德观

---

① 《三国志》卷四十四《蒋琬传》。
② 《省心录》。
③ 《论语·宪问》。
④ 《帝范·去谗》。
⑤ 《群书治要·体论》。

念中，非常强调对礼仪规范的严格遵守、恪守。例如，孔子提出："非礼勿视，非礼勿听，非礼勿言，非礼勿动。"①总之，言行举止都要符合礼仪规范。但以儒家思想为核心的中华传统伦理道德相信，中庸是人们遵守礼仪规范的最高境界，而只有道德高尚的君子才能达到如此境界。中庸所以是人们遵守礼仪规范的最高境界，在于它很难达到。孔子曾感叹道："中庸其至矣乎！民鲜能久矣。"②即在他看来，中庸之道可以奉为最高最好的道德标准，可惜老百姓很少能够做到已经很久了。当然，孔子亦确实明白要达到中庸境界本身也并不容易。他说："天下国家可均也，爵禄可辞也，白刃可蹈也，中庸不可能也。"③尽管如此，孔子并没有否认人们能够达到中庸，他坚信，君子只要自觉努力并持之以恒，还是能够做到的，如他的得意弟子颜回。他赞赏颜回说："回之为人也，择乎中庸，得一善，则拳拳服膺，而弗失之矣。"④即颜回的做人方式就在于选择了中庸之道，如果从中领悟到一条有益的道理，就牢牢地记在心里，真诚信服，而且永远不把它丢失。事实上，任何一个历史时期，的确有不少的人非常注重对社会规范的遵守，力争成为一个具有良好社会公德的人。荀子曾说："《诗》曰：'尸鸠在桑，其子七兮；淑人君子，其仪一兮；其仪一兮，心如结兮。'故君子结于一也。"⑤这是说，善人与君子仪容始终如一，这表现了心志的坚定专一，而君子就是专一的。完全符合礼仪规范的中庸境界，在政治生活中亦显得非常重要。对于帝王，清代陆陇其指出："帝王之道，中而已矣。惟中，故缓狱措刑而不厌其宽，诘奸除暴而不厌其严，治具细悉而不厌其烦，独持大体而不厌

---

① 《论语·颜渊》。
② 《中庸·三章》。
③ 《中庸·九章》。
④ 《中庸·八章》。
⑤ 《荀子·劝学》。

其简。"① 即帝王之道，也关键在于把握一个"中"，只有做到"中"，才能实现国治民安，才能统筹天下事务。对于群臣与百姓，明代薛瑄指出："思所当思，则德修职举；……思所不当思，则坏法败纪。"② 在此，薛瑄强调的是人的思想和行为必须符合一定的规范，而只有符合规范人才能实现自己道德修养的提升和职务的升迁，相反只能败坏法纪，有损于德行与前途。

中国古人认识到，礼，特别是礼仪，本身是用来规范人们的思想和行为的，但在一定的情况下违背礼仪的现象却并非真正对礼仪不尊重，相反，过分重视外在的礼仪，特别是礼盛情疏、虚情假意地遵守礼仪，却为人拒绝。众所周知，孔子是非常重视礼仪，但也并没有绝对化。例如，孔子对管仲的评价就体现了这一点。孔子断定"管仲之器小"。当有人说"管仲俭乎"，孔子回答说："管仲有三归，官事不摄，焉得俭？"而当有人说"管仲知礼乎"，孔子回答说："邦君树塞门，管氏亦树塞门。邦君为两君之好，有反坫，管氏亦有反坫。管氏而知礼，孰不知礼？"③ 总之，在孔子看来，管仲不仅"不俭"，而且"不知礼"。尽管如此，孔子还是多次高度评价了管仲。例如，子路认为召忽与管仲共同辅佐公子纠，桓公杀公子纠时，召忽能死节，而管仲却没有，认为他没有达到仁的境界。但在孔子看来，管仲虽不俭，如"有三归"和"官事不摄"，不知礼，处处与邦君相比，如"树塞门"和"有反坫"，但管仲依然达到了仁的境界。他说："桓公九合诸侯，不以兵车，管仲之力也。如其仁，如其仁。"④ 再如，子贡就管仲不能死节的事问孔子，孔子回答说："管仲相桓公，霸诸侯，一匡天下，民到今受其赐。微管仲，吾其被发

---

① 《治法论》。
② 《薛瑄全集·退思亭记》。
③ 《论语·八佾》。
④ 《论语·宪问》。

左衽矣。岂若匹夫匹妇之为谅也,自经于沟渎而莫之知也。"① 在此,孔子不仅肯定了管仲"辅相"桓公称霸诸侯,匡正天下因而使百姓受惠的丰功伟绩,而且还强调管仲不必像普通男女那样信守小信小节,自缢于沟渠而无人知晓。因此,他强调:"君子贞而不谅。"② 在此,"谅"指小诚信,即在孔子看来,君子只要坚持正道,而不必拘泥于小诚信。与子路、子贡相反,子夏则强调:"大德不逾闲,小节出入可也。"③ 即人在道德方面只要不超过界限,在小节上可以有所出入,不必拘泥。当然,小诚信"谅"区别于一般意义上的诚信"亮"。孟子说:"君子不亮,恶乎执?"④ 即,如果君子不讲诚信,如何能有操守呢?换言之,小诚信可以不拘泥,但一般诚信还是要坚守的。在知行问题上,中华传统伦理道德比较崇尚知行合一,但也并没有绝对化。孔子曾强调:"君子之于天下也,无适也,无莫也,义之与比。"⑤ 即真正的君子对于天下的事,既没有必要一定要这样做,也没有必要一定要那样做,所做唯求合乎义。孟子则强调说:"大人者,言不必信,行不必果,惟义所在。"⑥ 即真正道德高尚的人,应当看到,说的话并不一定信守诺言,行动也不必一定有结果,相反,只要达到了义,或者蕴涵着义,以义为根本目的就已经足够。显然,这是重言行的实质和道德属性,而并不刻意要求于人。众所周知,孔子非常重视礼仪中的恭敬态度,强调:"居上不宽,为礼不敬,临丧不哀,吾何以观之哉?"⑦ 但他反对人们拘泥于礼仪,说:"事君尽

---

① 《论语·宪问》。
② 《论语·卫灵公》。
③ 《论语·子张》。
④ 《孟子·告子下》。
⑤ 《论语·里仁》。
⑥ 《孟子·离娄下》。
⑦ 《论语·八佾》。

礼，人以为谄也。"①又说："事君数，斯辱矣。朋友数，其疏矣。"②即事奉君主过于烦琐，就会遭受羞辱，而朋友交往中过分烦琐，就会导致彼此的疏远。换言之，过分烦琐的礼节实际上达不到期望的效果，反倒有害。当然，在孔子看来，更根本的是这些做法中并没有真正体现"仁"等道德内容。例如，他说："巧言令色，鲜矣仁！"即花言巧语少有真正的仁德。清代申居郧亦强调："礼貌过盛者，情必疏。"③即在交往中礼貌过于繁多的，彼此间的感情必定生疏。当然，在中国人看来，与繁文缛节相比较，虚情假意其危害更深远。对于礼义或礼仪的遵循，要想达到中庸境界，关键还是要在现实的伦理道德实践中灵活地运用之。孟子强调："梓匠轮舆能与人规矩，不能使人巧。"④这说明，法则可以教人，也可学得，但灵活、巧妙地运用则是自己锻炼出来的，即是自己通过丰富的道德实践而体悟出来的。

三、严以律己　宽以待人

严于律己，宽以待人，是中华传统伦理道德思想中科学处理人与人或己与人关系的重要原则。这一原则充分地体现了中国人非常注重道德自觉意识的培养，注重对礼仪规范的自觉遵守，以及中国人在认识和处理自己与他人关系时所抱有的宽广胸怀和宽容态度。因此，在对人、对己问题上，中国人更强调的是对自己的约束和规范，在事情出现了问题时，首先想到的是自己，是先从自身找原因，开展自我批评；但对他人，则以宽以待人、与人为善为原则。

"慎独"是中国古人借以加强自身道德修养的重要方法和重要机制，也是为人处世的重要原则。当然，"慎独"作为中国古人修身养性

---

① 《论语·八佾》。
② 《论语·里仁》。
③ 《西岩赘语》。
④ 《孟子·尽心下》。

的重要方法和机制，本身势必表现为人的一种道德境界。例如，王殿卿指出："慎独，是一种内在的道德机制，在特殊的条件下，能够约束自己不为非作歹，保持自身清白。这不是一种方法，而是一种高尚道德境界。"① 但严格说来，"慎独"根本上还是一种加强自身道德修养的重要方法和机制，因为达到慎独状态或境界的道德主体，虽然具有明确的道德意识或道德自觉，能够在独处时以谨慎的态度要求和约束自己，但在此状态下，他无疑地假设了无数他人的存在，假定无数他人正密切注视着自己的思想和言行，因此依然停留于自己所假想的道德评判台上用社会所普遍认同的伦理道德规范和观念来评判自己。然而，孔子就曾说："为仁由己，而由人乎哉？"② 就是说，实行仁德全在于自己，而不在于别人。归根结底，"慎独"还是一种借助外在力量而对自己的约束，而不是为了追求更高的道德境界对自己的提升机制。

但是，"慎独"体现了中国古代先哲严格要求自己的道德自律精神。"慎独"作为儒家提倡的重要道德修养方法，实际上最早萌芽于《诗经》。《诗经》说："战战兢兢，如临深渊，如履薄冰。"③《论语》记载曾子生病，召门人弟子说："启予足！启予手！《诗》云：'战战兢兢，如临深渊，如履薄冰。'而今而后，吾知免夫！小子！"④ 按照李零的解读，曾子之所以要他的门人弟子看看他的手脚，并引"战战兢兢，如临深渊，如履薄冰"这句诗，实际上是想"形容生命悬于一线的感觉，他刚从死亡线上逃脱的感觉"⑤。曾子是著名的孝子，其《孝经》说："身体发

---

① 王殿卿：《儒学与当代道德建设》，载国际儒学联合会主编《儒学与现代性探索》，北京图书馆出版社，2002，第276页。
② 《论语·颜渊》。
③ 《诗经·小雅·小旻》。
④ 《论语·泰伯》。
⑤ 李零：《丧家狗——我读〈论语〉》，山西人民出版社，2007，第164页。

肤，受之父母，不敢毁伤。"① 当然，曾子所告诫于门人弟子绝不只是对自己身体的免于伤害，而在于整个身心。例如，有学者强调："值得思考的是，对人的损伤仅仅限于身体吗？答案是不仅仅限于身体，还有精神。如果失礼、失义、失信、失德、失范，惹下灾祸，自己和亲人的精神也会受到影响和损伤。"② "慎"实质上是指思想上有所防范和警戒。《大学》认为"慎独"是"君子诚其意"的必然要求："所谓诚其意者，毋自欺也，如恶恶臭，如好好色，此之谓自谦，故君子必慎其独也。"③ 即人要使自己意念真诚，不要欺骗自己，要爱憎分明，敢于表白自己，使自己心安理得，因此需要慎独。《大学》又强调："小人闲居为不善，无所不至，见君子而后厌然，揜其不善，而著其善。人之视己，如见其肺肝然，则何益矣？此谓诚于中，形于外，故君子必慎其独也。"④ 在此，"揜"（yǎn），同"掩"，即掩盖、掩饰，这是说，道德不高尚的人独处时做坏事无所顾忌，无所不为，但害怕见到道德高尚的君子，故而想方设法伪装自己，掩盖自己的丑恶，可是人们如同能够清楚地看到他的肺肝一样，看到他的邪恶本质，因此，这种伪装根本没有作用。所以《大学》认为，人的心意真诚与否必然通过一定的外表形象彰显出来，因此君子独处时，纵使别人看不到，一定要小心谨慎自己的言行举止。孔子的弟子曾子则甚至说："十目所视，十手所指，其严乎！"⑤ 即在曾子看来，人独处的时候，看似周围没有人，实际上有很多眼睛在盯着自己，有很多手在指点着自己，即处于严密的监督之下。唐朝李翱在解读这段话时，指出："不睹之睹，见莫大焉；不闻之闻，闻莫甚焉。其心一动，是不睹之睹，不闻之闻也，其复之也远矣，故君子慎其独。慎其独

---

① 《孝经·开宗明义章》。
② 金池主编《〈论语〉新译》，人民日报出版社，2005，第137页。
③ 《大学》。
④ 《大学》。
⑤ 《大学》。

者，守其中也。"① 如果说《大学》对"慎独"的认识还侧重于强调人是否诚实势必通过其外在言行举止而表现或暴露出来，因此强调君子必须自觉慎独，那么，《中庸》对"慎独"的认识则深化了一层，即《中庸》则强调了君子如果做不到慎独就会背离"道"。《中庸》说："天命之谓性，率性之谓道，修道之谓教。道也者，不可须臾离也，可离非道也。是故君子戒慎乎其所不睹，恐惧乎其所不闻。莫见乎隐，莫显乎微，故君子慎其独也。"② 在此，子思强调"道"实际上是不能须臾背离的，而对于君子来说，必有所不睹，有所不闻，即别人看不到、听不到的时候，但在这些情形之下，人最容易在不为人所看到的隐蔽情况下暴露自己的本色，在不为人注意的细节上暴露自己的真情，而这就造成了对道的背离，因此，君子要更加小心谨慎地对待个人独处的时候。明代薛瑄说："独处不能谨，而徒饰乎外，伪也。"③ 即独处无人注意时，行为也要十分谨慎，否则只不过是表面装得非常谨慎，是虚伪的表现。无疑，《中庸》对"慎独"的解释其思想更深刻，因为它不再停留于人是否心意真诚毕竟会通过外在的形象而透显出来，而是强调只要丝毫地不真诚，实际上都是对"道"的背离，而遵循"道"恰恰是使人成之为君子的必要前提。

儒家所倡导的慎独思想，在中国社会历史的发展过程中，不断为学者们所深化，从而成为中华传统伦理道德中的重要方法和原则。其中，尤以发挥其中的"戒惧"为一重要特色。例如，隋朝王通阐述了古代贤明君王是能够自觉有所戒惧以提高自己的道德修养的。他指出："诚其至矣乎？古之明王，敬慎所未见，悚惧所未闻，刻于盘盂，勒于几杖，居有常念，动无过事，其戒之功乎！"④ 即古代贤明的君王，能够清楚

---

① 《李文公集·复性书》。
② 《中庸·一章》。
③ 《薛瑄全集·读书录》卷一。
④ 《中说·礼乐篇》。

地认识到自己的所见、所闻实际上存在着极大的局限，就自觉地把那些不曾见到、听到的东西，刻在经常用到的器物，如盘盂、几杖上，便于时时提醒自己，防止自己犯错误。古代贤明君主这种对不曾见、不曾闻的事情有所戒惧因而自觉加强道德修养的做法，无疑具有非常重要的意义，由此也促使了后人更加自觉地以戒惧为方式加强和改善道德修养。唐朝柳宗元强调："人不知惧，恶可有为？知之为美，莫若去之。非曰童昏，昧昧勿思，祸至后惧，是诚不知。君子之惧，惧乎未始。几动乎微，事迁乎理。将言以思，将行以止。中决道符，乃顺而起。起而获祸，君子不耻。非道之忞，非中之诡，惧而为惧，虽惧焉如。君子不惧，为惧之初。"① 在此，柳宗元强调的是，人一定要有所惧才能有所作为，知道有所惧虽然好，但不如消除它，儿童心智不成熟因而不会思考问题，等灾祸到来之后才恐惧，实在是因为不知有所惧，然而对于君子来说，要从事情还没有发生之时就要有所惧，因为事情的细微变化取决于内在的道理。显然，柳宗元强调"几动乎微，事迁乎理"，与后来南宋朱熹强调"审其几"是一致的，即都强调要从细微变化中把握事物的运动发展，时刻高度自觉地加强和提升自己的道德修养，特别是，柳宗元的观点更客观。他强调，人要在言行举止中充分地顺应事情的客观规律或趋势而行动，如果既然这样依然遭遇不幸，那么君子是不以为耻辱的，因为这已经不是道本身的错误，不是人是否符合于道的过错，因为戒惧而戒惧，虽然戒惧又如何呢？因此，君子是不恐惧的，所谓有所惧是指在事情发生之初而已。朱熹在注解《大学》时强调人如果想加强自我修养，就必须"实用其力"，即尽力。但是，他说："然其实与不实，盖有他人所不及知而己独知之者，故必谨之于此以审其几焉。"② 在此，朱熹强调"审其几"，就是要自觉审视、体察自己的细微之处。无

---

① 《柳河东集》卷十九《吊赞箴戒·诚惧箴》。
② 《四书章句集注》。

疑，这种时刻对自身所做的体察、审视就是道德修养上的下功夫。朱熹强调"慎独"实质上"乃是彻头彻尾，无时无处不下功夫"①。然而，"慎独"不仅是君子彻头彻尾、无时无处不在道德修养上下功夫，而且特别地体现为有所"戒惧"。当然，真正的君子实际上并没有什么惧怕的。例如，《论语》记载："司马牛问君子。子曰：'君子不忧不惧。'曰：'不忧不惧，斯谓君子已乎？'子曰：'内省不疚，夫何忧何惧？'"②即在孔子看来，经常自我反省而内心没有愧疚的就是君子，他并没有什么可以忧惧。朱熹亦强调："然也不须得将戒慎恐惧说得太重，也不是恁地惊恐。只是常常提撕，认得这物事，常常存得不失。今人只见他说得此四个字重，便作临事警恐看了。'如临深渊，如履薄冰'，曾子亦只是顺这道理，常常恁地把捉去。"③换言之，所谓"戒慎恐惧"，理应是对自己的思想行为"常常提撕"式地高度自觉、高度谨慎而已。

这种高度的自觉谨慎、戒惧意识使中国人向来重视人贵有自知之明。自知之明实际上是指人能够站在较高的立场或角度全面观察、预测和评判身处某种时局或事务之中的自己的处境、能力、资格、身份、立场、观念、态度、方式、抉择、价值取向、言行举止以及随着事态的发展而可能出现的结局。因此，自知之明是对自己的全面认识和准确把握，能够科学地指导自己当下的思想和行动，在应该与不应该之间、做与不做之间、速做与缓做之间以及这样做与那样做之间，使自己做出真正适合于事态或局势发展趋势的抉择，从而达到使整个事情圆满、妥善、顺利完成或实现的结局。众所周知，老子强调："知人者智，自知者明。"④即一个人既要善于观察、认识他人，也要能够反省自己，清楚地认识、了解自己的心性，前者是智慧的表现，而后者则是自知之明。

---

① 《朱子文集大全》卷五十三《答胡季随·四》。
② 《论语·颜渊》。
③ 《朱子语类》卷一百一十七《朱子十四·训门人五》。
④ 《道德经·三十三章》。

北宋林逋强调:"人有过失,己必知之;己有过失,岂不自知?"① 自知之明是伦理道德生活实践中非常重要的情商问题。事实上,能够具备自知之明,也是一个善于洞察人情世故的人全面了解和正确评价身边他人以及设身处地地为人着想的前提。例如,《增广贤文》云:"知己知彼,将心比心。"② 即只有自知之明,才能真正了解他人,从而将心比心地了解他人的处境与心情,客观评价他人在一定环境和情势下的所作所为。总之,强化人的自知之明,实际上就是要以更加自觉的意识来严格地约束和规范自己在具体事情中的言行举止,使自己处理和协调好与周围所有人的关系。明确的羞耻之心是道德意识觉醒的表现,是自知之明的表现。对羞耻感的自觉认识是中华传统伦理道德思想的重要内容之一。孔子弟子有若强调:"恭近于礼,远耻辱也。"③ 即在有若看来,态度恭敬合乎礼,是远离耻辱的方式。孟子强调:"人不可以无耻,无耻之耻,无耻矣。"④ 隋朝王通则强调:"痛莫大于不闻过,辱莫大于不知耻。"⑤ 即在王通看来,最痛心的事是从没有听到过自己的过错,而最大的耻辱莫过于不知道羞耻。换言之,人们要自觉听取别人对自己过错的评判,要自觉地通过改正自己的错误而不断提升自己,要自觉地树立羞耻感,要全面地认识到自己所做的事情不合乎礼节规范之处,要通过不断加强自己的素质、素养而提升自己的道德境界。西汉司马迁说:"耻辱者,勇之决也;立名者,行之极也。"⑥ 这是说,只有具备强烈的羞耻之心的人,才能勇敢地与过去相决裂,而真正渴望确立自己的美名的人,就能够在现实生活中积极地行动起来。因此,中国人强调人要有明确的羞耻感,

---

① 《省心录》。
② 《增广贤文》。
③ 《论语·学而》。
④ 《孟子·尽心上》。
⑤ 《中说·关朗篇》。
⑥ 《报任安书》。

实际上就是要培育强烈的道德自觉意识，确立自己明确的生活态度和为人处世原则，以积极地做人做事。

人的德性修养和自觉意识不是一日就能够提升的，在这种漫长的过程中，不仅需要长期的点点滴滴的积累，更要注意从小细节上认真对待自己的毛病、缺点与不足。《尚书·旅獒》云："不矜细行，终累大德。"①即如果在一些小节上不谨慎，就终将连累高尚品德的养成。《左传·庄公十四年》云："人无衅焉，妖不自作。"其意是说，人要是没有缝隙可乘，就是妖怪也不会自己作祟。换言之，人只有不断加强自身道德建设，不断完善自己，才能真正避免一切不利因素对自身的影响。《庄子》说："古之君人者，以得为在民，以失为在己。以正为在民，以枉为在己。故一形有失其形者，退而自责。今则不然，匿为物而愚不识，大为难而罪不敢，重为任而罚不胜，远其途而诛不至。民知力竭，则以伪继之。日出多伪，士民安得不伪。夫力不足则伪，知不足则欺，财不足则盗。盗窃之行，于谁责而可乎？"②《荀子》曾记载曾子敢于自责的一件事："曾子食鱼，有余，曰：'泔之'。门人曰：'泔之伤人，不若奥之。'曾子泣涕曰：'有异心乎哉！'伤其闻之晚也。"③即曾子吃鱼没有吃完，想着多添些水把它泡沃起来，而他的弟子则告诉他那样做恐怕腐烂变质吃了会得病，不如把它们腌制起来。结果是，曾子伤感地流着眼泪说："难道我有什么异心，故意来伤害别人吗？"曾子所以伤心，在于感叹自己听说这个道理太晚了。因此，这件小事反映了曾子严于律己、宽以待人的精神，而他检查自己是否有异心去伤害别人，旨在提高自己的品德，使之更加高尚。客观而言，人们往往关注别人的毛病而忽视自己的问题，对自己的毛病检讨不充分、不认真。例如，孟子指出：

---

① 《尚书·旅獒》。
② 《庄子·则阳》。
③ 《荀子·大略》。

"人病舍其田而芸人之田——所求于人者重，而所以自任者轻。"①即人们经常犯的毛病是不管自己家田里的草，而去到别人家田地里锄草，对别人要求很重，而自己负担的却较轻。特别是，积极自我剖析、勇于深刻自责的人，恰恰是拥有"大勇"的人。例如，明代钱琦曾说："人有过喜谈之，存一恕心者少；己有过恶闻之，漫无悔心者多。若以恕己之心恕人，是谓大公；以责人之心责己，是谓大勇。"②即人们往往对别人的过失喜闻乐道，较少存宽恕之心，而自己有了过错却不愿听别人议论，多不经心悔改。在钱琦看来，如果能用宽恕自己的心去宽恕别人，这就叫"大公"，而能用责备别人的心来责备自己，就叫"大勇"。因此，勇于剖析自己，进行深刻的自责，恰恰是道德修养过程中的一种重要勇气。众所周知，作为最高统治者，皇帝总是自称真龙天子，身居九五之尊，金口玉律，纵使随口说出一句，也是"天子无戏言"，具有绝对的权威性，结果是，要想让他们能够自觉承认自己的过错就相当困难。然而，在中国历史上确实有少数帝王比较具有自知之明，因此能够对自己的过错进行反思，并主动诚邀大臣们坦诚指出自己的过错，帮助自己改正错误。例如，以开明著称的唐太宗李世民就是榜样，宋代的皇帝经常发布罪己诏。而金世宗也曾对群臣说："朕以万机之繁，岂无一失？卿等但言之，朕当更改，必不吝也！"③实际上，只有端正自己的态度，勇于解剖自己，纠正自己的错误，不断完善自己，弥补自己的不足，才能更好地培育自己高尚的品德。西汉董仲舒强调："故匿病者不得良医。"④当然，开展自我剖析，敢于自责，最重要的是不犯同样的过错，少犯错误。众所周知，孔子的弟子中，颜回是品德方面的榜样。《论语》记载："哀公问：'弟子孰为好学？'孔子对曰：'有颜回者好学，不迁怒，不

---

① 《孟子·尽心下》。
② 《钱公良测语·由庚》。
③ 《金史》卷七《世宗中》。
④ 《春秋繁露·执贽》。

贰过，不幸短命死矣，今也则亡，未闻好学者也。'"①孔子在此通过对颜回为人处世和生活作风的描述，实际上揭示了颜回的两种非常重要的德性："不迁怒"和"不贰过"。即不把个人的恼怒转移到别人身上，也不再犯曾经犯过的错误。唐太宗李世民曾说："暗主护短而永愚，明主思短而长善。"②此外，李世民从祖护短处与自觉觉察自己的短处的辩证关系说明了思短补长具有非常重要的积极意义。众所周知，李世民非常强调以人为鉴，欢迎像魏徵等谏臣们能够为自己纠正施政过程中的错误或偏颇。不过，以人为鉴本质上还存在着很多的困难之处，因为很多人还不承认人鉴的客观性。例如，西汉刘安曾指出这其中的麻烦之处。他说："人举其疵则怨人，鉴见其丑则善鉴。"③即人照镜子，越是能够清楚地照出自己丑越相信镜子是好的，相反，越是有人指出自己的缺点、错误，反倒去埋怨别人。显然，之所以造成这种情况，就在于人们相信镜子是客观的，而人则是主观的。

与这种自觉从小事和细节严于律己相一致，中国人主张宽以待人，即对人持宽容态度，不求全责备。宽容和大度是中华传统伦理思想中的重要因素。《论语》记载周公告诫其子伯禽说："无求备于一人。"④即不要对一个人求全责备，要认识到任何一个人的能力都是有限的，都存在着一定的优缺点，做任何事情都用其长处，看其优点。《礼记·表记》强调："君子不以其所能者病人，不以人之所不能者愧人。"即一个人既要正确地看待自己，也要正确地看待他人；既不能以自己所能、所长诟病他人，也不能因自己所不能、所短就感觉在别人面前有所愧疚。换言之，任何人都有优缺点，既不要显摆自己的长处，也不能求全责备于

---

① 《论语·雍也》。
② 《金镜》。
③ 《淮南子·诠言训》。
④ 《论语·微子》。

人。尤其是，中国人强调"不以一眚掩大德"①，即不因为一点小的过失就抹杀大的功绩，说明要对有过失的人进行客观公正的评价。三国诸葛恪说："不以人所短弃其所长。"②对于朋友来说，尤其如此。周公告诫其子伯禽时亦强调："故旧无大故，则不弃也。"③即如果老臣故友没有重大过错，就不要遗弃他。《淮南子》说："今人君论其臣也，不计其大功，总其略行，而求小善，则失贤之数也。故人有厚德，无问其小节；而有大誉，无疵其小故。夫牛蹄之涔，不能生鳣鲔；而蜂房不容鹄卵，小形不足以包大体也。夫人之情，莫不有所短。诚其大略是也，虽有小过，不足以为累。若其大略非也，虽有闾里之行，未足大举。"④就是说，任何人都有自己的长短，评价人要抓住主要方面，不要太关注小节，不要纠缠过去的小毛病、小问题。唐太宗李世民时，大臣肖瑀在他面前告房玄龄的状，说其"朋党不忠，执权胶固"，李世民批评肖瑀时说："人君先贤才以为股肱心膂，当推诚任之，人不可以求备，必舍其所短，取其所长。"⑤这句非常精辟地说明了用人必须放心使用、取其所长而不必求其备的道理。总之，我们对人的评价抓住事物的本质方面或主要方面，而不应抓住非本质方面或次要方面，不能以人的小过掩其大美，不能攻其一点而不及其余，求全责备。

中国古人的严于律己与宽以待人是辩证统一的。《尚书》说："与人不求备，检身若不及。"⑥即对待别人不要求全责备，而应当多多及时检讨自身。西汉扬雄说："君子好人之好，而忘己之好；小人好己之恶，

---

① 《左传·僖公三十三年》。
② 《三国志》卷六十四《诸葛恪传》。
③ 《论语·微子》。
④ 《淮南子·氾论训》。
⑤ 《资治通鉴》卷一百九十八《唐纪·唐太宗贞观二十一年》。
⑥ 《尚书·伊训》。

而忘人之好。"① 即在正确地对待自己与别人的优点问题上，君子与小人存在着极大的差别，君子总是首先看到别人的优点，而小人则总是首先看到自己的优点，总之，君子总是非常谦虚，而小人总是不自谦。清代魏源说："君子以细行律身，不以细行取人。"② 即君子必须在小事上严格要求，但绝不以小事来苛求别人。清初张履祥说："每事责己，则己德日进，以之处人，无往不顺；若一意责人，则己德日损，以之接物，无往不逆。此际不可尤人，但当正己。……自是则自暴，自足则自弃。"③ 这是说，要通过自觉检讨每件事的得失来提高道德修养，但不可专门指责别人，如果那样，特别是自以为是就会害了自己，自以为满足就是不求上进。清代李惺指出："'聪明'二字不可以自许，'慷慨'二字不可以望人。"④ 即自己必须谦虚，不能自许为聪明；同时，对别人也不要期望他能够慷慨，即多要求自己，而不要过多期望于别人。总之，任何时候都要严于律己、宽以待人。

中国古人主张宽以待人，还特别强调要不念旧恶，但并非一味地、无限地因而无原则地宽容。孔子曾说："伯夷、叔齐不念旧恶，怨是用希。"⑤ 即在他看来，伯夷与叔齐两兄弟不念过去的仇恨，别人就很少去怨恨他们。对朋友不求全责备，也不是无原则地包容一切。人的宽容、包容总是有限的，而不是无限的。所谓有限的包容、宽容是指有原则的包容、宽容，因为每个人，特别是真正的君子，总是有自己的伦理道德原则，显然，只要不超越或突破这些最基本、最底线的原则，那么，包容、宽容朋友的毛病、缺点不仅是应当的，而且本身就是一种美德，然而如果突破界限，那么，这种人就不再是真正意义上的朋友，而成为自

---

① 《法言·君子》。
② 《默觚下·治篇一》。
③ 《备忘录·备忘三》。
④ 《西沤外集·药言》。
⑤ 《论语·公冶长》。

己所不齿的对象。以周公为思想远祖的儒家虽然强调交友必须持宽容态度，但孔子也并非绝对地一味宽容，他强调交往要"无友不如己者"①，即交朋友要有选择，不与那些不如自己的人交朋友，因为那没有任何益处。西汉陆贾曾说："察察者有所不见，恢恢者有所不容。"②即纵使宽宏大量的人也有不能容忍的情况。如果说，在这种情况下，还是因为自己的肚量还不够大，胸怀还不够宽广，那么，这就需要不断地提升自己的修养，使之更大、更宽广。但是，如果突破了自己所持守的伦理道德的基本原则和界限，那么，就不是能否包容或宽容的问题。当然，值得注意的是，人们往往会因为心理倾向或主观偏见而做不到如此客观，而是常常"爱之则不觉其过，恶之则不知其善"③。

客观而言，任何一个人都有优缺点、长短处，因此必须全面地、客观地衡量他人的长短处、优缺点，特别是对于朋友而言，不能当面揭短，相反，要善于维护朋友的形象。这并不意味着不需要进行必要的劝谏。为了维护长久的友谊，就要进行适当的、科学的劝谏、忠告。所谓适当的、科学的劝谏，实质就是适度的劝谏，因为不要因为不恰当的劝谏引起误解甚至反感，而最终导致友谊的破裂。中国古人认识到，事实上没有一个人是十全十美的完人，现实中的人总是存在着这样那样的缺点或不足，都有其长处和短处。在此具体又有四种态度：一是只取其长，不计其短。清代李惺强调："与朋友交，只取其长，不计其短。"④即只要是真正的朋友，应当不计较其短处，而只取其长处。再如，"记人之功，忘人之过，宜为君者也"⑤。二是当取其长，舍其所短。唐太宗李世民强调说："人才有长短，不必兼通。是以公绰优于大国之老，子产

---

① 《论语·学而》。
② 《新语·辅政》。
③ 《后汉书》卷七十八《杨李翟应霍爰徐列传第三十八》。
④ 《西沤外集·冰言补》。
⑤ 《汉书》卷七十《陈汤传》。

善为小邦之相。绛侯木讷，卒安刘氏之宗；啬夫利口，不任上林之令。舍短取长，然后为美。"①明代薛瑄强调："用人当取其长而舍其短，若求备于一人，则世无可用之才矣。"②三是用其所长，避其所短。例如，东晋葛洪强调："役其所长，则事无废功；避其所短，则世无弃材。"③即善于使用事物的长处，避开事物的缺陷，世上就不会有被抛弃的材料。清代魏源说："不知人之短，不知人之长，不知人长中之短，不知人短中之长，则不可以用人，不可以教人。用人者，取人之长，辟人之短；教人者，成人之长，去人之短也。"④四是不因其短，舍其所长。例如，清代申居郧说："勿以小恶弃人大美，勿以小怨忘人大恩。"⑤事实上，正确地评判一个人的善恶需要冷静而客观。《礼记》云："爱而知其恶，憎而知其善。"⑥即喜爱与憎恶是对同一个人的，因为这个人身上同时具有善恶或优缺点两个方面的因素，善或优点值得爱，是一个客观事实，而恶或缺点值得憎恶，也是一个客观事实，在此情况下，既不能片面地看到其善、优点而回避其恶、缺点，也不因其恶、缺点而忽视其善、优点，如果要做出客观的评判，只能是当爱其善、优点时清楚地认识其恶、缺点，而当憎恶其恶或缺点时又明白其善或优点。西汉刘安说："夫圣人之于善也，无小而不举；其于过也，无微而不改。"⑦刘安还强调："其计乃可用，不羞其位；其主言可行，不责其辩。"⑧即如果一个人的计谋高明可用，就不因为他地位低下而不采取；如果他的话正确，就不责备他的话是否动听。在中国人看来，一般情况下，为人处世，一定要多考虑

---

① 《全唐文·金镜》。
② 《薛瑄全集·读书录》卷二。
③ 《抱朴子·务正》。
④ 《默觚下·治篇七》。
⑤ 《西岩赘语》。
⑥ 《礼记·曲礼上》。
⑦ 《淮南子·主术训》。
⑧ 《淮南子·主术训》。

一下别人的好处、优点、成绩，而忘记其缺点、错误，只有这样才能交到真正的朋友，维持友谊的长存。针对难与其言的互乡人，孔子却接见了一个童子，这使得弟子们非常困惑，孔子则解释说："与其进也，不与其退也，唯何甚！人洁已以进，与其洁也，不保其往也。"① 即我们赞许他们的进步，不赞许他们的退步，但何必太过呢？人家改正了错误以求进步，我们赞许他的改正错误，不要抓住其过去不放。北宋田锡指出："与人结交，能护其短；掩短录长，交即悠远。"② 唐太宗李世民也强调："不以一恶忘其善，勿以小瑕掩其功。割政分机，尽其所有。"③ 即不因为一点不好就忘掉他所有的好处，不因为小的缺点就遮盖他的功劳，设官分职就要做到人尽其才。由此，才能达到各取其所长、人尽其才的目的。

中国人强调要全面衡量他人的长短，维护朋友，对其不端言行进行科学忠告，但不自取侮辱。朋友并非完人，在朋友犯错误的时候，要及时给予忠告，但应当清楚，对朋友的忠告必须遵循科学的原则和方法，而不能导致不良后果。例如，子贡问怎样对待朋友，孔子则回答说："忠告而善道之，不可则止，毋自辱焉。"④ 即在朋友犯错误之时，要真诚地劝告他，好好地引导他，但如果他不听从就应当适可而止，不要因为不适当的劝告而自取其辱。

四、胸怀天下　与人为善

如何对待他人，特别是陌生人，从根本上来说能够科学地衡量一个人的道德境界的高低。可以说，这是任何民族的伦理道德思想体系中都会涉及的重要话题。中国以儒家"修身、齐家、治国、平天下"为重要

---

① 《论语·述而》。
② 《咸平集》卷第十三《用材箴》。
③ 《帝范·审官》。
④ 《论语·颜渊》。

原则的传统伦理道德形成了胸怀天下、兼济天下的思想。在对待他人，特别是陌生人问题上，中国古人提倡广结善缘、与人为善、成人之美的思想，积极弘扬乐善好施以及施恩不图报的高尚精神，形成了"一方有难，八方支援"和"众志成城、共渡难关"的命运与共的文化传统。

中国人倡导君子胸怀天下、不以独善其身或独富独贵为荣的观念。中国古人心目中的君子都是胸怀天下的人。所谓胸怀天下，不仅在于君子形成了"天下"视野，学会着眼于天下来观察和思考一切社会政治、经济、文化或伦理道德等领域里的重大问题，而且还在于能够以天下为天下，不让个人的私利束缚自己，真正致力于天下太平。因此，这就养成了比较科学的荣辱观和财富观，对荣辱，特别是对财富抱有科学的态度。就道德问题，唐朝韩愈亦说："自古圣人贤士，皆非有求于闻用也，闵其时之不平，人之不义；得其道，不敢独善其身，而必以兼济天下也。孜孜矻矻，死而后已。故禹过家门不入，孔席不暇暖，而墨突不得黔。"① 在韩愈看来，圣人贤士懂得了道德学说，必须用它兼济天下，而不只是单独搞好自己的修养，一定要同时使天下的人都得到好处，勤勤恳恳，至死方休。追求财富或功名利禄，是每个人非常自然的世俗追求，本身无可厚非，但中国古人却形成了一些特色的伦理道德观或财富观。例如："独贵独富，君子耻之。"② 总之，无论是对自身道德的追求还是对财富的追求，中国古人都不以自己的满足为满足，相反，还从天下视野，全面地看到自己的修养或富贵，必须能够照顾到他人。众所周知，杜甫在《茅屋为秋风所破歌》一诗中，在伤感自己的茅屋为秋风所吹破的时候，还依然忧虑着他人，发出感叹说："安得广厦千万间，大庇天下寒士俱欢颜，风雨不动安如山。呜呼，何时眼前突兀见此屋，吾庐独破受冻死亦足！"这一点尤其说明中国古代的君子实际上都是胸

---

① 《韩昌黎全集》卷十四《争臣论》。
② 《大戴礼记·卫将军文子》。

怀天下、期盼天下太平的道德高尚之人。

人们在交往中处处涉及彼此间的利益得失问题、发展机遇问题，如何科学地处理彼此间的利益纠纷和发展矛盾，实际上考量着人们的智慧与德性。数千年的伦理道德实践，使中国人形成了要广结善缘、与人为善、成人之美的优良传统，相反，对那些对他人所遭遇的困难与危险置之不理、冷漠对待，甚至想方设法通过阴谋诡计坑害他人、落井下石的行为持强烈的批判态度。客观而言，"善缘"本身源自佛教观念，但随着佛教在中国的传播，这种观念逐渐为中国人所接受和奉行，特别是在民间具有广泛的影响力。广结善缘，实际上，不仅意味着人们普遍地与人交好，形成良好的交际关系，而且还意味着通过帮助、资助别人，特别是陌生人而赢得人们广泛地尊重，从而为人们所欢迎和接受。广结善缘的反面是与人交恶、与人为敌，无疑在这些情况下，人们之间原有的朋友关系破裂，原本所构建起来的朋友圈或共同精神世界瓦解，彼此间出现疏远和敌对。因此，在中国古人看来，在出现利益纠纷或发展矛盾等问题时，一定要基于广结善缘、与人为善的正确心态，全面地为他人的利益实现或发展着想，在不严重危及自己根本利益的情况下，尤其在毫不损害自己利益的情况下，多做有助于别人的事，特别是对那些处于困境中的陌生人，尽可能地多给予帮助。孔子强调："君子成人之美，不成人之恶。小人反是。"① "成人之美"，而"不成人之恶"，成为中国人判定君子与小人的重要标志。当然，在孟子看来，人们行善还要做到"与人为善"。他说："取诸人以为善，是与人为善者也。故君子莫大乎与人为善。"② 在此，"与"指偕同，意思是说，积极向别人学习优点来行善，就是与他人一道行善，具有最高德行的君子总是与别人一道行善。显然，这就把行善当成了一种非常值得推广的事业。

---

① 《论语·颜渊》。
② 《孟子·公孙丑上》。

中国古人认为人们在交往和相处的过程中，不仅需要设身处地为别人着想，多做好事、善事，从而赢得人们的赞赏和欢迎，而且还要深刻地认识到，做好事、善事本身还是非常高兴和快乐的事。中国历史上不乏乐善好施的有德之人。乐善好施包含两个方面的意蕴：一是乐此不疲地做好事或从事施恩事业，即帮助别人成为自己最积极、最愿意、最乐意从事的事业。众所周知，孔子曾说："默而识之，学而不厌，诲人不倦，何有于我哉？"①记忆与学习是属于自己的事，而教育引导别人则是教师有助于别人的事；所谓"诲人不倦"，就是不知疲倦地育人。我们也知道，孟子曾提出"君子有三乐"说，他认为："君子有三乐，而王天下不与存焉。父母俱存，兄弟无故，一乐也；仰不愧于天，俯不怍于人，二乐也；得天下英才而教育之，三乐也。君子有三乐，而王天下不与存焉。"②其中，最后一乐，即"得天下英才而教育之"，就是孔子所谓的"诲人不倦"。在此，孟子不仅不知疲倦，而且本身视之为乐事。显然，这是一种认识上的升华。云："为善最乐。"③可以说，这是为善之人最直接的表白，也是其内心最深刻的感悟。当然，中国人所推崇和赞美的乐善好施，与为了收买人心、拉拢群众而施予的小恩小惠存在着本质的不同。从根本上说，一旦为了收买人心、拉拢群众而进行施恩，这种施恩就不再具有道德价值。与乐善好施相一致，中国人倡导救人危难、雪中送炭以及"一方有难，八方支援"的众志成城精神。在中国人看来，救人于水火或危难，是非常值得肯定的高尚德行。例如，清代李仲麟强调："急难时救人，一善可当百善。"④即在此情形下，对别人的帮助实际上发挥着更大的效益。而中国古人形成的"一方有难，八方支援"的观念更认识到凝聚力量定能克服时难的决定性意义。一个人的力量绝

---

① 《论语·述而》。
② 《孟子·尽心上》。
③ 《后汉书》卷七十二《东平宪王苍传》。
④ 《原体集》。

对没有众人的力量大，而高明的统帅都明白这样的道理。西汉扬雄在评述刘邦之所以能够成就自己的霸业时强调："汉屈群策，群策屈群力。"①即刘邦最大的优点在于能够使大家积极献言献策，而这些良策使大家各尽其力，最终达到了群体力量的最大化。中国的老百姓也认识到了这样的大道理。清代章学诚说："一夫之力，可耕百亩，合八夫之力而可耕九百亩者，集长易举也。"②正是因为有这样的认识，在危难面临时，中国人更认识到"一方有难"必须"八方支援"的必要。

乐善好施的中国人推崇施恩不图报观念，而知恩图报则是一种美德。事实上，施恩与受恩是非常普遍的社会伦理道德现象，它们本身存在着紧密的关系，普遍涌现出来的施恩现象恰恰是激活报恩行动的关键性因素。然而，对中国人而言，人们形成了知恩图报而施恩恰恰不图报的文化传统。《战国策》记载唐雎对信陵君说："人之有德于我也，不可忘也；吾有德于人也，不可不忘也。"③即"人之有德于我"与"吾有德于人"是两种不同的事情，必须以不同的态度来对待，前者体现的就是知恩图报观念，而后者则体现的是施恩不图报的观念。明末清初朱柏庐亦指出："施惠无念，受恩莫忘。"④与这种宗旨相反，清代申居郧说："人有德于我，惟恐人知；我有德于人，惟恐人不知，此等人岂可与为友？"⑤即如果总想掩盖别人曾有恩于自己，唯恐别人知道，相反自己有恩于人却唯恐别人不知道，处处宣扬，则这样的人就不能交朋友。因此，明末清初冯班强调说："为惠而望报，不如勿为，此结怨之道也。"⑥客观而言，纵使人们强调知恩图报，但并不是所有的施恩行为都实际地

---

① 《法言·重黎》。
② 《文史通义》卷四《说林》。
③ 《战国策·魏策》。
④ 《朱子治家格言》。
⑤ 《西岩赘语》。
⑥ 《钝吟杂录·家戒》。

得到了回报，一旦得不到回报，那些施恩图报的人就会把受恩之人视为仇敌，而这导致了人们矛盾的激化和关系的紧张。然而，这已与道德高尚毫无关系。

如果说施恩报恩是中国人奉行和传承的美德，那么，中华传统伦理道德还科学地解决了人们之间的仇恨和矛盾问题。科学解决仇恨与矛盾问题的根本思想原则就是儒家创始人孔子所提出的"以直报怨，以德报德"原则。科学地处理恩怨，化解烦恼、冲突，避免不必要的人间悲剧，是中国古人所面临的重要生活哲学、人生哲学课题，在此方面，儒家形成了比较完整的思想体系。《诗经·大雅·抑》说："无言不雠，无德不报"；"投之以桃，报之以李"。可以说，这首诗具有广泛而深远的影响，其报德思想是中华传统伦理道德中知恩图报观念的重要思想基点，也是儒家思想的基础。有人问："以德报怨，怎么样？"孔子回答说："何以报德？以直报怨，以德报德。"①在此，孔子没有直接回答"以德报怨"怎么样的问题，而是直接表明了自己的观点，即只能"以直报怨"和"以德报德"。显然，在孔子看来，"以德报怨"的提法存在着问题，因为如果"以德报怨"，就存在着如何"报德"的问题。所谓"以直报怨"，一般解释为用正直来回报怨恨。例如，朱熹说："于其所怨者，爱憎取舍，一以至公而无私，所谓直也。"②再如，现代人杨伯峻亦直接译为"以公平正直来回答怨恨"③，李泽厚译为"该用公正来回报怨恨"④。就是说，在报怨时，其爱憎取舍都要以至公无私为原则，体现正直的态度。钱逊强调："孔子反对怨怨相反，也反对以德报怨，主张'以直报怨'。"⑤在他看来，应当联系孔子所谓的"不念旧恶"观点

---

① 《论语·宪问》。
② 《论语集注》。
③ 杨伯峻：《论语译注》，中华书局，2009，第154页。
④ 李泽厚：《论语今读》，天津社会科学出版社，2007，第254页。
⑤ 钱逊：《〈论语〉读本》，中华书局，2006，第179页。

来理解"以直报怨"问题。孔子曾称赞说:"伯夷、叔齐不念旧恶,怨用是希。"①即伯夷、叔齐不记旧恶,因此人们很少怨恨他二人。结合伯夷、叔齐之事,钱逊指出:"不以有旧恶旧怨而改变自己的公平正直,也就是坚持了正直,以直报怨了。这是比较合理的态度。"②但是,李零则有不同的看法,他说:"这种解释有问题。我理解,它不是说用正直之直报答怨,而是说以对等的东西报答怨。这里的'直',其实应读为'值',是以怨报怨。"③他强调,实际上存在着两组对称,即一组是"以德报怨"和"以怨报德",一组是"以德报德"和"以怨报怨"。实际上,《礼记》中恰好有这两组对称。《礼记》中,孔子说:"以德报德,则民有所劝;以怨报怨,则民有所惩。"意思是说,以德报德能够使百姓有所劝勉而友好相处,以怨报怨则使百姓两败俱伤。他又说:"以德报怨,则宽身之仁也;以怨报德,则刑戮之民也。"这是说,以德报怨是委曲求全,而以怨报德则应当受到刑戮。李零强调:"孔子认为,以德报德是劝民向善,以怨报怨是惩民为恶。这是他的基本态度。'以德报怨','以怨报德',在他看来,都不是'礼之常',前者是上对下过于宽厚,后者是下对上过于凶恶。"④但从根本上来说,孔子主张"以直报怨"和"以德报德"应该是毋庸置疑的。

与孔子强调"以直报怨"相反,老子强调"以德报怨"。老子说:"大小多少,报怨以德。"⑤王弼注解说:"小怨则不足以报,大怨则天下之所欲诛,顺天下之所同者,德也。"⑥而对于"德",王弼则强调:"德

---

① 《论语·公冶长》。
② 钱逊:《〈论语〉读本》,中华书局,2007,第179页。
③ 李零:《丧家狗——我读〈论语〉》,山西人民出版社,2007,第262页。
④ 李零:《丧家狗——我读〈论语〉》,山西人民出版社,2007,第262页。
⑤ 《道德经·六十三章》。
⑥ 《老子道德经注》。

者，得也。常得无丧，利而无害，故以德为名焉。"①即"德"的实质是由"道"而"得"，即物之所得。但学者们普遍感觉到"大小多少"与"报怨以德"之间文义不通，认为出现了错简，当移入《道德经·七十九章》。例如，陈鼓应据陈柱、严灵峰之说，移入《七十九章》，其文作："和大怨，必有余怨；报怨以德，安可以为善？"他解释说："本段的意思是说：和解大怨，必然仍有余怨，所以老子认为以德来和解怨（报怨），仍非妥善的办法，最好是根本不和人民结怨。"②在他看来，老子所以认为"报怨以德"仍然不是最好的办法，就在于强调统治者理应行"清静无为"之政。因此，从根本上说，儒道两家都不赞成"以德报怨"。钱穆说："以德报怨，若为忠厚，然教人以伪，又导人于忍，否则将使人流于浮薄。既以德报所怨，则人之有德于我者，又将何以为报？岂怨亲平等，我心一无分别于其间。此非大伪，即是至忍，否则是浮薄无性情之真。"③而对于"以直报怨"，他解释道："直者直道，公平无私。我虽于彼有私怨，我以公平之直道报之，不因怨而加刻，亦不因怨而反有所加厚，是即直。君子无所往而不以直道行，何为于所怨者而特曲加以私厚？"④在他看来，"以德报德"亦是直道，然而德本身不论厚薄，不能计较德的厚薄而报德，因为那样就是小人以利偿利，是小人至私至薄的表现，不再是所谓报德。但对于孔子究竟持有什么态度，学者还是存在着争议的。例如，任继愈强调："他的'以德报怨'的原则，也体现了我们民族反抗外来侵略的正义精神。"⑤遗憾的是，任先生并没有展开论述，到底他如何解释"以德报怨"，不得而知。

---

① 《老子道德经注》。
② 陈鼓应：《老子今注今译》，商务印书馆，2003，第341页。
③ 钱穆：《论语新解》，读书·生活·新知三联书店，2005，第381页。
④ 钱穆：《论语新解》，读书·生活·新知三联书店，2005，第381页。
⑤ 任继愈：《孔子的贡献与被后代的尊奉》，载《天人之际——任继愈学术思想精粹》，人民日报出版社，2010，第55页。

五、择友慎交　贵在知心

伦理与道德的境界实际上存在着分别，伦理的实质在于遵循伦理规范，因而它所描述的往往是两个一般性社会交往的人的交往现象，而道德的实质则在于追求更高的道德境界，因此它所描述的往往是道德主体之间的交往现象，即道德主体为了自己的道德修养和道德追求，与志同道合、同心同德、心心相印的人在共同塑造着彼此共同发展、共同进步、共同享有深厚友谊的精神世界。在中华传统伦理道德体系中，对这种最高境界的道德现象，形成了非常深刻的认识。

中国古人很早就认识到，环境是人们具体生活、交往的大背景，也是人们道德意识、道德品质形成的重要影响因素。众所周知，孔子非常注重环境对人的习惯造成的影响。他指出："性相近也，习相远也。"[①]即从本性或自然属性上来说，人刚生下来的时候，是非常相近的，几乎没有多大的差别，然而由于其所处环境不同，其所接触和交往的人不同，因此其习惯、习性也随之发生巨大的改变，结果造成人们彼此间在思想品质上的根本不同。正是坚持这一观点，孔子强调必须选择有仁德风气的地方居住。他说："里仁为美。择不处仁，焉得知？"[②]在此，"里"为居住，"知"同"智"，即居住在有仁德风气的地方是美好的，只有选择这些的住所才能算得聪明。这种观点深刻地影响着中国后世人们对交友的认识。正是因为认识到环境对人的性情或思想品质的塑造产生着重要影响，人们都比较重视在教育子女时选择比较好的环境，著名的"孟母三迁"的故事就是当父母的觉悟到环境对子女成长的重要性而主动加以改观的教子有方的典范。由南宋王应麟等人编纂的蒙学读物《三字经》就载有"昔孟母，择邻处"之句，可谓影响深远。北齐颜之推曾强调：

---

① 《论语·阳货》。
② 《论语·里仁》。

"潜移暗化，自然似之。"①显然，他认识到，环境对人的影响恰恰在于潜移默化，即环境对人的影响不是显而易见的，往往不为人们所觉察，然而一旦时间长了就变得自然而然，即"自然似之"。

中国古人不仅认识到环境对品德形成的重要影响作用，更认识到交往对象对品德形成的影响作用。正是认识到这一点，荀子指出："夫人虽有性质美而心辩知，必将求贤师而事之，择良友而友之。得贤师而事之，则所闻者尧、舜、禹、汤之道也；得良友而友之，则所见者忠信敬让之行也。身日进于仁义而不自知也者，靡使然也。今与不善人处，则所闻者欺诬、诈伪也，所见者污漫、淫邪、贪利之行也。今不与善人处，则所闻者欺诬、诈伪也，所见者污漫、淫邪、贪利之利也。身且加于刑戮而不自知者，靡使然也。传曰：'不知其子视其友，不知其君视其左右。'靡而已矣！靡而已矣！"②即人的本性虽然很美，并且心智正常，然而也必须寻求良师益友来事奉和交往，因为跟着他们能够学到美德或善行，能够不知觉地就进入仁德义理之中而不自知；相反，如果跟不善良人交往，就会培养起恶劣的习性，最终遭到刑罚、杀戮而不自知。荀子的慎择友、慎交友、慎求师等思想都是对孔子教育思想的继承和发展。《管子》说："观其交游，则其贤不肖可察也。"③西汉刘向引孔子话说："与善人居，如入兰芷之室，久而不闻其香，则与之化；与恶人居，如入鲍鱼之肆，久而不闻其臭，亦与之化矣。"④西汉韩婴强调："鲍鱼不与兰茝同笥而藏。"⑤韩婴在此是通过鲍鱼与兰茝两种品性不同的东西不能混同存放来说明君子、贤人或小人、坏人绝不能呆在一起的道理。贞观十三年，魏徵向唐太宗李民世上疏中曾说："立身成败，在于

---

① 《颜氏家训·慕贤》。
② 《荀子·性恶》。
③ 《管子·权修》。
④ 《说苑·杂言》。
⑤ 《韩诗外传》卷九。

所染。兰芷鲍鱼，与之俱化，慎乎所习，不可不思。"①在此所提的"立身成败，在于所染"亦侧重于说明环境和交往对象对人的品德修养的重要影响。清代石成金亦强调："欲知子弟成何品，但看何人共往来。"②就是说，一个人只要看看他交往的朋友，就可以知道他是贤德还是不肖。东汉爱延强调："善人同处，则日闻嘉训；恶人从游，则日生邪情。"③明朝薛瑄说："人之邪正必谨于所习，习与正人居则正，习与不正人居则不正。"④清代李光庭亦有一句广为流传的名言："跟着好人学好人，跟着师婆跳假神。"⑤当然，也不能把这种观点绝对化，相反，应当辩证地看待环境和交往对象的影响。明朝梅之焕指出："附小人者必小人，附君子者未必君子。"⑥即攀附小人的人一定注定成为小人，而接近君子的人却未必都能成为君子。因为人的主观努力也是具有重要作用的。

不可否认，世上的人各有好坏，其层次、性情、品质、境界千差万别，这就要求人们在社会交往和结交朋友方面必须认真选择，找到真正适合自己的朋友，即与自己性情相合、志趣相投或具有共同的爱好的人。中华传统伦理道德思想中，对慎交实际上多有论述，是中国古人伦理道德实践的思想结晶。东晋葛洪说："吾闻详交者不失人，而泛结者多后悔。"⑦即详细了解以后再结交就不会失去朋友，而没有深入了解便结交往往会过后悔恨。清代申居郧指出："始交不慎，后必成仇。"⑧即交友之初就必须慎重选择，以避免以后由于各种原因造成交情的断裂而

---

① 《贞观政要》卷十《慎终第四十》。
② 《择友诗》。
③ 《后汉书》卷七十八《杨李翟应霍爰徐列传第三十八》。
④ 《读书录》。
⑤ 《乡言解颐·人部·人》。
⑥ 《明史》卷二百四十八《梅之焕传》。
⑦ 《抱朴子·交际》。
⑧ 《西岩赘语》。

成为仇人，而到那个时候再后悔就已经来不及。清代魏禧说："交友者，识人不可不真，疑心不可不去，小嫌不可不略。"①即交友先要真切了解对方，不能对之抱有怀疑之心，对对方的一些小毛病不可计较。清代吴嘉纪强调："世人漫结交，其后每多悔。"②即世俗之人往往泛泛而交或胡乱结交朋友，结果导致后悔不已。清代金婴则说："守田者不饥，积德者不倾，择交者不败。"③换言之，只有谨慎地择友，才能避免后来发生的一切危及自己生活、生存的危险。清代史襄哉说："欲远是非，慎交为先。"④慎交，不仅表现在要谨慎地选择朋友，而且还表现为对朋友之间的交情、友谊要时时加以珍惜、呵护。清代夏九叙强调："结交莫学三春桃，因风吐艳随风飘。"⑤即一定要以正确的态度珍视朋友间的友谊，要经受住各种变故的考验。也正是因为如此强调交情必须能够经受考验，清代史襄哉说："真金不怕烘炉火。"⑥即只有经受住考验的交情才能是纯正的、持久的。

中国古人慎交的表现是多样的。首先，求诤友、益友。孔子弟子子路问怎样才可以算作"士"，他回答说："切切偲偲，怡怡如也，可谓士矣。朋友切切偲偲，兄弟怡怡。"⑦即在孔子看来，真正的士实质上就是朋友和兄弟，能够做到互相批评勉励并和睦相处。因此，"朋友有过，则直言切谏"⑧，是一个非常值得肯定的做法。实际上，正是通过朋友的直谏，人才有所改进、改善。西汉桓宽说："扁鹊不能治不受针药

---

① 《日录里言》。
② 《怀罗大》。
③ 《格言联璧·惠吉》。
④ 《中华谚海》。
⑤ 《结交行》。
⑥ 《中华谚海》。
⑦ 《论语·子路》。
⑧ 《清朝野史大观》卷十。

之疾，圣贤不能正不食谏诤之君。"①清代吴嘉纪指出："砥砺岂必多，一璧胜成珉。"②即朋友不需多，而像砥砺（即磨刀石）这样的诤友有一个就胜过很多类似玉的美石那样的一般朋友。直谏不仅是真正的诤友所当为，而且在开明的帝王那里，依然是非常珍贵的事情。例如，唐太宗李世民说："玉虽有美质，在于石间，不值良工琢磨，与瓦砾不别。若遇良工，即为万代之宝。朕虽无美质，为公所切磋，劳公约朕以仁义，弘朕以道德，使朕功业至此，公亦足为良工尔。"③还强调："公独不见金之在矿，何足贵哉？良冶锻而为器，便为人所宝。"④即在他看来，他所以能够取得政治上的成就，无不得益于像魏徵那样的大臣不断地直谏而有所改造。其次，重贫贱、患难之交，拒势利之交。患难见真情是无数历史事实证明了的生活大道理。在中国，"有福同享，有难同当"⑤，可以说是一句妇孺皆知的名言。因此，人们比较重视贫贱之交，纵使随着时势的改变也往往比较珍惜贫贱之交、患难之交。清代王晫引林璐说："友者，俭岁之粱肉，寒年之纤纩也。"⑥与之相反，人们认识到势利之交并非真正的友谊。例如，诸葛亮说："势利之交，难以经远。"⑦再次，中国人强调"冤家宜解不宜结"⑧，即有矛盾和冤仇的双方应该努力化解，而不是不断加深矛盾和仇恨。例如，清代史襄哉指出："一人为仇嫌太多，百人为友嫌太少。"⑨即要尽量避免与人结仇，要多多结交朋友。最后，慎交还体现为"拒损友"。明朝方孝孺强调："损友敬而远，益友宜相

---

① 《盐铁论·相刺》。
② 《吴嘉纪诗》卷十二《题图十首，赠吴君仲述·慎交图》。
③ 《贞观政要》卷一《政体第二》。
④ 《贞观政要》卷二《任贤第三》。
⑤ 《官场现形记》第五回。
⑥ 《今世说·言语》。
⑦ 《诸葛亮集·论交》。
⑧ 《说岳全传》第二回。
⑨ 《中华谚海》。

亲。"①所谓"损友",是指那些看似非常要好的朋友,但与其结交的最终结果只可能有损于自己的前途、事业和道德境界的提升,甚至导致身败名裂。因此,拒损友,是慎中之慎。

　　交情的深厚实际上是存在着很大的差别的。有些人能建立一世的交情,因此就会出现所谓的"人在人情在,人亡两无交"②的事情,而有些人建立的恰恰是世交,即通过上辈人或上上辈人传承下来的交情。无疑,交情一旦超越一代人而传承下来延续到下辈人身上,并且发展得非常好,没有出现不良的倾向,那么,这样的世交的确形成了两个家庭或家族之间比较稳固的关系。显然,这种关系不仅是经济利益上的关系,更主要的是彼此间在社会生活事务中各个方面上的互帮互助关系,而实现或巩固这种关系恰恰就是彼此间的深厚交情。特别是,世交之间往往会因为比较亲近、交往比较频繁、人际关系比较熟悉,进而派生出姻亲关系来,可以说,这样就把两个家庭或家族更加紧密地联系在一起。因此,世交之间往往因为经济利益、政治利益、日常事务、姻亲关系或血缘关系等等因素而紧密地联系成一个关系复杂的利益统一体。所谓"神交",实际上就是指朋友之间的精神交往,不仅指心意投合、相知很深的故交,还尤指那些虽然没有谋面但精神或心灵相通,彼此互相倾慕的朋友。东晋葛洪说:"志合者不以山海为远,道乖者不以咫尺为近。"③唐朝王勃曾强调:"吾闻古之君子,重神交而贵道合者,以其得披心胸而尽志义也。"④即真正君子的交往不是以物质利益或权势为基础的;相反,它根本取决于是否"道合",即是否奉行共同崇信的道义,而只有把交情、友谊奠基于共同的道义,才能真正达到"神交"的目的。孔子弟子

---

① 《新增广贤文》。
② 《三侠五义》第十五回。
③ 《抱朴子·博喻》。
④ 《王子安集》卷四《表启·上郎都督启》。

曾子强调："君子以文会友，以友辅仁。"① 清代龚自珍指出："文字缘同骨肉深。"② 即通过文字、文章等共同爱好所产生的友谊要比亲骨肉的感情还深厚。当然，最为关键的是，朋友之间的交往在于相知，找到知己、知音。在中国人看来，"知己"并不是一般的相识，而是相识基础上的更深层次的认识和熟悉，特别是"知心"。明朝袁中道强调："人生贵知心。"③ 北宋郭祥正亦强调："结交贵知心。"④ 知心、知己之所以珍贵，就在于知己知心，即只有知己才能够知道自己的心，或者说，真正了解自己的情怀或性情，知道自己内心所想。知己能够知心，知心也注定能够知音，即只有知己才能真正听懂自己的心声。"知音"一词源于《列子·汤问》所记载的战国时期伯牙与钟子期俩人的故事，即伯牙善鼓琴而钟子期善听琴，结果钟子期死去而伯牙摔坏自己的琴不再操琴。伯牙与钟子期俩人之所以成为"知音"，就在于"伯牙所念，钟子期必得之"，即伯牙心中所想，钟子期都能够准确地心领神会，因此，无怪乎伯牙在钟子期死后发出这样的感叹："善哉，善哉，子之听夫志，想象犹吾心也。吾于何逃声哉？"⑤ 南宋文天祥强调："高山流水，非知音不能听。"⑥ 因此，只有知音能够听懂对方的心声。知己难得，如果遇到知己就不再认为异乡是那么的陌生与寂寞了。例如，明朝陈子龙说："丈夫重知己，万里同芬芳。"⑦ 即大丈夫最看重的是知心朋友，即使相隔万里，也像同处一乡，共闻芬芳。清代袁枚强调："人生得友朋，何必思乡里。"⑧ 即一生中如果得到了朋友的友谊，纵使身处异乡，也能够因为

---

① 《论语·颜渊》。
② 《龚自珍全集》第十辑《己亥杂诗》。
③ 《珂雪斋集》卷六《德山别扬西来》。
④ 《郭祥正集》卷十《仲春樱桃下同许损之小饮因以赠之》。
⑤ 《列子·汤问》。
⑥ 《文天祥集》卷十《跋胡琴窗诗卷》。
⑦ 《陈子龙集》卷六《仲夏直左掖门送彝仲南归》。
⑧ 《秋夜杂诗》。

拥有友谊而不必思念故里，换句话说，不再因为寂寞而产生思念故里的乡愁。也正因如此，人们非常在意知音之间的心灵沟通，而不愿、不会向非知音诉说心里话："知音说与知音听，不是知音不与谈。"① 所以说，朋友之间的交往更在于找到自己的知己、知音，而不只在于在金钱或物质利益上有所助益。李白在《赠友人》一诗中曾说："人生贵相知，何必金与钱。"清代归庄亦指出："交友何必问黄金？"② 显然，以金钱交换或势利为实质的交情根本谈上有什么可贵，真正的交情必须忽视或淡化金钱的影响，去掉铜臭味。在很多情况下，由于环境复杂，人际关系还没有全面梳理清楚之际，恐怕就有很多自己内心的苦闷或烦恼需要排解，然而在此情势下，只可能向自己最知心的朋友去诉说，而根本不可能任意说一通就算了事。显然，如果那样，恐怕就会导致一系列的问题，制造更多的矛盾和乱子。不仅如此，知己、知心、知音也是人们在各个方面开展交往、沟通或做事的重要对象。"酒逢知己饮，诗向会人吟。"③ 当然，人们认识到，事实上一生中真正的知己是很难遇到的。"相识满天下，知心能几人？"④ 清代何兰庭说："百岁开怀能几日，一生知己不多人。"⑤ 正因为知己难得，曹雪芹用"万两黄金容易得，知心一个也难求"⑥ 来形容。

知己不仅是自己的知音，而且因为彼此之间拥有共同的情怀和志趣，彼此同心同德、心心相印，尤其是在共赴难境时，能够肝胆相照。孔子曾提出交友的一个根本原则："无友不如己者。"⑦ 即不要与不同于

---

① 《警世通言·俞伯牙摔琴谢知音》。
② 《访季沧苇待御》。
③ 《增广贤文》上集。
④ 《增广贤文》上集。
⑤ 《随园诗话·补遗》卷三·三十四。
⑥ 《红楼梦》第五回。
⑦ 《论语·学而》。

自己的人交朋友，换言之，只有同于自己的人才值得与他交朋友。当然，所谓同于自己，并非指拥有同等或相近的容貌、财富、权力或能力等外在因素，而是指具有共同的情怀与志趣，能够达到同心同德、心心相印、肝胆相照。肝胆相照从本质上是说只有深情厚谊的朋友在面对复杂、冲突、险恶的境遇时能够彼此忠诚、真心相待、绝不背叛。南宋文天祥曾指出："所恃知己，肝胆相照。"①显然，肝胆相照是人们彼此融为一体的表现。明代程允升说："肝胆相照，斯为腹心之友。"②真正的"心腹之友"必须是肝胆相照的，而只有肝胆相照才能成为最可靠、最值得信赖的朋友。正因为人们能够达到同心同德、肝胆相照，朋友才实现了彼此不可分割的共同存在，结为生命共同体。"居则同乐，死则同哀。"③即平时相处共欢乐，纵使死也能够共悲伤。清代尹会一强调："天下事非一人所能独办，君子欲有所为，必与其类同心共济。"④知己、知心、知音虽然已经是中国人在结交朋友问题上达到的理想境界，然而，实质上这还不算最高境界。因为，知己是了解自己，知心是知道自己心中所想，知音是能够听懂自己的心声，然而在中国人看来，朋友交往的最高境界是"心心相印"。显然，心心相印是指心与心的契合。尹会一还说："数年相交，久已心心相印。"⑤即经过数年的交往，由于意气相投，最终达到了心心相印，即心与心的契合。总之，在中国人看来，朋友之间的深情厚谊是通过多年的交往互动而形成的。

---

① 《文天祥全集》卷六《与陈察院文龙》。
② 《幼学琼林》卷二《朋友宾主》。
③ 《东周列国志》第十六回。
④ 《健余札记》。
⑤ 《答刘古衡书》。

第二章 仁爱精神

仁爱精神是中华传统伦理道德思想文化的精华。仁爱是整个中华民族最为崇信的核心价值观念。《新时代公民道德建设实施纲要》强调要深入阐发中华优秀传统文化中蕴涵的核心思想理念，首推"讲仁爱"[①]，可见其重要性。全面地阐释仁爱概念的历史渊源，揭示中华传统伦理道德思想中的仁爱思想的基本特征，按照时代的新发展新进展阐释仁爱精神的现代意义，充分发挥仁爱精神塑造社会主义伦理道德体系，推动社会主义道德建设，提高人民道德水准和文明素养，具有非常重要的理论和现实意义。

第一节 仁爱概念的历史溯源

众所周知，仁爱思想是儒家思想的精髓，"仁"是孔子确立起来的最高道德原则。例如，《吕氏春秋·不二》说："孔子贵仁。"然而，从根本上说，"仁"并不是由孔子最早提出来的，在孔子之前，它已经是一个公认的道德原则，只是儒家更厚爱仁，将其确立为最高道德原则，阐发出了对整个中华民族伦理道德思想文化的形成起着重要影响的仁爱思想和仁爱精神。因此，对于"仁"以及"仁义"和"仁爱"等相关概

---

① 《新时代公民道德建设实施纲要》，人民出版社，2019，第8页。

念，只有追根溯源，才能全面揭示其实质，阐明其内涵的历史演变。

一、"仁"概念溯源

"仁"字始见春秋时期。《说文解字》说："仁，亲也，从人，从二。（臣铉等曰：'仁者兼爱，故从二。'）"又说："忎，古字仁，从千、心。"还说："𡰥，古字仁或从尸。""尸"指人体，从形，表示人。概括来说，"仁"指二人以上彼此亲爱、关心。《国语》中有多处记载有关"仁"的思想。例如，"为仁与为国不同，为仁者爱亲之谓仁，为国者利国之谓仁"[①]；"仁不怨君"[②]；"爱人能仁"[③]。《左传》中亦有多处记载有关"仁"的思想，并对之作了多种界定。例如，"不背本，仁也"[④]；"出门如宾，承事如祭，仁之则也"[⑤]；"参和为仁"[⑥]；"《诗》曰：'柔亦不茹，刚亦不吐，不侮矜寡，不畏强御。'唯仁者能之"[⑦]。《左传》记载："仲尼曰：'古也有志，克己复礼，仁也。'信善哉！楚灵王若能如是，岂其辱于乾溪？"[⑧]其中，上述最后一项虽然记载的是孔子对楚灵王的评论，但孔子的评论却是引述"古志"，因此，"克己复礼"并非是由他首先提出的，而他的贡献则是将其精神概括为"仁"。《大学》同样有关于"仁"的思想记载。例如，秦穆公因晋献公之丧而使人吊重耳，其舅子犯教晋文公回答说："亡人无以为宝，仁亲以为宝。"[⑨]所谓"仁亲以为宝"，即把热爱父亲当作宝贝。

---

① 《国语·晋语》。
② 《国语·晋语》。
③ 《国语·周语下》。
④ 《左传·成公九年》。
⑤ 《左传·僖公三十三年》。
⑥ 《左传·襄公七年》。
⑦ 《左传·定公四年》。
⑧ 《左传·昭公十二年》。
⑨ 《大学》。

当然,"仁爱"思想之所以能够在中国传统伦理思想占据至关重要的核心地位,归根结底还得归功于孔子把"仁"确立为最高的道德原则。如上所述,孔子之前,"仁"已经成为公认的道德原则,并有多种规定性,如强调爱亲谓仁、利国谓仁、参和为仁,仁有多种表现,如不怨君、不背本、出门如宾、承事如祭等。然而,孔子更明确地规定了"仁",即"克己复礼"为仁,并视之为最高的道德原则。也就是说,正是孔子最先把"仁"从一个一般的道德原则提升为最高的道德原则。显然,孔子的这一创举具有非凡的意义。《论语》记载:"子贡曰:'如有博施于民而能济众,何如?可谓仁乎?'子曰:'何事于仁,必也圣乎!尧舜其犹病诸!夫仁者,己欲立而立人,己欲达而达人。能近取譬,可谓仁之方也已。'"① 在这里,孔子辨析了"圣"与"仁"的不同意指,即在他看来,能够广泛地把好处给予人民而且能够周济大众的,是超越了仁者的圣人。"夫仁者,己欲立而立人,己欲达而达人"实质上就是孔子对"仁"的明确界说。张岱年指出:"这里'夫仁者'三字也正是确立界说的格式。所以我认为,'夫仁者己欲立而立人、己欲达而达人'乃是孔子所讲关于仁的界说。"② 在孔子语境中,"立"是指人生的一个较高层次,即有所成就而实现自立、独立,即在社会上立身,显然,立不仅是思想意识上的独立自主,而且奠定了坚实的经济、社会或政治基础。同样,"达"也是一个非常重要的概念,它意味着人们在道德实践上达到了知行合一而为人们所普遍承认。张岱年强调:"'己欲立而立人、己欲达而达人',包含关于人己关系的一种重要观点,即确认自己是人,亦确认别人也是人;肯定自己有立、达的愿望,也承认别人有立、达的愿望。应该承认,这是道德的一项最根本的原则,可以称为

---

① 《论语·雍也》。
② 张岱年:《中国古典哲学概念范畴要论》,中国社会科学出版社,1989,第159-160页。

古代的人道主义观点。这是孔子所谓仁的中心含义。"①当然，众所周知，孔子除这一界定外，还对"仁"做了大量阐释，如《论语》中有多处关于弟子问仁的事。例如："颜渊问仁，子曰：'克己复礼为仁。一日克己复礼，天下归仁焉。为仁由己，而由人乎哉？'颜渊曰：'请问其目。'子曰：'非礼勿视，非礼勿听，非礼勿言，非礼勿动。'"②又如："仲弓问仁，子曰：'出门如见大宾，使民如承大祭，己所不欲，勿施于人。在邦无怨，在家无怨。'仲弓曰：'雍虽不敏，请事斯语矣。'"③再如："樊迟问仁，子曰：'爱人。'"④在这些问答中，孔子的回答显出因人而异的特征，其实质就是从多个角度阐释仁的规定性。张岱年强调："惟'爱人'是孔子的创见。'爱人'即'己欲立而立人，己欲达而达人'的简明概括。"⑤概括说来，在孔子那里，"仁"的实质就是"爱人"，就是"己欲立而立人，己欲达而达人"。不过，作为最高的道德原则，"己欲立而立人，己欲达而达人"是"仁"的积极陈述。与此相应，孔子还提出了对"仁"的消极陈述，即"己所不欲，勿施于人。"《论语》记载："子贡问曰：'有一言而可以终身行之者乎？'子曰：'其恕乎！己所不欲，勿施于人。'"⑥意思是说，自己不情愿的事情，不要让别人做，或自己不想要的东西，不要给予别人。因此，孔子实质上分别以积极陈述和消极陈述阐明了"仁"作为道德原则应当做和不应当做的规定性。

自孔子把"仁"奉为最高的道德原则之后，儒家继承人如子思、孟子、董仲舒以及韩愈、周敦颐、张载、二程、朱熹等，都进一步阐释了

---

① 张岱年：《中国古典哲学概念范畴要论》，中国社会科学出版社。1989，第160页。
② 《论语·颜渊》。
③ 《论语·颜渊》。
④ 《论语·颜渊》。
⑤ 张岱年：《中国古典哲学概念范畴要论》，中国社会科学出版社，1989，第161页。
⑥ 《论语·卫灵公》。

"仁"的思想。儒家对"仁"的推崇遭到道家的猛烈批评，如老子说："大道废，有仁义。"①老子又说："绝仁弃义，民复孝慈。"②（注：陈鼓应以为"绝仁弃义"当为"绝伪弃诈"）庄子则说："自我观之，仁义之端，是非之涂，樊然殽乱，吾恶能知其辩？"③总之，道家对儒家所倡导的仁义持否定态度，认为最高的是淳朴的道，只有绝仁弃义，才能恢复到淳朴的道，消除人间的是非和混乱。道家批评儒家推崇仁义，主张皈依最淳朴的道，对于现实社会道德建设实际上缺乏实际意义。当然，除儒家、道家论述过"仁"或"仁义"之外，《墨子》、《吕氏春秋》等对其都有所涉及。可以说，正是在儒家、道家等诸家论辩中，"仁"思想得到进一步丰富和完善，从而形成了中华传统伦理道德思想中的仁爱精神。

二、"仁爱"的本义

如上所述，在孔子看来，"爱人"是仁的实质。因此，"仁"与"爱"具有内在的联系。然而，真正说来，"仁"与"爱"连用为"仁爱"一个词，却并非出自孔子。首先，孟子直接提出"仁者爱人"④的著名论断，强调了仁与爱之间的关系。由此，他进一步提出"居仁由义"和"不偏爱人"的观点，因此主张："老吾老，以及人之老；幼吾幼，以及人之幼。"⑤墨子对"仁"与"爱"的关系也做出规定，如"仁，体爱也"⑥，如"兼即仁矣，义矣"⑦，主张爱人如己，兼即爱，爱并不应该有差等。显然，这是为"兼爱"辩护的。《中庸》云："仁者，人也，亲亲为

---

① 《道德经·十八章》。
② 《道德经·十九章》。
③ 《庄子·齐物论》。
④ 《孟子·离娄下》。
⑤ 《孟子·梁惠王上》。
⑥ 《墨子·经上》。
⑦ 《墨子·兼爱下》。

大。"① 唐代孔颖达疏:"仁者人也,亲亲为大者,仁谓仁爱,相亲偶也,言行仁之法在于亲偶,欲亲偶疏人,先亲己亲,然后比亲及疏,故云亲亲为大。"② 在此,孔颖达提出"仁谓仁爱,相亲偶也"的命题。显然,这也是"仁爱"概念的最早出处。所谓仁爱,显然就是儒家以"亲亲为大"为根本价值取向的差等之爱,即根据远近亲疏原则对周围一切进行分门别类,首先爱自己的亲人,然后推而远之爱社会上其他的人。

除儒家的这种解释之外,儒家一些学者还提出了其他一些解释。例如,唐朝韩愈说:"博爱之谓仁。"③ 即以博爱来界定仁,这种解释突破了孔孟原有基于血缘亲情的伦理视野。北宋周敦颐说:"德:爱曰仁,宜曰义。"④ 张载说:"以爱己之心爱人则尽仁。"⑤ 这里体现了己与人的同等性。他又说:"'恭敬撙节退让以明礼',仁之至也,爱道之极也。"⑥ 北宋程颐侧重以"公"释仁,即"仁者,公也"⑦。又说:"只为公则物我兼照,故仁所以能恕,所以能爱。恕则仁之施,爱则仁之用也。"⑧ 程颐更赋予仁以公共性,即仁只有具备了公共性,归根结底人出于公心,才能恕和爱。如上所述,中国传统哲学家尽管反复提出"仁"与"爱",但极少把两者连用为"仁爱"。正是由此,有学者强调,"仁爱思想在中国是有传统的,但首先提出'仁爱'这个概念的是孙中山,他的仁爱就是西方资产阶级的博爱,他又赋之以爱国、救国、实行三民主义的新内容。"⑨ 孙中山革命时期曾提出"固有道德"的改造问题,说:"讲到中

---

① 《中庸·二十章》。
② 《礼记正义》。
③ 《韩昌黎全集》卷十一《杂著一·原道》。
④ 《周敦颐集》卷二《通书》。
⑤ 《张载集·正蒙·中正》。
⑥ 《张载集·正蒙·至当》。
⑦ 《河南程氏遗书》卷九。
⑧ 《河南程氏遗书》卷十五。
⑨ 宋希仁等主编《伦理学大辞典》,吉林人民出版社,1989,第169页。

国固有的道德，中国人至今不能忘记，首是忠孝，次是仁爱，其次是信义，其次是和平。"① 总之，"仁爱"作为中华传统伦理道德思想中的一个重要概念，尽管其精神实质很早就为儒家学者所强调，然而其固定下来则较晚。但是，自仁爱思想形成以来，它已经构成了中华传统伦理道德思想的核心内容之一，仁爱精神是中华传统伦理道德思想中的主导精神。

第二节　仁爱思想的基本精神

仁爱思想不仅是儒家伦理道德思想的核心，而且也是整个中华传统伦理道德思想的核心。实际上，任何能够称得上整个思想体系核心的思想范畴，都在整个体系中起着提纲挈领的作用，对其他思想范畴发挥着决定性的影响力。从根本上来说，"仁"或"仁爱"就是这样的范畴，它是儒家伦理道德思想中的核心价值观。当然，如上所述，"仁爱"作为独立的思想范畴出现较晚，但并不能因此而否定仁爱思想在整个儒家伦理道德思想乃至中华传统伦理道德思想体系中的核心地位，否定中华传统伦理道德思想文化中的仁爱精神。

从整体上说，仁爱精神具有以下思想特征。

一、以人为本　彰显人道

马克思曾经说过："作为主体的人必须是出发点。"② 从本质上说，任何价值都是对人而言的，人是真正的、最终的价值主体，事物或客体有没有价值，完全取决于其是否满足人们的需要，特别是人们生活、生存

---

① 《孙中山全集》，第九卷，中华书局，1986，第 243 页。
② 马克思：《1844 年经济学哲学手稿》，刘丕坤译，人民出版社，1979，第 75 页。

和发展的需要。李德顺强调:"我们说'一切价值都是人的价值',是指人是一切价值的主体,是一切价值产生的根据、标准和归宿,是价值实现者和享有者,任何事物的任何价值归根结底都是对于人的价值。因此一切追求价值、实现价值的行为,追求和实现任何价值的行为,都要理所当然地、自觉地坚持'以人为本',都是一种清醒的理性行为。"① 所以,任何价值归根结底都是以人为本的,而且注定是以人为本的,离开人任何事物都谈不上有什么价值。稍微读过儒家经典、了解中华传统伦理道德观念的人,势必非常熟悉儒家思想家是非常重视以人为本价值原则的,而这尤其体现在仁爱精神上。如上所述,"仁",从人从二,其实质是亲,是爱人。"仁者爱人"命题充分贯彻了以人为本原则。众所周知,孔子仁爱精神彰显出儒家思想宽厚伟大的人文品格。据《论语》记载:"厩焚。子退朝,曰:'伤人乎?'不问马。"② 即马棚失火,孔子听说后首先关心的是是否烧伤了人,而不是马。孟子说:"仁也者,人也。合而言之,道也。"③ 也就是说,"仁"的实质就是人,而"仁"与"人"合并起来就是"道",换言之,人只有坚持"仁"或奉行"仁爱"思想原则这一"道",才能够成之为人。因此,仁爱精神归根结底所体现的恰恰就是人本主义或人道主义精神。

尤其难能可贵的是,仁爱精神不仅被儒家学者贯彻到对人与人、人与社会的矛盾关系的认识和处理中,而且还把它贯彻到人与自然的关系中,从而发展出了儒家特有的生态伦理思想。例如,孔子提出"泛爱众"④的理念,已经有了用仁爱精神解决人与自然关系的思想可能性;孟子则直接发展出了体现仁爱精神的生态伦理学。孟子说:"君子之于物

---

① 李德顺:《与改革同行——中国特色社会主义的哲学理路之思》,黑龙江教育出版社,2008,第235页。
② 《论语·乡党》。
③ 《孟子·尽心下》。
④ 《论语·学而》。

也,爱之而弗仁;于民也,仁之而弗亲。亲亲而仁民,仁民而爱物。"① 即仁爱不仅表现为"爱人",而且进一步扩展到"爱物"。显然,这是把原本仅限于人的爱,推及到了宇宙间的自然万物。《礼记》说:"孟春之月……禁止伐木。毋覆巢,毋杀孩虫、胎、夭、飞鸟,毋麛、毋卵。""仲春之月……毋竭川泽,毋漉陂池,毋焚山林。""季春之月……命野虞毋伐桑柘。""孟夏之月……继长增高,毋有坏堕,毋起土功,毋发大众,毋伐大树。……是月也,驱兽毋害五谷,毋大田猎。""季夏之月……树木方盛,乃命虞人入山行木,毋有斩伐。"② 毫无疑问,这些保护自然的规定所体现的恰恰就是儒家"仁民而爱物"的仁爱精神。

二、内外统一　德礼兼顾

任何伦理道德本质上都体现为两个方面:内在的德性与外在的规范。从博弈伦理学看来,"德性与规范是影响和制约人的伦理道德生活的两个不可或缺的核心要素,德性是担保人们遵循规范的内在资质,而规范则是磨砺、彰显和提升主体德性的外在标准"③,人的内在德性与外在的规范在人的伦理道德博弈实践中存在着相互影响和强化的作用。从根本上说,一个人的德性水平意味着自己伦理道德意识的高低,只有具备较高伦理道德意识的人、道德高尚的人才能自觉地遵循和恪守伦理道德规范;同时,伦理道德规范客观地影响、制约、评判、范导着人们的思想和行为,使人们更好地塑造良好的人际关系和伦理道德秩序。以此观点看,以儒家伦理道德观念,特别是仁爱思想为主导的中华传统伦理道德思想典型地体现着德性与规范辩证统一的精神。

众所周知,孔子关于"仁"与"礼"关系的命题是"克己复礼为

---

① 《孟子·尽心上》。
② 《礼记·月令》。
③ 鹿林:《论生活世界的伦理建构》,《河南大学学报》(社会科学版)2012年第4期。

仁"①。即在孔子伦理道德观念里,"仁"就是人的内在的德性规定,而"礼"就是人的思想和行为的外在标准。孔子说:"一日克己复礼,天下归仁焉。为仁由己,而由人乎哉?"②他还说:"仁远乎哉?我欲仁,斯仁至矣。"③显然,在孔子看来,仁是内在的道德品质(最初表现为道德意识),只要"克己复礼",就能够达到仁,它完全取决于自己,而不由他人决定。同时,孔子也非常重视礼的作用,他强调:"非礼勿视,非礼勿听,非礼勿言,非礼勿动。"④但在他看来,只有仁者或拥有仁爱之心的人才能如此,而这样的人所能够达到的就是他所希望的境界:"从心所欲,不逾矩。"⑤为此,孔子非常反对那些缺乏德性之人的伪善、做作,强调:"巧言令色,鲜矣仁!"⑥相反,当弟子子张问仁时,他强调:"能行五者于天下为仁矣。"就"五者"指什么,他指出:"恭,宽,信,敏,惠。恭则不侮,宽则得众,信则人任焉,敏则有功,惠则足以使人。"⑦此外,关于仁的论述还有"刚、毅、木、讷近仁"⑧、"仁者必有勇,勇者不必有仁"⑨等。南宋朱熹疏注曰:"故为仁者,必有以胜私欲而复于礼,则事皆天理,而本心之德,复全于我矣。"⑩当然,朱熹在此是从"事皆天理"的理学立场出发来考察仁者克胜私欲而复归于礼的。就究竟如何践履仁,孔子强调了"忠恕之道"。《论语》记载:"子曰:'参乎!吾道一以贯之。'曾子曰:'唯。'子出,门人问曰:'何谓也?'

---

① 《论语·颜渊》。
② 《论语·颜渊》。
③ 《论语·述而》。
④ 《论语·颜渊》。
⑤ 《论语·为政》。
⑥ 《论语·学而》。
⑦ 《论语·阳货》。
⑧ 《论语·子路》。
⑨ 《论语·宪问》。
⑩ 《论语集注·颜渊》。

曾子曰：'夫子之道，忠恕而已矣。'"①即孔子自称有"一以贯之"之"道"，他的弟子曾子则解读为"忠恕"之道。所谓"忠恕"之道，就是通过伦理道德的参悟与自觉而不断提升自己伦理道德素质或德性水平。具体说来，孔子强调："其恕乎！己所不欲，勿施与人。"②孟子亦强调行恕是求仁之方，如他说："反身而诚，乐莫大焉。强恕而行，求仁莫近焉。"③就是说，自觉地反省就能够达到诚，即伦理意识的自觉，而通过伦理实践能够达到仁。总之，在儒家看来，既要增强自己的伦理道德意识，而且要通过遵循外在的礼才能全面地达到仁，巧言令色恰恰是缺乏仁的表现。

三、亲亲为大　爱有差等

"仁者爱人"是儒家仁爱精神的实质，然而仁爱典型地体现为它是一种基于血缘、地缘、亲情的"差等之爱"。孟子强调："亲亲，仁也。"④又说："仁之实，事亲是也。"⑤因此，儒家的仁爱思想构造了一个基于血缘、地缘、亲情的"亲亲"或"事亲"为起点和中心的不断向四周、向外辐射的爱的世界。也就是说，仁者是根据被爱者与自身的血缘关系、地缘关系远近而确立了无数同心圆，离自身的血缘越近，或彼此间的心灵距离越近，仁爱的程度就越高，爱的情感越浓厚；相反，随着向外的辐射而散射，仁爱的程度就越低，爱的情感越淡薄，彼此间的心灵距离就越远。费孝通通过对比中国与西方社会组织结构发现，西方社会生活中人和人的关系所形成的是一种"团体格局"，而中国社会生活中人与人的关系所形成的是一种"差序格局"。他形象地说："我们的格

---

① 《论语·里仁》。
② 《论语·卫灵公》。
③ 《孟子·尽心上》。
④ 《孟子·告子下》。
⑤ 《孟子·离娄上》。

局不是一捆一捆扎清楚的柴,而好像把一块石头丢在水面上所发生的一圈圈推出去的波纹。每个人都是他社会影响所推出去的圈子的中心。被圈子的波纹所推及的就发生联系。每个人在某一时间某一地点所动用的圈子是不一定相同的。"①由此,他强调:"以'己'为中心,像石子一般投入水中,和别人所联系成的社会关系,不像团体中的分子一般大家立在一个平面上的,而是像水的波纹一般,一圈圈推出去,愈推愈远,也愈推愈薄。在这里我们遇到了中国社会的基本特性了。我们儒家最考究的是人伦,伦是什么呢?我的解释就是从自己推出去的和自己发生社会关系的那一群人里所发生的一轮轮波纹的差序。"②费孝通对中国社会关系的比喻形象而生动,既揭示其逻辑层次和关系,也揭示了其发展规律和趋势。总之,儒家仁爱是一种典型的基于血缘、地缘、亲情的"差等之爱",即一种依据人们彼此间距离的由近及远而其程度和深度由高到低、由浓厚到淡薄变化特征的爱。仁爱这种"差等之爱"的实质鲜明地贯彻于儒家伦理道德观念之中。例如,孟子提出"老吾老,以及人之老,幼吾幼,以及人之幼"③的重要观念。唐文明指出:"'爱有差等'指向人的本真伦理从而维护了人的本真性理想,使得儒家与一般意义上的人道主义或抽象人论区别开来。"④毫无疑问,这种仁爱思想基于血缘和地缘等自然性因素,然而却反映了人的本真存在,是人现实性情的真实流露和表现。

如上所述,仁爱思想奠基于血缘关系和地缘关系,反映着血缘原则和地缘原则,而血缘和地缘恰恰是孕育人们之间情感的土壤。毫无疑问,人们与自己的父母、兄弟、姐妹具有天然的亲近,其情感是真挚

---

① 费孝通:《乡土中国》,北京出版社,2009,第34-35页。
② 费孝通:《乡土中国》,北京出版社,2009,第37页。
③《孟子·梁惠王下》。
④ 唐文明:《与命与仁:原始儒家伦理精神与现代性问题》,河北大学出版社,2002,第205页。

的、浓厚的，而与其他人，由于血缘较远，或者不生活在同一片天地里，不曾谋面，互不相识，就不容易形成彼此之间的情感，相反，则会因彼此陌生而出现情感上的冷淡。因此，基于血缘和地缘的仁爱所体现出的往往是人类最真实的爱，是真性情的表达，是没有伪造和做作的情感。发自内心的爱才是真正的爱，可以说，这是仁爱的心理情感基础。如上所述，孔子说："巧言令色，鲜矣仁！"① 由于人们没有血缘关系，也不曾谋面，只是偶尔相逢，或者说只是在一定的社会公共生活中的相处，只有在面对和处理公共事务时才有所接触和交流，那么，为了达到各自利益的最大化，一些人就出现了伪善现象。孟子在与夷子辩论时曾说："夫夷子信以为人之亲其兄之子，为若亲其邻之赤子乎？"② 显然，在孟子看来，"其兄之子"与"其邻之赤子"尽管都不是自己的孩子，但毕竟存在着血缘关系上的亲疏问题，人们在此的情感是存在着差别的。这是说明，人们基于血缘关系的血肉之情是最真实的情感。

四、亲仁善邻　施予仁政

实际上，中国传统以儒家仁爱思想为核心的伦理道德思想与政治思想是紧密相关的。从某种意义上来说，中国传统的政治思想恰恰就是伦理道德思想的贯彻与体现，典型地属于伦理型政治，而仁爱思想恰恰就是儒家仁政理念的基石。《左传》中就提出了将仁爱施于政治的思想。例如，陈公子佗曾向陈国国君建议说："亲仁善邻，国之宝也。"③ 即亲近仁义，同邻国和睦相处，是一个国家最可宝贵的。对于儒家的创始人来说，孔子非常重视仁德在执政中的贯彻与落实。他说："为政以德，譬如北辰居其所而众星共之。"④ 当然，在此，孔子没有明确强调"德"即

---

① 《论语·学而》。
② 《孟子·滕文公上》。
③ 《左传·隐公六年》。
④ 《论语·为政》。

为"仁德"。孔子的仁爱思想（确切地说是仁的思想）是一个全面性的概念，还没有局限于执政方面，而明确提出"仁政"思想的恰恰是被尊为亚圣的孟子。孟子强调："天下有达尊三。爵一，齿一，德一。朝廷莫如爵，乡党莫如齿，辅世长民莫如德。恶得有其一而慢其二哉？故将大有为之君，必有所不召之臣，欲有谋焉则就之。其尊德乐道，不如是，不足以有为也。"① 大意是，天下表示尊重的事情有三种，即爵位、年纪和品德。具体来说，朝廷上表示对人的尊重莫如给以爵位，乡里亲族表示尊重莫如年长；辅治其世长养其民莫如品德。怎么能够只用其中一种而忽略其他两种呢？因此，将要大有作为的君主，身边必须有不敢召来商量事情的大臣，想要有好的计谋就亲自跑到大臣家里去询问。君主崇尚品德喜爱道义如果达不到这种地步，恐怕是不会有什么作为的。南宋朱熹在注疏孟子仁政思想时强调："有其心，无其政，是谓徒善；有其政，无其心，是谓徒法。"② 即只有仁心，不施仁政，是仅仅有善心而已；而施行仁政缺乏仁心，则不过只有好的制度而已。因此，仁心与仁政二者相辅相成，失去其中任一方面都是无法体现出仁心与仁政的，只有仁心施于仁政，仁政又体现仁心，才能达到仁政与德政的经世目的。儒家执政理念强调执政者自身的德性要求，实际上为后代的继承者所发扬光大，而且还为其他学派所接受。例如，西汉陆贾曾强调："夫居高位者自处不可以不安，履危者任杖不可以不固；自处不安则坠，任杖不固则仆。是以圣人居高处上，则以仁义为巢，乘危履倾，则以贤圣为杖，故高而不坠，危而不仆。"③ 还强调："昔者，尧以仁义为巢，舜以稷、契为杖，故高而益安，动而益固。处宴安之台，承克让之涂，德配天地，光被八极，功垂于无穷，名传于不朽，盖自处得其巢，任杖得其

---

① 《孟子·公孙丑下》。
② 《孟子集注》卷七。
③ 《新语·辅政》。

人也。秦以刑罚为巢，故有覆巢破卵之患，以李斯、赵高为杖，故有顿仆跌伤之祸，何者？所任者非也。故杖圣者帝，杖贤者王，杖仁者霸，杖义者强，杖谗者灭，杖贼者亡。"① 在此，陆贾视仁义为君主们筑成自己宫殿的基石，就是说君主们是依靠仁义而巩固自己的霸主地位的。《管子》也强调："君之所慎者四：一曰大德不至仁，不可以授国柄；二曰见贤不能让，不可与尊位；三曰罚避亲贵，不可使主兵；四曰不好本事，不务地利，而轻赋敛，不可与都邑。此四务者，安危之本也。"② 也就是说，用人要根据德才的具体情况，用其所长，对于大德至仁之人，则可以给予重要职位。《管子》还强调："君之所审者三：一曰德不当其位，二曰功不当其禄，三曰能不当其官。此三本者，治乱之原也。"③ 大意是，君王应当弄清楚的事情有三条：一是品德与他的爵位不相适应，二是功劳和他的俸禄不相适应，三是能力和他的职务不相适应。这三条叫作立政的三本，是国家治乱的根源。总之，不仅儒家，而且其他学派也认识到德或仁爱实际上是君主执政的道德基石，而对儒家来说，仁爱最终体现为仁政。

第三节　仁爱精神的现代阐释

仁爱精神是中国传统伦理道德思想的核心精神，然而由于浸透着儒家思想典型的情感诉求，其实质价值究竟如何，是学术界争议的重要话题。众所周知，鸦片战争以来，以儒家思想为主导的社会意识形态遭到了毁灭性的打击，而"五四"新文化运动更以前所未有的力量捣毁"孔

---

① 《新语·辅政》。
② 《管子·立政》。
③ 《管子·立政》。

家店"。事实上，无论是洋务派提出的"中体西用"论，还是"五四"新文化运动后现代新儒家对儒学的推崇，都没有从根本上改变儒家思想的日益衰败。正是在此过程中，儒家思想，尤其是儒家以仁爱精神为实质和核心的中华传统伦理道德思想，究竟具有什么样的地位与作用，就成了学者们争论的焦点问题。

从根本上说，儒家仁爱思想究竟有否价值，只有把其置入到中国实现社会主义现代化和中华民族伟大复兴的历史过程中才能清楚地得到认识和把握。也就是说，仁爱思想是否具有现代价值或意义，完全看它能否推进中国特色社会主义现代化建设和中华民族的伟大复兴。学者们所以对仁爱思想产生争论，完全着眼于这一点。例如，对于崇尚中华传统伦理道德观念，认为其拥有丰富的精华思想的人，往往过多地强调仁爱精神的现代性意义。相反，同样存在着不少的人怀疑、否定中国传统的伦理道德观念，尤其是儒家以仁爱为核心的价值观念在当代社会真的具有现代意义。肖玉峰甚至说："只要用'现代化'的镜子一照，我们就会发现儒家的人性论实际上与现代人性论尚有不少差距。就拿备受推崇的儒家的'仁爱'精神来说，它其实是一个比较空洞的概念。"[①] 因此，无论是看重儒家仁爱思想还是怀疑、否定它，都说明以仁爱为核心的中华传统伦理道德观念的确面临一个创造性转化和创新性发展的问题，即一个必须在新的社会历史环境和发展趋势下进行全面审视和阐释的问题，以充分地揭示其对推进中国社会实现现代化和中华民族伟大复兴的现代意义。

一、端正主观意志

仁爱思想所确立的"己所不欲，勿施于人"和"己欲立而立人，己

---

① 肖玉峰：《儒学救世论的现代化透视——以"仁爱"与"和谐"为例》，《自然辩证法研究》2011年第12期。

欲达而达人"的思想原则，即"忠恕之道"，从根本上来说，是一种忽视他人主体地位、自由和意愿的一厢情愿的单向原则。立足现代社会，弘扬仁爱精神，必须端正主观意志，在尊重他人主体地位、自由和意愿的前提下，表达自己对他人的爱。

这在于，无论是"己所不欲"或是"己欲立"和"己欲达"，总是以自己的"欲"或"不欲"来取代他人之所"欲"或"不欲"，而根本上没有把他人的"欲"或"不欲"作为自己施行仁爱的思想前提。换言之，"己所不欲，勿施于人"和"己欲立而立人，己欲达而达人"的思想前提是"己"和"人"具有同质性。不可否认，在一定的情形下，"己"与"人"具有共同的利益诉求，因而"欲"或"不欲"彼此相同。但是，立足于当代社会现实来看，随着人类社会的日益发展，各个国家、民族和地区之间的交往日益频繁、丰富，整个社会呈现出思想多样化、价值观念多元化的发展趋势，人们的主体意识逐渐觉醒，彼此的"欲"或"不欲"已经出现了根本性的差异。例如，肖玉峰强调："如果立人者与被立者之间没有什么是'立人'达成一个统一的标准，这样的'仁'行只会引发更多的冲突。"[①]因此，如果再从原来的"己所不欲，勿施于人"和"己欲立而立人，己欲达而达人"这样的主观性很强的思想原则来解决彼此间复杂的利益冲突、价值观念冲突问题，显然已经很不合时宜。因为，如果还一如既往地如此这般一厢情愿，势必忽视、否定、抹杀他人的主体地位、自由和意愿，否定他人选择自己生活的权利。毫无疑问，当前充分地尊重他人的生活主体地位、人格尊严、自由意志、价值观念和利益诉求，是科学解决人际交往、社会交往，乃至国家与国家、民族与民族、地区与地区之间交往遇到的各种复杂问题的关键前提。

---

① 肖玉峰：《儒学救世论的现代化透视——以"仁爱"与"和谐"为例》，《自然辩证法研究》2011年第12期。

因此，所谓端正仁爱思想的主观意志，并不是简单地否定仁爱思想作为主体的人应有的自觉性、积极性、主动性，而是在肯定这种自觉性、积极性、主动性的前提下充分地考虑到伦理交往对象或他人的主体性，不简单地以自己的"欲"或"不欲"来衡量和要求对方。

二、彰显人本精神

就现代社会而言，以"仁"或"仁爱"为实质的中国传统儒家伦理道德思想也并不是完全丧失了其存在的合理性。儒家伦理道德思想本质上是人本主义的，并没有强化从天意或神的意志引申出道德来。张岱年指出："所谓人本主义思想即是反对宗教的神道观念，而肯定道德起源于人世间的关系。"①客观而言，"仁"或"仁爱"所揭示的恰恰就是人与人之间的关系，是"人的关系"。"仁"的本义是两个人，或者说至少两个人，因此，只有在人与人之间才可能存在"仁"，而"仁"就是这种关系的实质。在西方话语体系中一直存在着所谓的"个体"概念，然而"个体"却是一个指称任何一个具体事物的概念，即无论这个事物到底是人或是其他事物，只要能够可数，是个具体存在，总可以称为个体。然而，只有作为个体的人才是真正的个人，才是一个人。故此，赵汀阳指出："个体（individual）用来指示事物是个合适的存在论单位，但如果用来指示人就太贫乏了，不能正确表达人的存在论性质，因为人的存在性质总是溢出个体而伸延到关系中，因此 Individual 只能表达人的身体存在，却不能表达人的精神存在。日常语言中可以说到'我的身体'和'我的情感'，但其逻辑语义却完全不同，我的情感必须是'及物的'才有意义，在大多数情况下，它的及物性表现为涉及他人。这意味着，我的情感并不是属于个体本身的事件（event），而是属于人际互动空间

---

① 张岱年：《中国伦理思想发展规律的初步研究 中国伦理思想研究》，中华书局，2018，第53页。

的关系性事实（fact）。孔子用仁（二人关系）来解释人所以为人，深意在此。"①因此，对于"仁"的理解，必须立足于人的存在论层次上，必须从人之所以为人的根本存在方式上来理解。毫无疑问，立足于人的存在论层次上，也就是必须全面地把握人之所以为人的特殊存在方式、生存方式。众所周知，马克思特别强调人的存在本质上是一种社会存在。他说："个人是社会的存在物。因此，他的生活表现——即使它不直接采取集体的、同其他人共同完成的生活表现这种形式——是社会生活的表现和确证。"②也正由此，马克思还强调："人同自己本身的关系只有通过他同其他人的关系，才对他说来成为对象性的、现实的关系。"③因此，人的本质特性就在于人的社会性，离开社会性也就无所谓人的存在，正是在社会中，人建立了丰富的社会关系，明确了自己的身份、地位、权利、义务和责任，确立、确证了自己的存在。但是，这种社会性不是抽象的，而是具体而现实的，是以己为中心而不断地拓展和丰富的。唐文明指出："追求本真性的差等之爱也不等于是狭隘的宗族观念，因为'仁'意味着在爱自己的亲人的同时还有一个'将心比心、推及他人'的过程，通过这种推及和扩充，差等之爱走向无限。"④总之，我们应该认识到，"仁"这一概念从其本义上来说，恰恰揭示了人之所以为人的本性，揭示了人的社会性，而这种社会性则是指人与人之间在现实的物质生产生活中不断拓展和丰富着的动态的共在性、相互性、交往互动性，就是人们在具体而现实的经济、政治、文化等各个领域之间彼此不可分割的联系性。归根结底，对于"仁"或"仁爱"来说，不能简单地将其中所关涉到的任何人视为抽象的个体，而应当视为人，而且视为

---

① 赵汀阳：《坏世界研究》，中国人民大学出版社，2009，第326-327页。
② 马克思：《1844年经济学哲学手稿》，刘丕坤译，人民出版社，1979，第76页。
③ 马克思：《1844年经济学哲学手稿》，刘丕坤译，人民出版社，1979，第53页。
④ 唐文明：《与命与仁：原始儒家伦理精神与现代性问题》，河北大学出版社，2002，第205-206页。

彼此关系中的具体而现实的人。归根结底,"仁"所体现的不是抽象的人性,不是抽象的人道主义或人本主义,而是具体而现实的以人为本精神,即以现实的、具体的、有血有肉的人为本的精神。

三、体现交往互动

"仁"的社会性或人与人之间的交往互动性说明,以"仁"为基础的"仁爱"只可能是彰显或实现了人与人之间的交往互动关系的爱。陈来曾指出:"清代学者阮元特别强调,仁字左边是人,右边是二,表示二人之间的亲爱关系,所以一定有两个以上的人才能谈到仁,一个人独居闭户,是谈不到仁的,仁是人与人之间的相互关系。阮元的这一讲法是对仁的交互性特质的阐示。"[①] 就是说,"仁爱"不可能是单向的爱,单向的爱、不尊重对方人格或感受的爱、强迫的爱,归根结底不是真正的仁爱。例如,马克思亦曾强调:"如果你的爱没有引起对方的反应,也就是说,如果你的爱作为爱没有引起对方对你的爱,如果你作为爱者用自己的生命表现没有使自己成为被爱者,那么你的爱就是无力的,而这种爱就是不幸。"[②] 因此,真正的仁爱恰恰是人与人之间的爱,是爱者与被爱者之间彼此互动的爱,即能够在对方身上引起相应的反应因而得到确证的爱。客观而言,现实生活中的很多悲剧之所以发生,往往是因为"剧中"主人翁把对方假想成自己的爱人,陷入纯粹的幻想之中,想当然地认为对方是爱自己的,然而这种错觉事实上并不是对方的积极的反应、回应。总之,仁爱是真正的爱,是通过尊重对方的人格独立和情感感受的爱,而不是脱离了彼此间的相互关系或互动的爱。现代社会是一个人格平等的社会,无论是人们彼此间社会关系的确立,还是相互间产生的爱,特别是仁爱,都是在尊重对方的人格和情感感受的基础上成为

---

① 陈来:《儒家文化与民族复兴》,中华书局,2020,第78页。
② 马克思:《1844年经济学哲学手稿》,刘丕坤译,人民出版社,1979,第109页。

可能的。而在充分肯定这一前提的基础上,更要深刻地认识到彼此间的爱始终是一种动态的交往互动活动,既需要自己积极地、热情地给予和付出,也需要对方积极地、热情地给予和付出,正是通过彼此共同的努力,才能形成和谐的人际交往关系。

四、强化社会维度

传统儒家仁爱思想具有典型的自然性特征,奠基于血缘关系、地缘关系之上,体现为"差等之爱",但无法科学地解决自由、平等、民主等价值观念主导的当代社会人与人之间复杂的公共利益或公共资源分配问题。无疑,基于"差等之爱",人们总是对自己的父母、兄弟、姐妹等亲人表现出更多的关怀、照顾、体贴,在利益分配时往往实现自身或自己人利益最大化;相反,对与自己没有血缘关系、地缘关系,或血缘关系、地缘关系比较远的人则往往重视不够,在利益或资源分配过程中往往忽视其正当的利益,从而造成分配上的偏颇或偏心。从实际情况上来说,很多人在利益或资源分配上往往过多地照顾了与自己存在着亲密关系的人仍然感觉还不够,唯恐有一点损失,而纵使家人、亲人犯的错误就像孔子所说的那样,如果偷羊则"父为子隐,子为父隐"[①]。邓晓芒在肯定儒家仁爱思想及其家庭原则通过"推行家庭亲情的大家长来统一天下,将小家、大家和国家的等级秩序安排得井井有条,这一政治设计的成功,应当说是中华文明两千年大部分时间居于世界最繁荣昌盛的文明之列的一个极其重要的原因"后,依然明确指出:"即使这种差等之爱的家庭原则给我们民族带来了如此重大的好处,却也并不是没有代价的。代价之一是造成了两千多年'天无二日、国无二主'的封建专制主义传统('家天下'),对我们国民的个人人格独立和精神自由造成了极大的摧残和压抑。代价之二是造成了永远根除不了的自发的腐败倾向,

---

① 《论语·子路》。

从而一开始就埋下了整个社会周期性剧烈动荡的祸根。"① 因此，仁爱充其量是一个属于广义上的私人生活世界里的原则；相反，在公共利益或公共资源分配问题上，所需要的恰恰就是能够体现所有共同体成员地位、人格或身份平等的公正原则。客观而言，公正原则所贯彻的恰恰就是一种博爱精神，由于它科学地摆正了人与人之间的关系，因此能够较好地解决和处理复杂的社会矛盾，塑造出更加科学、合理的公共生活世界秩序。正是基于此，肖玉峰强调："如果儒家的'仁爱'观念不接受改进而与'现代化'的'爱'的标准靠近，它在现代社会中恐怕是难以通行的。"② 也就是说，在公共生活世界里，在面对公共利益分配时，儒家传统仁爱就必须用博爱来取代，或者说必须吸收和融合博爱精神。

基于血缘关系、地缘关系的儒家传统仁爱还具有无法克服的理论困境，这就是，以儒家传统仁爱为标准势必造成对公共准则或法律的否定。当有人问孟子舜做了天子，皋陶做了法官，其父瞽瞍杀了人该怎么办时，孟子说："舜视弃天下犹弃敝蹝也。窃负而逃，遵海滨而处，终身䜣然，乐而忘天下。"③ 即在孟子看来，舜完全可以为了父亲而"窃负而逃"，"乐而忘天下"。显然这是把血亲关系看得至高无上，舜是至孝的。邓晓芒指出："说'亲亲互隐'的家庭原则从大局上看具有一定的合理性（利大于弊），这并不能否认它本身是一条导致腐败的原则，而只能说在当时的历史条件下，中华民族以忠孝立国，具有对一定的腐败行为的容忍度。"④ 但舜在孝亲和普遍的仁义产生冲突的情形下，最终选择了孝亲，置天下仁义于不顾，显然说明特殊性的孝取代了普遍性的仁爱，而这否定了仁爱思想的推恩思想。这正如阮旻所言："从根本上说，

---

① 邓晓芒：《儒家伦理新批判》，重庆大学出版社，2010，第16页。
② 肖玉峰：《儒学救世论的现代化透视——以"仁爱"与"和谐"为例》，《自然辩证法研究》2011年第12期。
③ 《孟子·尽心上》。
④ 邓晓芒：《儒家伦理新批判》，重庆大学出版社，2010，第17页。

'仁爱'思想与儒家哲学所倡导的以家庭关系为根本的原则相矛盾的，在儒家哲学中永远是血亲关系为第一位的，那么这种普遍性的仁爱是永远无法实现的，那么儒家所倡导的这种仁爱只是一种美好的愿望。"① 客观而言，任何伦理道德思想的提出都有其历史的根源，只有把仁爱思想还原到孔孟那种礼乐崩坏、诸侯争霸的时代，我们才能更好地理解仁爱思想在当时的合理性。然而，从现代社会来看，显然这种带有时代局限性的思想必须根据我们当代社会构建和谐社会的需要进行全面的、科学的创造性解释，从而发挥其在新时代的意义。

不仅如此，由于现代意义上的仁爱注定是一种社会性的爱，它注定成为"社会仁爱"。也就是说，原有基于血缘关系、地缘关系的仁爱，因为带有更多的自然主义因素，还不能适应更具有现代意义的陌生人社会，还不能更好地将仁爱拓展到陌生人身上。我们曾指出："从根本上说，面向整个社会或绝大多数人的仁爱，已经超越了受血缘关系、地缘关系、同事关系、职缘关系等狭隘的利害关系网的束缚而具有了纯粹的、普世的道德价值和意义。这种崇高的道德价值和重要意义更明显地表现在总有一些人基于强烈的仁爱之心而淡化了对自我的物质利益最大化追求的强烈愿望，宁愿牺牲自己的物质利益、经济利益而关注其他人特别是陌生人的生存和生活，认为这是比单纯的自我完善更重要的事情，或者认为是自我完善中更重要的方面。"② 因此，立足现代社会来谈仁爱，就不能再强化儒家原始仁爱中的孟子所谓"亲亲，仁也"、《中庸》所谓"仁者人也，亲亲为大"以及孔颖达所谓"先亲己亲，然后比亲及疏"的旧观念，不能再强调"爱有差等"，而要吸收墨子的"兼爱"思想和韩愈的"博爱"思想，使之成为既具有坚实的社会基础又具有普

---

① 阮旻：《对孟子仁爱思想的可实现性分析》，《中共宁波市委党校学报》2011年第4期。
② 鹿林：《博弈伦理学》，河南人民出版社，2018，第241–242页。

遍意义的爱。事实上，儒家自身也有这样的文化基因，因为儒家提出了大同社会"天下为公"的理念。正如干春松所指出的："以家庭血缘为基准，让儒家的仁爱思想不离日常生活状态，更容易为人们所接受。但'天下为公'的目标，则让仁爱观念具有超越个人和家庭局限的可能，达到人与人之间互相关爱的'仁民爱物'的境界。"[①]而且他强调在儒家思想发展史上，孔子之后的学者也是这样做的："一旦有人强调'大同'和'万物一体'这样的境界，自然会有儒者将之视为堕入墨家的框架。不过，从孟子、董仲舒、'程朱'到王阳明的思想家并没有采取非此即彼的态度，而是从血缘亲情中体认爱的自然特性，从'万物一体'中凸显儒家的价值理想。"[②]

第四节　新时代践行仁爱精神的现实途径

经过现代阐释的中华传统伦理道德思想中的"仁爱"精神，不仅具有一定的合理性，而且更彰显出其在现代社会伦理道德秩序建设中的必要性、迫切性。从根本上来说，仁爱精神是现代生活世界实现全面和谐的重要伦理思想基础，因为和谐本质上就是指整个生活世界中人与自然之间、人与社会之间、人与人之间以及人与自身之间关系的和谐，归根结底，这些关系恰恰就是人与人之间的关系，即"仁"意义上的关系。因此，促进社会和谐，本质上就是塑造以"仁"为精神实质的全面和谐的人的生活世界，只有扎扎实实地践行仁爱精神，才能塑造和建构起中华民族和谐的生活世界。

---

① 干春松：《多重维度中的儒家仁爱思想》，《中国社会科学》2019年第5期。
② 干春松：《多重维度中的儒家仁爱思想》，《中国社会科学》2019年第5期。

具体而言，可以通过以下途径践行仁爱精神，促进社会的和谐。

一、培育家庭美德　促进家庭和谐

家庭是社会的基础，是最原始的社会单位。无论传统家庭还是现代家庭，都必须以人的自然存在为前提，而人之所以能够获得自己的自然存在，成为一个生命有机体，最终根源于自然意义上的两性耦合。尽管人类在理论上、技术上能够运用克隆技术实现人的无性繁殖，从而造就一个没有父母的"人"，但事实上人类社会迄今还没有敢于做出这种违背人伦的尝试。因此，虽然有些人组成了同性恋家庭或无性家庭，但作为这种家庭的成员，每一个却都是自己原有家庭中由父母生育出来的。因此，尽管随着人们思想观念的自由解放社会上出现了各种类型的家庭，但原本意义上家庭依然是主体，家庭和睦则社会安定，家庭幸福则社会祥和，家庭文明则社会文明。

然而，无论什么样的家庭，无不需要面对和协调不同家庭成员之间关系的问题，这本身就是家庭伦理学研究的对象。按照19世纪末20世纪初美国著名社会学家库利的理论，"首属群体"是社会的发源地，是一个直接的、自然的关系世界，人首先生活、生存、交往于首属群体之中，因此是人性、品格等基本属性形成的自然土壤，而家庭就是最重要的首属群体。[①] 客观而言，从文化的角度来说，人首先就诞生于家庭之中，作为一名家庭成员而存在着，尽管在最初的时候，婴儿还依附于父母因而没有独立的家庭地位，然而随着年龄的增长和心智的成熟，人通过与其他家庭成员的互动认识到自己的存在，进而逐渐地以独立的姿态出现于家庭生活中，正式成为家庭政治生活中的一个成员。显然，在此过程中，人不仅通过与家庭其他成员的沟通交流，除了确认了自己的独立存在，逐渐地学会了沟通的技巧，学会了人之所以为人的普遍的交往

---

① 于海：《西方社会思想史》，复旦大学出版社，2009，第357页。

规范，而且从根本上说逐渐地使自己摆脱纯粹的自然属性而演变成真正意义上的人。人成为人，进而走出家庭进入社会，在社会上确认自己为社会上的人，特别是成为具有明确意识的公民，就是要按照人的行为规范，即为社会所普遍认同的伦理道德规范和法律规范做真正人应该做的事。按照中国传统说法，就是做"人事"才能成为人。家庭作为社会的基础和原始单位，实际上成为人实现社会化的重要场所和条件。父母的言传身教有助于孩子扣好人生第一粒扣子，在家庭生活中，每一个人不能简单地将任何其他人，特别是父母或长辈不能简单地将子女或晚辈看成自己的"孩子"或附属物，特别是不能简单地看成自己身上掉下来的"肉"，情感深厚时将其视为"心肝宝贝"，情感冷漠时将其随意抛弃，而子女或晚辈也不能简单地将暮年多病的父母或长辈视为自己的累赘，恨不得抛之而后快；相反，每一个人都必须自觉地从人的立场和角度平等地看待对方。总之，无论是自身与父母的关系还是与兄弟、姐妹的关系，以及成年之后与妻子、子女的关系，都意味着人必须从人的层面上来对待这些关系，即从人与人的关系或仁的关系上来对待这些关系。也就是说，只有从人的层面上通过践行仁爱精神来正确地对待家庭成员，人才能自觉地成为真正意义上的人。在家庭伦理建设中，必须通过践行仁爱精神来培育家庭美德，来促进整个家庭成员之间的和谐。而以家庭和谐为前提，整个社会才可能发展出全面的和谐，因为也只有在和谐、和睦的家庭里才能为社会培养出积极参与创造社会和谐的优秀公民。

二、培育社会公德　促进社会和谐

社会是人的群体性存在，人们在为满足生存和发展需要的物质生产生活和人际交往过程中形成了不可分割的社会关系，形成了分工—协作体系。人所组成的社会构成了任何一个人得以成长和发展的公共场域，而人们恰恰通过自己与其他人交换劳动产品或服务而获得其他人的产品，以满足自己生存、生活和发展的需要。因此，作为社会存在物，任何人都无法完全脱离社会而存在，无论人的自然需要还是人的社会需要的满足，都无法离开社会上的其他成员而得到实现。然而，既然无数的人共处于一个地球上、一片土地上，人们就必须通过确立社会伦理道德观念来规范和协调彼此之间的思想和行为，以形成必要的社会生活秩序。众所周知，荀子曾强调："故人生不能无群，群而无分则争，争则乱，乱则离，离则弱，弱则不能胜物；故宫室不可得而居也，不可少顷舍礼义之谓也。"① 所谓不能"舍礼义"，就是不能缺少伦理道德建设。

客观而言，人不仅需要科学地解决公共社会生活领域的社会公德问题，而且还必须科学地解决因社会分工而造成的具体生产或工作领域内的职业道德问题。社会公德问题是涉及每个社会公民的道德问题，它的状态和性质如何，基本上反映着人们的社会生态环境质量和水平，而职业道德问题虽然一般而言仅涉及从事此职业或行业的人，然而这些从业者所服务的对象恰恰是任何一个社会公民，因此，从某种意义上来说，也关涉到全体社会成员。在社会伦理建设中践行仁爱精神，就要着重通过培育社会公德和职业道德来促进社会和谐。这就是说，无论在社会公德问题上，还是在职业道德问题上，一个人都需要通过践行仁爱精神，自觉培育社会公德和职业道德，科学地理顺自己与他人之间的关系，促进整个社会的和谐。值得强调的是，以居住地为中心的村落或现代社区，是一个微型社会，在和谐社会建设中，有着特别的意义。这在于，无论是传统村落还是现代社区，都是一定意义上的熟人社会，特别是几辈人共同生存、生活的村落，更是一个典型的熟人社会，在这里，伦理道德问题就相当复杂，而如何摆正血缘关系、地缘关系或亲情的影响和"干扰"而一视同仁地对待任何人，就是传统与现代交际之处的伦理道德难题。安丽梅指出："仁爱思想蕴含的爱人爱物的朴素的集体主义倾

---

① 《荀子·王制》。

向和爱人利人的奉献精神恰恰契合了当前公民道德建设所坚持的集体主义原则，也是开展公民道德建设的人文基础。个人品德、家庭美德、职业道德、社会公德建设路径的循序渐进，则反映了'亲亲而仁民，仁民而爱物'的'私德外推为公德'的思维方式。"① 显然，如何科学地践行仁爱精神，如何科学地在村落生活、社区生活中塑造良好的人际关系，促进生活和谐，就是一个值得探索的重要问题。

三、加强生态建设　促进生态和谐

不言而喻，人来自于自然界，自然界是人生存、生活的根基，人须臾离不开自然界，人与自然是生命共同体。在马克思看来，自然界是人的无机的身体。他说："自然界就它本身不是人的身体而言，是人的无机的身体。人靠自然界来生活。这就是说，自然界是人为了不致死亡而必须与之形影不离的身体。"② 从根本上说，人与自然界存在着内在的联系，自然界万物的欣欣向荣为人类的繁衍生息创造了坚实的根基，相应，如果破坏了自然界的生态环境，也就等于破坏了自身赖以存在的"无机的身体"。目前，生态伦理学已经成为人们科学地认识和解决人与自然之间关系的重要理论视角，全面地建设生态伦理学，改变人们对自然界的认识，促进人与自然关系的和谐，是生态伦理学的核心主题。然而，我们应当认识到，生态伦理学毕竟是把原本仅仅适用于人与人之间的伦理学推广应用到了人与自然之间的关系上，因此，其实质就是把"自然"作为特别的"人"加以对待。我们认为，贯彻于生态伦理学的根本致思模式实质上就是自由自觉的拟人化思维，即出于高度的道德自觉把自然拟人化，视其为"人"，从而全面地梳理人与自然之间的伦理

---

① 安丽梅：《中华仁爱思想的历史演变、当代价值及时代发展》，《社会主义核心价值观研究》2019年第6期。
② 马克思：《1844年经济学哲学手稿》，刘丕坤译，人民出版社，1979，第49页。

关系，这在于，"自由自觉的拟人化思维已经客观地超越了那种单纯的主体—客体对立的思维模式，能够根据具体的历史条件，把自然物加以拟人化，改变它在人的生存和发展中的地位和形象"①。毫无疑问，一旦把自然物拟人化，视其为"人"，人与自然之间的关系就类似于人与人之间的关系，因此，就必须自觉地以对待人的方式来对待自然，而这恰恰意味着塑造人与自然之间的仁爱关系，在此层面上自觉地践行仁爱精神，就是对人与自然之间和谐关系的塑造。

进入新时代，我们中国共产党人对人与自然之间生态伦理关系的认识已经日益深化。"绿水青山就是金山银山"理念是中国人在处理和对待经济发展与生态环境保护之间关系问题时形成的科学理念。2013年9月，习近平总书记对这一理念进行了丰富和发展，他在哈萨克斯坦纳扎尔巴耶夫大学发表演讲时就环境保护问题强调："我们既要绿水青山，也要金山银山。宁要绿水青山，不要金山银山，而且绿水青山就是金山银山。"②而且，他在"绿水青山就是金山银山"理念基础上于党的十九上进一步提出了"人与自然是生命共同体"思想，强调："人与自然是生命共同体，人类必须尊重自然、顺应自然、保护自然。人类只有遵循自然规律才能有效防止在开发利用自然上走弯路，人类对大自然的伤害最终会伤及人类自身，这是无法抗拒的规律。"③最后，他直接提出了"人与自然生命共同体"理念。实际上，"人与自然生命共同体"理念恰恰就是马克思的"自然是人的无机身体"思想的贯彻和当代表达。将人与自然之间的关系视为生命共同体的关系，实质上就是将自然视为与人具有同样地位的生命存在，视为拟人化了的"人"。从根本上说，这

---

① 鹿林：《拟人化思维：生态伦理学的致思模式》，《吉首大学学报》2009年第4期。
② 《绿水青山就是金山银山——二论生态文明建设》，《光明日报》2014年11月9日第2版。
③ 习近平：《决胜全面建成小康社会 夺取新时代中国特色社会主义伟大胜利——在中国共产党第十九次全国代表大会上的报告》，人民出版社，2017，第50页。

与仁爱思想是融通的。弘扬仁爱精神,就是要自觉地将自然视为人,视为与自己同等的人,以关心、关爱人的态度来对待自然,而不再将自然视为外在于人的物或冷冰冰的物质世界。

四、加强身心建设　促进身心和谐

人的身心问题是关系自身生存、生活和发展的关键问题,然而也是常常被忽视的问题,这一现象尤其体现在伦理道德建设上,体现在个人品德培育上。显然,人不仅作为自然物而存在,而且还作为社会存在物而存在,不仅拥有自身的肉体,而且还拥有自己的灵魂,只有自然存在与社会存在相统一、肉体与灵魂相统一,即身心相统一,人才是一种完整的存在,才能获得完整的生命意义。事实上,"行尸走肉"不仅意味着人丧失了灵魂,而且更意味着人失去了自己应有的道德意识和道德身份。因此,人不仅要自觉地加强自己的心灵建设,提升自己的精神境界、心灵境界,而且还必须把自己当"人"看,自觉地增强自己的道德意识,使自己匹配自己应有的社会道德身份,自觉地担当起由社会身份所规定的职责和义务。只有如此,一个人才能成为社会上享有一定社会权利的人,成为为社会所认可和接受的人。因此,身心建设是一个人伦理道德建设的内在维度,但也是具有决定意义的建设,只有身心和谐,才能最终成为完整的社会人。

加强身心建设,关键要自己解决问题。众所周知,中华传统伦理道德思想向来注重"慎独",即当自己独处时,也能够自觉加强道德意识,严格地按照自己在他人在场时所遵守的伦理道德规范来约束自己的思想和行为。"慎独"从根本上就是要求自己严格遵循社会普遍的伦理道德规范来规范自己的思想和行为,使自己成为一个真正意义上的社会人,也就是时时刻刻把自己当作人,把自己当人看,而不致使自己堕落到动物的层面上。当然,"慎独"的境界毕竟还不够高,因为它依然停留于社会普遍伦理道德的层面上，还假想存在着监视自己的"他人"。实际上，一个追求高度身心和谐的人，恰恰是一个自觉地提升自己的道德境界的人，是以超越底线意义上的社会伦理规范而追求更高道德境界的人。因为，真正意义上的身心和谐，恰恰就是灵魂上的、精神上的自由境界。但不管怎样说，在身心建设上自觉地践行仁爱精神，是能够自觉地把人当作人，当作社会人、道德人来看待的，有助于更好地提升自己的精神境界、心灵境界，使自己创造出更和谐的身心关系。

第三章　谦和宽厚精神

谦和宽厚是中华传统伦理道德思想中反映人在与其他人交往过程中的性情、态度和品质的传统美德，是中华民族数千年来伦理道德实践自我反思的经验总结，历来为世人所推崇，成为中华传统伦理道德思想的重要方面。建设社会主义伦理道德体系，塑造人与人之间的和谐关系，离不开对谦和宽厚精神的继承与弘扬。全面阐释谦和宽厚精神的历史渊源，揭示中国传统伦理思想中谦和宽厚精神的基本特征，并进而立足当代社会阐释谦和宽厚精神的现代意义，充分发挥谦和宽厚精神，对提高人们的道德水准和文明素养具有积极的作用和意义。

第一节　谦和宽厚概念的历史溯源

中华文化历史悠久，很早就形成了谦和宽厚的美德。谦和宽厚实际上涵盖谦虚、和善、宽仁、厚德、厚道等意义，这些不同方面的内涵尽管存在着差异，然而毕竟是紧密地相互联系着的。要科学地阐释谦和宽厚精神，就必须针对不同方面进行阐释，从而更全面把握和领悟谦和宽厚精神的实质，揭示其基本特征和当代意义。

一、"谦"概念溯源

"谦"的历史比较久远,早在中国最早的古籍《尚书》和《周易》中已经出现。《尚书》说:"满招损,谦受益。"[①] "谦"在此意为谦逊。意思是说,自满使人受损,而谦逊则使人受益。此外,"谦"还是《周易》六十四卦之一,卦象为艮下坤上。《周易·谦》:"象曰:地中有山,谦。君子以裒多益寡,称物平施。"这一卦赞扬了谦虚的种种好处,在于告诫君子应当据此损减较多的而补益较少的,综合权衡事物,做到公平施与。《周易·彖传》说:"谦'亨',天道下济而光明,地道卑下而上行。天道亏盈而益谦,地道变盈而流谦,鬼神害盈而福谦,人道恶盈而好谦。谦,尊而光,卑而不可逾,'君子'之'终'也。"[②] 意思是说,无论天道、地道、鬼神或人,都喜欢谦虚,天道所以光明在于下行,地道所以上行在于居于卑下,天道通过减损盈满而补益谦虚,地道通过改变盈满而传播谦虚,鬼神通过损害盈满而福佑谦虚,人道通过憎恶盈满而喜好谦虚,而君子之所以尊贵而光荣,就在于善于具备谦恭卑下的品格。《周易·象上》说:"'谦谦君子',卑以自牧也。"[③] 即谦虚谨慎的君子用谦卑来约束自己。换言之,"谦"或"谦虚"是拥有高度自觉道德意识的君子的自觉态度或行为。在《说文解字》中,"谦"写作"謙",释为"敬也,从言兼声",为形声字。"谦"的实质是"敬"。在中华传统伦理道德思想中,"敬"本质上是下对上、幼对长的道德要求,如"事君以敬"[④],然而更普遍意义上的"敬",本质上表现对他人的人格发自内心的尊重。"敬"作为良好的美德,是一种侧重于人指向他者的道德自觉意识或态度,它还必须具备外在的行为要求和内在品质要求。所谓外在行

---

① 《尚书·大禹谟》。
② 《周易·象上》。
③ 《周易·象上》。
④ 《国语·晋语一》。

为要求,是指作为道德自觉意识或态度的"敬"还表现为"谦让"。南朝顾野王所撰《玉篇》云:"谦,逊让也。""谦让"或"逊让"是人是否真正地"敬"的真实表现。而所谓内在品质要求,就是指作为道德自觉意识或态度的"敬"必须具备内在的根基,具备自身滋生、孕育的土壤,即"虚"。显然,对于完整的"谦"来说,"敬"表现为态度,"让"表现为行为,"虚"则是内在的品质。正如谢阳举所说:"谦和虚不可分割,它们共同体现了中国人际交往文明的一个精髓——'谦虚'。"①因此,"谦敬"、"谦逊"、"谦恭"、"谦让"、"谦虚"和"谦和"等本质上都是"谦"的表现,它们存在着内在的一致性。其中,"谦和"是指人的性情谦虚平和,易使人接近。例如,《晋书》描述良吏邓攸云:"性谦和,善与人交,宾无贵贱,待之若一。"②唐朝元稹的《徐智岌右监门卫将军制》亦云:"端介而不失人心,谦和而能宣朕命。"显然,具备"谦和"性情或品质的人能够更好地塑造和谐的人际关系。

　　谦虚、谦和作为中华民族的传统美德,受到中国历代思想家的推崇。例如,老子、孔子等等人就非常重视谦虚的重要作用。老子对谦虚、谦和有着丰富的论述。例如,老子说:"上善若水。水善利万物而不争,处众人之所恶,故几于道。居善地,心善渊,与善仁,言善信,政善治,事善能,动善时。夫唯不争,故无尤。"③在此,老子要求人们效仿水的品性,即谦虚而不争,在他看来,人只有"处众人之所恶"的"善地",才能"几于道",即近于大道。老子说:"持而盈之,不如其已;揣而锐之,不可长保。金玉满堂,莫之能守;富贵而骄,自遗其咎。功遂身退,天之道也。"④即强调不可过盈、自满、骄奢,要学会谦

---

① 谢阳举:《谦和虚——孔孟和老庄论交往态度之比较》,《唐都学刊》1996年第3期。
② 《晋书》卷九十《邓攸传》。
③ 《道德经·八章》。
④ 《道德经·九章》。

虚。又说:"保此道者,不欲盈。夫唯不盈,故能蔽而新成。"① 这是说,只有谦虚才能有所成。又说:"企者不立;跨者不行;自见者不明;自是者不彰;自伐者无功;自矜者不长。"② 这是强调人不可自夸自胜,否则达不到成功。还说:"善有果而已,不敢以取强。果而勿矜,果而勿伐,果而勿骄,果而不得已,果而勿强。"③ 这是明确地告诫人不要自夸、自骄、自强。孔子亦非常注重谦虚、谦和,是个典型的谦虚人。例如,他强调:"三人行,必有我师焉。"④ 可以说,这句话早已成为家喻户晓的经典名言。《论语》中记载孔子谦虚的事迹比较多。例如,《论语》载:"子入太庙,每事问。"⑤ 三国杜恕则指出:"天不言而人推高焉,地不言而人推厚焉。"⑥ 总之,谦虚、谦和宽厚是中华传统伦理道德思想中的重要内容。

二、"宽厚"概念溯源

"宽厚"即宽广与深厚,原本用来形容大地,后引申为君子的道德品质。《周易》说:"至哉坤'元'! 万物资生,乃顺承天。坤厚载物,德合无疆。含弘光大,品物咸'亨'。"⑦ 意思是说,大地坤是万物赖以生长、发育的本源,它宽厚而负载万物,恩德广大无边,含容、滋养一切生命,使万物都顺利生长。《周易》又说:"地势坤。君子以厚德载物。"⑧ 即君子应当效仿大地承载万物那样以宽厚的德性承担各种事情。因此,对于君子而言,"宽厚"是一种美德,必须通过积德而成就事业。《周

---

① 《道德经·十五章》。
② 《道德经·二十四章》。
③ 《道德经·三十章》。
④ 《论语·述而》。
⑤ 《论语·八佾》。
⑥ 《群书治要·体论》。
⑦ 《周易·象上》。
⑧ 《周易·象上》。

易·文言》说:"和善之家,必有余庆;积不善之家,必有余殃。"这就告诫人们,一定要学会积德行善,而不是积累恶行而招致接连不断的祸殃。《文言》还描述了具备宽厚德行的君子的形象:"君子黄中通理,正位居体。美在其中,而畅于四肢,发于事业,美之至也!"就是说,内在道德品质高尚并能通晓事情的君子,使自己处于正当的位置,美德在自己的心中,顺畅地体现于言行,表现于事业,达到了至高至美的境界。因此,具备宽厚美德的人,实质上就是具有博大胸怀的人,就是善于从宽广、高远的视角来全面地把握自己的社会地位并综合权衡复杂人际关系中各种问题的人,是不会因为琐碎的杂事而斤斤计较的人,从而也是最能够促进社会关系和谐的人。

毫无疑问,"宽厚"与"谦"、"谦虚"和"谦和"等道德品质存在着内在的联系,即愈是谦虚的人,愈是会自觉地孕育自己的宽厚美德,愈是能够承担起各种复杂事务,而愈是宽厚之人,在与他人相处或交往时愈表现得非常谦虚,处处敬重他人,时时谦让他人。

第二节 谦和宽厚思想的基本精神

谦和宽厚思想是中华传统伦理道德思想的重要方面,在中华民族精神气质的塑造上发挥着深远的影响。全面认识中华民族,就必须深入地把握谦和宽厚思想的基本特征,全面地衡量其地位与作用。

具体说来,谦和宽厚思想具有如下基本特征。

一、谦为德柄

中国传统文化的典型特征就是好礼、有礼、懂礼、行礼。然而,礼的基础和前提恰恰是谦和宽厚。《周易》说:"谦也者,致恭以存其位者也。"①又,"谦者,德之柄也"②。即"谦虚"使自己对人恭敬从而恰当地摆正自己在人际关系或社会中的位置,而所谓"德之柄",即谦是所有道德品质的根本。《史记·魏公子列传》说:"皆谦而礼交之。"即只有首先谦虚、谦和、谦恭,才可能使人自觉在礼节上做到礼待他人或下人,而礼让恰恰是谦和、谦恭的外部表现。一个人如果不是发自内心地谦和、谦恭,他为了实现某种利益而表现出来的谦和、谦恭,本质上就是一种做作,是虚伪和欺诈的表现。陆九渊指出:"今人有慢侮之心,则有慢侮之容,慢侮之色,慢侮之言,此可以形迹指者也。又有慢侮人之心,而伪为恭敬,容色言语反若庄重,此则不可以形迹指者。深情厚貌,色厉而内荏者是也。可以形迹指者,其浅者也。不可以形迹指者,其深者也。必以形迹观人,则不足以知人。必以形迹绳人,则不足以救人。"③在此,所谓"色厉而内荏",指外表威严而内心怯懦。换言之,不是真正虚心之人,偏偏要伪装成恭敬,结果却表面威严而内心怯懦。不过,在陆九渊看来,有些人装得像,有些人装得不像,不能仅仅凭借外表来评判人、教育人、求助人。因此,从根本上来说,谦虚、谦和是人懂礼貌、知礼节的基础、前提条件和内在要求,是人应当具备的最基本的道德品质。孟子说:"恭敬而无实,君子不可虚拘。"④谦虚、谦和、谦恭是自觉追求崇高道德境界的君子待人处世的积极态度,更是自觉地学习和掌握的生存智慧。中国人以虚怀若谷来形容在功利和名誉面前不动心的君子。

---

① 《周易·系辞上》。
② 《周易·系辞下》。
③ 《陆九渊集·杂著·杂说》。
④ 《孟子·尽心上》。

二、谦和受益

美德使人受益莫过于谦和。《尚书》说:"满招损,谦受益。"[1] 这句成语非常简明,影响深远,在中国可谓家喻户晓。谦和能够给人带来很多的好处。《周易》"谦"卦对"谦虚"的好处做了更为全面的阐释。《周易·谦》说:"谦:亨,君子有终。"意思是说,人如果能够始终奉行"谦"的原则,就能够在待人接物上时时顺利畅通无阻,即"亨",就能够终得到益处成为君子。又说:"初六,谦谦君子,用涉大川,吉。"这里依然是说,只有好谦虚的人才能事事畅通,获得吉利。唐朝孔颖达的《周易正义》强调:"小人行谦,则不能长久,唯君子有终也。"即小人或道德境界不高的人,由于不能自始至终地奉行"谦"的原则,因此不能像君子那样最终得到益处。《周易·象传》说:"劳谦君子,万民服也。"即只有具备勤劳谦虚品德的人才能成为君子,只有勤政谦下、有功不居的君子,才能赢得万民的尊敬和服从。例如,《管子》云:"人主者,温良宽厚则民爱之。"[2] 南北朝虞寄亦强调:"圣朝弃瑕忘过,宽厚得人,改过自新,咸加叙擢。"[3] 李世民在教导自己的儿子如何做皇帝时,也强调说:"非威德无以致远,非慈厚无以怀人。"[4] 即威德与慈厚是最高统治者治国的基本原则。总之,谦和更多地反映了中国人在对待他人时的内在心理态度,而宽厚更多地反映了中国人对待他人时的内在德性修养。

三、自厚宽人

中国古人的谦和宽厚思想实际上恰当地解决了己与人之间的关系,

---

[1] 《尚书·大禹谟》。
[2] 《管子·形势解》。
[3] 《陈书》卷十九《虞寄传》。
[4] 《帝范·君体》。

因为它强调自厚而宽人。孔子说："躬自厚而薄责于人，而远怨矣。"①即反躬自省要多责备自己，而少责备他人，这样就能够远离怨恨。《吕氏春秋·举难》说："故君子责人则以仁，自责则以义。责人以仁则易足，易足则得人；自责以义则难为非；难为非则行饬；故任天地而有余。"在此，所谓"易足"，即容易满足，所谓"行饬"即行饬，即行为谨饬。因此，君子是以不同的标准或规范来对待自己和他人的，对待他人要以仁，即以宽仁待人，而对待自己要以义，即要严格按照规范和道义来要求自己。这样一来，既不会招惹怨恨、得罪于人，也不会导致错误。荀子尤其强调："君子能则宽容易直以开道人，不能则恭敬缚绌以畏事人；小人能则倨傲僻违以骄溢人，不能则妒嫉怨诽以倾覆人。故曰：君子能则人荣学焉，不能则人乐告之；小人能则人贱学焉，不能则人羞告之。是君子小人之分也。"②在此，"缚绌"（zǔnchù），指节制、收敛。即君子如果有能力就对人宽容，以正直引导人，不能则自我节制、收敛地对待他人，而小人恰恰相反，如果有能力以傲慢乖邪轻侮人，没有能力时则又埋怨诽谤人，颠覆搞垮人；其结果是，君子有能力时大家乐意把他作为学习的榜样，以之为荣，没有能力时别人愿意告诉他，而小人恰恰相反，小人有能力时大家不愿意学习他，没有能力时大家也不愿意告诉他。

因此，君子与小人由于在对待自己和他人方面是否具有宽厚的态度，也在最终得到不同的结果。

四、谦卑法地

中国谦和宽厚思想是从天道、地道演变、派生出来的。如前所述，《周易》强调"坤厚载物，德合无疆"，认为君子"厚德载物"，充分地

---

① 《论语·卫灵公》。
② 《荀子·不苟》。

体现了宽厚美德的效法。事实上，宽厚谦卑一体两面，紧密相连。《周易·系辞传》开篇说："天尊地卑，乾坤定矣。卑高以陈，贵贱位矣。"又说："乾道成男，坤道成女。"显然，这是"天尊地卑"观念在社会生活中的男女关系上的贯彻。《周易》在解释每一卦的卦象、爻位时，强调每一爻都是根据贵贱排列的，即"列贵贱者存乎位"①。可以说，基于这种思路，孔子说："《易》，其至矣乎！夫《易》，圣人所以崇德而广业也。知崇礼卑。崇效天，卑法地。天地设位，而易行乎其中矣。成性存存，道义之门。"②大意是说，易至高无上，圣人借以宣扬道德开拓事业，而智慧在于高明，礼节在于谦卑，因为高明效法于天，谦卑效法于地，天地确定了位置，循着易的变化运行就能够对已成的本性持续保持，从而步入道义之门。因此，从根本上来说，体现着"天尊地卑"的天道与地道就成了中国传统社会生活中的伦理道德派生的最终根源。

总之，谦和宽厚是中国传统美德，是人们自觉遵循社会伦理道德规范或礼仪的态度和内在德性修养，在人际交往中做到谦和宽厚就能够使事业顺畅、得到益处，也是一个君主施行德政或仁政的重要思想基础。但是，由于谦和宽厚思想本身派生于天尊地卑的天道与地道思想，因而形成了的鲜明尊卑等级特征。

第三节　谦和宽厚精神的现代阐释

谦和宽厚作为中华民族的传统美德，对中国文化影响深远，深深地烙印在中国人的人格或天性之中。弘扬谦和宽厚精神，对建设社会主

---

① 《周易·系辞上》。
② 《周易·系辞上》。

义伦理道德体系，提高人们的伦理道德自觉，端正待人接物态度，提升文明素养，促进社会和谐，具有重要的理论和现实意义。毋庸置疑，建设社会主义伦理道德体系，改善社会道德环境，促进社会和谐，最关键、最主要、最基本的就是促进人与人之间的和谐，因为无论是人与自然之间的和谐、人与社会之间的和谐，还是人与自身之间的和谐等等，无不最终根源于、表现为人与人之间的和谐。为了实现人与人之间的和谐，塑造良好的伦理道德秩序，就必须从根本上依赖于人端正的待人接物的态度和良好的内在品质。这在于，人们之间的交往与合作完全取决于是否相信对方拥有较高的道德品质，是否有真正谦和的态度和宽厚的内在德性修养，或者是否易于亲近、是否和善、是否胸怀宽广、是否厚道。然而，谦和宽厚思想本身派生于"天尊地卑"思想，具有鲜明的尊卑等级性，如下级对上级、卑者对尊者、弱者对强者、贫者对富者的谦卑，存在着自身的历史局限性，体现着浓重的封建伦理道德特征，在现实的伦理道德建设中具有偏颇性，具有一定的消极作用，不利于社会主义和谐社会的构建，所以，必须紧扣中国现代社会发展的客观实际，全面改造和重新阐释谦和宽厚思想，使之更适应中国特色社会主义现代化建设，促进社会主义和谐发展。

一、扬弃尊卑等级

自五四新文化运动以来，我国社会发生的一场重大而深刻的变化，就是随着封建主义制度的瓦解，人们逐步地确立了自由、平等的观念，人格上日趋独立，尊重彼此的人格已经成为伦理道德生活中的必要常识与美德。然而，中国数千年的封建主义文化影响深远，在人们的心灵深处依然存在着浓厚的尊卑等级观念，在现实生活中还发挥着不小的作用，还比较严重地阻碍着我国社会主义现代化建设，不利于中华民族的伟大复兴。

目前，在我国所处市场经济条件下，由于竞争激烈、就业压力大，无论是事业单位还是企业单位，"官大一级压死人"的现象还未完全消失，少数新入职的小职员或年轻职员为了讨好"领导、上司"以便获得升迁机会或保住工作，陪尽小心，唯唯诺诺，大气不敢出，尽量表现出自己的谦卑、谦逊或忠厚老实，表现出对单位所谓"一把手"或顶头上司的忠诚与顺服。显然，这种意义上的谦和宽厚已经变味、变质。改革开放以来，随着我国影视文化的繁荣，不少影视剧制作者全面挖掘中国历史文化资源，创作出很多优秀作品，既弘扬了中国深厚的历史文化传统，又拓展了现代文化产业发展的空间，产生了良好的经济效益和社会效益。然而，当影视剧制作者把大量精力集中于中国历史剧之际，为了全面地、深刻地刻画故事情节、塑造人物形象，客观反映历史真实，不得不如实地描绘剧中人物所遵循的特定历史背景下的伦理道德规范，这其中就包括大量的尊卑等级观念。特别是，一些以某些历史背景为依托的古装戏，一度以"戏说"为能事，更是肆意渲染尊卑等级观念，在整个社会广大民众中，尤其是青少年中产生了恶劣的影响。从根本上说，倡导自由、平等观念，尊重每个人的人格，恰恰是我们实现社会主义现代化的重要前提，也是我们实现共产主义的基本目标。

客观而言，无论任何社会都不可能是完全平面的，相反，总是立体的，是由各个领域和各个层次构成的，实际上都存在着等级。但是，这种等级只是社会管理、治理为了完成一定的社会治理、管理的职能而采取的必要设置，本身并不代表着人格意义上的尊卑。因此，处于现代社会，要正确地认识和对待等级，但不能强化等级，更不能将社会管理、治理上因职能不同而划分的等级与人格上的尊卑等同起来。相反，无论人处于任何社会等级上，在人格上本质上都是平等的，也都是值得尊敬、尊重的。因此，为了顺应我国社会历史发展的客观实际和建设社会主义现代化的客观要求，我们必须全面反思传统谦和宽厚思想中的陈旧因素和封建糟粕，扬弃其尊卑等级性，融入人格平等观念，要最终认识到真正意义上的谦和宽厚源自人际交往活动对双方人格的尊重。

二、体现人格自尊

在扬弃传统谦和宽厚思想的尊卑等级性而融入人格平等观念之后，从深层的角度来说，对他人人格的尊重源自对自己人格的尊重。正如前述，《周易·象上》说："'谦谦君子'，卑以自牧也。"① 真正谦和的人，体现为对自己的规范和约束，这本质上表现为伦理道德的自觉自律。而真正能够自律的人，特别是超越了慎独状态而为了提升自己德性并以至善为目标的人，实际上总是在要求自己，而不是要求对方或他人。对于他来说，他不仅看到了对方与自己拥有同等的人格，换言之，自己并不比对方在人格上高一等，也不低人一等，而且觉悟到自己在德性修养上还存在着很大的欠缺，离自己所期望的道德人格，离自己所追求和向往的至善，还存在着距离。而宽厚乃至宽容同样是因为能够自觉地将自己融入整个宇宙天地万物，融入整个社会，融入整个群体、集体，从而能够理解和包容其他人或对方在伦理道德交往活动中的任何失误和过错。当然，谦和宽厚并不是无原则的退让，它只是伦理道德生活中应当推崇和弘扬的美德，而不是对违法犯罪行为的肆意放纵。

对谦和宽厚精神的现代阐释和弘扬，必须充分地认识和根据人类社会发展的规律和趋势。不言而喻，社会伦理道德建设必须顺应时代发展要求，体现时代社会特征，而现代社会在市场经济条件下分工日益深化，是人们必须通过合作－协作进行生产并交换劳动产品或服务的社会，是任何一个人离开其他人而都无法独立存在、生产、生活的社会。分工越来越精细，社会领域越划分越多，整个社会形成了一个有机的分工－合作体系，这可以说是现代社会发展的鲜明趋势。然而，随着分工

---

① 《周易·象上》。

的精细化和社会领域的复杂化，任何一个人都摆脱不了这种社会发展趋势的左右和约束，都被强制地"抛入"到特定的社会分工领域里从事着与其他领域的人所从事的不同的工作。任何一个人为了学习、掌握本领域内的专业知识、专业技能、专业经验，培养专业心理、专业素质往往需要几年、甚至十几年的时间，而其他人则可能对这一领域里的事情根本不熟悉、不了解，或者所知甚少。这种客观情况说明：一方面，很多人成为某些特定领域的专业人才或专家，因此对自己所从事的行业领域非常熟悉，也非常自信，甚至在与其他领域的人相处时非常骄傲，自视很高；另一方面，这些人针对其他领域相当地无知、不自信。毫无疑问，鉴于此状况，任何一个人都必须自觉地看待现代社会分工－合作这种客观现实，正确地认识到随着社会分工的深化发展，任何一个人都是典型的有知与无知的结合，任何一个人都不可能解决工作中遇到的所有复杂问题，都需要客观地认识自己、评价自己，给自己以适当定位。只有客观地认识和评价自己，才能在生产、生活中遇到问题时不贸然以自己的无知和盲目对待其他人，才不损害自己的道德形象和道德人格。以谦和宽厚的态度来对待他人、尊重他人，向他人学习，实现彼此的互帮互助恰恰是社会发展的必需，也体现了对自己人格的尊重。因此，必须立足于现代社会高度分工－合作的发展趋势，全面审视和评价自己，塑造以为了合作、更好地合作为基础的谦和宽厚精神，自觉地维护自己的道德人格。

　　谦和宽厚既是态度上的谦虚，又是交往上的诚实，是现代市场经济条件下人们之间确立互信的基石，是订立合同、契约，特别是形成心灵契约的必要条件。谦和的典型表现就是从来不摆架子、不摆谱，易于使人接近，宽厚的典型表现是胸怀宽广、敦厚朴实、实实在在、不虚伪做作。毫无疑问，现代社会是一个崇尚宽容、包容的社会，是一个讲求诚信、互信的社会，没有宽容人们之间势必不能客观地看待彼此间的差别、差异，就会把这些差别、差异视为造成社会冲突、矛盾和问题的根源，相应地，没有诚信人们之间就势必造成非常紧张的人际关系，就会出现人心惟危的糟糕局面。显然，为了避免这种状况或局面的出现，就必须以谦和宽厚的态度来正确地待人接物，不假饰为，以虚怀若谷的姿态宽容、包容一切彼此交往、合作过程中的差异性与个性特征，避免由于不能科学地看待对方的差异与多样而造成的矛盾与冲突，在彼此谅解、相互尊重、互助互信的前提下塑造互利共赢的动态伦理博弈机制，促进整个社会的和谐与有序，塑造人们之间良好的伦理生态环境。

总之，现代意义上的谦和宽厚思想是人类社会自由平等观念、独立人格意识日益觉醒和成熟的产物，而不再是传统封建主义尊卑等级观念的遗迹。通过对中华传统伦理道德思想中谦和宽厚思想进行全面的现代阐释，就能够在继承中华传统伦理道德思想精华的基础上进行全方位的创新和发展，从而弘扬谦和宽厚精神，使之更有利于社会和谐的建设，有利于中华民族伟大复兴的早日实现。

第四节 新时代践行谦和宽厚精神的现实途径

谦和宽厚是人的最基本美德，对于新时代建设富强、民主、文明、和谐、美丽的社会主义现代化强国来说，无疑具有十分重要的理论意义和现实意义。显然，真正谦和、谦虚、谦逊的人最能够摆正自己在整个社会生活或人际交往中所处的地位，最能够清楚自己的身份和职责，也最能够全面地审视自己的思想和行动，因此其结果是，最能够娴熟地驾驭事态的发展，做到不愠不火。相应地，真正宽厚、朴实、厚道的人能够以宽广的胸怀宽容、包容人际交往中不同人之间存在的差异，促进人际关系的和谐，能够以高远的目光科学地审视事情的发展与变化，从而自觉地履行义务，担当起分内的职责，不推诿，不迁怒于人。因此，新时代建设富强、民主、文明、和谐、美丽的社会主义现代化强国，促进社会主义社会和谐，就必须科学地弘扬和践行谦和宽厚精神。

具体而言，在建设社会主义伦理道德体系、推动社会主义现代化强国建设、实现中华民族伟大复兴的过程中，应当着眼于从以下途径践行谦和宽厚精神。

一、坚持人格平等　学会尊重他人

如上所述，中华传统伦理道德思想的谦和宽厚思想具有鲜明的尊卑等级性，特别是儒家从"天尊地卑"推演出"男尊女卑"的观念，将阴阳功能分配转化为价值等级[①]，缺乏对独立、平等人格的认识和尊重。因此，在现代社会中，要弘扬和践行谦和宽厚精神，绝不能再要求人们继承那种具有尊卑等级特征的谦和宽厚思想，尤其是下贱、低俗意义上的谦卑观念，而是要自觉地学会尊重他人的独立人格，充分地认识彼此间的人格既是平等的，也是自由的，每一个人正因为拥有独立、自由、平等的人格，才能充分地享有自己的社会地位与社会权利。也就是说，只有在人格平等的基础上，人才能充分地享有自己作为一个社会人或共同体成员的资格。学会尊重他人，归根结底就是学会尊重他人的人格，将他人视为与自己具有同等人格的人，视为平等的交往、交流对象，自己并没有高人一等的人格和权力。因此，在社会上，在公共场所，在面对公共事务时，绝不能无视其他人的存在，抹杀其他人应当享有的权利和利益。

学会尊重人看似非常容易，然而要时时处处做到却有相当的难度，是需要培养耐心的，而这恰恰是长期道德自律的结果，是文明素养提高的标志。人们在生活中，在彼此的交往中，往往会无限地放大自己的偏

---

① 赵汀阳：《历史·山水·渔樵》，生活·读书·新知三联书店，2019，第148页。

见或错误看法，在不自觉的过程中过分强调了自己的地位与权利，相应地，忽视甚至否定了他人的存在与权利。显然，当自己以一种偏执的观念支配思想和行动时，就无法全面地衡量与他人之间的关系，就势必对所处事情的认识与把握出现更多的偏差与失误，最终不利于人们社会关系的稳定与协调，归根结底不利于社会主义和谐社会的构建。总之，践行谦和宽厚精神首先要以学会尊重他人为切入点，以坚持人格平等为原则。

二、强化自我学习　增强合作意识

现代社会是一个飞速发展的社会，更是一个知识、信息每天呈现着爆炸态势的社会。任何人在现代社会里所掌握的知识和信息在应对这种发展状况造成的层出不穷的问题时都显得捉襟见肘。强调自我学习意识，不断更新知识和信息，不使自己处于信息的茧房里，因而不致使自己迅速地被社会所疏远、所淘汰，对每个人都显得必要而迫切。只有学习和掌握最先进的知识和技术，培养适应时代要求和职业发展特点的能力，才能成为时代的弄潮儿，也才能更好地参与到社会的分工－合作体系之中。

与此同时，每个人都需要深化合作意识，以谦虚的态度向其他人学习。这在于，既然现代社会的分工－合作决定了社会的专业化、职业化的发展越来越深入、深化，每个人无不受现代社会这一客观发展趋势的支配与束缚，那么，我们就必须明确，在现实生活中，我们往往会遇到一些令人惊讶、惊叹或想象不到的事情或现象，即一些在我们眼中看似很普通的人却掌握着某个特殊部门内非常精深的专业知识。即尽管"其貌不扬"，然而却相当"富有"，拥有着让人想象不到的"财富"。特别是，现代社会随着科学技术的日新月异，无论交通或通信，以及其他条件都极为便利，全方位地改变着人们的生活和交往，使人在整个社会上流动了起来，不再局限于原有的、狭隘的生存活动空间或天地，所掌握、了解的知识和信息，已经远远地超越了过去闭塞状态的水平，就连原本许多束缚于土地的农民亦获得了相当程度的解放，开阔了视野，增长了见识。可以说，正是因为现代知识和专业的飞速发展，知识呈现出"爆炸式"发展的态势，任何一个人只可能就某个学科或专业领域内的某一更小领域或一个点而进行精深的钻研，我们每一个人都应当自觉地加强学习，既要谦虚地学习自己的专业领域内的知识，做到精益求精，成为行家里手，从而适应自己专业工作的需要，又要谦虚地学习他人，基本了解现代社会生活的多样性，尽可能多地掌握其他领域或学科的专业知识，以便更好地开展合作与交流。显然，不仅需要加强自己专业知识、专业技能的学习和掌握，而且需要加强向他人学习，集他人之优秀，学他人之长处，只有如此才能更好地促进彼此的合作与协作。

三、提高道德自律　谦和宽厚待人

天空无比高远，大地无比广厚，以至善为最高价值的道德修养永无止境，任何人始终都要谦虚、谦和，都要宽仁厚德。然而，要想不断地提升自己，就必须自觉加强道德自律，要在现实的伦理道德生活实践中，在具体遵循、恪守社会伦理道德规范和准则的过程中不断锤炼自己的德性，使自己的内在德性修养与外在道德行为自然而然地统一起来、协调起来。归根结底，就是将自觉的、有意志的、主动追求的道德自律最终在遵循社会伦理道德规范的伦理道德实践中变成自然而然的良好习惯。

谦和才能"好礼"，长期的"好礼"亦能不断地增进谦和宽厚精神。所谓"好礼"，也就是注重、遵循礼仪或伦理道德规范。中国作为一个礼义大邦，向来崇礼、好礼、有礼、重礼，这些美德本质上都体现了谦和宽厚精神。然而，只要人们能够经常地、习惯性地、持之以恒地遵守礼或伦理道德规范，就能够养成自觉地守礼的习惯。也就是说，原来源自外在束缚的强制性的对社会伦理道德规范的遵循、遵守就会演变成明确的道德意识下的行为，并进而演变成潜意识的行为，演变成体现着伦理道德价值的伦理道德行为。当崇礼、好礼、行礼或做好事成为一种不自觉的良好习惯，人的态度就势必更加地谦和，内在德性势必更加地宽厚。因此，践行谦和宽厚精神，实质上就是应当自觉地从内至外加强伦理道德修养。谦和宽厚是推进社会主义和谐建设的德性前提，自觉地加强新时代社会主义伦理道德建设，就需要每个人在待人接物过程中时时处处体现和气、和睦、和谐。只要我们每个人都能够自觉地弘扬谦和宽厚精神，就能够更好地促进社会真正地和谐起来。

第四章　诚信精神

诚信是中华民族的传统美德，是儒家伦理道德观念的核心范畴，"信"与"仁"、"义"、"礼"和"智"一起被推崇为"五常"，即五个恒常不变的道德德目。作为中华传统伦理道德体系中的一个重要范畴，"诚信"的形成历史久远，内涵极为丰富，在数千年中华民族文化传承和民族文化人格的塑造中产生了深远的影响，迄今在当代中国社会生活中依然发挥着巨大的影响力。伴随着改革开放的深入推进和我国社会主义市场经济建设的全面展开，由多种经济利益决定着的深层社会"矛盾"冲突日益凸显，其中诚信缺失成为一个严重地危及社会健康发展的重要因素。因此，为全面改善当前社会道德领域存在的问题，更好地完善社会主义市场经济，促进社会和谐，建构良好的社会伦理道德秩序，就必须积极弘扬中华传统伦理道德思想中的诚信精神。

第一节　诚信概念的历史溯源

"诚信"概念历史悠久，在先秦典籍中，特别是儒家典籍中，就可以追溯到其思想踪迹。然而，"诚"与"信"最初是两个独立的词，并没有连接为"诚信"这个概念。全面地考察"诚"与"信"及其连接成"诚信"这一固定概念的历史，能够全面地揭示"诚信"逐渐成为中华传统伦理道德体系核心范畴之一的历史过程，揭示其对中华民族道德人格塑造所起的重要决定性意义。

一、"诚"概念溯源

"诚"在《说文解字》中作"誠"，释为："信也，从言，成声。""诚"的基本涵义就是诚信、真诚、忠诚、真实、真心诚意、信实无欺。归根结底，说话符合事实或内心所想即是诚。《周易》载孔子说："君子进德修业。忠信所以进德也，修辞立其诚，所以居业也。"① 即君子要增进德行，创建功业，忠诚而守信，为了增进道德，讲究文辞以表达忠诚，为的是成就事业。在此，孔子强调忠信与诚实都是君子进德修业的根本要求。《礼记》说："著诚去伪，礼之经也。"② 意思是说，表达诚心，去掉虚伪，是礼的根本原则。《大学》说："所谓诚其意者，毋自欺也。"南宋朱熹说："诚者，真实无妄之谓，天理之本然也。"③ 朱熹又说："诚者何？不自欺、不妄之谓也。"④ 明末清初王夫之说："夫诚者，实有者也，前有所始、后有所终也。实有者，天下之公有也，有目所共见，有耳所共闻也。"⑤ 因此，"诚"的原始涵义就是诚信、真诚、忠诚、真实无妄或实有。然而，在儒家思想中，"诚"的涵义绝非只是伦理道德意义上的诚实、无欺等，而且还有规律性的涵义。例如，对"诚"具有重要论述的《中庸》说："诚者，天之道也。"⑥ 又说："天地之道，可一言而尽也：其为物不贰，则其生物不测。天地之道：博也，厚也，高也，明也，悠也，久也。……诗云：'维天之命，于穆不已！'盖曰天

---

① 《周易·乾·文言》。
② 《礼记·乐记》。
③ 《四书集注·中庸注》。
④ 《朱子语类》卷一百一十九。
⑤ 《尚书引义·说命上》。
⑥ 《中庸·二十章》。

之所以为天也。"①张岱年解释道:"'不贰'即前后一贯;'不已'即永无间断。所谓诚,用现在的名词来说,即具有一定的规律性。《中庸》以诚为天之道,即认为天(自然)是具有一定规律性的。"②北宋周敦颐强调:"圣,诚而已矣。诚,五常之本,百行之源也。"③即诚是五常(仁、义、礼、智、信)的基础,是一切德行的最终源泉。因此,在中华传统伦理道德思想中,"诚"的内涵是极为丰富的,特别是,以之为"天之道"的"诚"恰恰是派生伦理道德之"诚"的根源。

二、"信"概念溯源

"信"在《说文解字》中作"䚱",释为:"诚也。从人,从言,会意。""信"是个会意字,以人、言来表示言必守信之意。例如,《春秋谷梁传》云:"言之所以为言者,信也。言而不信,何以为言?"④因此,"信"的基本涵义指诚实无欺,就是信守诺言,即说话算话。《国语》说:"信所以守也。"⑤即信在于守约。《左传》说:"要盟无质,神弗临也,所临唯信。信者,言之瑞也,善之主也。"⑥意思是说,神灵所降临的只是有诚信的盟会,而信是语言的凭证、善良的主体。对于"信"之为诚实,孟子着眼于人自身的道德品质,强调"有诸己之谓信"⑦,即自己确实有善德即是"信";墨子则着眼于言与意的符合,即"信,言合于意

---

① 《中庸·二十六章》。
② 张岱年:《中国古典哲学概念范畴要论》,中国社会科学出版社,1989,第101页。
③ 《通书·诚下》。
④ 《春秋谷梁传·僖公二十二年》。
⑤ 《国语·周语上》。
⑥ 《左传·襄公九年》。
⑦ 《孟子·尽心下》。

也"①。《白虎通》则说:"信者诚也,专一不移也。"②即信主要在于专一、不改变。当然,信不仅在于言合于意,更在于言与行的统一。例如,孔子强调:"言必信,行必果。"③《国语》亦说:"定身以行事谓之信。"④即信的关键在于言行一致。西汉贾谊说:"期果言当谓之信。"⑤亦是强调言行一致,言必信,行必果。西汉扬雄指出:"或问信,曰,不食其言。"⑥东汉刘熙指出:"信,申也,言以相申束,使不相违也。"⑦意思是指人的行为是言论的延伸,两者不相违即是信。南宋袁采说:"有所许诺,纤毫必偿;有所期约,时刻不易,所谓信也。"⑧这是从守诺、守约来界定信。

概括说来,"信"本义为"人言",它要求人从内在品德、意图到行为、结果都必须一以贯之,达到内与外、言与行的统一、一致。

三、"诚信"的本义

如上所述,《说文解字》对"诚"与"信"是互释的:诚即信,信即诚。北宋程颐亦强调:"诚则信矣,信则诚矣。"⑨然而,先秦思想家中,首先把"诚"与"信"连成一个复合词,最早始于荀子。荀子说:"公生明,偏生暗,端悫生通,诈伪生塞,诚信生神,夸诞生惑。"⑩意思是说,公正产生光明,偏私产生黑暗,诚恳谨慎产生通达,欺诈作假产

---

① 《墨子·经上》。
② 《白虎通·情性》。
③ 《论语·子路》。
④ 《国语·晋语》。
⑤ 《新书·道术》。
⑥ 《法言·重黎》。
⑦ 《释名》。
⑧ 《袁氏世范·处己·人贵忠信笃敬》。
⑨ 《河南程氏遗书》卷二十五。
⑩ 《荀子·不苟》。

生阻塞，诚实忠信产生神奇，而虚夸妄诞产生惑乱。因此，荀子要求人们为人处世应该诚实无欺、讲究信用，做到言行一致。荀子还说："体恭敬而心忠信，术礼义而情爱人。横行天下，虽困四夷，人莫不贵。劳苦之事则争先，饶乐之事则能让。端悫诚信，拘守而详。"①"悫"（què）即谨慎。"端悫诚信"即端庄、谨慎、诚实、守信。意思是说，品德高尚的人行动上对人恭敬，内心对人忠信，平时奉行礼义，感情上爱仁，因而能够广行天下，即使困穷，人们仍然认为他是高贵的。其特点是，大公无私，遇事以他人的利益为重，艰苦的事自己去做，快乐的事则让别人去做，端庄、谨慎、诚实、守信而使其不失。荀子之后，"诚信"就成为一个复合词，进而升格为伦理道德领域里的核心范畴，确立了它在规范和调整人们伦理道德关系中的重要地位。

总之，"诚信"在中华传统文化中具有悠久的历史渊源，为历代思想家所推崇，最终成为中华传统伦理道德思想中的核心范畴。客观而言，讲究诚信，做到诚实无欺、恪守承诺、讲究信用、注重信誉、言出必行，体现了道德主体自身的道德意识和道德行为的辩证统一，因此对于人的道德主体人格的塑造和完善具有重要的意义。"诚信"概念的演变历程以及它日益获得推崇的事实，都充分证明了诚信势必成为继续影响和塑造当代中国人伦理道德人格的重要价值理念。

第二节　诚信思想的基本精神

中华传统伦理道德思想中的"诚信"观念在中华民族的道德人格塑造中发挥着巨大而持久的影响力。然而，这一看似仅仅属于伦理道德

---

①《荀子·修身》。

思想领域里的观念，由于中国传统思想自身的独有特征，即总是从天道（与地道）派生人道，因此，依然具有一些根本区别于其他民族文化中的相应概念的特征。

具体说来，中华传统伦理道德思想中的诚信思想具有以下基本特征。

一、源自天道　天理本然

在中华传统伦理道德思想中，诚信的地位几乎是至高无上的，而这根本取决于诚信根源于具有普遍必然性的"天道"，因而自身也具有类似"天道"的普遍必然性。《中庸》强调："诚者，天之道也；诚之者，人之道也。"① 在此，"诚者"，指天然赋予的真诚，是天道的天然属性或本性，而"诚之者"，指使之达到诚的地步或境界，即通过努力修养才能达到的真诚，其中的"者"均为语气词。也就是说，《中庸》首先在存在论或本体论的层面上肯定了"诚"是天道的本性，然后在此基础上进一步强调了人只有通过不断的道德修养才能使自己达到同样至高无上的地步或境界。《中庸》还强调："诚者，物之始终，不诚无物。"② 即真诚贯穿于一切事物的始终，而没有真诚也就没有万事万物。换言之，真诚是事物的本性，是世间万事万物存在和发展的根本规律，没有真诚这一本性或根本规律，就不成其为万事万物。既然"诚"贯穿"物之始终"，无时不在，无处不在，它就具有确定无疑的普遍必然性。《中庸》还说："天地之道，可一言而尽也：其为物不贰，则其生物不测。天地之道：博也，厚也，高也，明也，悠也，久也。"③ 在此，"一言"即指"诚"字。整体而言，即是说，天地之间的道理，可以用一个字"诚"

---

① 《中庸·二十章》。
② 《中庸·二十五章》。
③ 《中庸·二十六章》。

来概括尽：因为它本身专一不二，所以它所化生出的万物多得不可揣测；因此，天地之间的道理就在于广博、深厚、高大、光明、悠远、长久。《中庸》对"诚"作为天地之道"不贰"的强调，就在于阐明它具有普遍必然性。对于"诚"的这种普遍必然性，明末清初王夫之用"实有"来解释，他说："夫诚者，实有者也，前有所始、后有所终也。实有者，天下之公有也，有目所共见，有耳所共闻也。"① 与"诚"具有普遍必然性一样，"信"在中国传统思想中亦是如此。例如，武则天强调："天行不信则不能成岁；地行不信则草木不大。"② 即如果天不诚信的话，就不能形成一年四季；如果地不诚信的话，草木就不能长大。总之，正是因为"诚信"是天道的天然本性，是万事万物自身之所是的内在根据，是无处不在、无时不在因而具有普遍必然性的根本规律，因此它是人应当追求与实现的境界，是人应当遵循的规律，即"人之道"。同样，"人之道"的"诚"，不再是本体意义上的"诚"，而是德性之"诚"，然而它依然具有"天道之诚"的属性。例如，南宋朱熹说："诚者，真实无妄之谓，天理之本然也。"③ 显然，朱熹的立足点是道德意义上的诚，即真实无妄，然而所强调的恰恰是天理之本然，即普遍必然性。再如，南宋叶适亦说："是故天诚覆而地诚载。惟人亦然，如是而生，如是而死，君臣父子，仁义教化，有所谓诚然也。"④ 作为德性范畴的"诚"，指真实、真诚、忠诚，是人所表现出的道德主体人格的内在品质，是人所以作为道德主体得以存在和发展的根本规律。

当然，追求"诚"必须遵循必然的准则或道路。例如，《中庸》强调："诚者，自成也；而道，自道也。"⑤ 意思是说，真诚是自我完善的基

---

① 《尚书引义·说命上》。
② 《臣轨·诚信》。
③ 《四书集注·中庸注》。
④ 《叶适集·进卷·中庸》。
⑤ 《中庸·二十五章》。

础,而道(指中庸之道)则是用以引导自己的准则。王夫之强调"诚"与"道"具有内在联系,本身就是一而二、二而一的问题。例如,他说:"诚与道,异名而同实者也。"①毫无疑问,这种从"天道之诚"衍生出"人道之诚",即从宇宙、天地、万物的自然本性或固有规律演绎出人自身存在和发展的规律,是中国伦理道德思想的根本特征。

二、彰显人格 诚以立身

人之所以为人,有各种意义上的规定性,但拥有人格恰恰是最内在的规定性,然而人格并不是人生来就有的,而是人在社会生活中基于必要的德性而享有的。在中国人看来,诚信奠定了人格的德性基础,是人之所以为人的根本,是人获得社会承认和接受的前提,而君子与小人实质上就是具有不同层次人格的人。

诚信是人之为人的根本。在中华传统伦理思想中,诚信为众多学派所推崇,尤其是儒家。《易经》是以孔子为首的儒家学派极为推崇的经典之一,其中包含着丰富的关于诚信的思想。例如,《易经·系辞上》云:"人之所助者,信也。"即人之所以能够得到别人的帮助,靠的是诚信。在《易经》中还设有"中孚"一卦,专门讲诚信的道理。所谓"中孚",即内心诚信。其中,《象传》曰:"中孚,柔在内而刚得中。说而巽,孚乃化邦也。"意思是说,中孚说柔弱在内而刚强居中,欢悦而谦逊,诚信可以感化全国。孔子非常注重信用之于人的重要意义,他强调:"人而无信,不知其可也。大车无輗,小车无軏,其何以行之哉?"②即在孔子看来,如果人没有信用,就不知道他还可做什么,犹如牛车没有輗,马车没有軏,怎么能行进呢?"輗"与"軏"都是指车辕与横木连接处的活销,可衔接横木以驾牲口,是车必备的枢纽或机关。

---

① 《尚书引义·康诰》。
② 《论语·为政》。

因此，孔子在此强调信用是人之为人的根本或关键所在。《左传》亦强调："失信不立。"① 因此，在中国人看来，诚信就是人的立身之本，是人们在人际交往中取得他人信任的前提。孔子弟子子夏强调："与朋友交，言而有信。"② 即真诚相待，言而有信，是朋友之间交往的根本前提。《论语》载子张问"行"，即问怎样做事才能行得通。孔子回答说："言忠信，行笃敬，虽蛮貊之邦，行矣；言不忠信，行不笃敬，虽州里，行乎哉？"③ 即在孔子看来，言语忠诚守信，行为笃厚严肃，是取得人们信任的根本，而一旦取得人们的信任，即使身处蛮荒蒙昧之地也能行得通；相反，如果言语不忠诚守信，行为不笃厚严肃，纵使是在自己熟悉的乡里本土，也会使自己的行动处处受到阻碍、抵制。《大学》亦强调："与国人交，止于信。"即与国人结交往来，要竭尽忠诚之心，坚守信义。西汉韩婴强调："君子善其以诚相告也。"④ 尤其是，如果出现真诚待人，就是不说话，也同样能够得到别人的信任。隋朝王通指出："推之以诚，则不言而信。"（《中说·周公》）相反，西汉戴德说："扬言者寡信。"⑤ 即说大话的人缺少信誉。西晋傅玄说："以信待人，不信思信；不信待人，信思不信。"⑥ 即对人诚恳讲究信用，即使别人原本不信任他，也会转为信任；相反，如果对人虚伪不讲信用，即使别人原本信任他，也会转为不信任。西晋杨泉亦指出："以信接人，天下信之；不以信接人，妻子疑之。"（《物理论》）即如果以诚信对待人，全天下的人都会信任他，然而如果不以诚信对待人，纵使自己的妻子儿女也会怀疑他。西汉苏武说："结发为夫妻，恩爱两不疑。"结发夫妻之所以恩爱，显然就

---

① 《左传·襄公二十二年》。
② 《论语·学而》。
③ 《论语·卫灵公》。
④ 《韩诗外传》卷二。
⑤ 《大戴礼记·文王官人》。
⑥ 《傅子·义信篇》。

在于"两不疑",即两个人彼此是忠诚守信的。三国杜恕亦强调:"夫妇有恩矣,不诚则离。交接有分矣,不诚则绝。"①即夫妇本来是有恩情的,但如果彼此不忠诚,那就会分手;朋友之间如果感情不真挚,也很快就会绝交。武则天强调:"父子不信,则家道不睦。"②她还强调:"夫可与为始、可与为终者,其唯信乎!"③

以怀疑的态度、伪诈的方式对待他人,结果只可能招致对方以同样的态度和方式对待自己,最终导致彼此关系的紧张和破裂。相反,如果诚心诚意恰恰能够促进彼此关系的和谐,促进事情的顺利发展。明朝刘基强调:"善疑人者,人亦疑之;善防人者,人亦防之。"④明朝薛瑄亦强调:"以诚感人者,人亦以诚应;以诈御人者,人亦以诈应。"⑤即以真诚感化别人的,别人也以真诚报答,而以欺诈统治别人的,别人也以欺诈报复。因此,从根本上说,诚信是家庭和睦的基础,是夫妇、父子彼此关爱、融洽的前提,是朋友彼此信赖的条件,而只有在诚信的基础上,无论夫妻或朋友才能维持自始至终的和睦关系。特别是,如果自己是诚实的,虽然最初可能得不到别人的信任,但通过长期的交往最终还是能够赢得别人的信任的。《庄子》指出:"真者,精诚之至也,不精不诚,不能动人。"⑥东汉王充说:"精诚所加,金石为亏。"⑦东汉广陵思王刘荆指出:"精诚所加,金石为开。"⑧西汉韩婴亦强调:"见其诚心,而金石为之开。"⑨这几个人所说意思是相同的,只要诚心诚意,连金石那样硬的

---

① 《群书治要·体论》。
② 《臣轨·诚信》。
③ 《臣轨·诚信》。
④ 《郁离子·任己者术穷》。
⑤ 《读书录》卷七。
⑥ 《庄子·渔父》。
⑦ 《论衡·感虚》。
⑧ 《后汉书》卷七十二《广陵思王荆传》。
⑨ 《韩诗外传》卷六。

东西也会被打开的。北宋吴处厚甚至说:"盖诚之所感,触处皆通,不必专用龟策也。"① 即只要以诚待人,使人感动,无论涉及任何地方,都能把事情办成,没必要通过占卜求助神灵。

是否诚信是道德上区别君子与小人的根本标志。在中国传统文化中,"君子"与"小人"除了政治等级意义上的含义之外,还主要地指伦理道德意义上的道德高尚者和道德卑微者,而诚信恰恰就是君子区别于小人的根本。《臣轨》说:"《傅子》曰:'言出于口,结于心。守以不移,以立其身。此君子之信也。'……虽有仁智,必以诚信为本。故以诚信为本者,谓之君子;以欺诈为本者,谓之小人。"② 即诚信彰显人的道德人格,是人之为君子的标志;相反,如果欺诈不诚信,就是小人。

因此,孔子及儒家后继者都非常推崇诚信,孔子把"信"视为"恭、宽、信、敏、慧"五德之一,而西汉董仲舒则把"信"列为仁、义、礼、智、信"五常"之一。因此,诚信彰显着人的道德人格,是取信于人的根本前提,是人际交往的基本准则。纵使在敌我双方交换人质或俘虏时,也必须讲究诚信。《左传》说:"信不由中,质无益也。"③ 即如果诚信不是出自内心,单凭交换人质是无益的。

三、忠诚守信 修德要径

诚信不仅是人之所以为人的根本,是人际交往的根本准则,而且它本身就是人道德修养的至高境界,是行使道义和加强自身德性修养的根本途径。

在中华传统伦理道德思想中,追求德性之"诚",达到至诚、诚信,就是君子的崇高事业。《中庸》说:"是故君子诚之为贵。"④ 即君子以达

---

① 《青箱杂记》卷三。
② 《臣轨·诚信章》。
③ 《左传·隐公三年》。
④ 《中庸·二十五章》。

到真诚为最宝贵。孔子非常重视诚信在教育上的作用。《论语》载："子以四教：文，行，忠，信。"①即孔子把诚信列为四项教育内容之一。孔子提出了许多关于诚信教育的理念，例如，要求弟子"谨而信，泛爱众，而亲仁"②，提倡"主忠信"③。由于诚信关键在于守信、守约，即履行自己的诺言，因此孔子非常注重言行一致，尽量多做少说。例如，他强调："古者言之不出，耻躬之不逮也。"④意思是说，古人之所以不轻易把话说出口，因为他们以自己的行为跟不上为可耻。正是看到这一点，所以他又强调："君子欲讷于言而敏于行。"⑤在他看来，君子不应当说话太快，相反应出言迟钝点，但做事却要敏捷点。毫无疑问，孔子之所以要求君子出言需迟钝些，其实质是要求君子做事理应三思而后行，而一旦考虑成熟之后，下定决心就应当迅速行动。此外，他还要求对自己加以约束，以少犯错误，因为在他看来，"以约失之者鲜矣"⑥，即只要对自己加以约束，犯过失的情况就很少。

作为儒家思想的重要继承者，孟子亦非常重视诚信在加强自身道德修养上的作用。孟子首先梳理了"诚"与"思诚"之间的关系，即"诚者，天之道也；思诚者，人之道也"⑦。即"诚"与"思诚"本质上分别是"天之道"与"人之道"，而后者以前者为根本。在孟子看来，要想达到诚，就要通过"思"。所谓"思"，就是反省，即他所谓的"反身"。他强调说："反身而诚，乐莫大焉。"⑧即在孟子看来，通过自我反省就能够达到诚的境界，而这就是最大的快乐。孟子还强调，通过自我反省

---

① 《论语·述而》。
② 《论语·学而》。
③ 《论语·学而》。
④ 《论语·里仁》。
⑤ 《论语·里仁》。
⑥ 《论语·里仁》。
⑦ 《孟子·离娄上》。
⑧ 《孟子·尽心上》。

不仅能够实现自己的快乐,而且还能够使父母满意。因此,他进一步强调:"反身不诚,不悦于亲矣。"①即反身自责,若自己心意不诚,不能达到最快乐的境界,又怎能使父母满意呢?明朝薛瑄强调:"德不进,病在意不诚;意诚则德进矣。"②德性的提高,关键在于自觉,只要真心实意地去追求,德性修养肯定会步步提高的。

  诚信是行使道义的根本途径。孔子的弟子有若说:"信近于义,言可复也。"③即所定的信约必须合乎道义,这才是能够履行的。明朝海瑞重申南宋朱熹《白鹿洞书院学规》中所述诚信对修身的重要意义,说:"言忠信,行笃敬,惩忿窒欲,迁善改过,修身之要。"④即言语诚恳讲信用,行为笃厚又庄重,戒除忿怒又堵塞私欲,修行善良又改正过失,这是修身的要领。诚信是人们遵守礼仪的根本前提。《礼记》说:"忠信,礼之本也。……忠信之人可以学礼。"⑤即忠诚守信是礼的根本,而只有忠诚守信的人可以学习礼仪。荀子亦把"诚"看作道德修养的方法。他强调说:"夫诚者,君子之所守也。"⑥又说:"君子养心莫善于诚,致诚则无它事矣,唯仁之为守,唯义之为行。诚心守仁则形,形则神,神则能化矣;诚心行义则理,理则明,明则能变矣。"⑦荀子还强调诚信实质上在于日常生活之中,指出:"庸言必信之,庸行必慎之。"⑧在此,"庸"指日常,即在荀子看来,日常的一言一行都必须诚实守信、谨慎。

  儒家伦理道德把"至诚"视为修身诚意的最高境界。《中庸》云:"诚者,不勉而中,不思而得,从容中道,圣人也;诚之者,择善而固

---

①《孟子·离娄下》。
②《读书录》卷一。
③《论语·学而》。
④《海瑞集·教约》。
⑤《礼记·礼器》。
⑥《荀子·不苟》。
⑦《荀子·不苟》。
⑧《荀子·不苟》。

执之者也。"①意思是说，天生具有真诚品质的人，不必勉为其难就能符合道德规范，不必苦心思虑就能适得事理之宜，能够从容不迫地遵循中庸之道，这样的人就是圣人；而要使自己达到真诚的人，就必须选择至善的道德，并能坚守不渝地达到真诚的境界。《中庸》说："唯天下至诚，为能尽其性。能尽其性，则能尽人之性；能尽人之性，则能尽物之性；能尽物之性，则可以赞天地之化育；可以赞天地之化育，则可以与天地参矣。"②即只有天下最为真诚的圣人，才能充分发挥自己的天然本性，从而调动一切人所固有的本性，充分领会万物的本性，达到协助天地造化养育万物、最终与天地并列的境界。南宋朱熹说："诚能体而存之，则众善之源，百行之本。"③清代王晫说："诚信相接，如坐人春风。"④即用诚信与人交往，就会给人以如沐春风的好感。因此，在中国人看来，正是诚信使人与人之间的关系彻底进入到与天地万物融为一体的状态，彼此之间不再有任何的隔阂。

四、重在自诚　慎独勿欺

毫无疑问，诚信就是要对人忠诚守信，要实事求是。然而，诚信从来不是单向地面对他人而不针对自己的，其实质是不仅不欺人而且不自欺，自诚而不自欺恰恰是不欺人的前提。

《大学》说："所谓诚其意者，毋自欺也，如恶恶臭臭，如好好色，此之谓自谦。故君子必慎其独也。"即君子的诚实首先在于不自欺，而要像厌恶臭气和喜欢美色一样，做到意念诚实、心安理得，特别是，在加强道德修养上必须谨慎对待离群索居之时的生活。因此，自诚、自谦与慎独在人的道德修养问题上实际上存在着紧密的联系，它们本质上是

---

① 《中庸·二十章》。
② 《中庸·二十二章》。
③ 《仁说》。
④ 《今世说·德行》。

一致的。清代金缨亦强调:"内不欺己,外不欺人,上不欺天,君子所以慎独。"① 即内不欺骗自己,外不欺骗别人,上不欺骗苍天,这是君子用来谨慎独处的办法。《大学》还强调:"欲修其身者先正其心;欲正其心者先诚其意。"② 即要想在道德修养上进行修炼提升,人就首先要端正自己的思想,而要想端正自己的思想,首先就必须使自己的意念真诚。

再者,诚信主要的是面对他人,然而自信恰恰是其必要的前提。做人首先要自诚、自信,这是真正取信于人的前提。《吕氏春秋》说:"故欲胜人者,必先自胜;欲论人者,必先自论;欲知人者,必先自知。"③ 西汉韩婴说:"内不自诬,外不诬人。"④ 明朝薛瑄《读书录·卷一》亦说:"人当自信自守。虽称誉之,转奉之,亦不为之加喜;虽毁谤之,侮慢之,亦不为之加沮。"即人应当自己相信自己,安守本分,在奉承声中不沾沾自喜、忘乎所以;在遭诽谤、侮辱、轻慢时,也不因此灰心丧气。三国·魏杜恕强调:"不面誉以求亲,不偷悦以苟合。"⑤ 意思是说,不当面吹捧以求得对自己的亲近,不暗中取悦以求结为一体。西汉邹阳说:"忠无不报,信不见疑。"⑥ 隋朝王通说:"推之以诚,则不言而信。"⑦ 即以诚待人,虽然不说话也能够使人相信。唐朝魏徵指出:"用人之言,若自己出。"⑧ 即采纳别人提出的意见如同采纳自己的意见一样,要相信别人就如同相信自己一样。需要强调的是,坚守自信、自诚必须保证自己的前后一贯,就是说,不能做出前后矛盾的事情来。唐朝陆贽

---

① 《格言联璧·持躬》。
② 《礼记·大学》。
③ 《吕氏春秋·季春纪·先己》。
④ 《韩诗外传》卷五。
⑤ 《群书治要》卷四十八《体论》。
⑥ 《狱中上梁王书》。
⑦ 《中说·周公篇》。
⑧ 《群书治要》卷二《尚书》。

强调:"不诚于前而曰诚于后,众必疑而不信矣。"①即事前不诚实而事后却表白自己诚实,必然会引起人们的怀疑而不再使人相信。在处理公私问题上,更要求自己必须自诚、自信,而不能心存私心杂念。南宋罗大经指出:"盖谓心无愧怍,则无入而不自得;心无贪恋,则无往而不自安。"②即只要心里没有抱愧之事,无论在哪里都能够悠然自得;只要心里没有贪念,无论去哪里都不会心有不安。因此,自诚、自信也是达到自己自得、自安的前提。在中国传统伦理思想中,有一句名言:"若要人不知,除非己莫为。"这句话源出于西汉枚乘,其原话是:"欲人勿知,莫若勿为。"③即人必须自律,而不要寄希望于因为没有被别人看到就敢于去为非作歹,做一些昧良心的事,如偷窃或贪污、收贿等;而老是担心别人会发现,只能造成心神不宁。

当然,自诚、自信绝不是自专、自任或刚愎自用。《中庸》说:"愚而好自用,贱而好自专。"④西汉桓宽引丞相史说:"君子不辞负薪之言,以广其名。故多见者博,多闻者知,拒谏者塞,专己者孤。"⑤所以说,自专、自任、刚愎自用是过分自信造成的偏执,其实质不是自欺、不诚。因此,北齐颜之推强调:"慎勿师心自任,取笑旁人也。"⑥在此,他就写文章来说,强调人千万不要自以为是,否则只能取笑于旁人。

与讲究诚信相一致,中华传统伦理道德思想一直比较欣赏人的忠厚朴实,讨厌和憎恶人的奸巧伪诈。《周易》说:"地势坤,君子以厚德载物。"⑦因此,忠厚朴实实质上是人或君子应当具有的优良美德。颜之推

---

① 《资治通鉴》卷二百二十九《唐纪·四十五·德宗建中四年》。
② 《鹤林玉露》甲篇卷四《小官对移》。
③ 《上书谏吴王》。
④ 《中庸·二十八章》。
⑤ 《盐铁论·刺议》。
⑥ 《颜氏家训·文章》。
⑦ 《周易·坤·象传》。

强调:"巧伪不如拙诚。"① 在此是说,尽管人笨拙,但人毕竟是诚实的,而这远比奸巧伪诈要强得多。客观而言,笨拙而诚实,尽管对事情的认识上没有那么锐利、敏捷,对问题和事情的解决没有那么迅速、顺心,但它毕竟实际上有助于认真地对待问题,有助于事情的解决。相反,奸巧伪诈不仅不能解决问题,而且还容易扭曲和蒙蔽了事实真相,回避和掩盖了问题,只可能造成更多不良的后果。可以说,这也就是"巧伪不如拙诚"的真正原因。

实际上,诚实守信而不是欺诈于人,还在于奸巧欺诈的人尽管掩饰得自信没有人知晓,但假的毕竟真不了,人的这种侥幸心理根本要不得。李商隐曾有诗句说:"莫为无人欺一物,他时须虑石能言。"② 这句诗旨在警告人们不要抱有侥幸心理认为可以在无人知晓的情况下搞些欺诈,但只要自己做过某些见不得人的事情,就会给别人提供了可能揭发自己的可能条件。这也就是说,无论暗欺之人玩弄什么样的手段、花招,迟早会有暴露马脚的时候。正是基于此,颜之推还强调说:"以一伪丧百诚者,乃贪名不已故也。"③ 即在他看来,因为一件事作假而败坏了自己通过很多诚实的事情在别人心目中树立起来的信任,实在是因为贪求名声不知满足的缘故。东汉崔寔强调:"不曲道以媚时,不诡行以徼名。"④ 即不做不正直的事来讨好世俗,不用欺骗的手段来求得名誉。北宋晁说之则指出:"多权者害诚,好功者害义。"⑤ 即善于权变的人会伤害真诚,贪图功劳的人会伤害正义。人们之所以憎恶奸巧伪诈,是因为认识到这些只可能造成人们之间彼此的不信任,从根本上瓦解别人对自己的信赖,从而造成一系列恶劣的后果。清代唐彪指出:"先贤云:半

---

① 《颜氏家训·名实》。
② 《明神》。
③ 《颜氏家训·名实》。
④ 《群书治要》卷四十五《政论》。
⑤ 《晁氏客语》。

句虚言，折尽平生之福。"①即半句假话，可以断送自己一生的幸福。晋朝傅玄说："故祸莫大于无信。无信，则不知所亲。"②正是因为如此，清代李光地载吕祖兼语说："百种奸伪，不如一实。"③总之，反对奸诈虚伪而坚持诚实守信，对于人们的道德人格的塑造起着无比重要的作用，这是中国人最真实的伦理道德实践感悟。

五、重诺守信　不辨亲疏

"一诺千金"④或"君子一言，驷马难追"（原文为：夫子之说君子也！驷不及舌。）⑤，都是中华传统伦理道德中关于诚信精神的名言，说明对于中国人来说，向来不轻易许诺，而一旦许诺或承诺，就会毫不犹豫坚决履行自己的诺言，可以说唯有这样，才能维护和保障自己的道德人格或君子身份。明朝薛瑄指出："一字不可轻与人，一言不可轻许人。"⑥因此，真正讲究信誉、诚信的人，都是非常审慎的人，是不会轻易许诺的。西汉刘安说："口慧之人无必信。"⑦所谓"口慧之人"就是指那些嘴里说得好听但并不切实履行自己的诺言的人，这样的人实际上就是不守信用的人。明朝彭汝让说："诺而寡信，宁无诺；予而喜夺，宁无予。"⑧许诺就要自觉去履行，然而履行诺言毕竟会遇到许多困难，因此，中国人在许诺之前就强调必须认真思考许诺之事能否实现或完成，如果真正地认识到所许诺之事无法信守诺言，无法履行，许了诺言却很少信守，宁可不许诺，因为在彭汝让看来，这如同送给别人东西却又要回来，实

---

① 《人生必读书》卷六《言语（下）》。
② 《傅子·义信》。
③ 《御纂性理精义》卷十一《臣道》。
④ 《史记·季布栾布列传》。
⑤ 《论语·颜渊》。
⑥ 《薛瑄全集·读书录》卷三。
⑦ 《淮南子·缪称训》。
⑧ 《木几冗谈》。

际上宁可不送出。因此,必须做到一旦许诺就必须履行自己的诺言。北宋苏轼说:"是以知无不言,言无不行。"①即是说,对自己知道的毫无保留地说出来,而只要自己承诺的,就一定要履行承诺。与之相反,南宋崔敦礼说:"轻誉者失实,轻予者失恩,轻许者失言。"②即轻易赞美人的话,往往不符合实际,轻易地把东西赠送他人,往往会得不到感激,而轻易地许下的诺言,往往不能守信履行。这都说明,一定要控制好自己,避免轻易说一些赞美人的话,轻易把东西送于别人,特别是轻易向别人许下自己无法履行的诺言。

当然,这种守信、守诺是不辨亲疏的,而指向任何一个伦理道德交往对象的。东汉王符说:"是故贤愚在心,不在贵贱;信欺在性,不在亲疏。"③即看人是诚实还是狡诈,要看他的本性,而不是看他与自己亲近还是疏远。汉朝韩婴转子夏语说:"与人以实,虽疏必密;与人以虚,虽戚必疏。"④"疏"指疏远,"戚"指亲近。意思是说,真诚待人,即使表面上看来疏远,但实际上还是亲密的;待人虚伪,即使表面上看来亲近,而实际上也是疏远的。因此,人际交往中的密与疏的关系,归根结底根源于人是否真诚地待人处事。

事实上,正如"君子一言,驷马难追"所揭示的是道德上的君子的作为,只有君子才真正地重视履行自己许下的诺言,因为这是君子重视诚信的表现。元朝揭傒斯曾说:"世俗轻贱微,君子重期诺。"⑤在此,他对世俗以贵贱出身论人的风气提出了评价,认为只能从诚实守信、言行一致来正确地评价人。这种对真诚或诚信的推崇,还典型地表现在认为诚信或真诚是不能用金钱来衡量的,即诚信是无价的。例如,南北朝庾

---

① 《东坡全集·策略第三》。
② 《刍言》卷中。
③ 《潜夫论·本政》。
④ 《韩诗外传》卷九。
⑤ 《揭傒斯全集·诗集》卷三《病目二首呈程承旨》。

信曾说:"一顾重尺璧,千金轻一言。"① 即顾遇之恩重于尺璧,千两黄金还不如一句诺言有价值。北宋晏几道说:"齐斗堆金,难买丹诚一寸真。"②

第三节　诚信精神的现代阐释

孔子说:"十室之邑,必有忠信如丘者焉。"③无疑,讲究忠信或诚信是中华传统伦理道德思想中具有强大生命力、绵延不断的重要传统。诚信精神在维系整个中华民族精神文化、塑造中华民族道德人格方面发挥着深远的作用。当前,随着我国从传统社会向现代社会的深刻转型,我们已经逐渐建立了社会主义市场经济体制,然而我们的市场经济体制毕竟还存在着这样那样的问题,还不健全完善。因此在当前,尤其需要大力弘扬诚信精神,尽快消除社会上普遍盛行的以市场利益最大化为目的而不顾他人死活的制假售假、坑蒙拐骗等行为,维护社会主义市场经济秩序,营造更有序的市场环境。

一、彰显主体自信

尽管诚信主要地是指向社会、他人,即他者,然而,从根本上说,诚信以自信为前提。诚信以自信为前提,实质上是说一个人只有对自己持有真心实意的态度,充分地肯定自己的存在、能力、个性、尊严与价值,既不虚夸自己的优点、优势,也不回避自己的缺点、劣势,他才可能严肃认真地端正自己在与他人相处时的态度,从而老老实实、本本分

---

① 《拟咏怀·其六》。
② 《采桑子·心期昨夜寻思遍》。
③ 《论语·公冶长》。

分地对待各种事情,科学地、客观地解决人际交往过程中遇到的各种复杂问题。因此,自信是人诚信的前提,内心拥有自信,就能够在与他人的交往中自然而然地呈现出诚信来。

诚信之所以是自信的彰显,就在于自信是人对自身的充分肯定。首先,自信是人对自身能够作为社会人而存在的肯定。任何人都无法真正脱离社会而存在,真正能够脱离社会而存在的人,已经称不得上是真正的社会人。这是说,社会性是人之所以为人而不可缺少的存在属性。对于人的社会性,马克思曾这样强调:"甚至当我从事科学之类的活动,亦即当我从事那种只是在很少的情况下才能直接同别人共同进行的活动的时候,我也是在从事社会的活动,因为我是作为人而活动的。不仅我进行活动所需的材料,——甚至思想家借以进行活动的语言本身,——是作为社会的产物给与我的,而且我自身的存在也是社会的活动;因此,我用我自身所做出的东西,是我用我自身为社会做出的,并且意识到我自身是社会的存在物。"① 换言之,人自身的存在是社会的活动,人是通过自身而为社会创造事物,人不仅能够这样做,而且还清楚地意识到自身就是社会的存在物。人对自身作为社会存在物而存在的自觉意识,实际上就是对自身作为社会人,归根结底作为人而存在的肯定。只有首先充分地肯定自己为人,为社会人,人才能立足于社会之上,才能开展与他人的交往、交流与合作,才能因此发生各种复杂的人际关系。其次,自信是人对自身作为社会人的生存能力的充分肯定。人之为人,不仅在于人能够作为有血有肉的生命体、作为纯粹自然意义上的有机体而存在,甚至作为碌碌无为的庸人而存在,而且还在于人坚信自己有能力真正通过自身而创造事物,从而在社会上确证自己的存在。马克思说:"人不仅象(像)在意识中所发生的那样在精神上把自己化分为二,而且在实践中、在现实中把自己化分为二,并且在他所创造的世界中直观

---

① 马克思:《1844年经济学哲学手稿》,刘丕坤译,人民出版社,1979,第75-76页。

自身。"① 所以说，我们应当看到，整日碌碌无为的人，即没有创造任何东西来确证自己的人，实际上就是些行尸走肉的动物，还根本谈不上作为人、作为社会人而存在。真正意义上的社会人是能够通过自身而创造事物的人，而且是能够在自己为社会所创造的事物中直观自身、确证自身的人。这就说明，人对自身的自信还表现为对自身创造能力的充分肯定。再次，人对自身的自信表现为人对自己个性的肯定。显然，世界上绝没有两个完全相同的事物，也绝没有两个完全相同的人，任何人都是有个性的，无论是在生理方面上还是在现实能力、性格、思想、审美观念、生活习惯和生活方式等方面上。马克思强调："人是一个特殊的个体，并且正是他的特殊性使他成为一个个体和现实的、单个的社会存在物。"② 客观而言，人的特殊性、个性更主要地体现在人的社会性方面，即生理上的差别在社会生产、生活中，在与他人的交往与合作中，往往可以忽略，然而真正能够彰显其个性特征的则注定是其思想、价值观念、审美情趣以及由此而延伸和萌芽出来的对世界万事万物感悟和理解上的敏感性、深刻性、独到性，而这些最终决定着对其事物创造的独特性、超常性。最后，人对自身的自信还体现为人作为社会人而存在时的道德人格的坚守与呵护。显然，社会性中的道德性是人之作为人的最终规定性。社会人际交往与合作，从根本上是人们在物质生产基础上派生出来的，它以协调人们之间的社会物质利益关系为根本内容，但我们也应当清楚地认识到，人们的任何真正科学、合理的交往、合作活动都是建立在彼此对社会伦理道德规范的遵守上的，只有双方遵守伦理道德规范，交往与合作才能正常地进展下去，否则双方的交往与合作就会终结，彼此关系就会破裂。在此过程中，对方能否遵守整个社会普遍认同的伦理道德规范，能否担当自己的社会责任和社会义务，实际上就是我

---

① 马克思：《1844 年经济学哲学手稿》，刘丕坤译，人民出版社，1979，第 51 页。
② 马克思：《1844 年经济学哲学手稿》，刘丕坤译，人民出版社，1979，第 76 页。

对对方道德人格肯定与否的最终判断依据。如前所述,元朝揭傒斯说:"世俗轻贱微,君子重期诺。"[1]这是说,世俗轻视出身卑微、低微的人,君子则重视承诺。因此,真正自信的人,他毕竟是非常坚持和维护自己的道德人格的,是非常重视自己做出的承诺的,因为只有这样他才能赢得社会或他人的信任,归根结底,才能为社会和他人所接纳、承认。

总之,自信是诚信的前提,对他人的诚信恰恰是人内在自信的彰显。加强自信,敢于担当,努力维护自己的道德人格尊严,就是在切实履行诚信原则,就能够塑造更科学、更和谐的人际交往关系。

二、破除心灵障碍

诚信是人们彼此开启心扉的前提,是赢得朋友的条件。众所周知,孔子得意弟子之一曾子说:"吾日三省吾身——为人谋而不忠乎?与朋友交而不信乎?传不习乎?"[2]在此,曾子把与朋友之间的"诚信"问题作为每日反省的主要内容,其重要性仅次于为人做事是否忠于主人。何中华指出:"'诚'的境界,能够'回到事情本身',从而使一切都向我敞开,都向我涌现,都向我澄明。"[3]客观而言,与社会上的一般人、陌生人交往,需要诚信,与自己的朋友交往,对诚信境界的要求则更高。只有诚信才能使人彼此敞开心扉,才能消除城府,解除针对陌生人设置的心灵障碍,从而赢得朋友。

毋庸置疑,人的心灵或内心世界并非对任何人都是直接敞开的,社会生活的复杂性、多变性使人在成长过程中自觉不自觉地养成了谨慎地对待任何人、任何事的处世态度,而这种日常谨慎的态度深刻体现为对自我心灵通过设置各种各样的藩篱而加以保护,以避免遭到伤害。然

---

[1]《揭傒斯全集·诗集》卷三《病目二首呈程承旨》。
[2]《论语·学而》。
[3] 何中华:《马克思与孔夫子——一个历史的相遇》,中国人民大学出版社,2021,第150页。

而，当人一旦开始对自己的心灵加以保护、呵护的时候，他所设置的各种藩篱无形之中成为与他人沟通、交流的障碍和壁垒，造成人与人之间的隔膜和彼此心灵的疏远。在此状况下，人们之间很难建立真正的友谊。事实证明，生活阅历越多的人，在显示出饱经风霜和处事老练的同时，往往形成了不愿轻易相信人的极端心理或偏见，从而在待人处事上为自己的心灵设置了层层城府，做事处处小心，唯恐有所闪失。结果是，这样的人往往没有任何真心的朋友可言。东晋葛洪说："非诚心款契，不足以结师友。"[1] 这说明，人只有自觉消除自己内心设置的障碍，使自己处于诚心诚意的状态，才能与别人发展出真正的友谊来。特别是，正如北宋吴处厚所说："盖诚之所感，触处皆通。"[2] 即只要以诚心待人，就会使人感动，涉及任何地方，都会把事情办好。

因此，真诚、虔诚实质上就是人交友的前提条件；也只有真诚、诚信，人们才能开拓交往的更多领域、更深层次。

三、缔结心灵契约

诚信本质上是心灵上的契约，是彼此敞开心灵的人对对方的心灵所许下的诺言。所谓心灵的契约，是说真正的诚信总是心灵境界上的两个灵魂之间的约定，即心与心的契约。不言而喻，人与人之间的交往，存在着从物质利益、日常工作、现实生活，到精神，再到心灵等无数个不同的层次或境界，而人在一生中所交往的无数人之中，实际上按照彼此间交往的深浅程度而被划分，或者分派到各个不同的层次上，因此处于不同的境界。然而，无论在何种层次、何种境界上，诚信都是人与人心灵之间的契约，是两个心灵的契约。

诚信之所以是心灵的契约，在于只有人的心灵才标志着人的最本真

---

[1]《抱朴子·微旨》。
[2]《青箱杂记》卷三。

的存在，因为心灵的根本特征就是心灵拥有绝对的自由。换言之，人的本真存在状态就是心灵彻底自由的状态。心灵的彻底自由状态、绝对自由状态实际上就是人完全摆脱一切外在的束缚，如各种名利之心、权势之心、色欲之心等，而进入到一种绝对的自我状态。在此状态里，人所表达的是自己的真性情，是自己的纯粹的内心世界，是不加任何雕饰的真我。客观而言，这种心灵自由状态下的自身存在，并不是意味着完全脱离了现实的生活世界，而是意味着人能够真正冷静下来，更客观、理性、科学地反省自己的现实和世界，更自觉地、更清楚地审视自己与整个社会、与所有他人之间的各种关系，梳理各种关系之间的内在联系与分别，从而从自身长远发展的角度理顺关系，对自己进行更为科学的、准确的人生定位。因此，真正能够达到心灵自由的人是生命的觉悟者，是洞察人生的智者。显然，在此意义上，人更明白了自己，因此也注定明白究竟为什么要向一些人承诺某些事情，而对另一些人拒绝某些事情，因为归根结底，这些承诺与否本质上影响和决定着自身的存在和发展，影响着自己的前途和命运，更影响着自己生命价值和人生意义的实现与否，影响着自我道德人格塑造是否完成。唐文明指出："自我或人格是人在追求本真性的人生历程中不断形成的。人只能活出一个自我来，活出自己的人格来。"[1] 因此，任何真正意义上的承诺就是面向另一个心灵的契约，所以如此说，是因为那另一个心灵，本质上是自己在未来的存在和发展中，在自身生命意义的实现上，所不可缺乏的依赖。例如，没有他的支持，无论是物质的或精神的，自己势必缺乏推进自身不断成长和前进的力量，而且从根本上说，他就是观照自己心灵的镜子，就是确证当下之我的另一个我。

---

[1] 唐文明：《与命与仁：原始儒家伦理精神与现代性问题》，河北大学出版社，2002，第194页。

四、提升做人能力

诚信不仅使人面向他人或朋友敞开了心扉，使自己处于心灵自由的最佳状态，而且还意味着它本身表现为人规范自己、管理自己、驾驭自己以实现自身自由全面发展的现实能力。换言之，诚信本质上还表现为人的一种能力，它绝非单纯的精神信念。但是，这种能力，其根本的宗旨在于使人充分地认识和驾驭复杂的人际交往关系，全面地利用各种社会资源，创造最佳的生存和发展环境，从而实现自身的自由全面发展。显然，作为一种全面协调人际关系，规范、管理和驾驭自己的能力，诚信实质上是一种做人的能力。

对于很多人而言，社会生活无比丰富、多样，但也同样显得世象纷纭，扑朔迷离，令人眼花缭乱，而极为复杂的人情世故更是使人如堕云雾，不知所之。一句话，社会生活的丰富性、复杂性无不让涉世不深的一些年轻人倍感头痛和迷茫。然而，如果深刻地揭示其原因所在，就应当正确地认识到，有些年轻人在复杂的社会环境中往往迷失自己的人生方向，往往受各种社会力量的影响、诱惑和支配，从而对自己不知所措，即不知该干什么和不该干什么。特别是，在关键事务的认识和决策上，由于受到特定形势的支配，往往陷入思想的错乱之中，造成一系列的问题和混乱。无疑，这样的情况不仅使自己丧失了对待自己生活、生存和发展的从容与自由，而且还根本上影响和制约着自己的正常发展。如上所述，真正诚信的人绝对是自信的人，是能够达到自身心灵自由的人，也是能够更深刻而全面地反省自己的现实和世界，更自觉地、更清楚地审视自己与整个社会、与所有他人之间的各种关系，从而全面理顺自己的生存、发展问题，找准人生定位的人。然而，从根本上说，能够充分做到这一点的人，更需要借助于自身内在的真诚与信念，借助于他与周围社会、他人之间的心灵契约，借助于他通过对世事人情的真实理解，而全面地规范自己、管理自己、驾驭自己，从而自由地实现自己的全面发展。

人的全面发展绝不是自然而然的事情，相反，绝对是人主动地、自觉地、努力地去实现的事情。人作为有意识、有意志的社会存在物，他对自身的全面发展就是一种有意识、有意志的发展，然而人对自身每个方面、维度的发展，都意味着人在这些方面或维度上打开新的空间，开拓新的领域，意味着与这些空间、领域里的人打交道，意味着由此派生出一系列的事情，显然，无论是顺利地开展人际交往活动，还是科学处理和解决各种复杂问题，都需要相应的能力。在此过程中，诚信，即不仅指向自身内心的自诚、自信，还是与相关他人形成的契约，都注定能够不断地为自己打开新的局面，成为一种人不可或缺的能力，一种使自己成为社会人的能力。归根结底，诚信是一种人在社会上立身做人的能力。当然，这种对自身规范、管理、驾驭的能力看似与对复杂人际关系和事务的实际掌控能力不一样，实际上非常重要，两者是不可分割的，而且从根本上说，人们在社会生活中培育起来的各种现实能力，恰恰是这种内在的诚信变化出来的。

五、壮大发展实力

诚信不仅是个人的问题，而且是任何一个国家、民族或政党、集团、企业等各种社会组织所需要认真对待的问题。客观而言，国家、民族或政党、集团、企业等社会组织本身都有一个存在和发展的问题，然而如何能够赢得其他国家、民族、政党等的认同和信任，如何塑造出良好的生存和发展环境，绝对是至关重要的问题。可以说，在实现国家、民族或政党、集团、企业等健康、迅速发展以不断壮大问题上，诚信与其他能够直接推进发展、壮大的物质力量相比，它就是一种典型的积极的发展软实力。

毫无疑问，诚信并非看得见的物质力量，而是一种软实力。看得见的物质力量能够通过具体的衡量指标来统计，如对于国家来说，拥有多少疆土、海域、矿产资源、水资源、森林资源以及在此基础上发展起来的军事力量、科学技术、经济增长、地域扩张等，再如对于企业来说，拥有多大的生产场地、多少生产车间、生产设备甚至多少技术工人、科研人员……因此，这些物质力量就是实现发展的实际力量，是看得见的力量，是能够实际估计其对发展的贡献率的力量。目前，我们就把这种物质力量视为发展的硬实力。而与硬实力相比，人们提出了"软实力"概念。世界上最早提出"软实力"概念的是美国哈佛大学教授小约瑟夫·奈。在他看来，一个国家的综合国力不仅包括由经济、科技、军事实力等表现出来的"硬实力"，也包括以文化生产力和意识形态吸引力体现出来的"软实力"，而且，随着信息时代的到来，软实力变得越来越重要。但是，从总体上说，小约瑟夫·奈对软实力的界定主要集中于国家的综合国力这一主题上，是以国际关系、国际竞争为基本视域的，显然把"软实力"概念狭隘化了。实际上，所谓"软实力"，只是相对看得见的物质力量而言的，从根本上说，只要是因为精神性、意识性、观念性、制度性的东西而孕育、滋长出来的力量，都能称之为文化软实力。因此，文化软实力不仅是综合国力的重要构成部分，而且是实现和推进民族、政党、企业等有机体发展壮大的重要力量。客观而言，孕育和生成文化软实力的因素非常多；但是，无可置疑的是，诚信是其中最重要的因素之一。

总之，尽管诚信并非现实的物质力量，不是看得见、摸得着的硬实力，但诚信却是实现国家、民族、政党、企业等不断发展壮大的软实力。诚信之所以成为软实力，就在于在实现国家、民族、政党、企业等有机体发展壮大的过程中，诚信使自身赢得了其他国家、民族、政党或企业等的信任和认同，因此客观地为自身的发展创造了良好的外部环境和更多的发展机会，这无形之中，在复杂的国际竞争或国内竞争中得到了优先发展，从而实际地赶上或超过了竞争对手。特别是，正是通过彼此间建立互信机制，国家与国家之间、民族与民族之间、政党与政党之间、企业与企业之间，如此等等两个或多个有机体之间，建立了实际的强强联合，实现了优势互补，促进了整个地区或人类的进步。

第四节　新时代践行诚信精神的现实途径

目前，我国社会正发生着深刻变革，适应于传统社会的伦理道德观念和体系已经遭到"挑战"，而适应现代社会，特别是社会主义市场经济体系的现代伦理道德观念或体系，还没有真正健全起来，而在市场经济追求利益最大化的情况下，少数人物欲横流，置伦理道德观念于不顾，造成社会上制假售假、坑蒙拐骗等现象时有发生，严重地瓦解着人们之间的信用机制，这不仅对个人生活、生产带来极大的危害性，而且严重地影响着整个国家、民族的发展，影响着社会主义市场经济体系的完善和发展，影响着社会主义和谐社会的构建，影响着中华民族伟大复兴中国梦的实现。党的十八大以来，"诚信"问题引起整个社会的普遍关注，"诚信"也被列为社会主义核心价值观的重要内容。"现代意义的诚信精神是道德精神和法律精神的统一，是实现中国梦的内在素质要求，是实现中国梦的伦理精神支持。"①《新时代公民道德建设实施纲要》提出要"持续推进诚信建设"的任务，强调："诚信是社会和谐的基石和重要特征。要继承发扬中华民族重信守诺的传统美德，弘扬与社会主义市场经济相适应的诚信理念、诚信文化、契约精神，推动各行业

---

① 张鹏：《诚信精神：实现中国梦的伦理精神支持》，《兰州学刊》2014年第2期。

各领域制定诚信公约,加快个人诚信、政务诚信、商务诚信、社会诚信和司法公信建设,构建覆盖全社会的征信体系,健全守信联合激励和失信联合惩戒机制,开展诚信缺失突出问题专项治理,提高全社会诚信水平。"①习近平总书记在党的二十大报告中再次重审:"弘扬诚信文化,健全诚信建设长效机制。"②因此,全面认识诚信的精神实质,加强诚信建设,已经刻不容缓。

一、加强自身诚信建设　做到自诚自信

一般认为,"诚信"是社会主义核心价值观个人层面上的重要内容。的确,对社会主义社会的诚信建设来说,首要的任务就是公民个人诚信的建设。个人或每个公民是社会的构成单元,没有个人也无所谓社会。因此,只有人人都参与诚信建设,整个社会才能够塑造起调控所有社会成员的信用系统;相反,如果诚信建设停留于社会宣传的层面,停留在观念笼统模糊之中,无疑,它就不能具体落实。诚信建设从人人抓起,首先加强个人的诚信,就能够从孤立的个人而延伸、感染社会上所有的人。显然,个人只要真正自觉地加强了诚信建设,学会真诚地对待社会和他人,他注定能够在更为广大的人际关系活动中赢得更多人的信任和认同,从而不断扩大整个社会的诚信影响力,助长和增强诚信群体的凝聚力,并经过人们之间长期的熏陶和互动而营造出整个社会的诚信氛围。

在现代社会,加强诚信建设,必须牢固树立起自己的公民意识。可以说,为了塑造整个社会和谐、稳定的秩序,就必须以客观的、科学的态度来对待自己作为公民的言行举止。其中,加强自身的诚信就是其中

---

①《新时代公民道德建设实施纲要》,人民出版社,2019,第16-17页。
② 习近平:《高举中国特色社会主义伟大旗帜　为全面建设社会主义现代化国家而团结奋斗——在中国共产党第二十次全国代表大会上的报告》,人民出版社,2022,第15页。

的关键环节。甚至从根本上说，诚信只有超越私人狭隘的生活领域、亲戚朋友或交际圈，因而更多、更广泛地指向每一个普通的社会成员即每一个公民时，它才最终成为影响和调节整个社会的有效机制。当此之时，每个人都要认识到，不仅自己身为公民，而且对方亦是公民，因而人们之间以平等的社会身份彼此对待对方，不再将自己局限在狭隘的私人情感之中，而是真诚地对待和信任任何陌生人，信任任何与自己一起生活在共同的社会群体中的成员。

加强公民的个人诚信建设，最先要做到自诚自信。如上所述，自诚自信是一切诚信的前提，只有自诚自信，才能真实地建立和发展与他人之间的诚信关系。显然，一个不相信自己因而整日生活在自欺状态里的人，就会对社会上一切事物抱着不切实际的幻想，就会盲目迷信于自己所虚构的事物或荣耀之中。例如，有些人热衷于为自己打造虚假的光环，使自己成为世上众人仰慕、追捧和崇拜的名人、明星，甚至装扮成"活佛神仙"，并自己信以为真，陶醉其中。这些人当虚假的光环被识破，就彻底毁掉形象，为世人所厌弃、唾弃。相反，能够做到自诚自信的人恰恰能够客观地、冷静地看待自己、把握自己，使自己做些真正切合实际的事情，从而本本分分地生活和实现发展。不自信，必自欺，而自欺往往连带欺人。欺世、盗名、捞利，是自欺欺人的人的典型表现。显然，这种人本质上违背了在公共社会生活中的基本行为原则，也注定最终为公共社会所不容，逃脱不了为公众厌弃、唾弃的命运。

二、加强家庭诚信建设　建构和谐家庭

家庭是社会的基础，社会是由千千万万个家庭组成的。任何一个家庭本质上都是一个特殊的生活世界，一个特殊的群体，是一个以血缘、亲缘为纽带的特殊社会。在家庭内部，一般情况下，至少存在着三代人，而在中国传统家庭中，四世同堂甚至五世同堂的现象亦较普遍。既

然家庭内部存在着几代人，至少两人以上，那么，家庭成员之间就存在着思想和心灵沟通、交流的必要。家庭是否和睦、和谐，从根本上取决于家庭成员之间是否建立起了促进彼此沟通、交流的诚信机制。显然，无论是夫妻之间，还是父母与子女之间以及兄弟、姐妹之间，特别是婆媳、妯娌之间，都需要以诚信为基础，培育和塑造彼此间的情感，增强整个家庭的团结、和睦与凝聚。

夫妻是家庭的核心成员，是所有家庭关系派生的根源，家庭能否和睦，最终取决于夫妻是否和睦，其中，夫妻间是否诚信，就是最为关键的因素。夫妻原本来自两个不同的家庭，如果不是青梅竹马，彼此间的认识和了解往往存在着一定程度上的空白，或者说盲点，这对一见钟情型的夫妻来说更是如此。特别是，彼此的内心世界是否全面地展现给对方，更是一个置疑的事情。按照现代哲学存在论的观点，任何一个事物本质上都存在着一定程度上的自在性，任何事物都不是绝对透明的，因而任何一个人，实际上都拥有自己的私密或隐私，都拥有相对独立的心灵世界，而这一心灵世界本质上只属于自己，一般不会轻易告诉他人自己心灵深处的秘密。在现代社会，我们也学会了不随便打听别人隐私的文明常识。我们通常说"知己"是人生中难得的真正朋友，实际上朋友只有达到知己的程度，才能真正了解对方的内心世界。显然，夫妻双方是否坦诚地向对方展现自己的内心世界，往往取决于彼此间是否成为知己，而能否成为知己，往往也取决于是否向对方坦诚、忠诚。因此，夫妻间的坦诚、忠诚与夫妻能否成为知己，成为自己生命中不可缺少的另一半，存在着紧密的联系。但是，不管如何，只有夫妻间基于相互的诚信而形成了和睦的关系，才能促使整个家庭日趋和睦。夫妻和睦，兄弟之间、姊妹之间以及婆媳之间、嫂叔之间，等等，就势必减少了许多矛盾。总之，家庭所有成员之间，必须以诚信为基石，全面塑造和睦的关系，使整个家庭呈现出其乐融融的和谐、幸福氛围。

此外，家庭诚信建设对整个社会的诚信建设具有非常重要的奠基意义。这在于，家庭作为孩子走向社会的过渡环境，对于孩子的成长，特别是孩子对社会、他人的认识，对文明礼貌、社会伦理规范、道德观念等的认识和习得，起着极端重要的引导和教导作用。可以说，孩子对社会和他人能否形成比较客观、科学、理性的认识，能否养成文明礼貌，形成比较积极、正确的伦理道德观念，从而自觉地遵守社会行为规范、法律规范、各种规章制度，实现社会化，做一名正常的社会成员乃至良好的公民，与家庭教育，特别是其中的诚信教育，存在着紧密的联系。在家不诚实、守信的孩子，来到社会上根本不会自觉地诚信起来；相反，一旦养成诚信的良好习惯和道德品质，纵使遇到某些特殊情况，如自己的生命、财产遭到别人的威胁，也能够本着自己的良知而主动地、大胆地坚守诚信、维护正义，对存在着争议的事情或问题亮明自己的观点、态度和立场，指明事情的真相。事实证明，有少数的孩子，由于没有进行比较全面、彻底的家庭诚信教育，在一些时候，迫于威胁或压力，不敢公开表达自己的观点、态度和立场，而是采取了回避责任的做法。总之，家庭诚信教育，是一个人诚信观念形成的重要途径和基础。

三、加强朋友诚信建设　培育深厚友谊

朋友是人们进入社会独立地与其他人打交道的过程中逐渐地发现和确立的趣味相投、心灵契合、情谊深厚的交往对象。孔子说："有朋自远方来，不亦乐乎？"[①]客观而言，社会上存在着无数的陌生人，刚刚踏入社会的人往往辨别不出人的好坏，在陌生的环境里任何人都陷入孤立和恐惧之中，不会轻易地相信他人。显然，在交往过程中，要想改变这种局面，就要善于认识和了解社会上的各种人。在与趣味相投的人交往

[①]《论语·学而》。

过程中，只有面向他人开诚布公，才能受到必要的尊重、信任和信赖，才能够在深入的交往、交流中了解对方的内心世界，建立起真正的情谊或友谊来。情谊或友谊奠基于人们彼此心灵之间的默契，培养和拓展深厚的、亲密无间的情谊、友谊，使其发挥促进社会和谐的积极作用，是加强诚信建设的重要内容。

众所周知，朋友之间的情谊或友谊无比珍贵，它使得一群原本并不相关的陌生人凝聚到一起，营造了一个特殊的生活交际圈子，构成了一个相对独立的生活世界，即一个小型社会。一方面，朋友之间趣味相投，几乎无话不谈，无所忌讳，彼此间相处非常自由与从容，因此，朋友圈就是一个由陌生人之间的交往而演变过来的特殊的熟人生活世界，朋友之间是通过彼此的性情与喜好的一致或相近而建立这一特殊生活世界的。另一方面，朋友圈构成的特殊生活世界，对于其他人，就成了一个陌生的世界。其陌生性表现为，其他人往往不仅不知其朋友圈内部的详细事情，而且很难轻易地融入其中，成为其一员。当然，我们知道，任何的朋友圈实际上都存在着一种程度上的变动性或交错性，这就是包括新朋友的加入与老朋友的绝交以及朋友圈的融合与交错等情形的动态演变。在中华传统伦理道德中，朋友之交重在一个"义"字，可以说这是中国传统异姓兄弟结拜的内在文化根基。朋友的交结与分手，以及朋友圈的动态演变，往往取决于朋友之间是否遵循了必要的规则，或者说，内心的道义、信义。从根本上说，朋友之间只有坚守道义、信义，彼此忠诚，才能结成凝固的统一体，才能成为真心的朋友或俗语所谓的"铁哥们"。因此，真诚的朋友实际上就是忠诚于道义、信义的朋友，违背了道义、信义也将不再是朋友。当然，中华传统伦理道德思想中的这种重义气的异姓兄弟结拜文化存在着一定程度上的缺陷或偏颇。例如，兄弟之间重义气，但为了兄弟可以两肋插刀的情况下，往往无视国家法律和社会伦理规范，做些危害国家、社会或他人的事情，在此情形下，不仅不会感到错误与内疚，而且还感觉到无比自豪、义薄云天。

目前，中华传统伦理道德思想中的重义气的异姓结拜文化依然具有深远的影响，还很难一时消除。但是，我们也应当认识到，这种结拜文化，特别是对道义、信义的忠诚与崇信，对于现代社会中的朋友交往实际上具有重要的启示意义。这种启示意义主要体现在朋友间的彼此忠诚守信上。无疑，无论任何时候，诚信注定都是朋友之间最为珍贵的财富，是凝聚朋友的坚强纽带，是不断增加团结和促进友谊深入发展的根本推动力。近年来，随着改革开放和我国社会主义市场经济体系建设的深入发展，各种价值观念，特别是利益最大化思想，冲击了中华传统伦理道德中重友谊、重诚信的传统，朋友之间的感情趋于淡化，朋友之间因为物质利益问题而导致矛盾甚至彼此反目的现象多有发生。因此，这就说明，如何更全面、更科学地继承和弘扬中华传统伦理道德中的重友谊、重诚信的传统，发挥友谊在促进社会主义和谐社会建设的积极作用，是一个极为重要的时代课题。

四、加强社会诚信建设　塑造社会信用系统

客观而言，诚信是人们彼此之间取得信任的基础，诚信缺失的社会是一个不能给人以安全感、自由感、幸福感的社会，人们之间无所依靠和信赖，倍感孤独、寂寞，这个社会就显得冷冰冰的，无人情味。诚信的缺失造成人们普遍地学会自我保护，而不再信任他人，甚至某些社会机构，对能够做的事，为了不惹麻烦上身而放弃了理应担当的社会责任。因此，一个社会，特别是社会的公共领域，必须建立起良好的诚信机制或信用系统，能够使人们对整个社会或他人产生信赖，即相信在此社会里自己的所作所为能够为社会所承认，能够在社会财富分配上取得与他人同等的劳动所得，能够从社会上赢得自己的声誉与地位。也就是说，在这样的社会里，自己承担了必要的社会义务，因而也能够充分地

享有相应的社会权利,总之,是可以通过自己的诚实劳动而达到自己的人生目的。

众所周知,中国传统社会是以家庭或家族文化为基石的重血缘、地缘关系的社会,整个社会受亲情等自然因素影响深远,严格说来,人们更多地生活在由亲情、友情等自然因素构造成的熟人生活世界里,因此,私人生活世界比较发达,而社会的公共领域却"很不成熟"。公共领域的不成熟,不仅意味着没有科学地塑造出普遍适用于公共领域里的秩序与规则,更没有培育出人们严格地遵守公共秩序和规则的自觉意识。就诚信问题来说,由于人们普遍地生活在私人性质的熟人生活世界里,因此诚信是相对中国人日常所谓"自己人"而言的,即只有对"自己人"才说实话,相反,对陌生人则强调不要说实话。这就是说,诚信对是否生活在自己私人生活世界里的人是区别对待的。当前,随着我国改革开放的深入发展,中国传统以自然经济为基本特征的重血缘、地缘的社会正逐渐地向重规则和秩序的现代公民社会转型。显然,这种转型,意味着就诚信建设来说,公共社会里的诚信建设是当前中国社会诚信建设的重要内容。

目前,公共领域里的诚信建设,一个极为重要的方面就是网络诚信建设。网络诚信是现实社会生活领域里的诚信在网络世界里的延伸,它以现实中的诚信为基础,而有其自己的特殊性。因为,网络世界一方面存在着极大的虚拟性,参与网络生活的网民往往借助于网络虚拟特性而隐蔽了自己的真实身份,不能为人们直接认识,将其言论与人直接相对应,因而出现了不少任意发表不负责任言论的现象;但另一方面,参与网络世界的网民也绝不是完全脱离了现实世界,他的言论和网上行为毕竟还以现实的自己为根基,表现了现实的个人的思想观念。特别是,现代网络技术实际上是能够准确地了解网民的真实状况的。因此,网络世界并非真正的虚拟世界,相反,它只是现实世界的延伸,与在现实世界里人们时刻必须坚守诚信一样，在网络世界里，也必须以诚信为最基本的交往原则。但是，当下网络诚信问题相当严重，甚至已经危害到现实生活世界中的人们的生命与财产安全，已经引起整个社会所有人普遍的高度关注，改善和完善网络监管和网络诚信建设，是当前社会诚信建设的当务之急。

加强网络诚信建设，首先就要严格控制无端谣言在网络空间的肆意传播。当下，那些谣言制造者不顾客观事实，不愿躬身深入探查，听风即是雨，或者凭自己的主观臆猜和幻想，肆意在网络空间"爆料"，不仅不为自己的言论是否危害到他人的名誉或利益考虑，不顾及自己制造的恶作剧是否已经触犯了法律，而且还以引起网民关注、提高点击率或者增加转载量而沾沾自喜，实在是非常变态。孰不知，网络空间本身并非私密空间，而是公共平台，任何发布于公共平台上的信息，无论其真假程度如何，都将对广大网民或公众产生一定影响。如果说，造谣者本身是公共人物，即所谓的"网络大V"（在微博平台获得认证拥有众多关注者的用户），而谣言所涉及的更是公共事件，那么，谣言所造成的影响就会波及广大民众，其实际危害也将非常严重。这在于我们当下的社会存在着一些诚信缺失的现象，然而诚信的缺失，造成人们形成了一种典型的普遍地宁愿信其有、不愿信其无的社会心理，因此更热衷于从自己的立场上对谣言进行一番重新解读，从而在网络舆论场上推波助澜。客观而言，加强网络诚信建设，就必须规范网络言论，制止谣言在网络空间的肆意传播。这实际上包括三个方面的努力：一是必须加强公民自身诚信建设，理性客观、科学地对待任何事情，以实事求是、老实本分的态度发表网络言论，要自觉为自己的言论负责。特别是公共人物或网络大V，尤其应严格自律，要始终明确自己的身份和地位，自觉慎言慎行。《新时代公民道德建设实施纲要》指出："社会公众人物知名度高、影响力大，要加强思想政治引领，引导他们承担社会责任，加强道德修养,注重道德自律,自觉接受社会和舆论监督,树立良好社会形象。"①可以说,这是当前制止谣言的重要抓手。二是广大网民必须客观、冷静、理性地对待网络言论,自觉辨别真伪,自觉抵制和揭穿谣言,制止谣言的进一步传播,尽可能地消除谣言造成的危害。三是必须加强网络舆论监管,建立健全网络管理法律体系,形成有效的网络法律管理机制,从源头上及时发现并制止谣言,遏制谣言的传播,依法打击造谣者和传谣者。

五、加强政府诚信建设　提高政府公信力

加强整个社会的诚信建设,不可忽视政府诚信建设。政府,包括执法、司法、检察、监察等各个部门,是整个社会公共生活的主要参与者,甚至是决定者,发挥着无可取代的、至关重要的作用。然而,如果说人民群众对政府失去信任,特别是对执法、司法、检察、监察等机构失去诚信,那么,也将意味着对整个社会失去诚信。

近年来,随着我国社会主义市场经济建设不断深化,人们的价值观正发生着深刻的变化,尤其是金钱至上观念再加上遗毒深远的权大于法、情大于法、权权交易、权钱交易、行贿受贿等官场腐败现象的时有发生,造成政府尤其是执法、司法、检察、监察机构的形象和公信力一定程度受损。客观而言,目前之所以有很多广大人民群众极为关心的重要案件,结果却大事化小、小事化了,因而不了了之,归根结底就是存在着严重的有法不依、执法不严、违法不究的腐败现象,而一些针对政府或执法、司法、检察、监察部门在处理某些案件过程中出现的违法犯罪等腐败现象的谣言之所以能够广泛传播,广大民众宁信其有而不愿信其无,就在于"权能通天"或"有钱能使鬼推磨"的现象时有发生。因此,加强诚信建设,政府应当首当其冲,而执法、司法、检察、监察等

---

① 《新时代公民道德建设实施纲要》,人民出版社,2019,第15页。

机构的公信力建设更是重中之重。可以说,就当前来说,严格政府行为和言论,严格执法和司法,做到公正执法,远比整日单方面要求民众加强理性培育、树立法律观念、遵守法律制度要重要得多,也更显得刻不容缓。然而,从根本上说,树立政府的公信力,关键在于改革完善政府的机构和职能,改变和改善政府的工作作风,牢固树立起全心全意为人民服务的思想宗旨。目前,我国的改革正处于攻坚阶段,越来越触及一些改革之后新形成、固化的利益集团,特别是少数机构和部门改革政策的制定者、执行者,明显存在着双重标准现象,出现了很多"怪现象",如涉及普通百姓利益的,说改就改了,雷厉风行毫不留情,如福利改革、住房市场化、供暖市场化、医疗市场化,企业改制等,相反,一涉及官员利益,如改革国企领导薪酬、约束国企领导、公款消费、公车福利、吃喝福利、旅游福利等,往往是一改就停,或者改改停停。甚至,政府改革出现四种比较典型的"怪现象"[①]:一是改出一批吃财政饭的闲人,如"巡视员"、"调研员"和"×长助理",即虽然"退居二线",但工资、待遇一分不少;二是少了正式工多了"临时工",没有将政府机构改革过程剥离的职能真正转移给市场和社会,结果造成"临时工"队伍庞大,甚至在特定情况下,"临时工"还成为政府的"挡箭牌";三是以"改革"之名行"涨价"之实,改革成为某些特殊行业服务或产品涨价、"分肥"的机遇;四是明放暗收、小放大收,造成权力更多集中。针对这种怪现象,曹林撰文强调,一定要警惕"改革到官为止"的现象,他强调:"不改自身,只改别人的权贵自肥式改革毫无公信力,既贬损了改革之名,更会使改革埋下巨大的社会危机。改革,本是为了通过改良的手段避免猛烈的社会剧变,而那种'改革到官为止'的假改革,只会让本对改革充满期待的公众失去耐心和信心。"[②]毫无疑问,政府的公信力是

[①]《新华社:机构改革"换汤不换药"的怪像》,《新京报》2013年3月24日第A18版。
[②] 曹林:《警惕"改革到官为止"》,《中国青年报》2012年3月10日第T1版。

由政府确立起来的，政府如何对待自己、如何对待公众，对于普通人民群众来说，是一个很容易辨识和比较的问题。在现代人们的意识中，政府不再是高高在上的绝对权威，相反，更多的是社会的公共管理机构，政府最大的职能是为公众提供公共服务和公共产品，是有效地维护社会秩序，促进社会和谐发展，它不具有自己的特权和特殊利益，而广大民众也逐渐确立起明确的纳税人意识，认为政府征收赋税，有义务为纳税人提供最好的服务。即在现代人的意识中，公民与政府之间的身份是平等的，两者之间存在着的更多的是契约关系，政府的公信力就来自于对相互间契约的遵守和履行。与之相反，如果通过各种形式回避问题，制造假象，只可能危害政府的公信力。习近平总书记在党的二十大报告中再次重申："转变政府职能，优化政府职责体系和组织结构，推进机构、职能、权限、程序、责任法定化，提高行政效率和公信力。"[①]

六、加强商业诚信建设　建构诚信经营体系

社会主义市场经济体系的建立、健全和完善是一个漫长的过程，对于从传统的计划经济向市场经济转型的当代中国来说，尤其如此。然而，不断推进社会主义市场经济体系建设，一个极为重要的方面就是不断加强和改善市场参与主体，完善从生产、分配、交换、消费等各个环节和各个领域里的伦理道德建设。客观而言，加强市场经济各领域里的伦理道德建设，关键在于加强企业伦理与商业诚信建设。所谓商业诚信，就是指市场主体或经营者及市场中介机构，在市场活动中，以诚实信用原则为基本的商业道德标准和根本的行为准则，切实履行国家的法律、法规规定的责任和义务，全面、充分履行与消费者的约定义务，守

---

① 习近平：《高举中国特色社会主义伟大旗帜　为全面建设社会主义现代化国家而团结奋斗——在中国共产党第二十次全国代表大会上的报告》，人民出版社，2022，第41页。

诺践约，反对规避自身义务及各种商业欺诈行为。张鹏指出："诚信概念经过诚信意识到诚信意志最后辩证复归于诚信精神的运动，是诚信概念向诚信理念辩证运动，生成诚信精神的过程，其使诚信精神得以完整地表现出来，从而指导着经济主体的市场经济行为，最后形成有序的市场经济秩序。"[①] 实际上，加强诚信建设是企业能够赢得广大消费者信赖的前提，也是企业能够不断扩大生产经营、提高企业知名度和产品声誉度，从而不断壮大发展的重要基础，更是形成有序的市场经济秩序的前提。

但是，从目前来看，我国的社会主义市场经济体系的建立时间总体并不长，各种法律、法规还不完善，许多领域的改革还有待深化，人们对社会主义市场经济规律的认识和驾驭还远远不够，市场的监管机制还有待进一步健全。在这种客观背景下，商业欺诈现象多有发生，甚至出现泛滥。例如，一些知名企业、百年老店，虽然每每声称通过加强监管，捍卫自身商业信誉，将诚信融入商业经营的各个环节，但在产品、商品质量监管上，实际上往往存在很大的漏洞，造成残次和伪劣商品进入消费者手中，危害消费者权益，甚至给消费者造成财产和生命危险；更有甚者，一些著名企业，胆敢昧着良知，在自己的产品生产中，大量掺假、造假，故意在广告中作虚假宣传，曲意迎合消费者特殊的甚至不正常的消费心理，如在乳制品中掺入三聚氰胺以增加其浓度的"某某奶粉事件"、将瘦肉精添加到猪饲料故意提高瘦肉比量的"某某瘦肉精事件"等，都是典型的商业欺诈，都曾经轰动一时、震惊全国，而近几年来，也有不少典型事件出现，其影响力不亚前者，如"某某酸菜事件"等。许多中小企业，实力还不够强，无法与大型企业，特别是国有企业相抗衡，往往为了赢得市场份额，不惜已经取得的成就与声誉，甘愿从事制造各种"山寨版"产品，利用消费者偏爱知名品牌的心理，在其

---

① 张鹏：《诚信精神：实现中国梦的伦理精神支持》，《兰州学刊》2014年第2期。

不注意的情况下，使之上当被骗，但因为品质还算"可以"，或者商品本身价格不太高，不值得投诉、索赔，许多消费者根本不与这种欺诈较真，反倒助长、纵容了商家的欺诈行为的屡屡发生，甚至愈演愈烈。当前，中国的社会主义市场经济体系不完善的一个典型表现是，在日常完善的市场经营体制外，许多小商小贩从事着依然非常传统的生产经营活动，无论其产品的加工制作，还是产品的销售，都没有严格的规范和标准，随意性太强，流动性太大，给市场监管造成了很多的麻烦，因而他们在生产、销售过程中的制假、造假、缺斤短两现象就时有发生。特别是，由于更为科学、严谨的监管机制、法律法规还不健全、还没出台，许多企业坚守诚信的成本很高，相反，违法的成本较小，因此，自觉加强企业伦理和商业诚信建设的就少，甚至诚信已经成为一种奢望。

实际上，市场经济本质上是诚信经济，自觉加强企业伦理和商业诚信建设，其实质就是自觉担当企业的社会责任，自觉履行与社会消费者之间的契约，而且企业也正是因为对诚信的坚守而赢得广大消费者的信赖，从而塑造自己在消费者心目中的形象，赢得声誉和口碑，进而不断壮大自己的企业。许斌龙指出："由于交换主体是在市场中同时呈现出来的，而不是如传统社会那样通过血缘生育出一个主体生产出另一个主体而形成的，因而，契约规范的形成蕴涵着市场主体的相互尊重的伦理设定和道德原则。"[①] 因此，诚信不仅是现代市场经济的内在基石，是规范和调节市场参与主体行为的外在行为准则，而且是企业自身发展的软实力。充分发挥诚信的作用，不仅能够有效维护市场秩序，规范和协调各市场参与主体的生产、经营行为，而且能够直接为企业的产品打开销路，扩大商品的市场份额，从而降低企业的商业成本，提高市场效益，整体上增强企业的竞争力。客观而言，我国当前的社会主义市场经济建

---

① 许斌龙：《从血缘走向契约——马克思实践观视野下的经济学、伦理学与法学分析》，法律出版社，2009，第120页。

设中的企业伦理和商业诚信建设是一个复杂的系统工程，需要政府、企业、商家、市场中介机构、广大消费者，即市场的监管者、产品的生产者、商品的销售者、消费者等多个市场参与主体共同参与的活动，尤其是其中的监管，除政府不断加强力度外，离不开广大消费者的积极参与。当然，最为重要的是，企业必须顺应时代潮流，充分认识到诚信的作用和价值，自觉加强诚信建设，严格按照国家的法律、法规和行业标准、行业规范从事生产经营活动，不抱有任何侥幸心理，牢固树立"守信光荣，失信可耻"的理念，自觉维护广大消费者的权益，担当社会责任，履行社会义务。特别是，对于我国企业来说，要自觉加强民族品牌建设，维护民族品牌在国际上的声誉，推动中国企业走向世界市场。

然而，值得忧虑的是，一些企业至今仍然没有充分认识到诚信对于企业生存和发展所具有的决定性意义，虽然身陷"诚信门"，但对自身已经出现的诚信问题还不能以正确的、科学的态度来对待和解决，相反，回避问题、含糊问题、肆意辩解、逃避责任或言不由衷、谎话连篇、屡屡重犯等现象不时上演，甚至个别企业不仅不思悔改，而且还兴风作浪，通过一些堂而皇之的借口为自己开脱罪责，达到不可告人的目的，被众多主流媒体称之为"搅屎棍"。亦有一些企业，善于伪装，针对自己出现的问题，又是道歉，又是高调许诺要严重查处，进行危机公关，借以赚取政府管理机构和广大消费者的原谅和理解，但往往对事情大事化小，小事化了，最终不了了之，依然屡屡再犯同样的错误。客观而言，诚信是企业生存的根本，是企业的生命线，没有诚信企业就无法在社会上立足。任何企业一旦出现产品、商品质量问题或价格欺诈现象，受到投诉或指控，就应当本着老老实实的态度客观地对待问题，及时地、科学地按照秩序和规范对自己的产品、服务等各个方面进行全面、彻底的调查，给广大消费者一个合理的说法。要自觉地通过自省、自查不断改进生产、经营过程中存在的问题，消除隐患，避免类似现象的再度发生，及时、科学地维护企业的品牌和声誉，从而达到维护自己的竞争力，不断扩大生产、经营，创造更大社会财富，担当更大社会责任的目的。可以说，目前，加强诚信建设，已经不再是个别企业自身的事情，而是往往涉及整个行业的生存和发展，这就说明我们的社会主义市场经济诚信建设实际上是一个任重而道远的事情。

七、增强民族诚信建设　构建民族命运共同体

当今中国，诚信之所以特别重要，还因为只有以诚信为基石，我们才能营造良好的国内、国际环境，实现国家的统一和民族的团结，为在世界遭遇百年未有之大变局背景下实现中华民族的伟大复兴创造更有利的条件。

首先，必须加强民族间的诚信建设，培育社会主义现代化强国建设的良好国内环境。中华人民共和国是一个伟大的多民族国家，五十六个兄弟民族之间的亲密团结是保障国家稳定、和谐和发展的关键因素。然而，各民族之间，正如人与人之间一样，同样需要诚信，无论是作为主体的汉民族与少数民族之间，还是少数民族彼此之间，都需要以诚信为基础共在共存，共同发展。相反，民族与民族之间，特别是汉民族与少数民族之间，绝不能因为相互的怀疑、猜忌而造成民族间的不和与冲突，甚至因为民族间的矛盾而导致国家的分裂。可以说，在新的历史时期，不断加强民族间的团结与合作，是全面推进社会主义现代化强国建设，实现中华民族伟大复兴的重要措施。因此，加强民族建设，必须以加强民族间的诚信建设为重要内容，促进各个民族之间开展更多领域、更深层次的交流与合作，促进各民族的共同发展，实现中华民族的融合与团结。目前，我们国家各民族团结一致，在中国共产党的领导下，正在进行着复兴中华民族的伟大征程。

其次，必须加强国家与国家、地区与地区之间的诚信建设，为中国特色社会主义事业的顺利推进培育和平、稳定的国际环境。习近平总书记在党的二十大报告中指出："坚持亲诚惠容和与邻为善、以邻为伴周边外交方针，深化同周边国家友好互信和利益融合。"① 因此，加强国际合作与交流，促进世界各地区、各国家、各民族之间的沟通与交流，特别是增强彼此间的互信，是实现人类社会发展的重要途径。当前，整个世界正遭遇百年未有之大变局，各个国家和民族都面临着极为复杂的生存和发展问题，面临着只有戮力同心才能解决的全球性问题，人类已经客观地形成了不可分割的命运共同体。人类命运共同体建设必须以诚信为基石，缺乏诚信，相互猜忌，就难以凝聚起解决当前全球性问题的磅礴力量，就难以轻易走出人类生存和发展的困境。当前，整个世界局势并不和平，由美国和北约挑起的俄乌军事冲突正加速演进，造成整个世界新的分裂与对抗。在这种背景下，诚信建设在国际政治生活中的推进还典型地表现为如何更好地增进各国军队之间的军事互信，以便开展正常的交流与合作，避免军事和战略误判。中国军队始终是维护世界和平的坚定力量，始终一如既往愿意同世界各国加强军事合作、增进军事互信，在参与地区和国际安全事务、维护国际安全方面发挥着积极的作用。

最后，在解决祖国统一大业问题上，尤其在坚持"九二共识"、两岸关系发展道路问题上，诚信意义非常重大。习近平总书记在党的二十大报告中指出："两岸同胞血脉相连，是血浓于水的一家人。我们始终尊重、关爱、造福台湾同胞，继续致力于促进两岸经济文化交流合作，深化两岸各领域融合发展，完善增进台湾同胞福祉的制度和政策，推动两

---

① 习近平：《高举中国特色社会主义伟大旗帜　为全面建设社会主义现代化国家而团结奋斗——在中国共产党第二十次全国代表大会上的报告》，人民出版社，2022，第61页。

岸共同弘扬中华文化，促进两岸同胞心灵契合。"①

总之，诚信，或者彼此"互信"，已经成为我们推进国际政治交往与合作、两岸交流与合作的必要思想基础。我们实行积极的两岸沟通交流政策，并且从两岸同属中华民族一家亲的基础上敦促台湾当局应从诚信原则出发，做利于中华民族团结、造福两岸同胞的事情，不要说一套，做一套，不要走分裂祖国的"台独"之路！

---

① 习近平：《高举中国特色社会主义伟大旗帜　为全面建设社会主义现代化国家而团结奋斗——在中国共产党第二十次全国代表大会上的报告》，人民出版社，2022，第59页。

第五章　孝慈精神

"孝"与"慈"是以儒家思想为核心的中华传统伦理道德思想体系中的两个主要范畴。孝慈思想，特别是孝思想，是儒家伦理道德思想的基础，儒家正是以孝慈思想为核心，全面演绎和构造其思想体系的。全面地梳理和阐释"孝慈"概念的历史渊源，揭示中华传统伦理道德思想体系中孝慈思想的基本特征，结合当代人类文明发展的客观趋势和我国社会主义现代化强国建设的时代要求，全面阐释孝慈精神的现当代意义，充分发挥孝慈精神在塑造新时代中国社会主义伦理道德体系中的作用和意义，对于全面提高整个社会道德水准和全体社会成员的文明素质，完善当前社会道德状况，特别是家庭伦理状况，将具有非常重要的理论意义和现实意义。

第一节　孝慈概念的历史溯源

《诗经》云："无父何怙？无母何恃？……父兮生我，母兮鞠我，拊我畜我，长我育我，顾我复我，出入腹我。"[①]其意思是，没有父亲，我依靠谁？没有母亲，我仰赖谁？父母是人生命的源泉，是自己存在的根。这句诗反映了人幼年仰赖父母，在父母恩慈关怀之下成长、生存的

[①]《诗经·小雅·蓼莪》。

事实。然而,在正常情况下,随着时间的推移,父母毕竟要衰老,而自己毕竟会长大成人,如何赡养父母,使其安度晚年,则成为任何一个人必须积极面对的重要问题。因此,对于任何一个人来说,如果不是遇到特殊情况,都会面临如何养育自己的孩子与如何赡养自己的父母的问题。显然,这两个问题紧密关联,本质上就是是否恩慈与孝敬的问题。"孝",作为中国传统社会重要的伦理规范,是传统道德的根本,自古以来,就有"百善孝为先"的说法。因此,对于"孝"以及"忠孝"和"孝慈"等相关概念,只有追根溯源,才能全面揭示其实质,阐明其内涵的历史演变。

一、"孝"概念溯源

"孝"观念源远流长,始见于西周文献《尚书》和《诗经》。对于甲骨文中是否已经出现过"孝"字,学术界还存在着争议。但是,能够肯定的是,"孝"字已经出现在周初金文中,作"𣘻"、"𣘻"和"𣘻"。相信甲骨文已经出现"孝"字的学者,如左安民,所示范的"孝"类似于金文中的"𣘻"。对此,左安民强调,甲骨文的"孝""像长着长头发的老人",而金文则"上部是面朝左长着长头发的驼背'老人','老人'之下有'子'(小孩),老人的手按着小孩的头,是小孩用头扶持老人行走"[①]。"孝"字在《说文解字》中作"𣘻",释为:"善事父母者。从老省,从子。子承老也。"即"孝"的本义是善于侍奉父母。"孝"实质上是个象形字,其实质就是"子承老",即小孩背负着年老的父母。《尔雅》对"孝"的解释也是:"善事父母曰孝。"由此,"孝"的本义实际上是子女对父母的敬重、承奉、服从或孝顺。《尚书·康诰》云:"元凶大憝,矧惟不孝不友。"这是说,罪大恶极的人,也有些是不孝顺不友爱的。《尚书·酒诰》说:"肇牵车牛,远服贾,用孝养厥父母。"意思

---

① 左安民:《细说汉字——1000个汉字的起源与演变》,九州出版社,2006,第93页。

是说，勉力赶着牛车到远方从事贸易，孝顺赡养父母。不仅如此，《尚书》还提出了如何孝顺父母的方法。例如，《尚书·尧典》："克谐，以孝烝烝。"在此，"烝烝"指美厚的样子，这是说，能够与父母和谐相处，以孝行美德感化他们。《诗经》中有不少诗篇反映了"孝"观念。例如，除上述《蓼莪》外，还有《陟岵》、《鸨羽》、《四牡》、《祈父》、《下武》、《闵予小子》、《葛覃》和《渭阳》等。其中，直接提到"孝"字，亦有不少。例如，《诗经·小雅·下武》云："永言孝思，孝思维则。"意思是说，（周武王）常言孝思而不忘，其行孝可以奉为法则。《诗经·周颂·闵予小子》云："於乎皇考，永世克孝。"所谓"永世克孝"，即能够永久行孝道。《诗经·小雅·六月》云："侯谁在矣，张仲孝友。"所谓"孝友"，即指善事父母、善待兄弟。《诗经》对"孝"观念的认识主要表现为以奉养父母、祭祀先祖为"孝"的基本内容，以"孝"来维护宗法制度，并视"不孝"为大恶，应当施刑不赦。因此，"孝"观念在中国历史上出现较早，对中华民族传统伦理道德思想的发生、发展产生了深远的影响。

当然，把"孝"观念提升到伦理道德思想的核心地位，使之成为影响和支配中华民族普通百姓思想和行为的核心价值观之一的人，则是儒家学派创始人孔子。孔子在《论语》中，对"孝"从多个角度进行了全面的界定和阐释，形成了中华传统伦理道德思想中"孝"观念的主要规定。例如，孔子要求"弟子入则孝，出则悌"[1]，并强调："父在，观其志；父没，观其行；三年无改于父之道，可谓孝矣。"[2] 就究竟如何行"孝"或怎样才能算得上是"孝"，孔子提出了许多规定，如"无违"或"孝顺"、"孝敬"和"孝养"。所谓"无违"即孝顺，孔子解释说："生，

---

[1]《论语·学而》。
[2]《论语·学而》。

事之以礼；死，葬之以礼，祭之以礼。"① 即完全按照礼仪而事事顺从父母，绝不违背其意志。所谓"孝敬"，指时时处处恭恭敬敬地侍奉父母。"孝敬"父母，既可以体现在"无违"上，如"事父母几谏，见志不从，又敬不违，劳而无怨"②，又可以体现在"孝养"上，如孔子说："今之孝者，是谓能养。至于犬马，皆能有养；不敬，何以别乎？"③ 因此，孔子对"孝"基本上作了比较全面的界定，从而把萌芽于殷商西周时期的孝观念逐渐拓展和丰富。孔子弟子有若感叹说：孟子作为儒家思想的重要继承者，进一步强化了孝思想。孟子说："亲丧，固所自尽也。曾子曰：'生，事之以礼；死，葬之以礼，祭之以礼，可谓孝矣。'诸侯之礼，吾未之学也；虽然，吾尝闻之矣：三年之丧，齐疏之服，飦粥之食，自天子达于庶人，三代共之。"④ 在此，"飦"（zhān）与粥均指稀饭，区别是前者稠厚些，后者稀薄些。显然，孟子沿袭的是孔子、曾子提倡的"三年之丧"习俗。在葬礼上，他强调："掩之诚是也，则孝子仁人之掩其亲，亦必有道矣。"⑤ 即在孟子看来，孝子仁人所以厚葬其父母，是有其道理的。孟子还特别强调："谨庠序之教，申之以孝悌之义。"⑥ 即要通过办好各级学校，用孝顺父母敬爱兄长的道德教育学生。总之，在孟子等儒家后学的努力下，"孝"成为中华传统伦理道德思想体系中的核心范畴之一，并通过与"忠"和"悌"等价值观念或规范的结合，广泛地影响了中国传统社会历史的发展。需要指出的是，在儒家思想之外，《管子》丰富了孝慈思想，提出："慈者，父母之高行也；……孝者，子妇之高

---

① 《论语·为政》。
② 《论语·里仁》。
③ 《论语·为政》。
④ 《孟子·滕文公上》。
⑤ 《孟子·滕文公上》。
⑥ 《孟子·梁惠王上》。

行也。"①还强调:"父母者,子妇之所受教也,能慈仁教训而不失理,则子妇孝;……子妇者,亲之所以安也,能孝弟顺亲,则当于亲。……父母暴而无恩,则子妇不亲;……子妇不安亲,则祸忧至。"②在此,《管子》作者强调了父母是否恩慈与子女是否孝顺存在着紧密的因果关系。在此基础上,《管子》指出父母恩慈与子女孝顺本身都像天道一样是普遍的法则:"和子孙、属亲戚,父母之常也,治之以义,终而复始;……爱亲善养,思敬奉教,子妇之常也,以事其亲,终而复始。……父母不失其常,则子孙和顺,亲戚相欢;……子妇不失其常,则长幼理而亲疏和。"③总之,《管子》作者进一步把孝慈观念视为与天道(即"天之常")相近似的普遍性概念,并强调"用常者治,失常者乱"④。总之,无论是儒家还是《管子》作者,都认识到孝慈本身是实现社会和谐稳定的常规。

二、"慈"概念溯源

"慈"字西周金文已经出现,作"䘏"和"㤅"。在《六书通》里的篆体分别作"䘏"、"慈"、"㤅"和"䘏"等。在《说文解字》里作"慈",释为:"爱也。从心,兹声。""慈"释为"爱",但其本义指上对下的爱,即长辈对晚辈或子女持有的宽厚、仁爱的感情和态度。例如,《国语》说:"老其老,慈其幼,长其孤。"⑤即"慈"一般指父母对子女的爱。富有这种爱的父母,即称为慈父或慈母,并进而用于对父母的尊称。例如,《庄子》说:"孝子操药以修慈父。"⑥再如,韩非子说:"慈母之于弱

---

① 《管子·形势解》。
② 《管子·形势解》。
③ 《管子·形势解》。
④ 《管子·形势解》。
⑤ 《国语·吴语》。
⑥ 《庄子·天地》。

子也，务致其福。"①当然，"慈母"也可能指抚育自己成长的庶母或保母。例如，《礼记》说："择与诸母与可者，必求其宽裕、慈惠、温良、恭敬、慎而寡言者，使为子师，其次为慈母，其次为保母，皆居子室。他人无事不往。"②朱熹注曰："慈母，审其欲恶者。"换言之，"慈母"指负责了解幼儿嗜欲的妾，而不是指自己的生母。此外，"慈"也适用于表达兄长对年幼弟妹的爱。例如，《后汉书》上云："其布告天下，令知忠臣、孝子、慈兄、悌弟薄葬送终之义。"③在此，"慈兄"指慈爱之兄。在主要表示父母或长辈对子女或晚辈的爱之外，慈还表达"孝"的意义。例如，《礼记》提出："昧爽而朝，慈以旨甘"及"日入而夕，慈以旨甘"④，即早晚向父母请安，献上好吃的东西以示孝敬。孟子亦在此意义上运用过"慈"字，例如，他强调："虽孝子慈孙，百世不能改也。"⑤在《左传》中，"慈"已经作为一种重要的伦理规范被列为"五教"之一。《左传》记载舜做了尧的臣下后，举拔"八元"，即分别具备忠诚、恭敬、端庄、纯美、通达、慈祥、仁爱、宽和等八种美德的伯奋、仲堪等八人，"使布五教于四方，父义、母慈、兄友、弟共、子孝，内平外成"⑥。所谓"五教"即五种教化，亦称"五典"。

但是，从根本上把"慈"上升为父母、长辈对子女或晚辈的伦理规范是儒家的贡献。《礼记》虽然提出"慈以旨甘"，但"慈"还没有真正成为重要的伦理规范，确切地说，使"慈"思想引起人们的高度重视，源于孔子的提倡。孔子最早明确地阐明了"慈"作为特殊的伦理规范的意义。例如，他提出了"慈孝则忠"的思想。孟子进一步阐释了"慈"

---

① 《韩非子·解老》。
② 《礼记·内则》。
③ 《后汉书》卷一下《光武帝纪第一》下。
④ 《礼记·内则》。
⑤ 《孟子·离娄上》。
⑥ 《左传·文公十八年》。

思想，他列举了齐桓公在葵丘盟会与诸侯们立下的第三条盟约："敬老慈幼，无忘宾旅。"① 在儒家之外，集中反映着秦汉黄老道家思想的《管子》则把"慈"看作父母应有的德性，提出："慈者，父母之高行也。"② 对于"慈"，西汉贾谊则强调："亲爱利子谓之慈……恻隐怜人谓之慈。"③ 也就是说，"慈"实际上不仅以亲爱子女为实质，而且只要能够恻隐怜人，亦是慈的体现。

三、"孝慈"的本义

"孝"与"慈"并举，简称"孝慈"。但是，"孝"与"慈"并举亦有少数时候称"慈孝"。例如，《国语》说："为义好学，慈孝于父母。"④ 不难看出，"慈孝"实际仅仅相当于"孝"字。然而，"孝"与"慈"的并举，其实质在于两者存在着辩证统一的因果关系，即父母的"慈"是激活、孕育子女的"孝"的基础，而子女的"孝"则恰恰是对父母的"慈"的回报。《左传》不仅提出了"五教"之说，而且还把"慈"与"孝"并举，强调："父慈子孝……父慈而教，子孝而箴。"⑤ 而明末清初颜元亦指出："因父子相爱，便教他父慈子孝。"⑥ 与此相反，北齐颜之推则强调："父不慈则子不孝。"⑦ 这是说，父亲的"慈"是培育儿子"孝"的前提。当然，最值得指出的是，孔子阐明了"孝慈"的重要意义，他回答季康子"使民敬忠以劝，如之何"这一问题时说："临之以庄，则敬；孝慈，则忠；举善而教不能，则劝。"⑧ 即只要人能够奉行孝

---

① 《孟子·告子下》。
② 《管子·形势解》。
③ 《新书·道术》。
④ 《国语·吴语》。
⑤ 《左传·昭公二十六年》。
⑥ 《颜元集·存人编·唤迷途》。
⑦ 《颜氏家训·治家》。
⑧ 《论语·为政》。

慈精神，那么，这样的人就会非常忠诚。总之，"孝慈"思想经过孔子、孟子等儒家思想的反复提倡和强化，最终成为中国传统伦理思想中的重要规范。

事实上，"孝慈"思想不仅是中华传统伦理道德思想的一个重要内容，而且也是人类最基本、最淳朴、最持久、最具人性的思想观念。孝慈思想并不仅仅适用于父母与子女之间，而且还具有派生性或普适性。这种派生性或普适性主要有两种表现：一是从亲生父母与子女之间的孝慈关系延伸到、派生到对他人父母的孝顺或对他人子女的慈爱上，从家庭延伸到宗族、社会、国家，成为具有普遍意义的社会关系，因而充满着鲜明的人道主义精神。例如，《孝经》指出："爱亲者，不敢恶于人；敬亲者，不敢慢于人。"[1]即要爱自己父母的人，必须爱所有人的父母，不敢对他人的父母有一点厌恶；要敬自己的父母，必须敬天下所有人的父母，不敢对他人的父母有丝毫的怠慢。这是从尊敬、孝敬自己的父母而推广到尊敬、孝敬天下所有人的父母。这就是强调人们不仅要敬爱自己的父母，而且也应当以同样的情感和态度对待别人的父母。孔子曾强调："弟子入则孝，出则悌，谨而信，泛爱众，而亲仁。"[2]显然，奠基于对自己的父母的孝敬而尊敬、孝敬他人父母，实质上就是孔子所提倡的"泛爱众而亲仁"的具体体现。作为孔子孝道思想的继承者，孟子对之进一步发挥，提出："老吾老，以及人之老；幼吾幼，以及人之幼。"[3]以孔孟孝道思想为主导和实质的中国传统孝慈思想为历代思想家所继承和发扬，其所描绘的家庭伦理关系甚至被视为理想社会中的典型特征。例如，在康有为看来，中国传统孝慈思想所具有的这种特性，实际上具有非常重要的意义，因为它实际上有助于整个社会的安定和谐。

---

[1]《孝经·天子章》。
[2]《论语·学而》。
[3]《孟子·梁惠王上》。

他强调说："父母固人所至亲，子者固人所至爱，然但自亲其亲，自爱其子，而不爱人之亲，不爱人之子，则天下人之贫贱不肖者，老幼矜寡孤独废疾者，皆困苦颠连，失所教养矣。……故公世，人人分其仰事俯畜之物产财力，以为公产，以养老慈幼恤贫医疾，惟用壮者，则人人无复有老病孤贫之忧。俗美种良，进化益上。此父子之公理也。"① 也就是说，在康有为自己所谓的"公世"里，孝慈思想实质上是具有普遍的意义的，是能够从亲生父母与子女之间的关系推广到其他人身上的，而正是这种推广与延伸，恰恰是实现社会安定和谐的前提。二是对父母所喜恶的事物或尊敬的人亦表示喜爱与尊敬。例如，《礼记》就强调了对父母曾经喜爱的事物和尊敬的人也要抱有喜爱和尊敬的态度，而对父母指出："是故父母之所爱亦爱之，父母之所敬亦敬之。至于犬马尽然，而况于人乎！"②《礼记》还强调："父母爱之，嘉而弗忘；父母恶之，惧而无怨。"③ 清代金缨说："父母所欲为者，我继述之；父母所重念者，我亲厚之。"④ 即对父母的喜恶要表示无比的尊重，要自觉地"继述之"、"亲厚之"，而不能有所否认或怠慢。毫无疑问，这种规范实际上把父母的喜恶进行了延伸与推广。然而，父母的喜恶是否具有科学性或合理性，在此是没有深究的。实际上，既不能有深究的想法，也不能有深究的行动，如果去深究，那无疑违反礼节，是对父母的不尊重。

---

① 《礼运注》。
② 《礼记·内则》。
③ 《礼记·祭义》。
④ 《格言联璧·齐家》。

第二节　孝慈思想的基本精神

中华传统伦理思想中的孝慈思想源远流长，特别是在孔子、孟子等儒家思想家的提倡和强化下，更成为全面、彻底、长久地影响中华民族从亿万人的家庭生活到无比广阔的社会生活的重要文化因素，它严格地规范和调节着父母与子女、长辈与晚辈甚至君臣、邻里、朋友等各方面的关系，因此，对中华民族的思想和行为、道德人格和国民个性产生了深远的影响。全面地阐释中华传统伦理思想中的孝慈思想，深刻揭示其基本特征，是正确认识传统孝慈思想的科学性、问题与矛盾以及时代局限性的前提，也是结合我国社会伦理道德思想发展和建设的实际，全面改造和提升孝慈思想，阐释其当代价值和意义的前提。

孝慈是中华传统伦理道德的重要基石，是数千年来中国社会维系家庭关系的重要道德准则，是中华民族优秀的传统美德。概括说来，中华传统孝慈思想主要具有以下基本特征。

一、百善之首　孝为纲纪

任何民族的伦理道德思想体系都倡导着一系列的美德，这些美德共同塑造着本民族理想的伦理道德世界，在其中，也都设置着最基本、最首要的美德，使其作为其他美德的基础和前提。在以儒家伦理道德思想为主导、为核心的中华传统伦理道德思想体系中，孝被奉为百善之首、百行之首，被视为整个伦理道德生活的纲纪。

儒家充分认识到孝在人的道德修养方面的引领和范导作用，因而高度推崇孝的价值和意义。孔子为中华民族所树立的最高道德理想人格为圣人。就圣人之所以为圣人，孔子虽然没有明确的论述，但实际上对圣人作了多方面的规定。针对孔子的"圣人"理想，蔡元培强调："圣人之道德，自其德之方面言之曰仁，自其行之方面言之曰孝，自其方法之方面言之曰忠恕。"① 即"仁"是圣人的内在道德品质或规定性，"孝"则是展现圣人道德品质，也即"仁"的外在行为，而"忠恕"则是圣人根本的思想方法。张岱年强调："'圣'是一个虚悬的理想，'仁'则是一个比较具体的道德境界。"② 因此，孔子眼中的圣人是通过"孝"来实现和外化其内在的道德品质——"仁"的。就其所以如此，蔡元培分析说："人之令德为仁，仁之基本为爱，爱之源泉，在亲子之间，而尤以爱亲之情之发于孩提者为最早。故孔子以孝统摄诸行。"③ 孔子以"孝"来统率所有的伦理行为或规范，其实质就是规定"孝"与"仁"和"礼"伦理规范之间的关系，确立"孝"为一切伦理道德的纲纪。实际上，"孝"不仅是具体地外化"仁"的行为，而且是具有特殊意义的行为，其模式化、固定化就是所谓的"礼"。孔子以"孝"统率"诸行"，即所有的伦理规范，是认识到只有"孝"具有奠基意义，使人能够由对自己的父母所产生的"孝敬"和"孝顺"推广、适用于其他人身上。因此，孔子强调："弟子入则孝，出则悌，谨而信，泛爱众而亲仁。"④ 显然，这是从一个人在家行孝而推广出去因而达到对其他所有人都施予爱心的现象。

中华传统伦理道德思想中的孝慈思想典型地与忠君思想形成了内在的统一，政治统治领域里的"忠"观念实际上是从在家庭内部对父母的"孝"观念派生出来的。对此，任继愈先生解释说："'国'与'家'的关系协调得好，则天下治，反之则乱。保证实现国家、君主有效统治的

---

① 蔡元培：《中国伦理学史》（外一种），商务印书馆，2010，第14页。
② 张岱年：《中国伦理思想发展规律的初步研究 中国伦理思想研究》，中华书局，2018，第251页。
③ 蔡元培：《中国伦理学史》（外一种），商务印书馆，2010，第15页。
④ 《论语·学而》。

最高原则是'忠'；巩固基层社会秩序，增加乡党邻里和睦，父子孝慈的最高原则是'孝'。……中国古代社会最基本细胞是家庭，因而，忠孝二者相较，孝比忠更基本。"①因此，"移孝为忠"就成为中华传统孝慈思想的重要特征。在孔子看来，忠不过是孝在不同领域里的逻辑延伸和体现。孔子在《孝经》中强调："夫孝，始于事亲，中于事君，终于立身。"②孔子还强调："夫孝，天之经也，地之义也，民之行也。"③即"孝"成为天经地义的最高伦理规范。因此，当"孝"扩展到面临君臣关系时，自然就从"孝"演变为"忠"，"忠"与"孝"两者是一致的。在《论语》中，孔子弟子有若强调："其为人也孝弟，而好犯上者，鲜矣，不好犯上，而好作乱者，未之有也。"④即在有若看来，"孝悌"是忠君、消除犯上作乱、维持社会风气、实现社会和谐稳定的重要思想条件。正是因为"孝"所具有的这种特殊作用，因此，孟子把天下、国家的安定溯源于家庭和个人，强调："天下之本在国，国之本在家，家之本在身。"⑤所谓"家之本在身"，其实质就是在于能够身体力行"孝道"的子女。因此，数千年来，中华民族一直坚信，只要家庭内部父慈子孝，就可以此为基础而培育和营造整个社会、国家的安定和谐，而运用孝慈思想的宗旨来施行政治统治，实现安邦治国的政治理想，就是以儒家孝慈思想或忠君思想为宗旨的历代统治者一贯的做法和信念。

中国传统执政理念对儒家孝慈思想的贯彻典型地体现为统治者提出了"慈民"及教民以孝执政观念。一方面，封建君王强调"慈民"理念。如前所述，东汉贾谊的《新书》阐发了"慈民"的执政理念："慈民之道，不过于爱其子，故不肖者之爱其子，不可以慈民；居官之道，

---

① 任继愈：《竹影集——任继愈自选集》，新世界出版社，2002，第148-149页。
② 《孝经·开宗明义章》。
③ 《孝经·三才章》。
④ 《论语·学而》。
⑤ 《孟子·离娄上》。

不过于居家，故不肖者之于家也，不可以居官。夫道者，行之于父，则行之于君矣；行之于兄，则行之于长矣；行之于弟，则行之于下矣；行之于身，则行之于友矣；行之于子，则行之于民矣；行之于家，则行之于官矣。故士则未仕而能以试矣。圣王选举也，以为表也，问之，然后知其言；谋焉，然后知其极；任之以事，然后知其信。故古圣王、君子不素距人，以此为明察也。"①再如，南北朝贺琛说："臣闻'慈父不爱无益之子，明君不畜无益之臣'。"②另一方面，封建君王提出教民"莫善于孝"观念，强调"孝"在教化民众中的作用。《孝经》强调："教民亲爱，莫善于孝。教民礼顺，莫善于悌。移风易俗，莫善于乐。安上治民，莫善于礼。"③《孝经》还说："君子之教以孝也，非家至而日见也。教以孝，所以敬天下之为人父者也。教以悌，所以敬天下之为人兄者也。教以臣，所以敬天下之为人君者也。"④即对于统治阶级来说，要想实现臣下与民众对自己的绝对服从，最好的做法就是用孝道来教育他们，使他们自觉地像孝敬、孝顺自己的父母那样，绝对无私地、忠诚地尊敬和臣服于自己。这种以孝道为宗旨的执政理念典型地体现于《孝经》之中。《孝经》甚至提出非常明确的理念，即："昔者明王之以孝治天下也。"⑤《孝经》对贤明君主以孝治天下所能够实现的理想状态作过多次描述。例如，孔子说："先王有至德要道，以顺天下，民用和睦，上下无怨。"⑥即在孔子看来，先王有最好的仁义策略能够实现天下和顺，老百姓实现和睦相处，整个社会各阶层之间或尊卑长幼之间没有怨恨、怨言，呈现一片祥和。再如，《孝经》还指出："是以天下和平，灾害不生，祸乱不

---

① 《新书·大政下》。
② 《梁书》卷三十八《贺琛传》。
③ 《孝经·广要道章》。
④ 《孝经·广至德章》。
⑤ 《孝经·孝治章》。
⑥ 《孝经·开宗明义章》。

作。故明王之以孝治天下也如此。诗云：'有觉德行，四国顺之。'"① 即只要贤明的君主能够以孝治天下，就能够达到天下太平、没有天灾人祸而万国欢心、万民归顺的效果。因此，在中国传统孝慈思想中，正如孔子一样，统治者看到了孝道对实现国家治理、维持社会稳定和谐、移风易俗的重要作用。可以说，借助原本适用于家庭伦理的孝慈思想来管理国家和社会，从而达到天下太平、百官臣服、万民敬仰、国泰民安的理想政治局面，实在是历代君王的最高向往。正是如此，孔子强调："君子之事亲孝，故忠可移于君；事兄悌，故顺可移于长；居家理，故治可移于官。"② 无疑，能否"以孝治天下"，实际上就成为衡量一个君王是否为"明王"，即贤明的统治者的标准。

二、孝慈相辅　大爱无疆

正如父母与子女是相对待、相制约的概念一样，"孝"与"慈"是关系中的概念，既不可脱离父母子女关系而存在，也是两个相互奠基的美德范畴。显然，"孝"是从子女的角度对父母的敬爱、赡养与孝顺，而"慈"则是从父母的角度对子女的疼爱、关怀和呵护，在父母与子女的关系上，"慈"与"孝"实际上就是彼此各自的德性规定，是各自需要遵守的道德规范和需要履行的道德义务。因此，无论是父母还是子女，都不能毫无理由地拒绝遵守自己应当遵守的道德规范，拒绝履行自己应当履行的道德义务。换言之，父母或子女都不能否定自己之所以为父母或者之所以为子女的内在规定性。因此，在中华传统孝慈思想中，"孝"与"慈"彼此制约、相辅相成，这种内在关联性使两者具有双向互动性的特征，即"孝"离不开"慈"，"慈"离不开"孝"。但是，因为真正意义上的孝慈源自血缘亲情，超越名利，具有纯粹性，都体现为

---

① 《孝经·孝治章》。
② 《孝经·广扬名章》。

无私的大爱。

客观而言，孔子深刻地认识到，单方面强调子女对父母尽孝，即单方面要求子女履行自己的道德义务，而不对父母有所要求，无疑是不公平的，"慈"从根本上来说就是对父母的德性规定性，是父母在子女还幼小因而不能自立时必须履行的道德义务。特别是，"孝"与"慈"这种相辅相成性、相互制约性还典型地体现在只有"父慈"才能产生"子孝"，因为毕竟是父母在先，而子女在后。北齐颜之推说："父不慈则子不孝；兄不友则弟不恭；夫不义则妇不顺矣。"[①]即如果做父亲的不慈爱，那么做子女就不会孝顺。父母是子女的首任教师，是子女学习社会伦理道德规范的榜样，父母的慈爱能够催生子女的孝心。但从总体上而言，中国传统孝慈思想要求于子女的多，要求于父母的少，因而存在严重"抹杀"子女独立人格的不良倾向。

当然，中国古代思想家们也认识到过分的慈爱恰恰是溺爱，结果反倒害了孩子，为了纠正过分的慈爱导致的溺爱，必须辩证地看待慈爱与严教的关系。例如，韩非子就认识到这个问题，他说："夫严家无悍虏，而慈母有败子。"[②]西汉贾谊则指出："亲爱利子谓之慈，反慈为嚚。"[③]所谓"嚚"（yín），其义为愚昧。即如果父母的爱不是有助于子女的成长，这种爱实质上就是愚昧的做法。过分的慈爱之所以演变成了愚昧最终造就出"败子"，在北宋司马光看来，就是因为"知爱而不知教"。他指出："为人母者，不患不慈，患于知爱而不知教也。古人有言曰：'慈母败子。'爱而不教，使沦于不肖，陷于大恶，入于刑辟，归于乱亡。非他人败之也，母败之也。"[④]他所揭示的这种深刻道理，做父母的从心理情感上似乎很难接受，然而却抓住了问题的实质。南宋朱熹记载，北宋

---

① 《颜氏家训·治家》。
② 《韩非子·显学》。
③ 《新书·道术》。
④ 《温公家范》卷三。

吕公著曾说："人生内无贤父兄，外无严师友，而能有成者少矣。"① 因此，在家有慈爱、贤良的父母及兄长加以教导，在外有严师友相学习和交游，那么，这是很幸福的事。所以，"父母德高，子女良教"②。即品德高尚和慈爱的父母，实际上就是子女最好的教师，能够给予他们以最好的教育。因此，中国人并非一味地钟情于慈爱，无限地放大慈爱，盲目推崇慈爱而忽视了慈爱可能产生的弊端；相反，要求父母对子女不仅要知道爱，还要知道教育。对于严能够教导出好子女的问题，历来多有认同，例如，清末民初胡君复强调："严父出好子。"③对于严父的"严"，中国人向来视为严肃的事。北齐颜之推："父子之严，不可以狎；骨肉之爱，不可以简。"④相反，如果不严，势必出现"败子"，结果还必然有侮于父母，如所谓"孤犊触乳，骄子骂母"⑤。当然，在对"慈"与"严"在教育子女时所起的实际作用的认识上，终于达到了对两者辩证统一的认识。例如，颜之推指出："父母威严而有慈，则子女畏慎而生孝矣。吾见世间无教而有爱，每不能然。"⑥即在颜之推看来，作为父母，威严与慈爱应当是并举的、相辅相成的，不能偏废任何一个方面，两者的结合才是培养孝子的条件，如果单纯施予慈爱而不教育子女，根本不可能造就出孝子来。父母的严，应当主要体现在自身的言传身教上，而不是单纯的说教上。《管子》强调："为人父者慈惠以教，为人子者孝悌以肃。"⑦父母教育子女，显然是出于慈惠爱心，但是所要达到的效果恰恰是使子女具有孝悌之心，使其端庄、严肃、成熟。然而，如果作为父

---

① 《三朝名臣言行录·丞相申国吕正献公》。
② 《格言对联》。
③ 《古今联语汇选》。
④ 《颜氏家训·教子》。
⑤ 《后汉书》卷一百六《仇览传》，李贤注引谢承《后汉书》。
⑥ 《颜氏家训·教子》。
⑦ 《管子·五辅》。

母的不能明白这样的道理，只可能导致子女教育的失败。因此，《管子》还强调："为人父而不明父子之义以教其子而整齐之，则子不知为人子之道以事其父矣。故曰：'父不父，则子不子'。"① 显然，"父不父"是造成"子不子"的根本原因。南宋朱熹还特别强调父母对子女的教育必须自己始终保持态度端正、和顺，坚持正道而不发怒。他说："教子者，本为爱其子也。继之以怒，则反伤其子矣。父既伤其子，子之心又责其父曰：'夫子教我以正道，而夫子之身未必自行正道。'则是子又伤其父也。"② 因此，父母教育子女必须态度端正、坚持正道，不能因为琐碎的事情而轻易发怒，实际上违背正道，最终造成父母与子女之间彼此指责和伤害。在以正道教育子女问题上，中国人比较看重的是言传身教。清末曾国藩强调："以身垂范而教子侄，不在诲言之谆谆也。"③

中华传统孝慈思想深刻地反映了父母与子女之间最自然而纯朴的情感和热爱，而这种情感和热爱本身是没有止境和限度的，因而具有无限性，是需要一生来表达和落实的。中国人经常说"大爱无疆"，一般来表达父母对子女的爱没有止境。实际上，孝也是如此，也反映了子女对父母的爱没有最高限度。

在中国人看来，侍奉父母、养老送终是子女需要终身尽心竭力承担的根本义务，即只要自身存在或活着，子女就必须自觉担当起这一重任。《礼记》记载了曾子对孝子养老的认识，他指出："孝子之养老也，乐其心，不违其志，乐其耳目，安其寝处，以其饮食忠养之，孝子之身终。终身也者，非终父母之身，终其身也。"④ 在此，曾子不仅强调养老要注意"乐其心"、"不违其志"、"乐其耳目"和"安其寝"等事项，而且还强调孝子行孝、养老必须"终其身"，并特别强调所谓"终其身"是

---

① 《管子·形势解》。
② 《四书章句集注·孟子·离娄章句上》。
③ 《致澄弟温弟沅弟季弟》（咸丰五年三月二十六日巳刻）。
④ 《礼记·内则》。

指孝子要一生都要持有行孝之心。明末清初颜元亦强调:"子孝,不惟衣食奉养,还要和敬并尽,朔望节令行参拜礼文,没后还有许多丧祭道理。"①这说明,子女对父母的孝敬和赡养实际上涵盖很多方面,是贯穿父母的生前死后的。孔子对子女是否孝顺自己的父母有一个判断标准。他说:"父在,观其志;父没,观其行;三年无改于父之道,可谓孝矣。"②孔子的弟子子夏强调,如果"事父母,能竭其力",那么,能如此者,"虽曰未学,吾必谓之学矣"③。所谓"竭其力",实质上是指子女对父母的孝敬、侍奉应当是尽心竭力的,不能有丝毫的怠慢。尤其值得强调的是,中国古代人认识到,对父母的孝敬,不得等到父母生病之后,亲自服侍才算得孝,因为如果父母生病了,实际上已经表明自己行孝不够周到。例如,庄子说:"孝子操药以修慈父。"④在此,"修"借为羞,意思是说,孝子虽然用药服侍父亲,但圣人对此感到羞愧。因此,孝子必须尽早行孝、养老。对父母的终身行孝还典型地体现为要始终守护在父母身边,因此,"父母在,不远游"就是中国古人恪守的重要原则。唐朝王建有诗云:"一间茅屋何所直,父母之乡去不得。"⑤显然,一间破旧的茅屋根本值不了多少钱,真正使人挂念和留恋的恰恰是父母生我养我的地方。这其中就鲜明地体现着对父母的爱戴与留恋,体现着只要父母活在世上就是要竭尽生命孝敬父母的强烈愿望。

父母对子女的慈爱不仅是无私的,而且也是博大恢宏的,具有无限性。这种无限性首先表现在父母对子女的呵护和关怀是伴随子女的整个成长过程的,涵盖子女成长的各个方面。例如,西汉韩婴强调:"夫为人父者,必怀慈仁之爱,以畜养其子。抚循饮食,以全其身。及其有

---

① 《颜元集·存人编·唤迷途》。
② 《论语·学而》。
③ 《论语·学而》。
④ 《庄子·天地》。
⑤ 《王建诗集》卷二《乐府·水夫谣》。

识也,必严居正言,以先导之。及其束发也,授明师以成其技。十九见志,请宾冠之,足以成其德。血脉澄静,娉内以定之,信承亲授,无有所疑。冠子不骂,髦子不笞,听其微谏,无令忧之。此为人父之道也。"① 明末清初颜元亦强调:"父慈,不但幼时怀抱养育,大时还教他仁义,管他干正事。"② 即在子女整个成长过程中,无论是身体生长发育上、知识和德行修养上,还是成家立业、婚姻大事上,无不要认真地关爱和教导,而这就是所谓的"怀慈仁之爱,以畜养其子"。中国父母对自己子女的关心、呵护或挂念、操心,实际上是伴随终身的。例如,汉代刘安说:"老母一百岁,常念八十儿。"③ 又说:"尊前慈母在,浪子不觉寒。"④ 即有慈母还健在,漂泊在外的浪子也不觉得凄凉。父母的慈爱博大恢宏,但父母对自己施予子女的慈爱不是图回报的,这也使中国人坚信父母的恩情是永远报答不完的。慈爱是无私的,品德高尚的父母根本上不图回报。正如施恩不图报一样,中华民族形成了父母虽施予自己的子女以慈爱,但从来不图回报。例如,西汉刘安说:"慈父之爱子,非为报也。"⑤ 即父亲爱自己的孩子,不是为了要他们报答。自己的父母不希望子女对自己的慈爱有所回报,说明这种慈爱典型地是无私的。但是,作为子女,对自己父母的慈爱是需要自觉去报答的,并且认为永远也报答不完。例如,唐朝孟郊的《游子吟》云:"慈母手中线,游子身上衣。临行密密缝,意恐迟迟归。谁言寸草心,报得三春晖!"汉代刘安亦指出:"十月胎恩重,三生报答轻。"⑥ 即母亲怀胎十月方生育下我,这种生育之恩,纵使活三次也报答不完。显然,这些思想都体现了中国

---

① 《韩诗外传》卷七。
② 《颜元集·存人编·唤迷途》。
③ 《劝孝歌》。
④ 《劝孝歌》。
⑤ 《淮南子·缪称训》。
⑥ 《劝孝歌》。

人对父母慈爱或恩情的高度敬仰与尊重，以及由此而激发出来的对父母的感恩之心与这种态度支配下的忠诚孝顺。

尽管孝与慈本身都是无私的、无限性的大爱，但中华传统伦理道德非常注重父母的慈爱对所有的子女来说应当具有对等性、均衡性，反对慈爱出现偏爱现象。父母的偏爱俗称"偏心眼"，即父母或一方，对子女中的个别人，给予过分的关心、呵护，而对其他子女则关心不足。这种偏爱或"偏心眼"，如果夹杂了功利之心，是导致家庭不和或兄弟姊妹不团结的重要因素之一，因此也是导致各种家庭纠纷，最终使家庭走向分裂，父母与子女、兄弟姊妹反目成仇的导火索。明朝王栋强调："为人父，止于慈，不当因其子之贤愚而异爱。"①明朝姚舜牧亦强调："贤不肖皆吾子，为父母者切不可毫发偏爱，偏爱日久，兄弟间不觉怨愤之积，往往一待亲殁而争讼因之。"②即对于自己的子女要一视同仁，不能有丝毫的偏爱，因为偏爱只可能导致兄弟之间积下怨愤，而这正是在父母一旦去世而产生矛盾，甚至打官司的根源。相反，对自己的子女只能坚持对等均衡的慈爱，不能有所偏爱。总之，中国传统慈爱思想还是注意慈爱作为无私的大爱与偏爱之间的关系，强调要避免因偏爱可能引起的家庭矛盾。

三、孝敬一体　超越名利

中华传统孝慈思想不仅重视孝慈的行为，而且重视孝慈的情感态度。这尤其体现在对父母长辈行孝过程中要始终保持敬的态度，要注意敬顺、孝顺，使父母在人格上得到尊重，在心理上得到愉悦，从而真正地使父母享受到家庭的温暖和幸福。

孔子非常强调"敬"在行孝中的必要性。《论语》载子游问孝，孔

---

① 《明儒学案》卷三十二《泰州学案·诚意问答》。
② 《药言·三章》。

子回答说:"今之孝者,是谓能养。至于犬马,皆能有养;不敬,何以别乎?"①在孔子看来,如果仅仅赡养父母,这与豢养犬马实际上并没有任何区别,即都是"能养",只不过是保障肉体生命的存活与延续而已,谈不上孝,而真正的孝,恰恰在于敬。把"敬"视为孝的根本,从而认为只有内在地持有"恭敬"之心的孝,才是真正意义上的孝,才是有意义的孝。这说明,真正的孝是内在地蕴涵着"敬"这一根本的态度在内的养育父母的社会行为,而不是单纯的自然生理意义上的养活。也正是因为如此,对于中国人来说,"孝"与"敬"是内在地统一的,"孝"永远不能失去"敬",只有两者结合成"孝敬","孝"才真正是完整的、充实的。可以说,这是中华传统孝思想首要的、典型的特征,而这也正是儒家孝思想的根本精神。《孝经》强调:"孝子之事亲也,居则致其敬,养则致其乐,病则致其忧,丧则致其哀,祭则致其严。五者备矣,然后能事亲。"②在此,《孝经》从"居"、"养"、"病"、"丧"和"祭"五个方面或问题上,规定了孝的应有态度,即在平常居家过日子之中,对父母要始终体现着恭敬之心,在赡养父母问题上,要使其心情愉悦,在父母生病身体不适时,要整个身心地陷于忧虑,父母去世时要表现最大的悲哀,祭祀时要表现出更大的严肃;只有这五者都做到了,才能算得上能够侍奉或孝顺父母。换言之,孝是一个全方位、立体式、贯彻始终的事,而不是单纯某个方面做得比较完美。为了能够做到上述五者,《孝经》还特别强调了孝子之孝,必须因自己良好的品德保证使父母愉悦,而不是给父母带来忧虑和苦恼,甚至灾难,指出:"事亲者,居上不骄,为下不乱,在丑不争。居上而骄则亡,为下而乱则刑,在丑而争则兵。三者不除,虽日用三牲之养,犹为不孝也。"③即只有居上不骄因

---

① 《论语·为政》。
② 《孝经·纪孝行章》。
③ 《孝经·纪孝行章》。

而不会招致杀身之祸，居下不捣乱因而不会遭受刑罚，在同事间不争强好胜因而不会导致大动干戈，才能保证父母心情愉悦，即不为自己所操心、费心。所以，在《孝经》看来，如果不能消除因亡、受刑或兵乱这样三种情况，那么，虽然每天用山珍海味供养父母，也仍然是个不孝之子。当然，孝的五个方面的规定性是内在的，而不是做给别人看的行孝的样子。例如，西汉桓宽引丞相史指出："孝在于质实，不在于饰貌。"①因此，孝子行孝，完全出于内心的孝心，出于对自己的父母的深爱。所以，《礼记》强调："孝子之有深爱者必有和气，有和气者必有愉色，有愉色者必有婉容。"②即孝子身上所体现出来的温和之气、愉悦之色和恭顺的容貌完全生发于内心对父母的深爱，而不是虚伪的做作。

当然，中国人还深刻地认识到，对父母的孝顺与尊敬，并不意味着必须绝对服从父母的意志和命令。由于"父慈"是产生"子孝"的逻辑前提，因此父母是否慈爱，是否以端正的态度对待自己的子女，就决定着自己的子女究竟是否会恭恭敬敬地听从父母的意志和命令。《孝经》中记载有曾子与孔子针对是否应当遵从父命的对话。曾子说："若夫慈爱、恭敬、安亲、扬名，则闻命矣。敢问子从父之令，可谓孝乎？"孔子回答说："是何言与，是何言与！昔者，天子有争臣七人，虽无道，不失其天下；诸侯有争臣五人，虽无道，不失其国；大夫有争臣三人，虽无道，不失其家；士有争友，则身不离于令名；父有争子，则身不陷于不义。故当不义，则子不可以不争于父；臣不可以不争于君；故当不义则争之。从父之令，又焉得为孝乎！"③在此，"争臣"指为政事直言诤辩的朝臣，是光明正大的人。显然，在孔子看来，对于父亲的命令并非都要绝对地服从，因为纵使天子、诸侯、大夫等，实际上都有无道

---

① 《盐铁论·孝养》。
② 《礼记·祭义》。
③ 《孝经·谏诤章》。

之时，但如果他们身边能够有直言诤辩的人，那么，他们也不至于亡天下、亡国、亡家；而一般的士人，如果接受诤友之谏，那么，也不会出现身败名裂的现象。孔子所强调的是，父亲亦有违反礼仪规范因而陷入不义或者沦落受人欺侮的可能，在这种情形下，就需要有能够力争劝谏父亲的儿子，这正如身为人臣敢于死谏一样，要敢于直言劝谏，只有这样，而不是盲从父亲的命令而违反道义、礼仪，才算得上真正的孝顺。因此，对父母的孝顺实际上并不意味着对父母要绝对地顺从。

尤其是中华传统孝慈思想，特别是孝思想，所强调的行孝是突破纯粹的物质、名利的。这实际上包括两个方面：一是子女不能过分看重物质利益，轻薄自己的父母，即对物质利益或财富的追逐远远胜于对自己父母的孝敬。明末清初朱伯庐指出："重资财，薄父母，不成人子。"① 二是也不能过分地通过物质财富或厚葬等表达自己的孝心。例如，"以厚葬为奉终，以高坟为行孝，遂使衣衾棺椁，极雕刻之华，灵輀冥器，穷金玉之饰。富者越法度以相尚，贫者破资产而不逮，徒伤教义，无益泉壤，为害既深，宜为惩革。"② 在此，"泉壤"意为黄泉地下，指埋在地下的死人。以"厚葬"和"高坟"来"奉终"和"行孝"，实际上只可能造成攀比和浪费，进而使富人突破礼节，使贫穷人家破产，因此只有十分严重的危害。显然，这与中华民族所倡导的勤劳俭朴的生活作风不一致。与父母死后进行厚葬、建造高坟相比，中国人实际上更看重在父母生前好好孝敬他们，避免一旦想起来行孝时，为时已晚，后悔莫及。所以，注重内容而不是形式，是行孝的关键，也是中国人经过数千年的伦理实践而形成的重要观念。

---

① 《朱子治家格言》。
② 《贞观政要》卷六《俭约第十八》。

第三节 孝慈精神的现代阐释

孝慈文化是中国传统伦理道德思想的重要构成，是规范和调节家庭成员关系的重要规范，并且因为中国以血缘为主而派生的家庭宗族文化在各个社会生活领域里的渗透，因而也实际地对中国传统社会政治、经济、文化、交际等各个方面产生了广泛而深远的影响。因此，孝慈思想所营造出来的文化精神深刻而鲜明地彰显于中华民族的文化心理和道德品质上。但是，中华传统孝慈思想本身"滋生"于中国传统宗法等级制度，它以父母与子女或长辈与晚辈之间的人格"不平等"为典型特征，对中华民族独立人格的培育同样产生了"极为消极"的影响。自近代以来，随着西方近代文明的渗入和逐渐传播，自由、平等、民主等科学价值观念为中国人所向往和推崇，因此掀起了以五四新文化运动为代表的反对中国传统宗法等级制度的思想浪潮。其中，声讨中国传统以不平等和片面服从为典型特征的"君要臣死臣不得不死，父叫子亡子不得不亡"传统忠孝观，就是其中最主要的内容之一。如上所述，中国传统忠孝观本质上是孝慈观念的延伸和转化，两者的实质是一致的。随着中国传统封建社会的没落和衰亡，人们认识到传统孝慈文化已经落后于时代的发展，已经成为"阻碍"社会进步、妨害中国传统社会向现代社会转变的精神枷锁。任继愈强调："结合中国古代的社会历史特点来看，宗法制度、等级制度、维护宗教制度的孝的伦理规范（纲常名教、片面服从关系），奴隶制到封建制虽有所损益，但基本精神差别不大。历代封建统治阶级所尊奉孔子的，不外是纲常名教，忠君孝亲的教条。"①五四新文化运动以来，传统的孝慈思想一直成为学者们批判的对象。改革开放之后，我国的思想文化重新恢复了活力，但国外多种思想观念、价值观念涌现进来，使整个社会出现了一定程度上的思想混乱，对整个社会发展和经济建设产生了某种程度上的消极影响。为了适应国家经济社会发展，保障社会主义社会现代化建设正常、健康和有序发展，党和国家提出了物质文明和精神文明"两手都要抓，两手都要硬"的思想方针，要求进一步加强社会主义精神文明建设。在此过程中，人们普遍认识到，加强社会主义精神文明建设，一个主要的任务就是批判、继承和弘扬中国传统孝慈思想，弘扬优秀、健康的孝慈精神，全面塑造和谐的家庭成员关系。《新时代公民道德建设实施纲要》在家庭伦理道德建设方面对于父母和子女都提出了要求："通过多种方式，引导广大家庭重言传、重身教，教知识、育品德，以身作则、耳濡目染，用正确道德观念塑造孩子美好心灵；自觉传承中华孝道，感念父母养育之恩、感念长辈关爱之情，养成孝敬父母、尊敬长辈的良好品质。"②当前，以推进社会主义公民道德建设为契机，科学地阐释孝慈精神的现代意义，充分发挥其塑造和谐家庭关系、营造和谐氛围、促进整个社会人与人协调发展的重要作用，则显得更加迫切，更加具有现实意义。

客观而言，全面阐释孝慈精神，实现其现代化转化，归根结底就是以现代社会自由、平等、民主、公正等现代价值理念为思想基础，科学地诠释父母与子女、长辈与晚辈之间应当塑造和确立起来的彼此关系。换言之，现代孝慈精神，必须是体现着父母与子女、长辈与晚辈彼此间自由、平等的精神，而且是在各种具体家庭事务的决策和解决上体现着

---

① 任继愈：《孔子的贡献与被后代的尊奉》，载《天人之际——任继愈学术思想精粹》，人民日报出版社，2010，第56页。
② 《新时代公民道德建设实施纲要》，人民出版社，2019，第11页。

民主和公正等价值理念的精神。因此，具体说来，现代孝慈精神应当具有以下基本特征。

一、融入代际精神自由

人不仅是物质的、肉体的存在，而且是精神的、心灵的存在，而作为精神的、心灵的存在，人的存在的根本特性在于人的精神自由、心灵自由。众所周知，马克思曾经强调：“自由自觉的活动恰恰就是人的类的特性。”[①]因此，人是否拥有精神自由、心灵自由，恰恰意味着人是否彻底地作为人而存在。这一简单的道理也鲜明地体现在同样作为人而存在的父母与子女身上，立足新时代推进孝慈精神的创造性转化和创新性发展，就必须在其中融入代际精神自由、心灵自由的因素。

毫无疑问，无论是父母还是子女，本质上都是人，因而既有自身的物质存在、肉体存在，也有自身的精神存在、心灵存在，而且更根本地说，也只有当各个人拥有自身的精神存在、心灵存在时，父母或子女才真正地拥有自身的独立存在。精神存在或心灵存在的真正表现为精神或心灵上的自由。精神或心灵上的自由意味着人的精神、心灵不受制于任何外在的力量。一般而言，能够对人的精神、心灵产生影响，因而束缚、钳制精神、心灵进行自由驰骋的外在力量，不仅包括他人的思想、观念、意志、命令或权势，也包括传统的经验、习惯、风俗、思维定势等非理性的因素。但是，无论这种外在的力量来自哪里，它们都会造成人的精神的不自由。就父母与子女的关系来说，子女的肉体存在显然来自于父母，但这种生物学意义、血缘关系意义上的父母－子女关系显然不能成为父母与子女在精神生活、心灵生活上彼此钳制或束缚的必然理由。在中国传统孝慈观念中，"遵父母之命"或"父母之命不敢违"成为子女孝顺的典范，然而其实质就是取消和抹杀了子女的精神自由、心

[①] 马克思：《1844年经济学哲学手稿》，刘丕坤译，人民出版社，1979，第50页。

灵自由。换言之，这等于抹杀了子女独立的精神存在，子女在精神生活上成为父母的附庸。众所周知，孔子在《孝经》中告诫曾子说："身体发肤，受之父母，不敢毁伤，孝之始也。"① 在此，孔子把子女的肉体存在视为父母肉体存在的延续，并以不敢毁伤作为孝的出发点。无疑，这种观念在尊重父母的同时，也强化了子女的肉体受制于父母，从而子女的精神、心灵同样受制于父母的观念。显然，这种以肉体相制约的观念，已经不符合当代社会文明发展的趋势，它对子女心灵的健康成长构成了不良影响。

可以说，现代孝慈精神理应当处处彰显着父母与子女彼此的精神自由、心灵自由，让子女能够拥有自己的独立精神生活、心灵生活，而不是把子女视为自己的私有财产和附庸，任意进入子女的私人生活空间，"干涉或破坏"其精神生活、心灵生活，取消其精神生活、心灵生活的独立性、自由性，归根结底取消子女享有自己精神生活、心灵生活的权力和自由。因此，立足新时代，弘扬现代孝慈精神，不能一味地要求子女履行自己的义务，而是必须首先尊重子女独立的精神生活，保障子女的精神自由、心灵自由，使子女能够作为一个身心健康成长的人而存在。这种道理反之亦然。当父母年老体衰时，虽不能独立地生活，但也不意味着父母成了孩子的附庸，成了子女精神上的奴隶。所谓的"夫死从子"更是需要批判的。

二、彰显代际人格平等

创造性阐释现代孝慈思想，必须融入代际人格平等观念。儒家孝慈伦理在家庭关系处理上虽然主张父慈子孝，但事实上正如钱穆所说，"中国传统，教孝胜过教慈"，理由是"慈属于天然情感，不必刻意培养；

---

① 《孝经·开宗明义章》。

孝属于后天德行，需要着力陶冶"①，因而更多地突出子女对父母孝敬的义务，实际上体现了父母与子女之间人格上的不平等。而在同代兄弟姐妹关系上，强调"长兄如父"和"长姐如母"观念，实际上也形成了同样的人格不平等关系。如果能够保障每个人的精神自由、心灵自由，人们在现实生活中就能够做到家庭成员之间人格上的平等。人格上的平等意味着只要是人，无论辈分高低、年龄大小、长相美丑、财产多少、职务高低、权力大小，如此等等，都具有同等的、平等的人格。人格平等本身是人的精神自由、心灵自由的彰显，因为精神自由在注重人的精神性存在时，就已经忽视了人在辈分、年龄、长相、财产、职务、权力等方面的差异。可以说，学会自觉地尊重对方的人格，在待人接物过程中处处体现人格平等观念，是现代孝慈精神的基本特征。

  现代孝慈精神之所以要强调父母与子女彼此间的人格平等，就在于无论是父母还是子女在现实地享有自己的人格尊严的同时，必须自觉地维护对方的人格尊严。也就是说，不仅父母，而且子女，实质上都是拥有自己独立的人格的人，都需要维护人格尊严。在旧社会里，从父母的角度来说，这几乎是不可能的事情。因此，尤其对于父母来说，在维护自己的人格尊严时，必须自觉地认识和尊重子女的人格，认识到子女同样拥有人格尊严，而不是单方面要求子女绝对不能冒犯自己的尊严。同样，子女在尊重父母时，不仅需要看到父母拥有严整的人格尊严，而且也应当认识到自己同样拥有独立的人格，也有不可轻易被冒犯的人格尊严，绝不能因为屈就父母的威严而丧失了自己的人格尊严，仿佛自己什么也不是。随着年龄的变化，父母会注定年老体衰，逐渐退出社会舞台，丧失家庭的主导权、支配权，而子女注定年轻力壮，逐渐踏入社会舞台，拥有家庭的主导权、支配权，但任何人在人格平等问题上都不应

---

① 张德胜：《儒家伦理与社会秩序——社会学的诠释》，上海人民出版社，2008，第49页。

当有实质性的变化。因为，无论是谁都拥有自己的独立人格，都具有不可被冒犯的尊严。人格的平等与尊严是人之所以为人的重要标志，如果以辈分、年龄、长相、财产、职务、权力等外在因素而抹杀这种平等与尊严，显然，父母，特别是子女，就将丧失自己独立存在的根据。因此，长辈不能以辈分来否定晚辈的人格平等与尊严，年长者不能以年龄否定年幼者的人格平等与尊严，漂亮英俊者不能以长相否定丑陋者的人格平等与尊严，富有者不能以财产否定贫穷者的人格平等与尊严，职务高者不能以职务来否定职务低者的人格平等与尊严，掌权者不能以权势否定普通人的人格平等与尊严，如此等等。

总之，现代意义上的孝慈本质上是一种双方相互的活动或关系，然而无论是子女孝敬父母或是父母慈爱子女，都必须以彼此尊重对方的人格为前提。而传统孝慈思想，只有融入代际人格平等观念，才是使孝慈创造性地转化为现代社会值得弘扬的传统美德。

三、保障家务民主公正

任何一个家庭实质上存在着很多事情、事务或问题。例如，既面临着像每天都必然出现的日常事务，即通常所谓"开门七件事"——"柴米油盐酱醋茶"，或一日三餐、吃喝拉撒等，又面临着关乎整个家庭生存和发展的重大事情，如家庭生计、生儿育女、赡养老人等，这其中的许多事情、事务、问题往往与家庭中的每个成员都存在着紧密的关系，如何科学地解决、妥善地处理好彼此间的利益问题，避免家庭矛盾的冲突和激化，促使家庭更加科学、和谐、和睦地发展，就是现代家庭建设过程中需要认真对待的重大问题。毫无疑问，随着现代家庭文明的发展，在处理和解决家庭事务上，必须以尊重每个家庭成员的自由、人格尊严为前提，合法地维护和保障其权益，实现民主与公正。因此，现代孝慈精神，与传统的无视子女的独立人格与自由，随意抹杀子女在家庭中的合法权益，不顾子女情感上愿意与否，在涉及家庭整体利益，特别是在涉及子女自身成长和发展权益时，那种大包大揽、任性武断的做法相反，更注重提倡民主与公正。

家庭事务往往比较复杂，也往往涉及每个家庭成员的利益。虽然，一般而言父母在整个家庭中，实际占据着一定的支配地位，如父母的劳动基本上是整个家庭经济收入的主要源泉，因此在家庭事务的处理和解决上更具有实际的发言权、决策权、处理权，但一旦家庭事务涉及全家人的利益，就必须对家庭事务进行全员参与式的民主讨论，就应当充分地理解和尊重家庭成员中弱势者的利益，特别是子女的民主参与权、知情权、决策权。事实上，如果说子女尚小，对家庭事务、大人之间的事了解得还太少，还不懂得人情世故，因而无法更实际地参与家庭事务的讨论与决策，那么，纵使如此，我们也应当清楚地认识到，年幼的子女实际上也是作为家庭成员而存在的，我们无法否定和抹杀其存在的客观事实。特别是，虽然孩子"不会说话"，但并意味着孩子的利益不需要得到表达和维护，相反，在此情况下孩子的权利更需要给予切实的重视和保障。在任何重大问题或事务的决策中，必须科学地权衡孩子的权利，以一定的民主方式表达这种权利。比如说，可以寻找一位最能代表孩子权利的监护人，而且与其他人不产生利益冲突或纠纷，作为整个事情的决策参与者，为孩子投出其神圣的一票。客观而言，民主原则在家庭事务决策中的贯彻相比传统封建家长制下的"一言堂"，能够更科学地解决和处理复杂的问题，尽可能地避免家庭矛盾的冲突和激化，能够更好地塑造和谐、和睦的家庭关系、家庭氛围。当然，民主从根本上说只是决策的技术性原则，甚至只是技术性手段。赵汀阳强调："民主不是一种价值，而仅仅是一种政治制度或者一种公共选择策略，总之是一种技术性手段。一种政治好不好，要取决于这种政治是否惠及所有人，是否能够促进有利于所有人的普遍价值。"① 因此，真正说来，作为一种公共选择策略，一种技术性手段，民主只有达到了能够惠及所有人，促进所有人的普遍价值、普遍利益或普遍幸福时，才是具有意义的。

促进所有人的普遍价值，其实质就是实现公共利益分配的客观公正。在家庭事务的决策和处理中，必须把公正视为最根本的价值原则。换言之，家庭内部的民主其目的就在于实现家庭成员之间利益上的公正。毫无疑问，无论是父母或子女，都有自己的正当利益，如父母有教育、关怀、慈爱子女健康的资格和权力，也有保护子女合法权益的义务，而子女既有赡养、孝敬父母的义务，也有自己独立生活和发展的权利，拥有自己解决自身生活问题的权力与自由，因此在家庭重大事情或事务的决策上，理应看到这是涉及全体家庭成员的重要政治问题，它涉及各个人的权力与利益，只有科学地实现家庭成员彼此间的客观公正，才能有效地促进家庭成员之间和谐关系、和谐氛围的塑造。客观而言，公正意味着家庭成员彼此相处过程中能够实现利益的最大化和冲突的最小化。事实上，也只有如此，家庭才能成为一个真正和睦、幸福、温馨的家庭。总之，现代孝慈精神并不在于一味强调子女对父母意志的绝对遵从，而应当根据人格彼此间的平等与自由，看到父母或子女在履行自己的义务，同样存在着需要维护和保障的利益，如果忽视或抹杀这些利益，就会造成家庭关系的紧张与冲突，甚至家庭的破裂与瓦解。为了避免这些不良后果，在解决和处理家庭事务时，就应当全面地认识和衡量父母与子女的民主决策权，就必须实现家庭成员彼此利益的客观公正。

---

① 赵汀阳：《坏世界研究——作为第一哲学的政治哲学》，中国人民大学出版社，2009，第274页。

四、彰显科学文明理念

关爱、教育子女使其健康成长，赡养、孝敬父母使其安度晚年，从而使整个家庭的存在和发展更加科学、合理、和谐，是现代孝慈精神的根本价值取向。换言之，如何使任何一个家庭成员在任何一个年龄阶段都得到其正常的、合理的发展与成长，实现其生命价值或人生价值的最大化，就是现代孝慈精神的最大问题。客观而言，人们对如何关爱、教育子女，对如何赡养、孝敬父母这样的问题，自古以来，从没有停止过思考，在各个历史阶段所形成的各种认识、各种规范、各种价值原则，以及由此而赋予子女或父母的权力与义务，特别是义务，总存在着是否更科学、合理、文明的问题，存在着是否真正地、更好地创造了家庭的和谐和睦的问题。随着现代科学的发展和文明的昌明，一些违背现代科学精神、与现代文明背道而驰的传统孝慈观念就理应被彻底地加以清除。

不可否认，为了维护封建宗法等级制度、维护整个社会秩序，历代统治者及其思想代言人都热衷于对传统孝慈思想进行特殊的强化，许多从根本上违背生活常识、科学思想的愚昧、错误、迷信、有害的因素偏偏受到重视和推崇，从而最终造成孝慈思想的偏颇发展和最终异化。例如，中华传统二十四孝故事中，讲曾子至孝，其母亲在家中自咬手指，远在山上砍柴的他就立刻感觉到心痛，知道自己的母亲呼唤自己，并迅速回家，来说明母子连心，互相感应；讲老莱子年已七十，为了千方百计让父母欢喜，有时担水上堂假装跌倒，学孩子哭，以逗父母笑，让父母体验初为父母时子女的童稚；讲汉文帝孝顺生母薄太后，凡进汤药，必先亲尝，以替父母首先品尝苦味；讲董永家贫，以卖身来葬父，借以表达宁愿丧失独立人格而孝敬父亲；讲王裒每逢雷电交加都跪拜在母亲坟前，祈告、呵护生前惧怕雷电的母亲，以表达对母亲的敬爱和呵护；

讲王详为挽回继母之心不惜卧冰求鱼，以表达自己的诚意；讲吴孟为了孝顺父亲，使其晚上安睡，自己赤身先让蚊子叮咬，以表达自己乐于为父亲的幸福而牺牲自己；讲黔娄为了救治病危的父亲，方便医生对症下药，亲尝父亲粪便，以表达为孝敬父亲不顾惜做任何令人厌恶的事情。还讲一些更为神奇的事情，如姜诗夫妇常年远徙江边取水、捕鱼以满足母亲吃江水、鱼胆的要求，结果一日自家宅院内忽视泉水涌出，味如江水，每天跃出两条鲤鱼，以表达诚心能够感动天地；如丁兰在父母死后以木雕刻像事奉如生，其不高兴的妻子竟然能用针把木雕像刺出血来，以表达孝心能够创造奇迹……如此等等，都说明了中国传统孝慈文化中确实存在着很多愚昧、迷信甚至宗教化的东西。唐代以来，出现了更为离奇的行孝现象。《宋史》记载：刘孝忠为治母病，"割股肉、断左乳以食母；母病心痛剧，孝忠然火掌中，代母受痛"；"以亲故，事佛谨，尝于像前割双股肉，注油创中，然灯一昼夜"。吕昇"父权失明，剖腹探肝以救父疾，父复能视而昇不死"。王翰"母丧明，翰自抉右目睛补之，母目明如故"①。总之，这种以残害自己而行孝的做法或传说不仅很不科学，而且甚为荒诞。从根本上说，封建统治者对孝道文化的神化、异化，无不是为了维护封建等级制度，维持整个社会秩序，从根本上制造忠孝两全的顺民。因此，传统孝慈文化实际上成了统治者用来加强统治的得力工具。

毫无疑问，对于现代社会来说，任何宣传封建迷信、宗教神学的愚昧无知做法都已经不适应现代科学文明的发展趋势，都无法真正赢得人们的信服。为了更好地塑造现代孝慈文化、孝慈精神，就必须以现代科学理论为指导，以现代文明为价值导向，建立现代生活方式，发明和规范现代孝慈方法、方式，让现代人无论是关爱、教育子女还是赡养、孝敬父母，都彰显出更科学、更文明的时代特征来。

---

① 《宋史》卷四百五十六《孝义》。

五、适宜社会普遍和谐

孟子强调"老吾老,以及人之老;幼吾幼,以及人之幼"①,实际上表明孟子认识到人类社会中的一种普遍现象,即任何人实际上都面临赡养老人与教育子女的孝慈问题,而且孝慈精神具有普适性,它能够从自己的父母与子女身上推广、普适于社会上的所有父母与子女。孟子所具有的这种博大胸怀体现了儒家以仁爱核心价值为基础的孝慈思想的普适性,其典型的思想模式就是推己及人。事实上,无论是中国传统以儒家孝慈思想为主导的孝慈精神,还是现代孝慈精神,本质上都体现了以推己及人为思维特征的普适性,只不过现代孝慈精神更体现了普适性,更有助于整个社会人际关系的和谐塑造。

当代社会的典型特征之一就是高度流动性,即任何一个人不再局限于在孤立的地点上或狭隘的地域或生活圈子里生活,而是处于高度频繁的流动中,处于与整个社会各个领域里的人广泛的交往中,处于交际圈、生活圈频繁的分化、组合中,这种广泛的社会交往、社会流动以及交际圈、生活圈频繁的分化、组合使整个社会上所有的人发生了普遍而复杂的社会联系。显然,无论在家里还是在单位里、在社会上,人所面对的年长者、年幼者,就不只是自己的亲生父母或子女。特别是,随着现代家庭观念、婚恋观念的深刻转型,出现了许多非传统的家庭类型。社会学家将传统的家庭模式一般分为三类:由夫妻及其未成年子女组成的"核心家庭",由夫妻、夫妻的父母或直系长辈以及未成年子女组成的"主干家庭",以及由核心家庭或主干家庭加上其他旁系亲属组成的"扩大家庭"。在人类社会发展史上,以血缘为核心纽带而不断扩张的家庭、家族的确曾经成为很多民族的主要组成单元,中国传统社会曾非常推崇的"四世同堂"甚至"五世同堂"的大家庭模式就是其典型

---

① 《孟子·梁惠王上》。

的例证。然而，现代社会的家庭模式已经远远不再是传统三分法式下的家庭，而是日益趋于多元化、多样化，其表现模式更为复杂、多变。例如，由单身父亲或母亲养育未成年子女的"单亲家庭"，到了结婚的年龄不结婚或离婚以后不再婚的"单身家庭"，夫妻一方再婚或者双方再婚组成的"重组家庭"，由拥有高收入、具有生育能力但不要孩子、浪漫自由、享受人生的"丁克家庭"，以及只有老两口过日子、没有子女或子女不在身边的"空巢家庭"，独生子女结婚后、双方父母以及父母的父母依然存在的"421家庭"，以及各种类型的同性恋家庭。无疑，这些非传统家庭模式的出现说明，任何一个人都实际上面对着多种多样的长辈与晚辈，这些长辈或晚辈不再像过去那样，父母与子女之间注定存在着紧密的血缘关系，相反，在这些非传统模式的家庭里，很可能家庭成员之间不存在血缘关系。例如，在"同性恋家庭"里，"夫妻"双方领养一个孩子，孩子与所谓的"父母"间不存在血缘关系，而在"421"型家庭里，两个年轻人不仅要赡养各自的父母，而且要赡养父母的父母。在这些种种特殊情况下，传统的孝慈观念已经根本不适用。

为了更好地塑造良好的家庭关系，显然，必须大力培育现代孝慈精神，使其具有更广泛的普适性，能够辐射更广阔的社会领域，容纳更复杂多样的人际关系，具有更强劲的解释力度，要看到，在家庭之中，甚至在整个社会上，只要比自己年长，我们都要尊之以长者，学会自觉地尊敬、照顾、赡养，使其安度晚年。相应地，只要比自己年幼，我们都要视其为幼者，自觉地给予关爱、慈爱、教育，使其健康成长。这种意义上的孝慈思想就体现了孟子所谓的"老吾老以及人之老，幼吾幼以及人之幼"的精神实质。

第四节　新时代践行孝慈精神的现实途径

　　建设社会主义和谐文化，促进社会和谐，必须大力弘扬中华传统孝慈文化中的优良传统，培育和践行现代孝慈精神。这在于，家庭是社会存在的基本单位，孝慈伦理规范是家庭伦理道德的核心内容，是整个社会伦理道德这一上层建筑的重要组成部分。特别是，当代社会家庭模式的多元化发展，更说明构建科学、和谐的家庭关系，塑造父母与子女、长辈与晚辈之间的孝慈关系，对整个社会来说具有非常重要的现实意义。但是，由于孝慈文化受一些不良因素的影响导致的缺失造成了许多家庭问题、社会问题。例如，家庭虐待、遗弃年老体衰或身患绝症的父母或子女，子女不孝，空巢老人无人照料，马路上跌倒的老人无人敢扶，流浪儿少人过问，社会上人情淡薄……如此等等，已经一定程度上影响着整个社会的和谐与稳定。这一系列复杂的家庭和社会问题涉及国家、社会、家庭的方方面面，但其中一个非常重要的根本因素在于孝慈文化的缺失。尤其是，随着我国人口老龄化的加剧，构建养老、孝老、敬老政策体系和社会环境，更显得迫切。所以，加强孝慈文化建设，弘扬现代孝慈精神，塑造社会主义新风尚，是新时代社会主义伦理道德思想体系建设的重要内容。

　　鉴于现代孝慈精神已经不再局限于以血缘关系为纽带的传统家庭，而是能够普适于更广泛的社会生活领域，因而，新时代建设社会主义伦理道德思想体系，践行孝慈精神，就必须结合时代特征和社会发展趋势，采取符合中国特色社会主义现代化建设要求的方法和途径。

一、弘扬孝慈文化传统　营造孝慈文化氛围

必须大力弘扬中华传统孝慈文化中的优良传统，营造全社会良好的孝慈文化氛围。孝慈文化和孝慈观念是中华传统伦理道德思想，特别是家庭伦理道德思想的核心内容。孝与慈的文化观念派生于血亲关系，因而具有自然性特征，是血亲父母与子女之间在长期的共生共存中滋育出来的。因此，马军远、王征辩证地说："孝慈精神作为家庭生活的伦理精神，是中华先民基于人类学事实，借助于价值自觉意识而做出的选择。"[①] 但是，由心理情感体验而逐渐上升为自觉的伦理道德意识、伦理道德精神，恰恰说明它不是自然而然的现象，而是后天培养、教育、教导的结果。如果说个体的伦理道德意识、道德情操、道德意志、道德信念、道德习惯、道德行为是家庭、学校、社会教育的结果，那么，对于一个社会来说，要想营造浓厚的、良好的伦理道德氛围，就需要整个社会进行普遍而深入的宣传教育。

营造全社会良好的孝慈文化氛围，首要的根本任务就是大力弘扬中国传统孝慈文化的优秀传统。客观而言，中国传统以儒家仁爱思想为主导的孝慈思想，由于片面地强调"君君、臣臣、父父、子子"以及"三纲五常"等封建伦理道德规范，因而实际存在着不少的弊病，虽然对维持封建统治发挥着至关重要的作用，但对家庭关系中父母与子女关系的塑造以及对子女的健康成长，产生了极为严重的消极影响。然而，我们能否就此全盘否定了中国传统孝慈思想呢？毫无疑问，中华传统孝慈思想尽管存在着诸多弊病，然而它毕竟是中华民族数千年来的伦理道德实践的结晶，蕴涵着丰富的价值，其中闪烁着很多智慧的光芒，其优秀成分、精华内容依然值得我们继承和弘扬。针对孝慈精神作为中华先民基

---

① 马军远、王征：《论孝慈精神的内涵及其对当代社会的适用性》，《人文天下》2016年第1期。

于人类学事实做出的选择，马军远、王征强调："这种选择内生于中华文明之中，具有生活基础的广泛性，无疑体现着家庭纵向伦理关系的合理需求。因此可以断言，只要有中国人存在，就必然存在着孝慈精神，孝慈精神不仅适应于传统社会，也必然适应于现代社会。"①总之，在构建社会主义和谐社会的过程中，必须大力弘扬中国传统孝慈文化的优秀传统，使整个社会营造出浓厚的孝慈文化氛围。

所谓营造整个社会的孝慈文化氛围，就是对中华传统孝慈文化、孝慈精神的宣传必须实现全方位、多层次、多渠道、多角度，总之，就是让每个社会成员、家庭成员都能够通过宣传教育而逐渐地培养起自觉的孝慈观念，自觉按照孝慈伦理规范指导和约束自己的行为，自觉地去履行自己的权利与义务；就是让每个社会成员、家庭成员自觉确立起讲孝慈光荣，不讲孝慈可耻，以及人人讲、天天讲的良好社会风气；就是让每个社会成员、家庭成员能够按照社会伦理道德规范要求，按照社会风俗习惯，按照国家法律制度规范，严格地要求自己的思想和行为，使每个人明确，一旦违背孝慈伦理规范，就将受到整个社会的道德谴责，甚至国家法律的制裁；就是让整个社会的各个领域，如家庭、学校、公共社会、单位等，让社会的各种媒体，如电视、广播、网络、电影、戏曲等，进行全面的宣传、报告。因此，营造全社会的孝慈文化氛围，绝非仅仅家庭对子女的教育、教导，也绝非学校在德育课堂上对学生的教育，它实际上必须采取多样化的灵活方式，对全体社会成员展开宣传教育。这意味着，身为成人乃至老人的父母，本质上依然是接受教育的对象，即父母依然需要学习，需要培养自己的孝慈思想、孝慈理念。毫无疑问，父母不仅要根据时代特征和现代文明发展要求，汲取更加科学、合理的孝慈精神，而且还需要在此新思想、新观点的指导下，自觉地理顺自

---

① 马军远、王征：《论孝慈精神的内涵及其对当代社会的适用性》，《人文天下》2016年第1期。

己与子女之间的关系，科学、合理地对待、期待自己的子女对自己的孝敬、孝顺问题；相反，不可一味地固守传统的孝慈思想，特别是受其弊病的影响和约束，过分地要求子女履行根本不必要、也不科学的义务。总之，培育和营造整个社会浓厚的孝慈文化氛围，是当下整个社会所有成员的重要职责。

二、培育现代文明理念　塑造科学孝慈精神

必须以现代科学精神和文明理念为导向，全面塑造现代科学的孝慈精神。客观而言，新中国成立以来，特别是改革开放以来，我国社会发生了深刻的变化，以自然经济为主的传统社会已经逐渐地演化、转变为以市场经济为主的现代社会。与传统社会特殊的经济基础相适应，以血缘关系为纽带，以农业生产为基本物质生产方式，以家庭的添丁增口、家族的繁衍、壮大为目的的家庭观念、家族观念已不再适应社会发展的客观趋势。而这也从根本上说明了对奠基于传统家庭观念、家族观念基础之上的中华传统孝慈观念必须进行全面地升级改造，以塑造出现代科学的孝慈精神。

尽管弘扬中华传统孝慈思想中的优良传统是塑造现代孝慈精神的重要途径，然而，事实上，塑造现代科学的孝慈精神，更主要地是在继承和弘扬中华传统孝慈思想的基础上，必须以现代科学精神和文明理念为导向，为之注入更多的科学、文明因素。毫无疑问，孝与慈不仅是人的伦理道德行为，需要人的自觉的伦理道德意识，即父母自觉树立起慈道以慈爱自己子女，子女自觉地确立孝道以赡养和孝敬父母，而且也不仅仅表现为主观的良好的愿望，而是本身还必须体现为科学的行为。也就是说，无论是孝或慈，本质上都必须是贯彻科学精神的科学行为和文明行为，它们能够更好地达到孝与慈的真正目的。所谓以现代科学精神和文明理念为导向，就是以科学的眼光全面认识和准确把握人类社会

之所以必须倡导孝慈精神、制定孝慈伦理规范的根本原因，并在此基础上，认真地探索最科学、最合理因而也最符合人性和人类情感的孝慈伦理规范。显然，对于我们的科学认识活动和孝慈伦理规范的探索和制定来说，我们不仅需要现代自然科学研究的最新成果，而且还必须充分体现现代社会科学，如哲学、伦理学、教育学、心理学、政治学、社会学等的时代精神。这在于，无论是父母关怀、教育子女，使之健康成长，还是子女赡养、孝敬、照料父母，使之安度晚年，以及父母与子女彼此相处、共同处理家庭事务，如此等等，都需要全面地贯彻现代科学的时代精神。现代科学的发展不仅已经改变了我们的传统观念，而且它的日新月异更时刻提醒人们，我们当下的认识和观念很可能很快变得"不合理、不科学"。因此，以我们当下的认识和观念为基础的孝慈伦理规范很可能本身就存在着需要进一步完善的问题。

总之，为了保证我们的孝慈思想不再陷于盲目和愚昧，不再违背科学精神、现代文明，就必须自觉学习和领会现代科学精神，在塑造现代孝慈精神的过程中贯彻现代科学精神，彰显现代文明理念。特别是，绝不能形成僵化的思想意识，而应当时刻以清楚的意识，自觉地紧跟科学发展和文明进步的时代步伐，顺应时代发展潮流，全力推进现代孝慈精神的培育。

三、完善社会主义法治　弘扬家庭孝慈美德

道德与法，或伦理道德与法律制度，是协调和维护社会秩序的两个重要的紧密相关的规则系统，两个系统的相辅相成、协调一致，对社会生活的稳定、和谐、有序具有至关重要的作用。如果说在私有制和国家产生之前，整个社会秩序的稳定、协调主要依赖伦理道德的力量，那么，随着私有制和国家的诞生，法律、规章、制度便成为伦理道德之后第二种重要力量。从根本上说，道德与法的本质是相同的，它们都是

由社会经济关系所决定的社会意识形态和上层建筑，都带有鲜明的阶级性，为一定的阶级利益和需要服务，反映统治阶级的意志和要求。就其所维护的社会秩序来说，归根结底也总是反映着一定阶级利益要求的秩序。因此，作为调整社会生活中人与人之间、个人与集体之间、个人与社会之间的关系的行为规范，道德与法具有相同的本质。但是，道德与法毕竟还存在着各自的特性。我们曾经强调，在严格区分的情况下，伦理与道德存在着内在的差别，即伦理具有社会性，本质上表现为公共社会的外在规范，它形成于人们的社会交往过程，也因而具有一定的准强制性；相反，道德具有个人性，它根源于人的意识自由，因而不具有外在的强制性，只具有内在的自律性。但总体来说，伦理与道德相比于法律、法规、规章、制度来说，就算不得具有强制性。伦理道德之所以不具有强制性，就在于其发挥作用的方式和途径是社会舆论和道德行为者的道德自觉、道德自律；与此相反，法律、法规、规章、制度之所以具有强制性，就在于它们是借助于国家权力颁布实施的，是靠国家暴力机构，如执法、司法、检察、军队、警察、监狱等机构来保证实施的。对于国家和社会来说，维持安定、和谐的秩序，伦理道德与法律制度两者不可或缺，发挥着各自特殊的作用，准确说来，只有两者实现有机的协调，才能确保国家社会秩序的稳定、和谐。

孝慈伦理道德是社会伦理道德，特别是家庭伦理道德的重要内容，在维护和协调整个国家社会秩序稳定、和谐、有序方面发挥着至关重要的作用。家庭是社会的基本单元，家庭内部和谐、和睦，家庭成员普遍感受到幸福，能够得到适当的关心、关爱、抚育、教育或赡养，对整个社会来说，实质上具有重要的意义。无疑，如果整个社会普遍出现家庭问题，如父母遗弃子女、错误教育子女，夫妻离婚给子女造成心灵伤害，或者子女嫌弃、虐待、遗弃年迈病危父母，如此等等，那么，这个社会将陷入极度的混乱之中，整个社会发展将受到巨大的影响。显然，为了避免诸如此类现象的发生，就必须大力加强孝慈伦理道德建设。但是，仅仅依靠社会舆论，依靠孝慈文化的宣传，还远远不够。客观而言，为了全面建设孝慈文化，增强人们的孝慈伦理道德意识，就必须为孝慈这种特殊的伦理道德建设制定出具有一定强调性的法律规范或制度。众所周知，从产生的历史渊源上来说，法根源于社会的风俗、习惯和伦理道德。就宗法制度、种姓制度、封建制度和行会制度下社会生产过程中的各种规则的产生，马克思、恩格斯曾经指出："这些规则是由哪个立法者确定的吗？不是。它们最初来自物质生产条件，只是过了很久以后才上升为法律。"[①]恩格斯自己也曾强调："在社会发展某个很早的阶段，产生了这样一种需要：把每天重复着的产品生产、分配和交换用一个共同规则约束起来，借以使个人服从生产和交换的共同条件。这个规则首先表现为习惯，不久便成了法律。"[②]因此，法律本身是风俗、习惯、伦理道德的进一步固定化。从根本上说，法本身是最基本的、最低限度的伦理道德规范。或者说，法是从国家的层次来看待的底线意义上的伦理规范。然而，道德的法律化使道德权力与道德义务就转化为法律权力与法律义务，即使原本不具有强制性的权力与义务变得具有强制性。客观而言，就孝慈伦理规范的法律化来说，任何国家的法律，特别是涉及家庭伦理道德的法律，都体现了这一特点，即在此，法律与道德具有重叠性：法律具有道德特征，道德具有法律特征。例如，我国《宪法》规定："父母有抚养教育未成年子女的义务，成年子女有赡养扶助父母的义务。"《婚姻家庭法》也规定："父母对子女有抚养教育的义务；子女对父母有赡养扶助的义务。"毫无疑问，不断加强孝慈伦理道德的法律化、制度化建设，是使孝慈精神为全社会普遍重视和推崇的重要途径。显然，只有当社会上呈现出来的孝慈问题不仅成为人们普遍关注的

---

① 《马克思恩格斯选集》，第一卷，人民出版社，2012，第243页。
② 《马克思恩格斯选集》，第三卷，人民出版社，2012，第260页。

伦理道德问题，而且还是具有强制性的法律问题时，整个社会才能科学地消除种种严重影响社会和谐、稳定的不慈、不孝现象。

当然，从根本上来说，只有一方面实现孝慈伦理道德的法律化、制度化，另一方面做到法律制度的伦理道德化，即使涉及家庭伦理道德的法律充分地彰显着孝慈精神，才能实现法律与道德的有机协调。但要注意的是，把握好法律与道德之间的度，既防止将道德问题过度法制化，也防止法律问题过度道德化，才能科学地维护和协调整个社会秩序，才能更好地促进国家经济社会发展，为每个家庭创造幸福、和谐的美好生活奠定坚实的伦理道德基础、法律制度基础。在此过程中，无论是法律制度的制定，还是孝慈伦理道德的重塑，都需要根据人类社会科学的发展和文明的进步，充分地体现现代孝慈精神的实质，自觉地批判、改造和扬弃传统孝慈思想，实现孝慈精神的创造性转化和创新性发展，使之更适合于现代文明家庭的创建和社会主义和谐社会的构建。

四、完善社会保障制度　保障孝慈精神落实

弘扬和践行孝慈精神，不仅需要从家庭教育、学校教育、社会舆论、法制规章制度的制定等各个角度进行全方位的努力，而且必须有针对性地完善社会保障制度，加强社会公共基础设施建设，为孝慈精神的落实奠定必要的、坚实的社会物质基础，提供坚实的社会制度保障。客观而言，孝与慈的问题已经不再是局限于家庭内部的问题，而是关系整个社会稳定、和谐的普遍问题，随着时代的发展和各种现代家庭模式的出现，这些问题的解决注定需要凝聚整个社会的力量，特别是，必须通过完善社会保障制度，加强社会公共基础设施建设，来达到单个家庭所不能达到的效果。

目前，我国人口已经超过14亿，而老龄化问题尽管不如日本、韩国、欧美等国家严峻，还没有进入严重老龄化国家行列，但已经非常凸

显。有学者据联合国人口司数据和中国人口普查资料分析指出："中国的老龄化、高龄化、少子化快速发展，到2050年甚至将超过美英等部分发达国家，也将明显超过印度、俄罗斯等人口大国。快速发展且形势严峻的人口老龄化国情，将成为中国进入新发展阶段实现高质量发展、参与大国竞争的重要人口基础。"[1]因此，如何化解我国社会主义现代化建设过程中的人口老龄化问题，是一个值得整个国家、全社会和每个家庭思考的重大课题。与老龄化问题紧密联系，甚至直接就反映一个问题的另一个方面——家庭抚育、教育子女和家庭赡养老人的功能都在不同程度地"弱化"，即无论是对子女的抚育、教育还是对父母、老人的赡养，单纯依靠传统家庭已经远远不够。如上所述，现代家庭是小型化的家庭，如单亲家庭、空巢家庭、各种形式组建的家庭、"421"式家庭等，显然，这些家庭类型都已经不能完全具备传统家庭抚育、教育子女和赡养老人的功能，无力承担起赡养多位老人的重任。一旦家庭丧失必要的抚育子女、赡养老人的功能，那么，这些功能就必须由政府和社会来提供。提供公共服务，是政府和社会的重要职责。

就养老保障问题来说，如果说传统主要靠"养儿防老"，那么，现在则需要靠社会保障制度，靠政府提供的公共服务设施来养老。目前，我国社会通过社会保障体制、机制，特别是养老保险制度、体系来养老的观念还没有完全形成起来，对西方发达国家比较普遍推行的社会保险、养老保险等做法还没有充分的认识，这种现象不仅阻碍着我国全面地建立、健全新型社会养老保障体系、保障制度，而且还直接影响着其他一系列社会性、商业性养老保险项目、保险措施的推广和普及。客观而言，只有家庭、社会、政府等各种主体的积极参与，才能更强有力汇聚社会资金，凝聚多种力量，提供多样化的养老服务，促进整个社会养老机制体制的发展和完善。在此过程中，政府是提供公共养老服务的主

---

[1] 刘厚莲：《世界和中国人口老龄化发展态势》，《老龄科学研究》2021年第12期。

体。可以说，只有在政府的主导、倡导下，家庭和社会各界力量才能有效地一致起来，才能高度重视整个社会的养老问题。特别是，政府能够建立和完善公共基础设施，如良好的市政设施、清洁卫生的环境、优美舒适的公园，文化氛围浓厚的图书馆、博物馆、艺术馆、群艺馆、老人文化宫，以及各种社区公共服务，如社区养老院、医疗机构、体育活动场、茶室、老年棋牌室、书画室等。总之，这些社会性设施不是哪个家庭或个人所能够提供的，也不是为哪个家庭或个人单独提供的，它们面向所有家庭的老人，具有开放性、公益性、便利性等特点，能够最方便地服务于社会养老。显然，只有借助这些由政府提供的社会公共服务设施，原本由单个家庭所担当起来的养老问题才变得轻松方便。在政府的倡导下，有条件、资金和能力的企业或慈善机构也可以积极地担当起必要的社会职责，为现代养老提供必要的投资，以改善公共设施和公共服务。

总之，现代孝慈精神绝不能停留于宣传、普及等观念层面，而必须切实通过政府提供的社会性公共物质设施和多样化服务来落实和体现。只有如此，才能为孝慈精神的实现奠定坚实的物质保障和制度保障，才能具体而现实地解决日益严峻的养老问题。

第六章　勤劳俭朴精神

　　中华民族是一个热爱劳动、勤劳俭朴的民族。中华传统伦理道德中的勤劳俭朴思想具有悠久的历史，深刻地反映了中华民族科学协调人与自然之间物质能量交换、人与人之间资源分配、个人生活消费等方面矛盾关系的方式和态度。自进入近代，中国成了一个贫穷而落后的农业大国，而中华人民共和国成立后，为了摆脱贫穷落后局面，中国共产党团结带领中国人民不畏艰难进行了持续不断的奋斗，最终彻底改变了旧中国的面貌。如今，正如习近平总书记在党的二十大报告中所说："我们经过接续奋斗，实现了小康这个中华民族的千年梦想，我国发展站在了更高历史起点上。我们坚持精准扶贫、尽锐出战，打赢了人类历史上规模最大的脱贫攻坚战，全国八百三十二个贫困县全部摘帽，近一亿农村贫困人口实现脱贫，九百六十万多贫困人口实现易地搬迁，历史性地解决了绝对贫困问题，为全球减贫事业作出了重大贡献。"[1]如今，我们已经实现了站起来、富起来而正日益强起来。尽管如此，自然资源的开发利用、物质生活资料的生产和消费、社会财富的分配等如何规范和协调依然是当代社会时刻面临的重大问题，值得我们思考。全面继承和弘扬中华民族传统的勤劳俭朴精神，结合时代特征，引导全体社会成员树立正确观念，厉行节约，勤奋努力，全面协调人与自然、人与人之间的关

---

[1] 习近平：《高举中国特色社会主义伟大旗帜　为全面建设社会主义现代化国家而团结奋斗——在中国共产党第二十次全国代表大会上的报告》，人民出版社，2022，第7—8页。

系，对于更好地推动中国式现代化，建设社会主义现代化强国，具有非常重要的理论和现实意义。

第一节　勤劳俭朴概念的历史溯源

"勤劳俭朴"简称"勤俭"，不仅是人们的一种基本的生产、生活态度，而且从深层次说，是人们在这种生产、生活态度影响和支配下的生活方式、生存状态，更是科学地协调和规范人与自然、人与社会、人与人、人与自身之间相互关系的伦理道德观念。因为，勤劳本质上反映了人与自然之间在物质能量交换方面作为生产劳动主体的人的主动性劳动的态度、方式或状态，"俭朴"则反映了人与社会以及人与人、人与自身之间在生活资料消费方面作为消费活动主体的人的生活、消费或生存的基本态度、方式或状态，而无论是"勤劳"还是"俭朴"，在国家政治统治、社会治理、社会运行系统中都必然牵涉到无比复杂的种种因素，绝不是一个简单的个人伦理道德问题。因此，全面地梳理"勤劳俭朴"概念的历史起源，对于我们科学认识中华民族先人如何认识和协调人与自然、人与社会、人与人以及人与自身之间的复杂关系具有重要而现实的意义。

具体说来，"勤劳俭朴"中的四个字，即"勤"、"劳"、"俭"和"朴"各有其出处，它们在中国古典文献中出现的早晚并不一致，其意义也各有侧重。

一、"勤"概念溯源

"勤"在《说文解字》中作"勤"，释为："劳也。从力，堇声。"金文作"𦰩"或"𦰩"等。一般认为"勤"最早出于《尚书》。《尚书·蔡仲之命》说:"克勤无怠。"意思是说,能够勤劳而不懈怠。《尚书·周官》亦说:"业广惟勤。"即事业广大在于勤勉。不过,据后人考证,《蔡仲之命》《周官》均出于《伪古文尚书》①,因此,"勤"字是否真的最早出于《尚书》,还是一个疑问。《左传》说:"民生在勤,勤则不匮。"②即人民群众的生活在于勤劳,因而勤劳就不会出现物质匮乏或不足。除了"勤"表示"勤快""勤勉"之意外,还尚有"厚待、帮助""企望""忧虑、担心"等意义。《左传》亦说:"齐方勤我,弃德不祥。"③在此,"勤我"即帮助我。《毛诗序》在注解《诗经·江有汜》时说:"勤而无怨。"在此,"勤"即企望,所谓"勤而无怨",即勤勉而无怨言。《吕氏春秋·不广》说:"补周室之阙,勤天子之难。"在此,"勤"即忧虑、担心,即为天子受难而忧心。但在此,"勤"似乎也可以译为救助了周天子的灾难。

总体而言,"勤"主要的意思依然是勤快、勤勉、勤劳。

二、"劳"概念溯源

"劳"在《说文解字》中作"勞",释为:"剧也。从力,熒省。熒,火烧冂,用力者劳。""劳"字是个会意字,其实质是描绘救火用力甚剧的状态。其所以如此,在于"熒"象征大火烧房之形,"用力"指全力以赴,即当房屋着火,必须及时全力以赴救灭,必须辛勤用力,因而显得辛苦。因此,"劳"的首要之义就是用力多、辛勤、辛劳、辛苦。例如,《周易》说:"说以先民,民忘其劳。"④在此,"说"实为"悦",即以和悦的态度来引导民众,民众就会忘我地劳作,或者忘记其辛劳。再如,《诗经》有"民亦劳止,汔可小康"、"民以劳止,汔可小休"、"民

---

① 张道勤:《书经直解·前言》,浙江文艺出版社,1997,第11-12页。
② 《左传·宣公十二年》。
③ 《左传·僖公三年》。
④ 《周易·彖下》。

以劳止，汔可小息"、"民以劳止，汔可小愒"以及"民以劳止，汔可小安"之句①，在这种反复咏叹之中，说明劳动人民已经相当疲劳、困苦，要求稍稍得到安康、休息、安闲。由辛劳之"劳"进而延伸出疲劳之"劳"。例如，《左传》说："劳师以袭远，非所闻也。师劳力竭，远主备之，无乃不可乎？"②在此，所谓"劳师"和"师劳"，就是使军队劳苦和军队精疲力竭。此外，"劳"亦有功劳之意。例如，《诗经》说："无弃尔劳，以为王休。"③即不要抛弃你的功劳，用来增进君王的美誉。司马迁的《史记》记载，汉武帝因大将军卫青征伐匈奴胜利，封赏卫青及其三个孩子时，卫青拒之说："臣青子在繦緥中，未有勤劳。"④"繦緥"现代汉语中在作襁褓，而"勤劳"则为"功绩"，因此，整句的意思是，卫青认为自己的孩子还年幼，没有什么功绩，不值得封赏。

在先秦典籍中，"勤"与"劳"已经出现连用。例如，《尚书·无逸》说："厥父母勤劳稼穑，厥子乃不知稼穑之艰难。"其意是说，那时父母辛勤劳作耕种庄稼，而孩子却不知耕种庄稼的艰难。

三、"俭"概念溯源

"俭"在《说文解字》中作"䚾"，释为："约也。从人，佥声。"《六书通》里还作"䚾"、"䚾"和"䚾"等。"俭"释为"约"，其实质就是约束自己的行为，使自己的行为有所节制，特别指节约、简朴⑤。"俭"字最早出现于《尚书》，《尚书》说："克勤于邦，克俭于家。"⑥其意思是说，在国能勤快，在家能俭朴。因此，俭朴与奢侈是相比较而言的。孔

---

① 《诗经·大雅·民劳》。
② 《左传·僖公三十二年》。
③ 《诗经·大雅·民劳》。
④ 《史记·卫将军骠骑列传》。
⑤ 李恩江、贾玉民主编《文白对照〈说文解字〉译述（全本）》，喀什维吾尔文出版社，2002，第719页。
⑥ 《尚书·大禹谟》。

子说:"奢则不孙,俭则固。与其不孙也,宁固。"① 在此,"孙"即"逊",不孙即不恭顺,而"固"指鄙陋、固陋、寒伧。因此,在孔子看来,与其因为奢侈而显得不恭顺,不如节俭而显得固陋。《左传》中鲁国大夫御孙说:"俭,德之共也;侈,恶之大也。"② 杨伯峻在《春秋左传注》中强调:"共读为洪,大也。旧读共为恭,不妥。"③ 即节俭是德行中的大德,而奢侈则是邪恶中的大恶。《左传》中的这句名言后来亦为北宋司马光所重视。司马光曾说:"御孙曰:'俭,德之共也。侈,恶之大也。'共,同也,言有德者,皆由俭来。"④ 总之,"俭"的基本含义是节俭、俭朴。

四、"朴"概念溯源

在《说文解字》中,实际上存在着"樸"与"朴"两个字,其中,"樸"作"糕",而"朴"作"朴",如今两者都简化为"朴"。但是,两者的意义是不同的。"樸"释为:"木素也。从木,羑声。"即樸为尚未加工成器的原木,因此由其引申出质朴、本性等义。相反,"朴"释为:"木皮也。从木,卜声。""朴"的基本意义为树皮。因此,真正说来,当今语境中的"俭朴"之"朴",其实来自"樸",即未加工成器的原木及其引申出来的质朴。例如,老子《道德经》说:"樸散则为器。"⑤ 由于"樸"是未加工的原木,因而也指壮大的原木。例如,屈原《九章·怀沙》云:"材樸委积兮,莫知余之所有。"⑥ 其实,"条直为材,壮大为樸"⑦。由此,"樸"进而引申为壮大。例如,屈原《天问》说:"恒秉季

---

① 《论语·述而》。
② 《左传·庄公二十四年》。
③ 转引自王守谦、金秀珍、王凤春译注《左传全译》,贵州人民出版社,1990,第157页。
④ 《司马光集》卷六九《训俭示康》。
⑤ 《道德经·二十八章》。
⑥ 《楚辞·怀沙》。
⑦ 《辞源》,商务印书馆,2006,第1505页。

德，焉得夫樸牛？"① 在此，"樸"即大，意思是说，王恒秉承了季的美德，他从哪里得到了大牛？老子非常崇尚俭朴，强调："见素抱朴，少私寡欲。"② 在此，"素"指没有染色的丝，而"朴"即"樸"的简化，即老子主张人应当保证朴素，减少私欲。老子的继承者庄子亦非常推崇朴素思想。例如，《庄子》强调："焚符破玺，而民朴鄙。"③ 这是说，只要焚烧掉符、破坏掉印，人们就会变得纯朴。

在历史上，"俭"与"朴"连用为一个词，出现于唐朝白居易的《策林》："夫欲使人情俭朴，时俗清和，莫先于体黄老之道也。"④ 此后，明朝张时彻在《明开国诚意伯刘公神道碑铭》中有："俗尚俭朴，有唐风之遗焉。"总之，"朴"的基本含义是朴实、朴素、纯朴、俭朴。

第二节　勤劳俭朴思想的基本精神

勤劳俭朴是中华民族在五千多年改天换地、创造美好幸福生活的物质生产实践和社会生活实践中形成的传统美德。著名学者钱穆曾从地理环境与气候条件方面强调了中华民族勤奋耐劳传统美德的形成原因。他指出："埃及、巴比伦、印度全都近在热带，全在北纬三十度左右，物产比较丰足，衣食易给，他们的文化，大抵从多量的闲暇里产生。只有中国已在北温带的较北地带，在北纬三十五度左右。黄河流域的气候，是不能和埃及、印度相比的，论其雨量，也远不如埃及、印度诸地之丰富。古代中国北部应该和现在的情形相差不远，我们只看周初时代《豳

---

① 《楚辞·天问》。
② 《道德经·十九章》。
③ 《庄子·胠箧》。
④ 《策林一·黄老术》。

风·七月》诗里所描写那时的节令物产以及一般农民生活，便知那时情形实与现在山西、陕西一带黄河、渭水附近甚相类似。因此中国人开始便在一种勤奋耐劳的情况下创造他的文化，较之埃及、巴比仑（伦）、印度之闲暇与富足的社会，又是绝不相似了。"① 归根结底，中华民族不是主要地靠大自然赐予的丰厚自然条件和环境来生存的，而是靠自己的勤奋劳作而繁衍生息的。在中华传统伦理思想中，倡导节俭思想的尤以儒家、墨家、道家为代表。例如，《论语》记载孔子非常重视俭，弟子子禽问子贡，他们的师傅孔子到一个诸侯国是如何获知其政事的，子贡回答说："夫子温、良、恭、俭、让以得之。"② 节俭实际上是孔子重要的德行，正是靠着温和、善良、恭敬、节俭、谦让这些德行，他能够了解到一个国家的政事。他自己强调说："麻冕，礼也；今也纯，俭，吾从众。"③ "纯"即黑丝。对于礼帽由麻料变成黑丝制作从而更为节俭一事，孔子明确表示，自己赞同大家的做法。孔子还与弟子就管仲是否俭朴展开讨论，有人问管仲是否俭朴，他则回答说："管氏有三归，官事不摄，焉得俭？"④ 即在孔子看来，管仲收取人民大量的市租，自己的手下人从不兼差，比较奢侈，算不得俭，因此孔子对管仲的奢侈浪费是极为厌恶的。墨子创立的墨家学派崇尚俭朴，墨子本人出身卑微，非常体谅人民疾苦，因而盛赞农夫勤劳，他强调："国家贫，则语之节用、节葬。"⑤ 老子创立的道家主张勤俭、朴素，强调统治者要"见素抱朴，少私寡欲"⑥。在中华传统伦理道德文化中，勤劳俭朴美德绝不只是儒墨道三家倡导的美德，实际上它遍及社会生活的方方面面，彰显于广大劳动人民

---

① 钱穆：《中国文化史导论》，商务印书馆，1994，第6页。
② 《论语·学而》。
③ 《论语·子罕》。
④ 《论语·八佾》。
⑤ 《墨子·鲁问》。
⑥ 《道德经·十九章》。

的身上，影响最为深远，形成了一系列的基本特征。

一、天道酬勤

自力更生，天道酬勤，是中国人妇孺皆知的生活道理。《孝经》提出人们要学会利用自然规律、通过自身的勤奋创造物质财富的道理，指出："用天之道，分地之利，谨身节用，以养父母。"①即根据天道或大自然的规律，举事顺时，根据土地的不同特点种植不同作物，因地制宜，行为谨慎恭敬，节约用度，以赡养自己的父母。要孝敬自己的父母，只有精神方面的因素是不够的，应该有一定的物质条件作为基础。而这些物质条件的取得必须通过自己的辛勤劳动。"用天之道，分地之利"是发展物质生产的问题，"谨身节用"是厉行节约的问题，而两个方面该做的事都做了，那么孝敬父母就有了一定的物质基础，即父母在衣食住行等基本生活上能够得到满足，再加上精神上的尊敬，这样孝道才算有了完整的意义。战国商鞅强调："地诚任，不患无财。"②即土地一旦被真正利用起来，就不怕没有财源。西汉桓宽说："衣食者民之本。"③即对老百姓来说，吃饭、穿衣才是根本的事。东晋陶渊明指出："人生归有道，衣食固其端。"④即人生总归有常道，而衣食就是人们赖以生存的首要条件。但是，衣食住行等基本生活资料的获得恰恰靠人的勤劳。西汉刘安说："禾稼春生，人必加功焉，故五谷得遂长。"⑤禾苗从春天开始生长，但还必须有农民对其辛勤劳作，多下功夫，才能使五谷得以良好地生长。"加功"实际上就是付出人的劳动。陶渊明也强调："衣食当须纪，

---

① 《孝经·庶人章》。
② 《商君书·错法》。
③ 《盐铁论·力耕》。
④ 《陶渊明集》卷三《庚戌岁九月中于西田获早稻》。
⑤ 《淮南子·修务训》。

力耕不吾欺。"①唐太宗李世民指出："抚九族以仁，接大臣以礼。奉先思孝，处位思恭。倾己勤劳，以行德义，此乃君之体也。"②即在李世民看来，抚亲、迎臣、奉先、处后，都要讲究德与义，然而奉行德与义，关键在于"倾己勤劳"。无论是强调"加功"、"力耕"，还是强调"倾己勤劳"，都说明只有勤奋劳动才能创造必要的物质生活资料，归根结底勤劳是社会财富的源泉。

物质生产是满足人民生存、生活需要的客观活动，从发家致富、经世安邦角度来说，勤劳是改善生存环境、实现社会富裕从而经世安邦的根本途径。中国古人认识到，财富归根结底在于勤劳所得。谚语"富贵本无根，尽从勤里得"③是说富贵本身并不是固定属于谁的，都是通过勤奋辛苦取得的。《管子·治国》说："舍本事而事末作，则田荒而国贫矣。"唐太宗李世民说："劝稼务农，则饥寒之患塞；遏奢禁丽，则丰厚之利兴。"④他以极为简练的语言，阐明了勤与俭或反对奢侈对经世安邦的重要意义。李世民还说："自古帝王凡有兴造，必须贵顺物情。昔大禹凿九山，通九江，用人力极广，而无怨讟者，物情所欲，而众所共有故也。秦始皇营建宫室，而人多谤议者，为徇其私欲，不与众共故也。"⑤在此，"物情"指人心、民情。"怨讟（dú）"指怨言。北宋林逋强调："少不勤苦，老必艰辛。"⑥明朝宋纁说："民生在勤，勤则不匮，是勤可以免饥寒也。"⑦即民生在于勤劳，勤劳就能够让生活富足，免受饥寒之苦。中国古人还把这种勤的思想引申到人生事业上，最著名的莫

---

① 《陶渊明集》卷二《移居（二）》。
② 《帝范·君体》。
③ 《醒世恒言·徐老仆义愤成家》。
④ 《帝范·务农》。
⑤ 《贞观政要》卷六《俭约第十八》。
⑥ 《省心录》。
⑦ 《古今药石·续自警编》。

过于唐朝黄檗《上堂开示讼》诗句:"不经一番寒彻骨,怎得梅花扑鼻香?"比喻只有经过一番艰苦的磨难,才能取得辉煌的成就。

中华民族向来坚信唯有勤劳俭朴才是发富致富的根本途径,但也更深刻地认识到,无论是多么宏大的财富,恰恰都在于点滴的积累。具体说来,一方面,人们认识到在创造财富时必须勤劳、勤奋,要从一点一滴做起。例如,《尚书》强调:"夙夜罔或不勤!不矜细行,终累大德。为山九仞,功亏一篑。"[①]这是说,早起晚睡,勤勤恳恳,努力修养自己,如果不注意小节,其结果会积小成大,最终连大德也要毁掉了。再比如造九仞高的山,因少一筐土便不能造成,这不是以小害大了吗?因此,君主为了使德政能够成功,天下得到治理,应当注意的事,只有慎终如始,才能防止"为山九仞,功亏一篑"现象的发生。清代金缨强调:"粒米必珍,富之源也。"[②]另一方面,人们认识到必须从生活细节方面认真厉行节约,反对丝毫的浪费。明末清初朱柏庐强调:"一粥一饭,当思来之不易;半丝半缕,恒念物力维艰。"[③]即对于已经创造出来的财物的消费,必须养成俭朴节约的自觉意识和良好的生活方式、生活习惯,要经常体味劳动的艰辛,这样就能够不断地节约,从而过上比较富裕的生活。

二、戒奢以俭

中国古人认识到了奢侈与勤俭之间的辩证法,注意生活日用要把握一定的度。"奢侈"造成财富的浪费,而"勤俭"则能够创造和积累财富。人不可不消费,因为人毕竟要生存、生活和发展,但消费却不能造成奢侈浪费,要适度消费,要形成良好的生活方式和俭朴的生活作风,

---

[①]《尚书·旅獒》。
[②]《格言联璧·惠吉类》。
[③]《朱子治家格言》。

科学地解决好财富的创造与消费之间的矛盾关系，归根结底，要把握好消费与勤俭之间的辩证关系或度。北宋司马光引张知白的话说："由俭入奢易，由奢入俭难。"①在此，司马光科学地揭示了人们在消费习惯上的两种特殊现象，即养成奢侈的坏习惯容易，而养成俭朴的好习惯比较难。在他看来，对奢与俭的矛盾关系，关键在于把握度。唐朝陆贽强调："取之有度，用之有节，则常足。"②因此，在消费问题上，无论是难或易，只具有相对的意义，实际上都能够做到。经过数千年的实践，中华民族已经形成了许多有教育意义的消费观念。例如："奢侈者可以为戒，节俭者可以为师矣。"③

奢侈浪费是导致人民灾难、政治动乱、政府危机、国家灭亡的重要因素。墨子非常反对奢侈，认为古代圣王都非常节俭，指出："古圣王制为葬埋之法，曰：'棺三寸，足以朽体；衣衾三领，足次覆恶。以及其葬也，下毋及泉，上毋通臭，垄若参耕之亩，则止矣。'死则既以葬矣，生者必无久哭，而疾而从事，人为其所能，以交相利也。"④《晏子春秋》记载："景公为台。台成，又欲为钟。晏子谏曰：'君国者不乐民之哀。君不胜欲，既筑台矣，今复为钟。是重敛于民，民必哀矣。夫敛民之哀而以为乐，非所以君国者。'公乃止。"⑤"乐"(lè)此处为使动用法，即"以……为乐"。在此，晏子劝谏齐景公不要以重敛为乐。《管子》说："故取于民有度，用之有止，国虽小必安；取于民无度，用之不止，国虽大必危。"⑥又说："赋敛厚，则下怨上矣。"⑦唐朝褚遂良说："奢靡

---

① 《训俭示康》。
② 《资治通鉴》卷二百三十四《唐纪五十·德宗贞元十七年》。
③ 《贞观政要》卷六《俭约第十八》。
④ 《墨子·节葬》。
⑤ 《晏子春秋·内篇谏》下。
⑥ 《管子·权修》。
⑦ 《管子·权修》。

之始，危亡之渐也。"①褚遂良的话另记载为："奢侈者，危亡之本。"②这都是强调奢侈导致国家危亡的道理。唐太宗李世民说："为君之道，必须先存百姓。若损百姓以奉其身，犹割股以啖腹，腹饱而身毙。若安天下，必须先正其身，未有身正而影曲，上治而下乱者。"③唐朝魏徵说："人君当神器之重，居城中之大……不念居安思危，戒奢以俭；德不处其厚，情不胜其欲，斯亦伐根以求木茂，塞源而欲流长也。"④"神器"指帝位，出自《道德经》："天下神器，不可为也。"⑤在此，魏徵主要规谏唐太宗力戒奢侈，厉行节约，积累德业。这段话从分析君主在国家管理中的重要地位出发，论证了"不居安思危，戒奢以俭"的严重危害性。北宋李觏说："人所以为人，足食也；国所以为国，足用也。然而天下不常生，其生有时；地不遍产，其产有宜；人不皆作，其作有能；国不尽得，其得有数。一谷之税，一钱之赋，给公上者，各有定制。苟不量入为出，节用而爱人，则哀公云：'二犹不足，《公羊》谓大桀小桀。'诛求无已，怨刺并兴，乱世之政也。"⑥李觏针对当时征收无度、浪费日益的现象提出了"量入为出，节用而爱人"的观点，告诫封建统治者，如果一味地索取民脂民膏，只有招致"怨刺并兴"，甚至亡国。南宋徐鹿卿则指出："国之有财用，犹人之有血气。气血耗竭，何以保身？财用空匮，何以立国？"⑦

中国古人认识到，节约俭朴、清心寡欲是修身养性、提高自身道德境界的根本途径。春秋之际，老子非常注重俭朴节约对于人或大丈夫

---

① 《新唐书》卷一百五《褚遂良传》。
② 《资治通鉴》卷一百九十六《唐纪十二·太宗贞观十七年》。
③ 《贞观政要》卷一《君道第一》。
④ 《旧唐书》卷七十一《魏徵列传》。
⑤ 《道德经·二十九章》。
⑥ 《李觏集》卷第六《国用第一》。
⑦ 《西山文集·十二月·奏己见札子》。

加强自身道德修养的重要意义，他强调："是以大丈夫处其厚，不居其薄；处其实，不居其华。"① 即真正道德高尚的人或大丈夫实际上处世需要敦厚，而不要刻薄，心地要朴实而不是爱慕虚华。孔子想去九夷，即东夷，今指朝鲜半岛及日本诸岛，有人认为那里太偏远简陋，他则强调说："君子居之，何陋之有？"② 孟子说："养心莫善于寡欲。其为人也寡欲，虽有不存焉者，寡矣。其为人也多欲，虽有存焉者，寡矣。"③ 正因为孟子认识到清心寡欲能够修养身心，因此在他看来，如果做到这一点，就能够成为真正意义上的"大人"。他说："大人者，不失其赤子之心者也。"④ 即真正有德行的人就是那些能够保持婴儿般天真淳朴之心的人。《管子》说："道德当身，故不以物惑。"⑤ 即道德高尚的人不会为外界的事物所诱惑。唐太宗李世民说："夫治国犹如栽树，木根不摇，则枝叶茂荣。君能清静，百姓何得不安乐乎？"⑥ 还强调："茅茨不剪，采椽不斫，舟车不饰，衣服无文，土阶不崇，大羹不和。非憎荣而恶味，乃处薄而行俭。故风淳俗朴，比屋可封。"⑦ 又说："崇饰宫宇，游赏池台，帝王之所欲，百姓之所不欲。帝王所欲者放逸，百姓所不欲者劳弊。孔子云：'有一言可以终身行之者，其恕乎！己所不欲，勿施于人。'劳弊之事，诚不可施于百姓。朕尊为帝王，富有四海，每事由己，诚能自节，若百姓不欲，必能顺其情也。"⑧ 李世民在告诫其儿子时强调："夫君者，俭以养性，静以修身。俭则人不劳，静则下不扰。人劳则怨起，下扰则

---

① 《道德经·三十八章》。
② 《论语·子罕》。
③ 《孟子·尽心下》。
④ 《孟子·离娄下》。
⑤ 《管子·戒》。
⑥ 《贞观政要》卷一《政体第二》。
⑦ 《帝范·崇俭》。
⑧ 《贞观政要》卷六《俭约第十八》。

政乖。"①明末清初唐甄指出："人君能俭，则百官化之，庶民化之；于是官不扰民，民不伤财。人君能俭，则因生以制取，因取以制用。"②即皇帝身体力行带头节俭，官吏和百姓就会效仿，如此一来，官吏就不会侵扰百姓，百姓不损失财产，而皇帝就能够根据生产来制约国家收入，根据收入来制约开支。这是说，上行下效是一个常理，统御者的带头作用是不可忽视的。北宋宋祁曾上疏宋仁宗说："人不率则不从，身不先则不信。陛下能躬服至俭，风示四方，衣服起居，无逾旧规，后宫锦绣珠玉，不得妄费，则天下响应，民业日丰，人心不摇，师役可举，风行电照，饮马西河。蠢尔戎首，在吾掌中矣！"③节俭也是士君子修身的美德。北宋司马光训诫自己的儿子时强调："众人皆以奢靡为荣，吾心独以俭素为美。"④即当今许多人都以奢侈浪费为荣，而我心中却坚定地认节俭朴素为美德。司马光还强调："侈则多欲。君子多欲则贪慕富贵，枉道速祸。"⑤即奢侈贪欲就多，而贪欲多就想过豪华奢侈的生活，这必然引发徇私枉法，最终招来牢狱之灾或杀身之祸。明朝薛瑄说："节俭朴素，人之美德；奢侈华丽，人之大恶。"⑥总之，中国古人认识到，节俭无论对君主还是对普通人来说都是一种美德，而奢侈则是恶行。

中国人知足常乐，宁享清贫自在，不愿富贵多忧。知足是人们对客观物质生活比较满意而不多奢求的表现。孔子曾说："君子食无求饱，居无求安，敏于事而慎于言，就有道而正焉，可谓好学也已。"⑦即在孔子看来，道德高尚的人吃饭不求奢侈，居位不求豪华，勤奋做事而谨慎

---

① 《帝范·诫盈》。
② 《潜书》下篇上《富民》。
③ 《宋史》卷二百八十四《宋祁传》。
④ 《司马光集》卷六九《训俭示康》。
⑤ 《司马光集》卷六九《训俭示康》。
⑥ 《读书录》卷七。
⑦ 《论语·学而》。

说话，关键在于靠近有道理的人而改正自己的错误，成为真正好学习的人。显然，这是从道德的角度对人的要求，其中，体现着君子当知足的道理。众所周知，道家非常强调简朴，因而对知足有深刻的认识。老子极力主张人必须知足，他强调说："知足不辱，知止不殆。"①即能够知道满足的人不会受到羞辱，而知道适可而止的人则不会遇到危险。老子还告诫说："咎莫大于欲得；祸莫大于不知足。"②即不知道满足、贪得无厌才是最大的灾祸、最大的罪过。当然，老子如此说，是鉴于西周末年的历史背景而说的，那时，统治者因为不知足，对人民群众剥削不能适可而止，结果引发奴隶阶级反抗斗争，最终被驱赶下台而遭受身心打击。不过，老子的说法毕竟具有一定的普遍启示意义。对于知足问题，庄子亦有很好的认识。他说："鹪鹩巢于深林，不过一枝；偃鼠饮河，不过满腹。"③这是告诫人们应当像鹪鹩和偃鼠那样满足于自己对外物的需要。实际上，人的生存、生活也并不需要过多的物质财富。相反，如果对物质财富过分贪求，还容易导致危及自己的结果。法家韩非子强调："不知足者之忧，终身不解。"④西汉黄石公强调："吉莫吉于知足，苦莫苦于多愿。"⑤在西汉刘向看来，如果正义无法伸张，名节得不到彰显，是士人的耻辱；相反，"卑贱贫穷，非士之耻也"⑥。西汉戴德说："富以苟，不如贫以誉；生以辱，不如死以荣。"⑦然而，遗憾的是，"人苦不知足，既平陇，复望蜀"⑧。即人总是苦于不知足，欲望没有止境，结果必然导

---

① 《道德经·四十四章》。
② 《道德经·四十六章》。
③ 《庄子·逍遥游》。
④ 《韩非子·解老》。
⑤ 《素书·本德宗道》。
⑥ 《说苑·立节》。
⑦ 《大戴礼记·曾子制言上》。
⑧ 《后汉书》卷四十七《岑彭传》。

致忧虑与苦恼。《增广贤文》说："贫穷自在，富贵多忧。"① 北宋田况指出："夫约则常足，侈则常不足。常足则乐而得美名，祸咎远矣；常不足则役而得訾恶，福亦远矣。"② 元朝许名奎说："以俭治身，则无忧；以俭治家，则无求。"③ 这些都强调了俭、知足对修身养性的意义。

三、节用裕民

中国古人认识到，统治者节俭能够减轻老百姓的负担，因而实际地造福老百姓。晋朝傅咸曾上疏说："臣以为谷帛难生，而用之不节，无缘不匮。故先王之化天下，食肉衣帛，皆有其制。窃谓奢侈之费，甚于天灾。古者尧有茅茨，今之百姓竞丰其屋。古者臣无玉食，今之贾竖皆厌粱肉。古者后妃乃有殊饰，今之婢妾被服绫罗。古者大夫乃不徒行，今之贱隶乘轻驱肥。古者人稠地狭而有储蓄，由于节也；今者土广人稀而患不足，由于奢也。欲时之俭，当诘其奢；奢不见诘，转相高尚。昔毛玠为吏部尚书，时无敢好衣美食者。魏武帝叹曰：'孤之法不如毛尚书。'令使诸部用心，各如毛玠，风俗之移，在不难矣。"④ 傅咸上疏反对晋统治集团的腐朽、腐败、穷奢极欲现象，是对当时统治阶级集团丑行的揭示，说明了奢靡之风所造成的严重后果。唐太宗李世民说："故桀、纣肆性而祸结，尧、舜约己而福延，可不务乎？"⑤ 他还强调："莫若禁绝浮华，劝课耕织，使人还其本，俗反其真，则竞怀仁义之心，永绝贪残之路，此务农之本也。"⑥ 即在李世民看来，最好禁止表面上的浮华，鼓励农耕和纺织，使人民回到本业上，习俗风气回归到真实上来，

---

① 《增广贤文》。
② 《儒林公议·张知白清俭》。
③ 《劝忍百箴·俭之忍第四十六》。
④ 《晋书》卷四十七《傅咸传》。
⑤ 《帝范·崇俭》。
⑥ 《帝范·务农》。

便争相胸怀仁义之心，永远堵绝狠毒之路，这是发展农业的根本。李世民强调发展经济不能徒具表面的繁荣，一定要扎扎实实抓住发展农业生产这一根本。在这里，李世民所说的"浮华"是繁华的商业。他认识到农业生产是商业的基础，因此强调发展农业生产，因为如果没有农业生产，商业就会成为无源之水，终究要枯竭的。中国是农业大国，因而禁绝浮华而劝课耕织的思想尤其体现在重视农业生产上。《三国志·魏志》说："圣王之御世，莫不以广农为务，俭用为资。夫农广则谷积，俭用则财畜。畜财积谷而有忧患之虞者，未之有也。"即圣明的君王治理国家，无一不把扩大耕田面积作为大事，节俭费用作为供给的原则。多耕种田地粮食就会有积蓄，节俭费用财物就会有储存。积蓄财物，储存粮食还忧愁有祸患发生，那是没有的事。这说明，在扩大耕田面积、增加国库收入的同时，还要注意节省财力、物力，反对铺张浪费。这样，既可以开源又可以节流，实为实现强国富民的良策。

节俭、薄税是统治者使民众富裕、巩固政治统治的重要方式。孟子说："易其田畴，薄其税敛，民可使富也。"①荀子亦强调："足国之道，节用裕民，而善臧其余。节用以礼，裕民以政。彼裕民故多余，裕民则民富，民富则田肥以易，田肥以易则出实百倍。上以法取焉，而下以礼节用之。余若丘山，不时焚烧，无所臧之。夫君子奚患乎无余！"②在此，"臧"通"藏"，收藏。荀子"节用裕民"的主要内容是要求统治者按照规定征收赋税，按照等级规定节约用度，使百姓有所积蓄，国家才能富足；同时，以节俭为美德的帝王能够赢得人心，从而巩固自己的政治统治。例如，《国语》记载："季文子相宣、成，无衣帛之妾，无食粟之马。仲孙它谏曰：'子为鲁上卿，相二君矣，妾不衣帛，马不食粟，人其以子为爱，且不华国乎？'文子曰：'吾亦愿之，然吾观国人，其

---

① 《孟子·尽心上》。
② 《荀子·富国》。

父兄之食粗而衣恶者多矣，吾是以不敢。人之父兄食粗衣恶，而我美妾与马，无乃非相人者乎？且吾闻以德荣为国华，不闻以妾与马。'"①在此，"德荣"指道德高尚而荣显。"以德荣为国华"即以道德荣显者为国家的光华。当然，节俭作为帝王的美德，必须首先从君王自身做起。战国晏子强调："其政任贤，其行爱民，其取下节，其自养俭。……不从欲以劳民。"②在此，"从"即"纵"。这是说，君主向百姓征收赋税从缓从轻，在自己生活用度方面从约从俭。不仅如此，而且还应当认识到，只有节俭才能使百姓安心从事农业生产，特别是要"勿夺民时"。众所周知，孔子强调："道千乘之国，敬事而信，节用而爱人，使民以时。"③西汉刘安强调："故为治之本，务在宁民；宁民之本，在于足用；足用之本，在于勿夺时。"④《管子》还揭示了之所以"勿夺民时"的原因，说："地之生财有时，民之用力有倦，而人君之欲无穷。以有时与有倦，养无穷之君，而度量不生其间，则上下相疾也。是以臣有杀其君，子有杀其父者矣。故取于民有度，用之有止，国虽小必安；取于民无度，用之不止，国虽大必危。"⑤唐朝魏徵亦说："然既得之后，志趣骄逸。百姓欲静而徭役不休，百姓凋残而侈务不息；国之衰弊，恒由此起。以斯而言，守成则难。"⑥唐太宗李世民强调："夫君者俭以养性，静以修身。俭则人不劳，静则下不扰。人劳则怨起，下扰则政乖。"⑦宋末元初邓牧指出："天下非甚愚，岂有厌治思乱、忧安乐危者哉！宜若可以常治安矣，乃至有乱与危，何也？夫夺其食，不得不怒；竭其力，不得不怨。人之

---

① 《国语·鲁语上》。
② 《晏子春秋·内篇问上》。
③ 《论语·学而》。
④ 《淮南子·泰族训》。
⑤ 《管子·权修》。
⑥ 《贞观政要》卷一《君道第一》。
⑦ 《帝范·诫盈》。

乱也，由夺其食；人之危也，由竭其力。而号为理民者，竭之而使危，夺之而使乱！二帝三王平天下之道，若是然乎！"①

当然，中国古人认识到，要想做到节用裕民，必须建立必要的规章制度。南宋陆九韶指出："世所用度，有何穷尽！盖是未尝立法，所以丰俭皆无准则。好丰者妄用以破家，好俭者多藏以敛怨，无法可依，必至于此。愚今考古经国之制，为居家之法，随资产之多寡，制用度之丰俭，是取中可久之制也。"②即浪费与节俭的界线要明确，要建立健全规章制度，加以管理，不能由某些当权者随心所欲，其原则就是量力而出，量财使用，这才是最佳方案。

四、俭以助廉

对于士大夫或官吏来说，勤劳俭朴是廉洁奉公的重要基础，亦是造就圣贤的重要途径。战国时期左丘明《国语》说："劳则思，思则善心生；逸则淫，淫则忘善，忘善则恶心生。"③即人只有辛苦勤劳才能够自觉去思考劳动成果来之不易，才能主动体谅劳动人民的艰辛，从而去关心、关爱他们，培育自己的善良之心；相反，好逸恶劳，只知享乐，就会放纵自己的欲望，挥霍浪费财富，不会深刻体会、体谅劳动人民的艰辛，忘记善良而产生邪恶之心。在此，左丘明实际揭示了真正勤劳的人能够自觉思考和体谅人民辛苦，从而心生善念的道理。这体现了中国古人或士大夫、君子的道德自觉。

贫穷并不是人提高道德修养的必要条件，但节俭恰恰是自觉的道德行为。老子曾说："我有三宝，持而宝之。一曰慈，二曰俭，三曰不敢为天下先。"④在此，"节俭"被老子视为"三宝"之一，可见他充分认

---

① 《伯牙琴·吏道》。
② 《宋元学案》卷五十七《梭山复斋学案·梭山日记》。
③ 《国语·鲁语下》。
④ 《道德经·六十七章》。

识到节俭在加强道德修养、提升境界方面的重要作用。但他也认识到："上士闻道，勤而行之；中士闻道，若存若亡；下士闻道，大笑之。不笑不足以为道。"①即只有"上士"才会将知道的道理加以认真地践行，而"下士"甚至予以嘲笑。南朝鲍照的《拟行路难》诗云："自古圣贤尽贫贱，何况我辈孤且直。"像鲍照这样坚信圣贤之人出身贫贱之家而自己也能够通过勤奋俭朴而成为圣贤的，即虽然出身寒微、心地耿直也能成为道德高尚的人，都是具有强烈的道德自觉的人。西汉桓宽说："不为穷变节，不为贱易志。"②无疑，俭朴不仅是一个君子不断提高自身品德修养的重要前提，也是其进入仕途为官保障廉洁奉公、抵制贪污腐败的基础。《左传》记载，孔子弟子子罕在拒绝别人以宝玉来贿赂他时说过一段非常精彩的话："我以不贪为宝，尔以玉为宝；若以与我，皆丧宝也，不若人有其宝。"③即在子罕看来，对于从事公务的人来说，不贪才是真正维护自身生存和发展的法宝，一旦接受了别人的贿赂就势必失去了自己维护高尚品质的法宝。荀子则说："身劳而心安，为之；利少而义多，为之。事乱君而通，不如事穷君而顺焉。故良农不为水旱不耕，良贾不为折阅不市，士君子不为贫穷怠乎道。"④在此，荀子所谓"士君子不为贫穷怠乎道"更清晰地说明了中国古代士君子对道的执着追求。北宋范纯仁说："惟俭可以助廉，惟恕可以成德。"⑤因此，要想做到廉洁奉公，就必须自觉过俭朴的生活，要自觉养成宽恕人的品德。清代魏禧指出："凡不能俭于己者，必妄取于人。"⑥即凡是对自己不肯俭朴的人，一定也会从别人那里乱拿东西。元朝李翀说："殊不知富贵者，

---

① 《道德经·四十一章》。
② 《盐铁论·地广》。
③ 《左传·襄公十五年》。
④ 《荀子·修身》。
⑤ 《宋史》卷三百一十四《范纯仁传》。
⑥ 《日录里言》。

贫贱之基；奢侈者，寥落之由。"① 即富贵而佚乐则易招贫贱，奢侈而无度则易陷于沦落。

总之，勤劳俭朴思想是中华民族在数千年的物质生产劳动和社会生活实践中所感悟和积累起来的重要观念，是生活经验的结晶，全面反映着人们对人与自然之间物质和能量的变换关系、人与人之间社会财富分配关系的深入思考，处处彰显着中华民族广大劳动人民积极乐观、勇往直前、任劳任怨、踏实本分的生活态度。当然，尽管勤劳俭朴是中华民族广大劳动人民的传统美德，然而，在中国儒家思想中，典型地贯彻着"学而优则仕"的思想，因此，学习孔子倡导的"六艺"积极踏上仕途而不从事生产劳动，就是无数君子的人生价值选择。孔子强调："君子忧道不忧贫。"② 即在孔子看来，对君子而言，追求"道"而不在乎"贫"。他主张生活俭朴、乐在其中，说："饭疏食，饮水，曲肱而枕之，乐亦在其中矣。不义而富且贵，于我如浮云。"③ 特别是，孔子非常赞赏他的得意弟子颜回的生活态度，反复颂扬颜回的安贫乐道精神。他感叹说："贤哉，回也！一箪食，一瓢饮，在陋巷，人不堪其忧，回也不改其乐。贤哉，回也！"④ 这就是儒家伦理道德传统中的"孔颜乐处"说法的出处。从根本上说，尽管孔子非常注重俭朴，然而毕竟他不太重视生产劳动，在他看来，从事生产劳动则是小人之事。《论语》记载有樊迟向孔子求教如何种庄稼和种菜的事情，他非常诚实而直截了当地回答说"吾不如老农"，说"吾不如老圃"。但是，樊迟离开后，则立刻感叹说："小人哉，樊须也！上好礼，则民莫敢不敬；上好义，则民莫敢不服；上好信，则民莫敢不用情。夫如是，则四方之民襁负其子而至矣，焉用

---

① 《日闻录》。
② 《论语·卫灵公》。
③ 《论语·述而》。
④ 《论语·雍也》。

稼？"①在此，孔子坦白地承认在种庄稼、种菜问题上自己不如农民、菜农，但他却有明确的教育取向和教育目的，即在他看来，种庄稼、种菜等都是"小人"，即普通劳动者所为，而他所培养的恰恰是君子，即将来从事政事的安邦治国者、公共政治活动家或统治者，换言之，即现代话语中的国家公务员。例如，他还强调："诵《诗》三百，授之以政，不达；使于四方，不能专对；虽多，亦奚以为？"②就是说，纵使熟读《诗经》，如果把政事交给他却办不成事，令其出使外国却不能独立应对，读的虽多也没有什么用。因此，在孔子的眼中，教育或读书真正的目的在于培养从事政治活动的专门人才或公务员。尽管如此，应当承认孔子本人是非常重视俭朴的，更强调了安贫乐道对修身的重要意义。

第三节　勤劳俭朴精神的现代阐释

勤劳俭朴是中华优秀传统美德，对于整个中华民族的道德素质和人格修养产生了深远的影响，是塑造整个中华民族性格的重要因素，它深深扎根于浑厚的中华大地上，传承数千载而不息，在不同的历史时代总能发挥着持久的作用。尽管时代不同，人类的物质生产方式、生活方式、消费方式等发生了天翻地覆的变化，然而中华传统伦理道德思想中的勤劳俭朴思想的基本精神仍然是值得肯定的，是完全正确的。《新时代公民道德教育实施纲要》强调："推动践行以爱国奉献、明礼遵规、勤劳善良、宽厚正直、自强自律为主要内容的个人品德，鼓励人们在日常生活中养成好品行。"③"要深化改革开放史、新中国历史、中国共产

---

① 《论语·子路》。
② 《论语·子路》。
③ 《新时代公民道德建设实施纲要》，人民出版社，2019，第6页。

党历史、中华民族近代史、中华文明史教育，弘扬中国人民伟大创造精神、伟大奋斗精神、伟大团结精神、伟大梦想精神，倡导一切有利于团结统一、爱好和平、勤劳勇敢、自强不息的思想和观念，构筑中华民族共有精神家园。"[①] "及时把实践中广泛认同、较为成熟、操作性强的道德要求转化为法律规范，推动社会诚信、见义勇为、志愿服务、勤劳节俭、孝老爱亲、保护生态等方面的立法工作。"[②] 因此，倡导和弘扬勤劳俭朴精神是新时代公民道德建设的重要内容，我们必须结合时代特征，在实现全面建设社会主义现代化强国战略任务的过程中，为了更好地推进我国经济社会的发展，科学地解决发展不平衡不充分的问题，更好地实现人民群众对美好生活的向往，要进一步弘扬和阐释中华民族传统伦理道德思想中的勤劳俭朴精神，克勤克俭，努力工作，节约资源能源，反对铺张浪费、奢侈浪费，提倡高效、节俭、健康、文明的生活方式，以全面改善人与自然的紧张关系，塑造人与自然、人与社会、人与人、人与自身之间的和谐关系。

客观而言，勤劳俭朴不仅是人们对待物质生产劳动、社会财富分配、生活资料消费、人生欲望满足的一种理性态度，而且是一种人们在人与自然关系上、人与社会关系上的基本作为。

一、确立统筹生产分配的理性消费态度

勤劳俭朴是综合反映人们科学对待人与自然物质能量变换关系以及人与社会、人与人、人与自身之间社会财富分配和生活资料消费关系的理性态度。无论生产、交换、分配或消费，都不是单一的方面或环节，必须全面地统筹生产、交换、分配与消费，特别要根据生产和分配的客观实际，量入而出，进行合理的消费，既不能寅吃卯粮，也不能肆意侵

---

① 《新时代公民道德建设实施纲要》，人民出版社，2019，第8-9页。
② 《新时代公民道德建设实施纲要》，人民出版社，2019，第22-23页。

占社会集体和他人的利益。

  毫无疑问,世界上不会无端出现社会物质财富,任何社会物质财富都是社会的人创造的,大自然直接赋予的任何东西都称不上真正意义上的社会财富,而物质生产活动,简称劳动,就是世界上所有社会物质财富真正的创造活动。人不是动物,人之所以区别于动物,根本之处就在于人能够劳动。按照马克思的说法,人的生命活动方式,即劳动,与动物的本能活动存在着质的区别。马克思说:"生命活动的性质包含着一个物种的全部特性、它的类的特性,而自由自觉的活动恰恰就是人的类的特性。"① 即在马克思看来,人的生命活动的特性恰恰就是自由、自觉。他还强调:"动物是和它的生命活动直接同一的。它没有自己和自己的生命活动之间的区别。它就是这种生命活动。人则把自己的生命活动本身变成自己的意志和意识的对象。他的生命活动是有意识的。这不是人与之直接为一体的那种规定性。有意识的生命活动直接把人跟动物的生命活动区别开来。"② 后来,马克思、恩格斯亦强调:"一旦人开始生产自己的生活资料的时候,即迈出由他们的肉体组织所决定的这一步的时候,人本身就开始把自己和动物区别开来。人们生产自己的生活资料,同时间接地生产着自己的物质生活本身。"③ 因此,劳动,即人的体现着自由自觉特性的生命活动,使人区别于动物而成为世界上一种类存在物。正是在此基础上,马克思强调:"实际创造一个对象世界,改造无机的自然界,这是人作为有意识的类的存在物(亦即这样一种存在物,它把类当作自己的本质来对待,或者说把自己本身当作类的存在物来对待)的自我确证。"④ 因此,劳动实际上创造出一个真正属于自己的对象世界,它能够确证人自身的存在;相反,没有劳动,也便没有确证

---

① 马克思:《1844 年经济学哲学手稿》,刘丕坤译,人民出版社,1979,第 50 页。
② 马克思:《1844 年经济学哲学手稿》,刘丕坤译,人民出版社,1979,第 50 页。
③《马克思恩格斯选集》,第一卷,人民出版社,2012,第 147 页。
④ 马克思:《1844 年经济学哲学手稿》,刘丕坤译,人民出版社,1979,第 50 页。

自己存在的对象世界。在《自然辩证法》中，恩格斯明确强调："一句话，动物仅仅利用外部自然界，简单地通过自身的存在在自然界中引起变化；而人则通过他所作出的改变来使自然界为自己的目的服务，来支配自然界。这便是人同其他动物的最终的本质的差别，而造成这一差别的又是劳动。"① 因此，正是劳动使人区别于动物，而人正是通过劳动来改变自然界，使自然界为自己的目的服务，也正是在这种意义上，人类创造了能够满足自身生存和发展需要的社会物质财富。

当然，在此不能无限地夸大劳动的作用。马克思、恩格斯都认识到人的劳动必须依赖于自然界。一方面，马克思明确指出："人（和动物一样）赖无机自然界来生活，而人较之动物越是万能，那么，人赖以生活的那个无机自然界的范围也就越广阔。……实际上，人的万能正是表现在他把整个自然界——首先就它是人的直接的生活资料而言，其次就它是人的生命活动的材料、对象和工具而言——变成人的无机的身体。自然界就它本身不是人的身体而言，是人的无机的身体。人靠自然界来生活。"② 另一方面，马克思强调："没有自然界，没有外部的感性世界，劳动者什么也不能创造。自然界、外部的感性世界是劳动者用来实现他的劳动，在其中展开他的劳动活动，用它并借助于它来进行生产的材料。"③ 众所周知，恩格斯在批判资产阶级经济学家过分强调劳动的作用时亦曾经指出："政治经济学家说：劳动是一切财富的源泉。其实，劳动和自然界在一起才是一切财富的源泉，自然界为劳动提供材料，劳动把材料转变为财富。"④ 因此，人的劳动必须与自然界在一起才能构成一切财富的源泉，其实质就是通过劳动把自然界提供的材料转变为社会财富。客观而言，劳动创造社会物质财富，意味着劳动实现了人与自然之

---

① 恩格斯：《自然辩证法》，人民出版社，2018，第313页。
② 马克思：《1844年经济学哲学手稿》，刘丕坤译，人民出版社，1979，第49页。
③ 马克思：《1844年经济学哲学手稿》，刘丕坤译，人民出版社，1979，第45页。
④ 恩格斯：《自然辩证法》，人民出版社，2018，第303页。

间的物质和能量的交换。

劳动作为世界上物质财富的创造活动，对于人自身的存在，包括生产、生活和消费，都具有无比重要的意义，而劳动的重要意义就体现在它必须是一种连续不断的因而需要人们勤奋地从事的活动。马克思、恩格斯在批判费尔巴哈时指出："这种活动、这种连续不断的感性劳动和创造、这种生产，正是整个现存的感性世界的基础，它哪怕只中断一年，费尔巴哈就会看到，不仅在自然界将发生巨大的变化，而且整个人类世界以及他自己的直观能力，甚至他本身的存在也会很快就没有了。"[①] 可以说，只有勤奋地从事生产劳动，即勤劳，人才能够为自己的存在及其世界奠定坚实的基础。显然，自觉地意识到勤劳的必要性并踏实地勤奋劳作，就是一种科学的态度。与此相应，在社会财富的分配和消费问题上，如果充分地认识到正是劳动创造了财富，就会深刻地认识到无论是分配也好，消费也好，实际上都理应更多地体现劳动和劳动者的价值，就会自觉地摆正人与社会、人与人以及人与自身之间的分配与消费关系，如在分配问题上体现公正原则，在消费问题上认识到劳动的艰辛，如此等等，从而端正自己的分配观念和消费观念。从根本上说，劳动不仅是实现人类与自然界之间物质能量变换关系的途径和衡量尺度，而且也是人与社会、人与人、人与自身之间实现社会财富交换或分配的途径和衡量尺度，即人只有凭借自己的劳动付出才能从社会、他人或自身取得自己相应的生活消费资料或财富。显然，这是人们应当确立的最科学、最理性的态度。

事实上，只有当人们确立起正确的、科学的劳动观念、社会财富分配观念和消费观念，人们才可能最勤奋地从事生产劳动，才可能更客观、公正地分配社会财富，也才可能更自觉、更积极地珍惜来之不易的财富，过上勤劳俭朴的生活。

---

① 《马克思恩格斯选集》，第一卷，人民出版社，2012，第157页。

二、塑造勤劳俭朴统一的生命活动方式

人的生命活动方式决定人的生命活动状态。生产方式或劳动不仅使人们根本上区别于动物,而且使人这种特殊的生命活动方式享有自己特殊的生命活动,成为自己的生活方式。马克思、恩格斯强调:"这种生产方式不应当只从它是个人肉体存在的再生产这方面加以考察。更确切地说,它是这些个人的一定的活动方式,是他们表现自己生命的一定方式、他们的一定的生活方式。"[①]因此,生产方式本身也是人们的生活方式,是人们表现自己生活的一定方式。对于人来说,如何更好地生产、生活,换言之,更好地充实自己的生命力,展现自己的生命力,不仅是人区别于动物的根本之处,也是自己区别于其他人的根本所在。客观而言,勤劳作为劳动或生产的特殊状态,是使人充分发挥生命力的积极状态,而俭朴作为一种特殊的生活方式则使人处于最朴实、最纯真地表现生命力的生活状态。

如上所述,劳动、生产活动是人类创造物质生活资料以满足肉体生存需要的前提,也是全部人类历史的第一个前提,因此,维护和增进生命力,是生产的首要的、根本的目的。然而,这种维持和增进生命力的生产活动本质上之所以区别于动物的活动,恰恰在于这种活动是人的有意识、有意志、有目的的活动,能够使自然界按照人的意志发生变化以达到自己的目的。这种有意识、有意志、有目的的生产劳动归根结底是受到人的思想、意识、心理等各种因素影响的活动,其中,是积极勤奋还是消极懒惰,就是最为关键的表现。我们知道,劳动不仅能够把自然界提供的材料转变为社会财富,而且还客观地创造了人,促进了人的发展。恩格斯强调:"劳动是整个人类生活的第一个基本条件,而且达到

[①]《马克思恩格斯选集》,第一卷,人民出版社,2012,第147页。

这样的程度，以致我们在某种意义上不得不说：劳动创造了人本身。"①恩格斯还专门举例说："甚至和人最相似的猿类的不发达的手，同经过几十万年的劳动而高度完善化的手相比，竟存在着多么大的差距。骨节和筋肉的数目和一般排列，两者是相同的，然而即使最低级的野蛮人的手，也能做任何猿手都模仿不了的数百种动作。任何一只猿手都不曾制造哪怕是一把最粗笨的石刀。"②尤其是，他还强调："手不仅是劳动的器官，它还是劳动的产物。只是由于劳动，由于总是要去适应新的动作，由于这样所引起的肌肉、韧带以及经过更长时间引起的骨骼的特殊发育遗传下来，而且由于这些遗传下来的灵巧性不断以新的方式应用于新的越来越复杂的动作，人的手才达到这样高度的完善，以致像施魔法一样产生了拉斐尔的绘画、托瓦森的雕刻和帕格尼尔的音乐。"③因此，从根本上说，正是劳动创造了人，而人越是劳动，越是勤奋地劳动，人越能不断地推进自身的快速发展。毫无疑问，这就直接说明，正是高度自觉的勤奋劳动不断地使人从动物的世界里超拔出来，提升为人，使人真正作为人而活动，使人不断地拥有人的生命存在，创新和丰富人的生命存在，不断地增进人的生命力。马克思强调："丰富的人同时也是需要人的十分完满的生命表现的人，是他自身的实现在自己身上表现为内在的必然性即需要的人。……我的本质活动的感性的爆发，是在这里进而成为我的本质之活动的情欲。"④归根结底，勤劳是人的最自觉的、最积极的、最充满生命力的生产方式、生产状态，也是人最充满激情的生活方式。

客观而言，勤劳偏重于创造，俭朴偏重于生活或消费。然而，各自的偏重并不能割裂勤劳与俭朴的紧密联系；相反，人们之所以特别强调

---

① 恩格斯：《自然辩证法》，人民出版社，2018，第303页。
② 恩格斯：《自然辩证法》，人民出版社，2018，第304页。
③ 恩格斯：《自然辩证法》，人民出版社，2018，第305页。
④ 马克思：《1844年经济学哲学手稿》，刘丕坤译，人民出版社，1979，第82页。

俭朴，不仅在于社会物质资源或财富的贫乏，而往往在于对勤奋从事生产劳动艰辛的切身体验，对创造和积累社会物质财富不易的经验总结。毫无疑问，人们劳动的过程，特别是传统自然经济时代，靠天吃饭，借助比较原始的生产工具从事劳动的过程，充满着艰辛和汗水。纵使随着科学技术的发展，人们从事生产劳动的工具有了较大的改善，甚至实现了自动化或半自动化，运用上了高科技，然而，劳动任何时候都注定要付出相当的脑力和体力，只不过两者的比例有所改变而已，而且从某种意义上说，脑力劳动比体力劳动更为复杂、艰辛。可以说，正是通过对生产劳动的复杂、艰辛，对创造和积累社会财富不易的深刻体验与感悟，才使人自觉地去珍惜劳动成果和社会财富。

然而，如果仅仅从对劳动艰辛的体验和对创造、积累社会财富不易的角度来强调俭朴，似乎还远远没有真切地把握俭朴的重要意义。从根本上说，作为消费方式和消费状态，俭朴意味着人与事物、与物质生活资料、与生生不息的大自然之间处于最简单、最直接、最本真的关系之中，它本质上就是人的最朴实、最纯真地表现生命力的生活状态。事实上，人直接来源于自然，人的肉体存在只有处于最自然的状态，才是最科学的状态，而能够保证人的肉体处于最自然状态的人的需要及其满足，本身只可能是最客观的需要及其满足。但是，人的客观的生存和发展需要，往往为各种世俗的观念所支配，从而产生了许多超乎客观需要之上的主观欲望。显然，这些主观欲望，即"想要"，把客观需要主观化了，因而也造成了对客观需要的歪曲。结果，这些通过歪曲因而最终遮蔽人的客观需要的主观欲望、主观愿望和思想就使人逐渐地远离了最纯粹、最纯朴的自然界，造成了人与自然的疏离。当然，俭朴并不是苛刻。相反，俭朴意味着根据自身生存、生活和发展的客观需要，最大限度地充分发挥生活资料的价值，尽可能地不造成浪费。姜文明强调：

"节俭的生活方式内含着秩序、高效,是生活中的理性表现。"[①] 不言而喻,如果借助最少的人力、物力、财力和时间能够创造或获得最大的收益或成果,那么,这就是最经济、最合理的消费方式、消费状态。

客观而言,勤劳与俭朴的紧密联系恰恰说明它们都是最能表现人们的生命力和激情的生产、生活方式。勤劳是对生命力的最佳使用,是需要激情而发动起来的,而俭朴也注定必须通过高度自觉来实现,因而同样是最能展现生命力的活动。显然,这种意义上的劳动与消费就是最经济、最合理的消费。人在这种意义上使用和展现生命力,一方面最能够创造财富或经济效益,另一方面也最能通过自己最合理的消费而节省和积累财富,从而实际地创造着财富。总之,真正说来,只有勤劳省朴,才是最能够展现生命力、促使生命力不断增强和壮大的人的生产生活方式,才是最经济、最合理的消费方式,归根结底,是最合理的生命活动方式。

三、养成融入生活习惯的勤劳俭朴美德

勤劳俭朴在社会物质财富的生产和消费上,既体现为人们对自身的生命力的最佳运用,也体现为人们对自身生命和身体的最科学地增强、壮大和维护。从根本上说,这实质上意味着人科学地把握了依靠自然界提供的资源、能源或材料进行生产和创造的科学规律,把握了人自身存在和发展的科学规律。无疑,能够自觉地认识和运用这些科学规律来生产和生活,完全可以称之为是知天乐命,是自觉地遵循了自然的生生之道,即自然界生成、演化的客观规律。可以说,在现实生活中做到勤劳俭朴,不仅意味着它是一种智者的良好生活习惯,而且还表现为难得的优良道德品质。

事实上,生产劳动和生活消费存在着自身的客观规律。众所周知,

---

① 姜文明:《论现代消费观下的俭德内涵》,《理论月刊》2013年第1期。

在马克思看来，广义上的生产的整个过程，实际上包含着生产、交换、分配、消费四个环节，其中，生产是决定性的环节，是整个广义生产的基础，它决定着交换、分配、消费的性质、形式和水平，但交换、分配和消费对生产具有反作用，而且在一定意义上起着决定性作用。在社会生产总过程中，单就生产与消费来说，生产是基础，生产决定消费，生产为消费提供对象，并创造新的消费方式；消费是目的，它反作用于生产，还使得生产得以最终实现。显然，如果暂时忽略交换与分配的环节，生产与消费就存在着紧密的、连环式的互动关系，从而促进生产和消费各自水平的提升。鲁从明强调："生产和消费是不断变化的。科学特别是自然科学是推动这一变化的主要力量。科学的进步，一方面会不断发现自然界的新的有用物质和原有物质的新的用途，另一方面会不断促进人的全面发展，丰富人的需求，从而不断创造出新的生产体系和需求体系。"[①] 显然，随着科学技术的进步，人们实际认识自然规律、驾驭自然的能力将逐渐地增强，人类社会的生产水平将不断地提高，人们将能够科学地运用自己的生命力，能够更好地促进人的自由全面发展，能够更科学地提高生活质量和消费水平。

人们对自然规律、生产规律和生活规律的科学认识和自由驾驭，本质上就是遵循了人类改造无机的自然界而创造自由生活世界的规律，而人们正是在对这些规律的认识和遵循中不断地创造物质文明和精神文明，不断地取得历史的进步。无疑，这充分体现了人类科学知识水平的提高和自觉意识的增强，而如果能够自觉认识客观规律和驾驭客观规律，那么，人实际上就变成了所谓的生活智者。在马克思看来，只有在自由地、自觉地改造无机的自然界的过程中，人才与世界确立全面的、丰富的关系。他强调："人同世界的任何一种人的关系——视觉、听觉、

---

① 鲁从明：《如何理解马克思主义关于社会生产一般规律的基本理论及其现实意义》，《中国党政干部论坛》2000年第5期。

嗅觉、味觉、触觉、思维、直观、感觉、愿望、活动、爱——总之，他的个体的一切官能，正像那些在形式上直接作为社会的器官而存在的器官一样，是通过自己的对象性的关系，亦即通过自己同对象的关系，而对对象的占有。对属人的现实的占有，属人的现实同对象的关系，是属人的现实的实际上的实现；是人的能动和人的受动，因为按人的含义来理解的受动，是人的一种自我享受。"① 因此，真正驾驭了自然规律、生产规律、生活规律、消费规律的生产、生活和消费，意味着人与世界之间确立了真正属人的关系，意味着这种意义上的生产、生活和消费就是人自身实际上的实现，是人的能动与受动，是人的一种自我享受。在中国传统文化中，这可以称之为"知天乐命"，而这恰恰是生活智者的表现。当然，在此，所谓"知天"就是科学地认识自然规律、生产规律的客观必然性，而所谓"乐命"就是自觉地、快乐地遵循生活规律、消费规律而生活。换言之，"知天乐命"并不在于一味地强调消极地顺从自然规律，因而无所作为，特别是，"乐命"绝非听从外在神秘力量冥冥之中预设的命运。因此，真正意义上的知天乐命就在于自觉地、积极地、快乐地、自由地从事生产劳动和生活。

从根本上说，勤劳俭朴的人实际上就是把勤劳与俭朴视为自己从事生产和生活时的习惯。无疑，一旦勤劳俭朴成为日常生产、生活中的习惯，这种习惯本身也逐渐地潜移默化为人的良好的道德品质。因为，无论对个人来说还是对他人、社会、国家来说，勤劳俭朴所创造和积累起来的社会物质财富，实际地促进了整个社会的进一步发展，为人们的自由全面发展奠定了坚实的物质基础。归根结底，勤劳俭朴实际上是于己于人均有益的良好习惯和作风，因此是整个社会值得推崇的优良道德品质。

---

① 马克思：《1844年经济学哲学手稿》，刘丕坤译，人民出版社，1979，第77页。

四、促成享受劳动快乐的最佳生存状态

客观而言，勤劳俭朴不仅表现为劳动者的生产、生活方式，表现为积极、自由、乐观地从事生产和生活的人们的良好习惯，也彰显出人与自然、人与社会、人与他人在社会物质财富分配时难得的道德品质，而且能够促使劳动者积极、自由、乐观地从事生产劳动、生活，这本身就是热爱劳动、热爱生活者的良好生存状态。生存状态是通过人的生活感觉、生活质量、生活地位、生活条件、生活环境等指标全面衡量人的生存、生活的客观情形。对于热爱劳动、热爱生活的人来说，无论是积极地、自由地、快乐地从事生产劳动，还是自觉地、主动地、科学地过俭朴、节约的日常生活，他们实际上在享受着自己的生产和生活，而这种习惯性了的勤劳俭朴，本身就成了他们最自然的生存、生活状态。也就是说，他们始终都处于这种由勤劳俭朴所营造的生存、生活状态之中。

显然，生存状态既具有客观性，又具有主观性。生存状态具有客观性，是指对于特定的生产、生活者来说，他的生产、生活究竟如何，是完全可以通过他的生产及生活条件、生活质量、生活环境等客观指标来衡量和评估的；而生存状态具有主观性，是指他的生产和生活实际上都是其具体的生产、生活观念支配下的活动，他在生产、生活过程中也切实地在体验着、感悟着自己的活动，即是否快乐、舒畅、自由或劳累、艰辛、困顿等。早年，马克思曾深刻地揭示了资本主义制度下异化劳动的性质，揭示了劳动者对它的态度。他说："首先，对劳动者来说，劳动是外在的东西，也就是说，是不属于他的本质的东西；因此，劳动者在自己的劳动中并不肯定自己，而是否定自己，并不感到幸福，而是感到不幸，并不自由地发挥自己的肉体力量和精神力量，而是使自己的肉体受到损伤、精神遭到摧残。因此，劳动者只是在劳动之外才感到自

由自在，而在劳动之内则感到爽然若失。劳动者在他不劳动时如释重负，而当他劳动时则如坐针毡。因此，他的劳动不是自愿的，而是一种被迫的强制劳动。从而，劳动不是需要的满足，而只是满足劳动以外的其他各种需要的手段。劳动的异化性的一个明显的表现是，只要对劳动的肉体强制或其他强制一消失，人们就会象（像）逃避鼠疫一样地逃避劳动。外在的劳动，人把自己外化于其中的劳动，是一种自我牺牲、自我折磨的劳动。最后，对劳动者来说，劳动的外在性，就表现在这种劳动不是他自己的，而是别人的；劳动不属于他，他自己在劳动过程中也不属于他自己，而是属于别人。"① 显然，在马克思看来，劳动本身应当是人的劳动，是属于自己的本质的东西，人在劳动过程中理应不断地肯定自己，使自己感受到幸福、快乐，使自己的肉体力量和精神力量不断地得到发挥，最终使自己感受到自由自在。特别是，真正属于自己的劳动，是自愿的劳动，是自觉、自愿地从事的劳动，是根本不需要外在力量强制而热心从事的劳动。而这也说明，任何人的生产、生活本身实际上都从主观和客观两个方面彰显了人的生存状态。

对于充分地认识劳动和生活本质的人来说，只有勤劳才能充分地发挥自己的肉体力量和精神力量，才能不断地在劳动过程中肯定自己，不断地使自己感受到幸福、快乐和自由；相应地，只有俭朴才能使自己最真实地认识到自己生存、生活和发展的最客观需要，才能更直接地去满足这些需要，而不是受各种外在需要的支配而盲目地去消费和浪费。盲目的消费本质上就是浪费，因为盲目的消费根本无视消费的真正目的在于满足生存、生活和发展的客观需要，因而不是为了满足客观需要而进行的消费；相反，它是毫无意义、毫无目的的单纯消费，是为了消费而消费，如果说这种消费有目的，其目的不过是消耗掉业已生产出来的产品或购买到的商品。显然，由于这种消费并不能有益于自身的生存、生

---

① 马克思：《1844年经济学哲学手稿》，刘丕坤译，人民出版社，1979，第47-48页。

活和发展，这本质上就是浪费。事实上，如果仅仅把勤劳俭朴当作对生活艰辛或日子难过的理解之后的不得已，那么，无疑对勤劳俭朴的认识过于简单化。因此，我们应当热爱劳动、热爱生活，充分地去享受劳动、享受生活，而且完全可以说，只有充分地享受了劳动及其快乐，并在劳动过程中充分地发挥了自己的肉体力量和精神力量，不断地在自己所创造的对象世界上肯定自己、直观自己的人，在劳动中感受到自由自在的人，才能真正热爱自己的生活，才能成为自己的生产、生活的主人。这也归根结底地说明，勤劳俭朴，特别是发自内心的、自觉自愿的勤劳俭朴，本质上就是热爱劳动、热爱生活者的最自然、最本真、最基本的生存状态，是他们在其中感受自己、肯定自己、创造自己的客观状态。实质上，这就促成了人享受劳动快乐的最佳生存状态。

第四节　新时代践行勤劳俭朴精神的现实途径

事实上，勤劳俭朴作为一种重要的传统美德，对社会和文化的发展起着至关重要的作用。在钱穆看来，一种文化如果缺乏内在的不断的刺激，就不会取得新发展，就很容易达到其顶点而趋向过分的奢侈生活，从而招致社会内部的安逸与退化。正是在此观点下，他强调指出："独有中国文化，因在较苦贫瘠而较广大的地面产生，因此不断有新刺激与新发展的前途。而在其文化生长过程下，社会内部亦始终能保持一种勤劳与朴素的美德，使其文化常有新精力，不易腐化。直到现在，只有中国民族在世界史上仍见其有虽若陷于老朽，而仍有其内在尚新之气概，此又为并世诸民族所不逮。"[①] 即在他看来，正是中国文化自身的特殊性，

---

① 钱穆：《中国文化史导论》，商务印书馆，1994，第7页。

特别是其传承下来的勤劳朴素的美德,使中华文化始终充满着尚新气概,充满新精力,不易腐化,有新刺激、新发展。习近平总书记在党的二十大报告中强调,实施公民道德建设工程,必须弘扬中华传统美德,其中,特别强调要"统筹推动文明培育、文明实践、文明创建,推进城乡精神文明建设融合发展,在全社会弘扬劳动精神、奋斗精神、奉献精神、创造精神、勤俭节约精神,培育时代新风新貌"[1]。目前,加强社会主义伦理道德体系建设,促进社会各个方面的和谐,塑造良好的人与自然、人与社会、人与人、人与自身之间的和谐关系,就必须全面弘扬中华民族自古传承下来的勤劳俭朴的精神和美德,反对铺张浪费,厉行节约,达到勤俭建设社会主义现代化强国的目的。

一、倡导劳动创造光荣　尊重劳动者价值

劳动在创造物质世界、物质财富的过程中发挥着绝对重要性,而这也说明,我们必须充分尊重劳动、尊重劳动者。从根本上说,尊重劳动、尊重劳动者,其实质就是尊重社会物质财富的创造,尊重创造者。

在中国的历史上,既有对劳动人民的歌颂,也有对劳动人民的鄙视。在一些达官贵人或士大夫看来,从事生产劳动者的人是处于社会底层的小人、贱民。然而,马克思主义唯物史观深刻地揭示了人类社会历史发展的规律,揭示了人民群众在创造历史过程中的伟大作用,充分肯定了生产劳动所具有的价值和意义。这种思想深刻地改变了中国人看待劳动的态度。蔡元培先生曾在《劳工神圣》的演讲中预言:"此后的世界,全是劳工的世界呵!"[2]并强调自己所谓的劳工,不单指金工、木工等具体行当的从业者,而是指凡用自己的劳力做有益于他人的事业的

---

[1] 习近平:《高举中国特色社会主义伟大旗帜　为全面建设社会主义现代化国家而团结奋斗——在中国共产党第二十次全国代表大会上的报告》,人民出版社,2022,第44-45页。

[2] 蔡元培:《蔡孑民先生言行录》,岳麓书社,2010,第80页。

人，不管他用的是体力或脑力，都是劳工，最终他呼吁道："我们要认识自己劳工的价值！劳工神圣！我们不要羡慕那凭借遗产的纨绔儿！不要羡慕那卖国营私的官吏！不要羡慕那克扣军饷的军官！不要羡慕那操纵票价的商人！不要羡慕那领干脩的顾问谘议！不要羡慕那出售选举票的议员！他们虽然奢侈点，但是良心上不及我们的平安多了！我们要认清我们的价值！劳工神圣！"①

客观而言，尊重劳动，归根结底是尊重劳动者的价值。劳动改造了自然界，原始材料提供的是创造价值的最终源泉，而劳动者是活劳动的载体，是价值的真正创造者。尊重劳动，就应当看到，在收入分配问题上，首先应当尊重劳动、劳动者对创造价值的重要奠基性意义，这就要求我们在当前社会主义初级阶段，一定要确立以按劳分配为主体的分配制度。事实上，就目前我们社会主义初级阶段的实际情况而言，劳动与资本、技术、管理等生产要素，在商品价值的创造过程中，均不同程度地发挥了作用，因此，任何一种生产要素都有参与分配的资格和权力，随意抹杀都是不应当的，也是不合理的。但是，我们也应当看到，无论哪一种生产要素，如果不是劳动的参与，或者说，借助劳动者的劳动而发挥作用，那么，就根本无所谓价值的创造。而且，从源泉上来说，无论是技术、原材料还是管理，都是由劳动者创造和提供的。这一切都说明，我们必须充分尊重劳动和劳动者，全面实施和推进按劳分配为主体、多种分配方式并存的分配制度，客观、科学地解决和协调现实中的分配问题，实现分配的公平、公正，让各个领域、各个方面的人员能够根据其投入的生产要素和贡献而获得公平的劳动报酬。

二、培育科学生活方式　养成勤劳俭朴习惯

生产或劳动是为了生活，是为了满足人的生活需要和生活消费。然

---

① 蔡元培：《蔡子民先生言行录》，岳麓书社，2010，第80页。

而，生产方式、生活方式、消费方式无疑存在着紧密的关系，其中，生活方式处于特殊的地位，发挥着特殊的功能。李秀林等人强调："生活方式是人类直接地使自身需要得到满足的活动方式。因而，在生产方式、生活方式和需要三者关系之中，生活方式处于中间地位，其他两者的相互作用往往只有通过它才能实现。"① 因此，什么样的生活方式，不仅直接地规定着生产方式运动的目的，而且还直接地表现着消费方式，而人是否勤劳俭朴归根结底能够在生活方式上得到全面的、集中的反映。生活方式的科学与否，归根结底，日常生活习惯如何，不仅直接地影响着生产劳动，而且直接地影响着生活和消费。

中国传统社会是自然经济长期处于统治地位的社会，而这也决定了我国传统的生活方式就是以自然经济为基础的生活方式，自然经济依赖自然，人们靠天吃饭，生产既不为了满足交换需要，也不需要更先进的技术以提高生产效率，具有自给自足的特征，造成了传统的生活方式对自然经济的依赖性特征，因而人们养成了完全遵从四季更替规律的春耕、夏耘、秋收、冬藏的生产、生活习惯。针对这种依赖性特征，李秀林等人强调：首先，人们只是消极地依赖自然、顺从自然，无能力全面地改造自然、驾驭自然，当自然条件有利时便尽可能地利用自然，而当自然条件不利时则无能为力；其次，由于生产力水平低下，人们把绝大多数时间用于辛苦劳动，但收获较少，只能维护衣食之用，很难有奢侈的想法，并且势单力薄，经不起自然灾害的打击，能够保证基本的生存和繁衍就已经是奢望；再次，自然经济状况下的人们彼此没有必要和别人进行经常性的经济联系，因而处于相对的孤立和分离状态；最后，人们的生产关系、生活关系基本上取决于血缘关系，即社会生产资料和产品在家庭内部占有、分配和世代相传，从而形成了以婚姻、家庭、家族

---

① 李秀林、李淮春、陈晏清、郭湛主编《中国现代化之哲学探讨》，人民出版社，1990，第108页。

为基本纽带的经济生产组织和生产关系，而这种关系因为严重地依赖于自然，与外界交换甚少，因此具有突出的封闭性、继承性、等级性。①在他们看来，这种依赖于自然经济的传统生活方式，虽然给人以安定感、归属感，但却无疑抵制了商品经济的发展，压抑了人性，造成社会的保守和专制。

从根本上说，传统依赖自然经济的生活方式和生活习惯早已经不适应我们社会主义现代化建设和社会主义市场经济建设的客观需要。全面地变革传统生活方式，塑造科学的现代生活方式，其目的就是顺应世界经济社会发展的大势，积极地推进生产力的迅速发展，使生产与生活、生产与消费紧密地关联起来，使生产力不再受自然经济条件下因经济的封闭性而造成大量的浪费，使人们的生活水平得到迅速的提高。特别是，在当前情况下，我们要坚持公有制为主体，充分发挥多种经济形式的积极作用，让市场成为资源配置的主渠道，积极有效地推进我国社会主义市场经济体系的建立和完善。显然，只有顺应时代潮流，积极塑造更科学的生产方式、生活方式，才能有效地塑造适应社会主义市场经济发展要求的生活关系，为人的自由全面发展创造和提供更为坚实的基础、更为有利的条件、更为宽松的社会环境、更为富裕的自由时间。

三、完善社会管理制度　践行勤劳俭朴精神

孟子指出："无政事，则财用不足。"②即在孟子看来，做好"政事"是实现财用富足的前提。换言之，只有加强整个社会的管理，才能够充分地组织和调动社会生产力，最大限度地发挥社会生产力，创造更加丰富的社会财富。因此，加强社会管理，完善社会管理制度，是全面践行

---

① 李秀林、李淮春、陈晏清、郭湛主编《中国现代化之哲学探讨》，人民出版社，1990，第111-113页。

② 《孟子·尽心下》。

勤劳俭朴精神不可忽视的重要内容。

众所周知，公款吃喝造成的"舌尖上的浪费"广泛引起全国人民的关注和热议。然而，"吃喝浪费"不过是表面现象，导致浪费现象不断泛滥的根本原因在于权力的滥用。因为，人们非常清楚，"公务吃喝"和"商务宴请"是造成舌尖上浪费的主要表现，而这两者最典型的特征都是凭借权力支配公款。因此，表面上的吃喝浪费其实质就是背后的权力腐败。为了遏制、制止和杜绝吃喝浪费，关键就在于遏制权力的滥用。其具体做法就是进一步建立、健全社会管理制度，把权力彻底关进制度的笼子里，使权力的运用受到制度的规范和约束，从而避免人为的滥用。通过建立、健全社会管理制度来约束权力的运用，尤其要注意权力运行的公开化、透明化，避免涉及公众利益的重大事情的决策因为个别领导或权力拥有者的喜好而受到左右，尤其要避免私下的权权交易、权钱交易、权色交易，置广大群众的根本利益于不顾。对于广大领导干部来说，反对公款吃喝，就是反腐败，一定要率先垂范，以身作则，正人先正己，带头厉行节约，反对铺张浪费，形成良好的作风，以此树立和改善自己在群众心目中的形象。

四、变革铺张浪费陋习　改善传统消费观念

生产、交换、分配、消费是物质生产过程的四个环节，而消费作为生产的目的对生产发挥着一定的反作用，这种反作用在一定条件下具有决定性意义。众所周知，消费引导甚至决定生产已经成为现代社会物质生产和经济生活的重要特征。当今时代，人们已经不是简单地生产什么就消费什么，而是生产厂家为了满足人们的消费需要，甚至是非常特殊的消费需要而进行生产。从某种意义上来说，我们必须全面改革我们的消费观念，这些观念既包括长期以来自然经济条件下养成的不敢消费、不愿消费的保守传统，也包括市场经济条件下受各种宣传、误导而形成

的错误、偏执、盲目的消费观念。

  毋庸置疑，在自然经济条件下，人们靠天吃饭，一年的收成完全取决于自然条件，即风调雨顺的年份收成就好，而自然灾害频发的年份收成就欠佳。在这种情形下，人无法改变客观现实，自然形成了勤劳俭朴的生产、生活习惯与良好的作风。但是，在中华传统文化中，由于长期经受自然灾害的考验，广大普通老百姓过惯了过分俭朴甚至赤贫的日子，因此逐渐养成了不敢消费、不愿消费的消费观念、消费心理。客观而言，在现代社会，俭朴依然是应当的，但过分地俭朴，则制约了消费，而这实际上就连锁性地制约了生产，使生产一直停留于固有的水平上。众所周知，老子告诫统治者说，"不贵难得之货，使民不为盗；不见可欲，使民心不乱"[1]，相反，"金玉满堂，莫之能守"[2]，"五色令人目盲；五音令人耳聋；五味令人口爽；驰骋畋猎，令人心发狂；难得之货令人行妨"[3]。他强调："民多利器，国家滋昏；人多伎巧，奇物滋起。"[4]因此，他又强调："是以圣人之治，虚其心，实其腹，弱其志，强其骨。常使民无知无欲。使夫智者不敢为也。为无为，则无不治。"[5]进而强调"夫唯不争，故无尤"[6]，而"绝圣弃智，民利百倍；绝伪弃诈，民复孝慈；绝巧弃利，盗贼无有。此三者以文不足，故令有所属；见素抱朴，少私寡欲"[7]。毫无疑问，老子对统治者的告诫其实质也是针对自己的告诫，因为这其中蕴涵着他对世事的独到理解。但是，我们同样明白，在现代社会，如果按照老子的教导去生产和生活，虽然能够达到生活的朴

---

[1]《道德经·三章》。
[2]《道德经·九章》。
[3]《道德经·十二章》。
[4]《道德经·五十七章》。
[5]《道德经·三章》。
[6]《道德经·八章》。
[7]《道德经·十九章》。

素,但整个社会的发展只可能日益地倒退。显然,老子为世人塑造的理想社会——"小国寡民"只是历史的倒退而已:"小国寡民。使有什伯人之器而不用;使民重死而不远徙。虽有舟舆,无所乘之;虽有甲兵,无所陈之。使民复结绳而用之。甘其食,美其服,安其居,乐其俗。邻国相望,鸡犬之声相闻,民至老死,不相往来。"①因此,从根本上说,只有不断地消费、合理地消费,才能不断地引导生产、促进生产,从而使整个社会生产力得到长足的发展,相反,如果仅仅停留于俭朴,只可能导致社会的停滞和生产力的落后。总之,这种固守、保守的消费观念在新的时代必须得到彻底的改变,而只有如此才能促进中国从传统的自然经济转型到现代的市场经济,实现整个国家社会的迅速发展。

当然,与这种过分拘谨、保守的传统消费观念相反,中国人还传承着一种特殊的消费心理,即讲究面子的铺张浪费。"面子"是中国人特别的文化心理,重面子、顾面子是中国人一向的大事,这体现在消费上,就会出现不少怪现象:人为了自己的虚面子而铺张消费、强消费,其结果是富人的挥金如土、炫富、拼富,是穷人的欠债还钱、受累吃穷。甚至,相当一部分的年轻人,尽管自己并不富裕,然而却以谈论时尚为荣。显然,这种种现象都是不合理的,其中所暴露出来的消费方式也是不经济的,不仅不是人的生命力的最佳呈现,甚至是对生命力的摧残。"随着市场经济的发展,市场的大潮也泛起了一些好逸恶劳的剥削阶级的享乐主义思想,西方的消费主义潮流猛烈冲击着现代人的传统观念,人们在充满诱惑的市场经济下时常迷失自己的方向,传统的勤俭美德也慢慢地被侵蚀,社会上消费主义的铺张浪费非常严重。公款吃喝,超前消费十分盛行。"②当前,相当多的人崇尚名牌,而很多并不富裕的

---

① 《道德经·八十章》。
② 邓子纲:《儒家耕读传家思想的现代意义》,《湖南第一师范大学学报》2007年第1期。

年轻人亦跟风崇拜名牌，似乎只有名牌才与自己的身份相配，才能使自己在公共场合里展示自己的身份、地位与价值，才能给自己塑造光彩照人、令人羡慕的形象，才能向世人显示出自己在事业上的成功与成就，也才能给自己赚得足够大的脸面。许斌龙指出："传统交往主体的脸面心理实质上就是一种利益竞争的游戏，也就是说，在传统社会中，利益的竞争主要体现为：主体自我通过自身道德的完善，获得相应的等级地位，进而最终达到自身利益的最大化。"[1]特别是，随着我国社会主义市场经济的迅速发展，各种经济形式、商业促销形式不断涌现。例如，有奖促销、彩票、抽奖等成为大众生活中的平凡活动，任何一个人都有无数参与的机会与可能，甚至有很多是通过现代媒体、各种网络平台等直接送上门来。面对这些"飞来财富"，不少人承受不了刺激或诱惑，抱着侥幸心理和赌徒心态，试图赌上一把，因而难以控制自己的花钱欲望，将自己原本精心积攒的收入轻易地扔进了别人的钱袋。这些做法无疑都是些不劳而获或少劳而多得的不正常心理的表现。再如，在殡葬消费问题上，实际存在着相当程度上的心理消费。所谓心理消费，是指消费者受某种特殊心理，如攀比心理、炫富心理、大操大办心理等畸形心理的影响和左右而产生的消费现象。毫无疑问，殡葬问题上出现的不是根据客观需要而产生的心理消费，实际上就是一种心理扭曲、畸形的表现。例如，在攀比心理作用下，消费者似乎感觉到只有比别人消费得价格高，才能显示出自己对逝世者孝敬比别人尤其是邻居更虔诚、更真挚，否则就比别人、比邻居差。而在大操大办、炫富心理作用下，消费者则认为不进行一番大操大办就不能显示自己比别人强、比别人富有，借此以证明自己父母对自己的养育、教导确实产生了重要而深远的影响，即自己经过父母多年的养育而成就了一番骄人的业绩。结果是，在

---

[1] 许斌龙：《从血缘走向契约——马克思实践观视野下的经济学、伦理学与法学分析》，法律出版社，2009，第92页。

殡葬消费中，往往处处显摆，不惜花费重金，偏要选择那些规格最高、价格最贵而实则无意义的消费品。因此，这种不是把父母的孝顺体现于生前的日常服侍之中，而是刻意通过消费高昂的殡葬用品来展示孝心的扭曲消费现象，是必须自觉加以消除的。事实上，培养科学、理性的消费观念，特别是在殡葬消费问题上，更应当自觉作为重要的事情来抓。

改革开放以来，我国的社会主义市场经济建设取得了长足的发展。然而，伴随而来的是人们消费观念的急速变化。这尤其体现在年轻人身上。充满朝气和生命力是年轻人的最大特征，因此很多年轻人都喜欢逛街购物，或者陪着情侣，或者拉上同伴或同事，然而在逛商场或超市时，很多人一方面受货架上琳琅满目的商品或商场促销广告的诱惑，受促销人员的煽动，另一方面受情侣或同伴、同事在谈笑风生、品评商品品牌、质量好坏的过程中的怂恿，结果克制不住自己的消费欲望，不仅往往突破自己原先打算好的消费额度，而且还购置了一些自己原本没有计划购置因而也往往用不着的东西。结果造成了盲目消费、乱消费。显然，那些原本没有计划、购置之后确实用不着或暂时用不着的东西，难免被冷落、闲置或最终抛弃，从而造成实际上的浪费。因此，这种受一时激情、冲动而疯狂消费的行为，并不表明年轻人的理智。众所周知，近十年来中国又冒出了像"双11"、"双12"、"318"和"618"等网络购物节，更一度出现了大量盲目购物的"剁手党"，即整日游荡在各大购物网站上，乐此不疲地搜索、比价、秒拍、购物，而在购物节当天更是在购物狂欢中争分夺秒地秒拍下单购物，毫无节制，但过后冷静下来却又后悔自己盲目消费并痛定思痛决心悔改甚至以剁手来明志的人。2015年"剁手党"成为十大流行语之一，实际上已经反映了人们对消费的理性反思。但严格地说，要养成理性的消费观念还有待时日，还有待深化对劳动和节俭的认识。

总之，科学的、合理的消费观念的形成是现代社会正确践行勤劳俭朴精神的重要途径，只有通过不断改革我们传统的消费观念，纠正改革开放以来受西方资本主义消费观念影响而形成的畸形消费心理，才能真正地促使我们的经济社会生活完全走上正常的道路。进入新时代，生态文明建设成为"五位一体总体布局"的重要维度，如何科学、合理地消费，直接关乎生态文明建设的成效。党的十八大、十九大、二十大反复重审加强生态文明宣传，增强全民节约意识、环境意识、生态意识的重要性，积极倡导形成合理消费、绿色出行的社会风尚，并取得了良好的成效。但彻底摒弃传统消费观，在全社会形成科学的、合理的消费观念依然任重道远，需要持续努力。

第七章 义利统一精神

义利问题是中华传统伦理道德的核心问题之一。古往今来，义利问题之所以一直受到人们的普遍关注，完全在于它不仅紧紧地与整个社会政治生活、经济生活、文化生活、伦理道德生活联系在一起，而且直接渗透到中华民族每个人的生产、生活、交往之中，全面影响和左右着人们的思想和行动，人们对待这一问题的态度和取向完全反映着人们的伦理道德观念、价值观念，彰显着相应的道德人格和道德境界。客观而言，义利问题本质上就是如何科学规范和协调群与己、利己与利人或个人与社会、个体与集体、个人与国家等利益分配关系的问题。尽管中国传统义利观侧重于以儒家道义论为主导的贵义贱利，而墨家等为代表的功利论没有得到更好地张扬。然而，从总体上而言，义与利本质上是统一的，而不是矛盾的。当前，我国经济社会正发生着深刻变革，由于市场规则、政策法规、社会治理还不够完善，特别是受一些西方不良思想文化的侵蚀，拜金主义、享受主义、极端个人主义仍然比较突出，社会上见利忘义、唯利是图、损人利己、损公肥私等现象久治不绝，突破公序良俗，妨害人民幸福生活，伤害国家尊严和民族感情，成为我们道德领域建设中需要采取有力措施切实加以解决的问题①。为加快推进我国社会主义现代化强国建设，早日实现共同富裕，实现中华民族伟大复兴，就必须科学地分配社会公共资源和社会财富，实现社会的共建与共享，

---

① 《新时代公民道德建设实施纲要》，人民出版社，2019，第2-3页。

全面促进国家与个人、集体与个人、社会与个人、自我与他人之间的利益关系的协调与和谐。

第一节　义利统一概念的历史溯源

义利问题是人们在所有政治生活、社会生活、经济生活、伦理道德生活中普遍遭遇并须臾不可摆脱的问题，任何人只要生活在现实生活之中，只要与国家、与社会、与群体、与他人发生交往，就必然遇到义利关系问题。因此，义利问题绝对是伴随着人类社会的出现和国家、民族、阶级、群体等的产生而出现的问题。在中华传统伦理道德思想文化中，义利问题或义利之辨早在先秦时期就已经引起普遍关注。

一、"义"概念溯源

"义"实际上是繁体字"義"的简化。"义"在殷商甲骨文中已经出现，写作"𦍌"和"𡰣"等，金文写作"𦍌"、"𦍌"和"𦍌"等。在《说文解字》中其作"義"，释为："己之威仪也。从我、羊。臣铉等曰：'与善同意，故从羊。'"即"義"的本义指自己的威仪、气度，是个会意字，其中"我"表示自己，而"羊"表示善和美。因此，从原始意义上来说，"義"是由于自身内在品质上的善和外在容貌上的美而孕育、彰显出来的威仪、威严、气度或容止。换言之，"義"实际上蕴涵着三个方面的意义：一是内在的善，二是外在的美，三是内在的善与外在的美彼此推动与生成的气度。在此三个方面之中，内在的善，居于决定性的支配地位。例如，《诗经·大雅·文王》说："宣昭義问，有虞殷自天。"在此，"義，善"。因此，从原始意义上来说，"義"首要的意义就是由内在的善作为深层基础的威仪、气度或容止。例如，《续古文苑·周虢叔旅钟铭》说:"皇考威義,克御于天子。"然而,随着人们社会历史实践的发展,"義"字逐渐朝向两个方面演化,分别出现了"儀"和"義"。其中,"儀"专用于礼仪、威仪、仪容,后简化为"仪"。例如,《周礼·春官·肆师》说:"凡国之大事,治其礼仪。"而"義"则不再担当礼仪、威仪、仪容等职能,其简化为"义",内涵则演化为"谊",即宜、适宜,即合理、适宜的事称为义。对此,东汉郑玄注:"郑司农云:'古者儀但为義,今时所谓義者为谊。'"在此,"谊"同"宜",也即是"义"。例如,《中庸·第二十章》说:"义者,宜也。"《管子·心术上》说:"义者,谓各处其宜也。"因此,所谓"义",就是使事物各得其宜。正是因为"义"的实质是使事物各处其宜,还进一步推导出人对事物是否各得其宜的判断、维护是否客观公正为"义"。例如,《白虎通·性情·论五性六情》说:"义者,宜也,断决得中也。"南宋朱熹则强调:"义,宜也,是非可否处之得宜,所谓义也。"①总之,中国传统伦理道德思想中的"义",其基本意义就是使得事情合理、适宜,使事物各处其宜的宜。

由于"义"从根本上取决于人的内在的善,又使得事物各处其宜,它进而演化为人们正确待人接物的准则和君王治国安邦,实现天下太平的根本原则。例如,《周易·坤·文言》云:"君子敬以直内,义以方外,敬义立而德不孤。"即人们只要以审慎的态度保持内心的正直,以正义为原则端正外在的行为,做到这两个方面,就能够赢得更多的欢迎与支持,不再孤立、孤单。孔子亦强调:"君子之于天下也,无适也,无莫也,义之与比。"②这是说,君子对于天下的事,既不是必须这样做,也不是必须那样做,君子的所作所为,实际上唯求合乎义,即是否合乎义才是行动的根本原则。不仅如此,"义"还成为礼仪规范,即伦理道德

---

① 《朱子语类》卷第九十五《程子之书一》。
② 《论语·里仁》。

规范的基础。

二、"利"概念溯源

"利"早在甲骨文中已经出现,作"𥝢"、"𥝤"和"𥝣"等,在金文中作"𥝢"和"𥝤"等。在《说文解字》中其作"𥝢",释为:"铦也。从刀,和然后利,从和省。"对于"铦",《说文解字》则释为一种锸属的农具,即归属铁锹大类的农具。然而,从原始意义上来说,"利"表示"锋利"。毫无疑问,"利"是个会意字。然而,就对"利"何以表示锋利,学者们存在着争议。例如,李恩江、贾玉民在解说"利"时,把"从刀,和然后利"解释为"用刀大小适合才便利",因此,认为锋利来自于便利,只不过在字的构成上,用了"刀"与"禾"(即"和省")两个构词要素而已[①]。但左安民根据"利"字的甲骨文写法及其金文的演变,指出:"其左是成熟了的庄稼,穗子向左边下垂;右边是一把'刀',就是用刀割庄稼;'禾'、'刀'之间的三个点儿,就是在收割时谷粒脱落的样子,用'刀'割'禾',说明'刀'的锋利。可见,'锋利'之义也正是'利'字的本义。金文左边的'禾'右边的'刀'均未变,只是掉下来的谷粒排列得更规整了。"[②]因此,在他看来,"利"之为"锋利",完全在于"刀"割"禾"。但不管如何说,"利"的本义为"锋利"当是无疑的。例如,《韩非子·难一》云:"矛之利,于物无不陷也。""利"在刀之"锋利"的意义上还进一步演化为"利索"、"有利于、宜于"和"顺利、吉利"等意义。例如,《尚书·周官》说:"无以为利口乱厥官。"在此,"利口"即指口齿利索、能言善辩。再如,《汉书·五十张释之传》说:"夫绛侯东阳侯称为长者,此两人言事,曾不

[①] 李恩江、贾玉民:《〈说文解字〉译述》,喀什维吾尔文出版社,2002,第376页。
[②] 左安民:《细说汉字——1000个汉字的起源与演变》,九州出版社,2006,第70页。

能出口，岂效此啬夫喋喋利口捷给哉！"就"利"表示"利于"，作为中华先民占卜以决策行事的重要典籍《周易》，其例证几乎处处可见。例如，《周易·乾》说："见龙在田，利见大人。"又说："飞龙在天，利见大人。"在此，"利见大人"，即有利于大人出现。再如，《周易·需》云："需，有孚，光。亨，贞吉。利涉大川。"在此，"利涉大川"，即有利于或宜于涉渡大河。就"利"表示"顺利、吉利"，例如，《史记·项羽本纪》记载项羽感叹说："力拔山兮气盖世，时不利兮骓不逝。"在此，"时不利"即时势不顺利。再如，西汉贾谊的《过秦论》说："因利乘便。"

当然，更为重要的是，"利"最终演化出"利益"的意思。例如，《商君书·算地》说："利出于地，则民尽力。"在此，"利"指"利益"和"功用"，即利益产出于土地，百姓尽力耕种。此外，"利"在"利益、功用"意义的基础上，进而演化出"赢利、利润"和"利禄"等意义。例如，《战国策·秦一》说："大王之国，西有巴蜀汉中之利。"再如，《韩非子·五蠹》说："上下之利，若是其异也。"所谓"上下之利"，指君主与臣民的利益。"利"表示"利禄"，是其在社会生活中的进一步深化。例如，东晋陶渊明《五柳先生传》说："不慕荣利。"在此，所谓"不慕荣利"，即不爱慕功名与利禄。

综合上述，"利"的本义是指"锋利"，而在此基础上演化出了"利索"、"利于、宜于"、"顺利、吉利"、"利益、功用"、"利润"和"利禄"等意义。

三、义与利及其统一

如上所述，"义"的本义为威仪，而威仪的生成取决于内在的善，归根结底取决于人的内在的道德品质。正是基于这种关键因素，"义"进而演变为使得事物各处其宜的"宜"。而"利"则由最初的"锋利"演绎出"顺利"、"利益"和"利于和宜于"等。如此一来，我们看到，一旦"义"最终演变为"宜",而"利"最终演绎出"顺利"、"利益"和"利于和宜于"等意义,两者就发生了实质性的联系。例如,《周易·乾》说:"利者,义之和也。"南宋朱熹亦强调:"利物,使万物各得其所,乃是义之和处。"① 即利是义的和谐,而义的和谐也就是利。因此,"义"与"利"是彼此关联、相互规定的。《周易·乾》说:"君子体仁足以长人,嘉会足以合礼,利物足以和義,贞固足以干事。"在此,"利物"指事物各得其宜,保持和谐②,而"和義"即"和义",即行为合乎"义"、行为适宜,意思是说,君子具备仁德足以为众人之长,领导众人,将美德聚合于身足以合乎礼仪,使事物各得其宜足以使合于义,忠贞坚定足以担当重任。因此,"利物",即使事物各得其宜,是"和义",即合于正义或儒家五常之义的前提。

事实上,"义"与"利"的不可分割性恰恰就是事物彼此间因各得其宜的存在论关联性所决定的人的生存、生活的统一性,这就是表现于人类社会的一般所谓的"义利统一"。例如,荀子强调:"义与利者,人之所两有也。"③ 即"义"与"利"是人所具有的两种东西。西汉董仲舒强调:"天之生人也,使人生义与利。利以养其体,义以养其心。心不得义,不能乐,体不得利,不能安。义者,心之养也;利者,体之养也。体莫贵于心,故养莫重于义。义之养生人大于利。"④ 在此,以弘扬儒家思想为使命的董仲舒强调了义与利对于人的重要意义。当然,他所侧重的是义,而非利。明末清初王夫之强调:"立人之道曰义,生人之用曰利。出义入利,人道不立;出利入害,人用不生。"⑤ 因此,从根本上说,人之所以为人,在于正确地处理"义"与"利"的关系,因为两者是人

---

① 《朱子语类》卷六十八《易四·乾上》。
② 刘太恒:《周易述论》,河南人民出版社,1997,第7页。
③ 《荀子·大略》。
④ 《春秋繁露·身之养重于义》。
⑤ 《尚书引义·禹贡》。

之所以为人不可缺少、不可分割的构成要素。"义"与"利"这种基于人的生存、生活而不可分割的内在统一性,还进而在社会生活的各个领域得到深化和体现。例如,北宋程颢强调:"大凡出义则入利,出利则入义。天下之事,惟义利而已。"①南宋朱熹强调:"事无大小,皆有义利。"②正是因为"义"与"利"难以分割,天下之事,无论大小,都归根结底是义利问题,"义利之辨"就成为中华传统伦理道德思想史上的重要论题。例如,《国语》说:"言义必及利。"③南宋张栻则强调:"学莫先于义利之辨。"④

总之,"义"与"利"是基于事物的存在论基础而关联起来的人之所以为人的两个决定性因素,在人的生存、生活中彼此交织,贯穿于中华民族社会生活的各个领域、各个层面,是中华传统伦理道德思想所关注的要点。

第二节　义利统一思想的基本精神

义与利的关系是中华民族在认识和解决道德行为与物质利益、个人利益与社会利益、国家利益关系,处理和协调人际关系,有效维护社会经济、政治、文化、伦理道德等各个领域秩序所面临的重要问题,因此,义利之辨,即科学地权衡道义与利益之间的矛盾关系,实现各种社会关系、人际关系的协调、有序,就成为中华传统伦理道德思想文化史上的重要论题。自先秦至今,无数仁人志士由于其根本的立场存在着极

---

① 《河南程氏遗书》卷十一。
② 《朱子语类》卷十三《学七·力行》。
③ 《国语·周语下》。
④ 《宋史》卷四百二十九《道学三·张栻传》。

大的差异，结果是，在义利之辨中所主张和坚持的观点存在着不小的分歧。然而，客观而言，无论思想家的观点究竟存在着多大的分歧，从总体上看，义利统一却是一个众多观点中共同的基本点；换言之，无论是侧重于义，还是侧重于利，没有真正地完全割裂两者而偏执于一端的。当然，中华传统伦理道德思想中的义利统一思想，基本上受儒家重义轻利思想的影响和支配，具有明显的偏向性。

具体说来，中华传统伦理道德思想中的以儒家重义轻利思想为倾向的义利统一思想具有以下基本特征。

一、重义轻利

在中华传统伦理道德思想中，义与利本质上是统一的，然而，一旦义与利出现不可兼得时，就出现重义轻利的价值选择倾向。孔子说："见利思义，见危授命。"① 即见到利益时首先想到道义，国家危急关头愿意献出自己的生命。显然，这就把义或道义放在了利、利益之前，完全可以为了义、道义而牺牲一切。《大学》说："德者本也，财者末也。"西汉刘向说："财不如义高，势不如德尊。"② 西汉贾谊则说："顾行而忘利，守节而仗义。"③ 即顾惜操行而忘记利益，坚守气节而秉持正义。即人的操行、气节要比利益更有价值和意义。东晋熊远强调："人心所归，惟道与义。"④

中国古人认识到，从道义的高度来建立交情才是真正的交情。唐朝柳宗元指出："与人友者，不以道而以利，举世无友，故道益弃。"⑤ 即如果交朋友不是依据道义而是依据私利，那么人在整个世上就将都没有任

---

① 《论语·宪问》。
② 《说苑·谈丛》。
③ 《汉书》卷四十八《贾谊传》。
④ 《晋书》卷七十一《熊远传》。
⑤ 《柳宗元集》第十九卷《吊赞箴戒·师友箴·序》。

何真正的朋友，而道义更会被抛弃。客观而言，正如诸葛亮所说："势利之交，难以经远。"① 隋朝王通说："以势交者，势倾则绝；以利交者，利穷则散。"② 唐朝皮日休亦强调："惮势而交人，势劣而交道息。希利而友人，利薄而友道退。"③ 即因畏惧权势而交朋友，权势一弱友谊便停止；而因贪图利益而交朋友，利益一小友情便减退。显然，重权势、利益的所谓"友谊"实质上是势利之交，非常脆弱，很不牢固。北宋程颐说："不正而合，未有久而不离者也。"④ 即只要交情不是建立在道义上，都注定不能长久。明朝冯梦龙在《醒世恒言》中批评了当时重利轻义的社会交往的不良风气，他指出："古人结交在意气，今人结交为势利。"⑤ 唐朝杜甫亦强调："由来意气合，直取性情真。"⑥ 即真正的交往、友情完全在于彼此间意气相投，只能表达出真性情来。对此，明朝冯梦龙亦强调："人逢喜事精神爽，话合心机意气投。"⑦ 实际上，人们完全可以忽视利益而建立非常纯洁的友谊。例如，唐朝张九龄强调："志合岂兄弟，道行无贱贫。"⑧ 明朝方孝孺亦强调："所交在贤德，岂论富与贫？"⑨ 即交友要以德才为重，只要心志相合，便会如同亲兄弟一样，遵守道义也就没有富贵与贱贫之别了。

特别是，中国古人坚信只有在贫贱之时所结交的朋友才是真正的朋友。例如，唐朝高适指出："丈夫结交须结贫，贫者结交交始亲。"⑩ 即在

---

① 《诸葛亮集·文集》卷二《论交》。
② 《中说·礼乐》。
③ 《皮日休集》卷九《鹿门隐书六十篇》。
④ 《近思录》卷七《出处》。
⑤ 《醒世恒言·苏小妹三难新郎》。
⑥ 《杜甫全集》卷十三《赠王二十四侍御契四十韵》。
⑦ 《醒世恒言·闹樊楼多情周胜仙》。
⑧ 《张九龄集》卷四《叙怀二首》。
⑨ 《逊志斋集》卷一《杂著·四箴·朋友》。
⑩ 《赠任华》。

患难之中结交的朋友,友情才会更加牢固。与之相反,中国人深刻认识到过分注重利益势必危害人们彼此间的情感。例如,唐朝元稹说:"一解市头语,便无邻里情。"① 三国诸葛亮曾强调:"士之相知,温不增华,寒不改叶,能四时而不衰,历夷险而益固。"② 即士人或君子之间真正的友谊不因四季变换而发生更改,而是贯四时而不衰,越是经历了困难的考验越能够牢固、持久。毫无疑问,这样真正的友谊并不是建立在利益或权势基础上的,因此并不会因那些因素的得失而发生根本性的改变。

中国古人以重义抑或重利来区分君子与小人。孔子强调:"君子喻于义,小人喻于利。"③ 在此,杨伯峻认为"喻"指懂得,因此整句翻译为君子懂得的是义,而小人懂得的是利④,不过,何新则指出:"喻,欲也。音近相假。欲求,追求,目标。旧说为比喻、晓喻,皆迂曲,不确。"⑤ 因此,他译为"君子追求于道义,小人追求于利益"。但不管如何,君子以道义为重,以追求道义为主,而小人以利益为重,以追求利益为主应当是显然的。就君子与小人在义利问题上的态度,孔子还特别举射礼上的表现为例说:"君子无所争。必也射乎!揖让而升,下而饮。其争也君子。"⑥ 即君子没有什么可争的事。如果有争则一定是在射礼上,纵使那样他们也是首先想到行礼,然后登堂进行比赛,赛毕则下堂共同饮酒,这样的争才是君子之争。"君子乐得其道,小人乐得其欲。"⑦ 即君子通过音乐来提高其道德修养,而小人通过音乐来满足自己的欲望。西汉陆贾亦说:"君子以义相褒,小人以利相欺。"⑧ 即君子因为道义而相互

---

① 《元稹集》卷二十三《乐府·估客乐》。
② 《诸葛亮集·文集》卷二《论交》。
③ 《论语·里仁》。
④ 杨伯峻:《论语译注》,中华书局,2009,第38页。
⑤ 何新:《论语新解:思与行》,北京工业大学出版社,2007,第45页。
⑥ 《论语·八佾》。
⑦ 《礼记·乐记》。
⑧ 《新语·道基》。

赞美，而小人为了利益而相互欺骗。北宋欧阳修亦强调："太凡君子与君子以同道为朋，小人与小人以同利为朋，此自然之为理也。"① 又说："小人无朋，惟君子有之。"明朝沈龄说："重义轻财大丈夫。"② 即只有重仁义、轻钱财的人，才是大丈夫。"门内有君子，门外君子至。"③ 即只有君子才能结交到君子，因为他们之间具有共同的德性。

中国古人还认识到，君子做善事往往淡化利益观念，而追求利益的人却很少做善事。西汉戴德云："多私者不义，扬言者寡信。"④ 即私心重的人不讲道义，说大话的人缺少信誉。北宋林逋强调："为善者不云利，遂利者不见善。"⑤ 即做善事的人从来不谈利益，而追逐利益的人却从来不见做善事。明朝薛瑄说："迷于利欲者，如醉酒之人，人不堪其丑，而己不觉也。"⑥ 即急于追求利益的人就仿佛醉酒之人，丑态百出，别人不堪忍受，但他自己却难以觉察。与上述情况相反，明朝海瑞说："昔人谓：'一介之士，苟存心于利物，于人必有所济。'"⑦ 即一个人如果存心要有利于客观外界，那么，他对人类肯定有一定的利益。这体现了动机与效果辩证统一的关系。

二、舍生取义

与重义轻利相一致，中国人在面对生死和道义时，倡导舍生取义。众所周知，孟子在讨论了"鱼"与"熊掌"之间取舍后，说："生亦我所欲也；义亦我所欲也；二者不可得兼，舍生而取义者也。生亦我所欲，所欲有甚于生者，故不为苟得也；死亦我所恶，所恶有甚于死者，

---

① 《欧阳修全集》卷十七《论·朋党论》。
② 《三元记·博施》。
③ 《警世通言·俞伯牙摔琴谢知音》。
④ 《大戴礼记·文工官人》。
⑤ 《省心录》。
⑥ 《读书录》卷八。
⑦ 《海瑞集·兴革条例·隶属》。

故患有所不辟也。如使人之所欲莫甚于生，则凡可以得生者，何不用也？使人之所恶莫甚于死者，则凡可以辟患者，何不为也？由是则生而有不用也，由是则可以辟患而有不为也。是故所欲有甚于生者，所恶有甚于死者。非独贤者有是心也，人皆有之，贤者能勿丧耳。"①孟子的"鱼"与"熊掌"取舍之辩并由此引申出来的"舍生取义"价值选择对中华民族伦理道德观念的形成和发展产生了深远的影响。唐末五代王保定指出："无义而生，不若有义而死；邪曲而得，不若正直而失。"②其意思是说，无义而活着，不如有义而死去，而通过歪门邪道得到的利益，不如坚守正道而失去。事实上，坚持正义之道就是坚持对自身的修养，崇尚正直与正义，而为官为民，或者为人处世，都要有自己的生死观和得失观。显然，坚持正义而生，坚持正义而死，是大丈夫所为，是真正的英雄；相反，如果采用不义的手段取得财物，不如死了好。对待得失，必须通过正当的手段和途径，只有这样才是光荣的，而搞歪门邪道、苟且钻营、损人利己的人则是微不足道的，应当唾弃。

中国人重义轻利、舍生取义，因此非常重视荣辱问题。荀子说："凡斗者，必自以为是而以人为非也。己诚是也，人诚非也，则是己君子而人小人也。以君子与小人相贼害也，下以忘其身，内以忘其亲，上以忘其君，岂不过甚矣哉！"③又说："将以为智耶？则愚莫大焉。将以为利邪？则害莫大焉。将以为荣邪？则辱莫大焉。将以为安邪？则危莫大焉。"④在荀子看来，"勇"的各种表现实质上是有根本区别的。他说："有狗彘之勇者，有贾盗之勇者，有小人之勇者，有士君子之勇者。争饮食，无廉耻，不知是非，不辟死伤，不畏众强，恈恈然唯饮食之见，是狗彘之勇也。为事利，争货财，无辞让，果敢而振，猛贪而戾，恈恈

---

① 《孟子·告子上》。
② 《唐摭言》卷十《载应不捷声价益振》。
③ 《荀子·荣辱》。
④ 《荀子·荣辱》。

然唯利之见，是贾盗之勇也。轻死而暴，是小人之勇也。义之所在，不倾于权，不顾其利，举国而与之不为改视，重死持义而不桡，是士君子之勇也。"①这就是说，要根据义来判断君子与小人，来最终判断"重死"与"轻死"是否为勇的问题。在荀子看来，"重死持义而不桡"恰恰是士君子之勇，不像小人那样为事利、争货财轻死而暴。

三、崇义抑贪

任何人的生存都离不开社会财富，避不开利益问题，但中国传统以儒家思想为基础的义利观主张"君子爱财，取之有道"，讲究非义不取、非理不取、以义抑贪。即在中国人看来，义、道义是人在社会上正当取得社会财富的途径，只有合乎道义的财富才取，而不合乎道义的则不取；相反，如果利欲熏心、贪财忘义，只有自取灭亡。

我们知道，孔子曾说过："富与贵，是人之所欲也；不以其道得之，不处也。贫与贱，是人之所恶也；不以其道得之，不去也。君子去仁，恶乎成名？君子无终食之间违仁，造次必于是，颠沛必于是。"②即对于财富和官位的向往和追求是人之常情，任何人都有不可剥夺的权力，但在孔子看来，究竟采取什么样的方法和途径获得它们却区分了君子与小人。孔子强调君子不可丧失了仁德，正是因为他强调君子恰恰以"道"得之，即以正当的方法和途径获得它们。同样，贫穷与卑贱是任何人所厌恶的，但如果不是行为失当而得此结果，君子不会去摆脱这样的贫贱。因此，他强调君子一刻也不能违背仁德，纵使仓促急迫，纵使颠沛流离，也一定要实行仁德。孔子的这段话影响深远，明朝被蒙学读物《增广贤文》简化为"君子爱财，取之有道"，为中国人耳熟能详，可谓妇幼皆知。在谈到伊尹在莘国郊野种庄稼时，孟子强调："非其义

---

① 《荀子·荣辱》。
② 《论语·里仁》。

也，非其道也，禄之以天下，弗顾也；系马千驷，弗视也。非其义也，非其道也，一介不以与人，一介不以取诸人。"①意思是说，如果不合乎道义，纵使以天下财富为俸禄，他也不回顾一下，纵使有四千匹马系在那里，也都不望一眼，因此，如果不合乎道义，一点也不给予人，一点也不取于人②。明朝冯梦龙亦强调："非理之财莫取，非理之事莫为。"③在此，"理"与"义"意思是相同或相近的，"非理之财莫取"，也是在强调取财以理、以道得之。除以道得之、以理取之，中国人更强调君子非己所有丝毫不取的观念。北宋苏轼强调："苟非吾之所有，虽一毫而莫取。"④此亦是强调非己所有丝毫不贪求。在此基础上，中国人认为君子"宁人负己，己无负人"而小人则"宁己负人，无人负己"。北宋邵雍强调："君子处身，宁人负己，己无负人。小人处事，宁己负人，无人负己。"⑤"负"指辜负。意思是说，君子待人接物，宁可让别人辜负自己，自己决不辜负别人，而小人处事待人，宁可让自己辜负别人，决不让别人辜负自己。换言之，君子是处处为别人着想，而小人处处为自己谋私利，君子的道德修养高，宁可让别人对不起自己，自己决不对不起别人。如果不遵从道义、情理而捞取财富、侵占他人利益，就是贪财，就是不义。中国人不仅强调不能贪财、不能不义，而且强调要在财富分配时更多地照顾和体谅他人。西汉陆贾说："不贪于财，不苟于利，分财取寡，服事取劳。"⑥即不贪求财富和利益，在分配财物时情愿取小份，而在做事时情愿承担繁重的部分。在这里就体现了后人所谓的"吃亏"精神或奉献精神。这种精神归根结底体现了人对自己的内在德性修养不

---

① 《孟子·万章上》。
② 杨伯峻：《孟子译注》，中华书局，2010，第208页。
③ 《古今小说·沈小官一鸟害七命》。
④ 《赤壁赋》。
⑤ 《伊川击壤集》卷十八《处身吟》。
⑥ 《新语·慎微》。

断提升地追求。西汉董仲舒曾说:"虽矫情而获百利兮,复不如正心而归一善。"① 即虽然违背常情能够获取很多利益,也不如光明正大保持一颗善良正直的心。东汉王充说:"利欲不存于心,则视爵禄犹粪土矣。"② 即只要心中不存有利益欲望,那么也就会视高官厚禄若粪土。

中国人强调"君子爱财,取之有道",注重以道义抑制贪欲。真正的君子不贪图小利,否则做不成大事。孔子的弟子子夏任莒父邑宰问政于孔子,孔子告诫说:"无欲速,无见小利。欲速,则不达,见小利,则大事不成。"③ 三国蜀汉谯周说:"智者不以小利移目,不以意似改步。"④ "意似"即似是而非。明朝方孝孺说:"不安于小成,然后足以成大器;不诱于小利,然后可以立远功。"⑤ 因此,不贪图小利才能成就大事。明朝吕坤说:"人一生大罪过,只在'自是自私'四字。"⑥ 自是自私是个人主义的表现,是造成一切罪过的根本原因。元朝郑廷玉说:"人心不足蛇吞象,世事到头螳捕蝉。"⑦ 这句诗以"蛇吞象"和"螳捕蝉"比喻过分贪心结果适得其反。明朝洪应明强调:"非分之福,无故之获,非造物之钓饵,即人世之机阱。"⑧ 即不是自己所应当享受的福,无缘无故得到的意外之财,即使不是上天故意诱惑你的钓饵,也是人间歹徒用来诈骗所设的机关。清代曹雪芹在《红楼梦》的《好了歌注》中告诫说:"因嫌纱帽小,致使锁枷扛。"⑨ 即在官场上,因嫌自己的官职卑小而钻营向上,最后落得触犯国法被带上了枷锁。清代申涵光强调:"渔利

---

① 《士不遇赋》。
② 《论衡·非韩》。
③ 《论语·子路》。
④ 《仇国论》。
⑤ 《逊志斋集》卷十四《序·赠林公辅序》。
⑥ 《呻吟语·修身》。
⑦ 《杂剧·崔府君断冤家债主》。
⑧ 《菜根谭·后集》。
⑨ 《红楼梦》第一回。

者害多，骛名者毁至。"①即以诈术谋求私利害处多多，挖空心思钻营虚名诋毁反而会很快到来。这些都是强调在谋取利益时必须遵循道义。

如果私欲膨胀、违背道义，就注定自取灭亡。利欲熏心、贪财忘义是陷入被动、受人支配而最终自取灭亡的根源。战国时期韩非子曾强调："祸难生于邪心，邪心诱于可欲。"②即灾祸派生于邪恶的念头，而邪恶的念头来自于贪婪的欲望。唐朝李世民强调："贪于近者则遗远，溺于利者则伤名；若不损己以益人，则当祸人而福己。"③其意思是说，贪图眼前利益就会留下很大很深远的坏影响，沉迷私利就要损害声名，而如果不能做到舍己而益人，就可能在别人面临祸害时做出损人利己的事来。这是李世民就司马懿"对魏室不忠"所发的议论，旨在强调做人要注重声名，做事要虑及长远。北宋黄庭坚说："利欲熏心，随人翕张。"④贪财图利的欲望迷住了心窍，就会使自己陷于被动，任人摆布，而长此以往，注定最终毁灭自己。

四、以义安邦

治国安邦既需要规则和制度，更需要贯彻于规则和制度之中的价值原则和科学理念。如果规则和制度缺乏了公正和道义，就注定导致社会和国家的混乱。超越利欲，以道义权衡利益分配，做到客观公正，才能保障天下、社会、国家安宁。《管子》说："夫利莫大于治，害莫大于乱。"⑤因此，中国古人认识到天下国家的治与乱才是最大的利与害。而要实现天下国家的治，避免乱，就必须以义、道义来治理天下国家。荀

---

① 《荆园进语》。
② 《韩非子·解老》。
③ 《唐太宗全集·晋宣帝总论》。
④ 《赠别李次翁》。
⑤ 《管子·正世》。

子说:"故义胜利者为治世,利克义者为乱世。"①即道义强过利益纷争,世道就会安定,而利益纷争多于道义,世道就会混乱。因此,以义为根本原则,做到义利统一,才是实现国家或世道安定的根本。

客观而言,天下、社会、国家确实存在着利与害的辩证关系问题,而如何协调利害关系则是天下国家层面的义利问题。清代魏源说:"天下大事,或利于千万世者,不必利于一时;或利于千万人者,不必利于一夫;或利于千万事者,不必利于一二端。"②究竟如何平衡这种矛盾呢?如何达到适宜呢?中国古人认为,平衡这一矛盾需要"义"。北宋邵雍指出:"君子尚义,小人尚利,尚利则乱,尚义则治。"③即有品德修养的君子崇尚义,而无道德修养的小人崇尚私利;崇尚私利就会使国家混乱,崇尚道义就会使国家得到治理而安定。北宋王安石:"理天下之财,不可以无义。"④即治理好天下的财富,没有合理的方法是不行的。但西汉董仲舒却主张:"正其谊不谋其利,明其道不计其功。"⑤即为正义而不为利益,为天道而不为功劳。然而,作为帝王、君主在统治天下国家时是否真的在奉行天道,为着正义而不为了利益吗?南宋陈亮说:"义利之分,孟子辨之详矣。而赏以劝善,刑以惩恶,圣人所以御天下之大权者,犹未离于利乎?有所利而为善,有所畏而不为恶,则其入人也亦浅矣。"⑥即在陈亮看来,人们对物质欲望的追求是人的天性,根本没有什么脱离人的实际物质利益的、超功利的"义理",义就在于利中,高明的统治者应当善于用利害关系来调节人们的欲望需求,"赏以劝善,刑以惩恶",促使人们"有所利而为善,有所畏而不为恶"。因此,在陈

---

① 《荀子·大略》。
② 《古微堂集·默觚下·治篇七》。
③ 《伊川击壤集》卷十四《义利吟》。
④ 《乞制置三司条例》。
⑤ 《汉书》卷五十六《列传第五十六·董仲舒传》。
⑥ 《陈亮集》卷四《问答下》。

亮看来,"赏善罚恶"本身就是在协调利害关系,就是在达到义与利的统一,没有脱离利害的纯粹义理。清代钱泳亦强调:"天下事有利于民者,则当厚其本,深其源;有害于民者,则当拔其本,塞其源。"①针对董仲舒的观点,南宋叶适则说:"'正谊不谋利,明道不计功。'初看极好,细看全疏阔。古人以利与人,而不自居其功,故道义光明。既无功利,则道义乃无用之虚语耳。"②在叶适看来,其实是一句空话,古代圣贤把利益给予人民却不居功自傲,因此才有道义。不讲功利,只讲道义,那道义只不过是空洞的罢了。叶适批判董仲舒的"正谊不谋利,明道不计功"思想,公开提出了功利主义的经世观,代表了中小地主阶级的根本利益,认为封建统治阶级所谓的道义只有与人民的利益相符合,才具有现实的价值。

如上所述,以儒家价值观为主导的道义论在中华传统伦理道德中是义利观的主流,而功利论的义利观则没有取得统治地位,但从总体上说,义利观的基本精神依然是义利统一。

第三节　义利统一精神的现代阐释

义利统一思想在人民思想观念中的普及与深化逐渐演变成中华传统伦理道德思想中的义利统一精神。客观而言,生活、成长于中华大地上的任何人自其幼年起,无不从家庭生活中,从人际交往中,普遍地接受着义利统一的思想教育;特别是,在儒家重义轻利思想的熏陶下,自觉不自觉地养成了以义利统一或道义高于物质利益为基本原则,来认识和

---

① 《履园丛话·水学》。
② 《宋元学案》卷五十四《习学记言序目》。

处理自己生活中复杂的社会人际关系、物质利益分配关系的思维习惯，以创造更美好幸福的生活。当然，更主要的是，伸张、主持和维护正义，在中国数千年的历史上，成为无数仁人志士在艰难、危难、困苦境况中，坚守道德良知和人格尊严，谋求和保护社会国家集体利益，不惜牺牲生命与邪恶势力作斗争，从而极大地实现了人生价值，使自身光耀千秋的精神动力源泉。客观而言，义利关系问题依然是当代社会主义市场经济建设中的核心问题，然而，我们如何正确地认识新的时代背景和历史境遇中的义利关系问题呢？事实上，如果把义利关系或义利统一问题放置于中国特色社会主义市场经济建设的大背景下和现代语境中，就会发现，无论是义还是利，本身都将获得超越中国传统以儒家思想重义轻利为导向的新的意蕴，而这种深刻的变化将更加有利于我国社会主义现代化强国建设，更加有利于实现中华民族的伟大复兴。

一、奠定社会公德道义根基

道义，即道德与正义，是调节和维护整个社会人与人之间正常关系和秩序的根本准则。如果缺失了道义的调节，社会就会陷入崩溃、瓦解，人们之间势必出现利益上的纷争，造成彼此间的残杀与毁灭。正如荀子所言，人实际上都有基于生理欲望而产生的各种利益欲望或利己之心："人生儿有欲，欲而不得，则不能无求；求而无度量分界，则不能不争。争则乱，乱则穷。"[①] 因此，荀子强调必须运用制度、社会伦理规范，即礼，来约束和协调人们的欲望。实际上，社会伦理规范对于社会的约束和协调，恰恰意味着对人之所以为一定的社会人的界定与塑造，即其言行举止符合这些伦理规范的人就能够很好地生存、生活在这一特定的社会里，否则就不能为社会所认可、接受和容纳。遵循、恪守社会伦理规范做事就意味着一个人必须去做不得不做的事情，因为如果他无

---

① 《荀子·礼论》。

法做到这一点,我们就很难在真正社会人的意义上来谈论他、肯定他。

从根本上来说,伦理关系是人与人交往的最一般的关系,换言之,伦理关系只不过是人们地位平等、利益对等的底线关系而已。伦理关系之所以是一种底线关系,就在于只有遵循了伦理规范,一个人才能作为人得到社会的认可和接受,成为一个社会人而存在。《礼记》说:"鹦鹉能言,不离飞鸟;猩猩能言,不离禽兽。今人而无礼,虽能言,不亦禽兽之心乎!夫唯禽兽无礼,故父子聚麀。是故圣人作,为礼以教人,使人以有礼,知自别于禽兽。"[1]因此,如果一个人的行为突破伦理底线,那么,他就已经退化到动物或猪狗不如的层次上去了。西汉扬雄说:"天下有三门:由于情欲,入自禽门;由于礼义,入自人门;由于独智,入自圣门。"[2]因此,我们在日常生活中向那些违背、破坏社会基本伦理规范的人骂出"不是人"、"如同禽兽"、"畜生"和"禽兽不如"等难听的话,无不是基于这种观念。实际上,"丢人"从某种意义上来说也是在应该具备相应道德素质或道德形象的时候犯了过错而自损形象,而如果"丢人"是说给别人的,那么这被说者注定是做出了按其身份来说不应当做的事情。事实上,耻辱感或知耻,如自己感到"丢人",是人之为人的重要道德意识。据记载,唐朝大将军长孙顺德受人馈绢,犯了受贿罪,唐太宗反赐其绢,对于不解其意的大臣解释说:"彼有人性,得绢之辱,甚于受刑;如不知愧,一禽兽耳,杀之何益?"[3]唐太宗的做法实质上就是在激发长孙顺德将军的耻辱感这种道德意识的自觉。但是,伦理意识的觉醒并不意味着人有多么高尚的道德;相反,这种伦理意识的觉醒只意味着他知道社会最一般的伦理规范的存在,并能够按照这些规范做人、做事,归根结底做能够为社会所认可和接受的事,成为社会认

---

[1]《礼记·曲礼上》。
[2]《法言·修身》。
[3]《资治通鉴》卷一百九十二《唐纪八·太宗贞观元年》。

可和接受的人。赵汀阳强调："一个人是好是坏，与他是否遵守伦理规范根本无关。"① 按照伦理规范来衡量人及其行为，实际上就是对人的最低层次的要求，遵从伦理规范而做人、做事，只能说他是一个社会的正常人、文明人。总之，道义成为人之所以为社会人的德性根基，遵守道义就意味着成为社会所承认和尊敬的正常人。

二、赋予法治建设伦理关怀

毋庸置疑，任何法律规范和社会管理制度本质上都是一套针对特定的共同体主体而言的价值规范体系。共同体主体是制定法律规范和社会管理制度的主体，其目的在于维护和稳定共同体生活世界的秩序，使共同体内各成员的根本利益，特别是占统治地位的阶级、阶层或集团的利益得到有效的保护和保障。按照马克思、恩格斯的观点，随着共同体的发展，真实的共同体将逐渐取代虚幻共同体，最终形成所谓的"自由人的联合体"，实现共同体内各成员之间的自由、平等、民主和公正。也就是说，自由、平等、民主、公正等基本的伦理道德规范或价值理念，一句话，道义将成为维护共同体存在的法律规范的基本伦理基础，而法律规范和社会管理制度只有奠定道义的伦理基础，才不致成为无人情关怀、伦理关怀的僵化的、僵硬的、冷冰冰的规则、制度。因此，对于真实的共同体来说，必须为法律规范和社会管理制度奠定道义基础，必须赋予其必要的伦理关怀。

正如任何价值规范本身都是一种主体性规范一样，法律规范和社会管理制度作为规范、制度实际上也具有鲜明的主体性，是一套以特定人群，如一个国家的全体公民、一个社会的全体成员以及一个单位、组织或共同体的全体成员等，为主体的价值规范体系。对于一个国家来

---

① 赵汀阳：《人之常情》，载《赵汀阳自选集》，广西师范大学出版社，2000，第302页。

说，法律规范或社会管理制度的制定主体就是国家，其目的就在于维护整个国家的安定、和谐秩序。然而，对虚幻共同体意义上的国家来说，占统治地位的阶级、阶层为了更好地维护本阶级、阶层或集团的特殊利益，就会以独裁、专制等形式贯彻自己的特殊意志，所制定和颁布的法律规范或社会管理制度无不最终体现了本阶级、阶层或集团的利益要求。然而，随着人类社会的发展和现代文明的进步，虚幻共同体终将为真实的共同体所代替，在这种历史趋势下，尽管任何法制规范归根结底都是由国家通过立法机关制定和颁布的，从形式上看国家是一个独立于公民个人或社会的权力机构，是法律或法制的真正主体，然而，从本质上来说，国家及其立法机关只是全体公民或共同体成员思想意志表达的合法载体，正是通过这一合法的载体，公民的意志才得到有效的汇聚与整理，才能形成统一的思想和观念。因此，国家及其立法机关只是法律或法制形式上的主体，而真正的主体是全体公民，是人民群众。众所周知，马克思、恩格斯曾强调："当阶级差别在发展进程中已经消失而全部生产集中在联合起来的个人的手里的时候，公共权力就失去政治性质。原来意义上的政治权力，是一个阶级用以压迫另一个阶级的有组织的暴力。"[①] 即在共产主义社会，即完全取消了阶级差别和阶级斗争的社会里，虽然依然存在着公共权力，但这种公共权力不再是少数统治阶级为了维护自己的特殊利益而设置的有组织的国家暴力，因此已经失去了其政治性质，不再表现为谁压迫谁、谁剥削谁。正因为如此，马克思、恩格斯进一步强调："代替那存在着阶级和阶级对立的资产阶级旧社会的，将是这样一个联合体，在那里，每个人的自由发展是一切人的自由发展的条件。"[②] 归根结底，自由成为整个社会或共同体存在的基础，成为每个人发展的条件。

---

① 《马克思恩格斯选集》，第一卷，人民出版社，2012，第422页。
② 《马克思恩格斯选集》，第一卷，人民出版社，2012，第422页。

自由是包括真善美等价值在内的所有价值的基础和源泉，也是社会公共价值，如平等、民主、公正等的基础，因而是现代社会伦理道德建设的基础。显然，在真实共同体下，由于所有成员真正实现了彼此间的自由、平等，他们就能够民主地参与共同体法律规范或社会管理制度的制定，客观公正地维护和保障彼此的法律利益。因此，一旦作为统治阶级意志体现的外在强权或暴力被取缔，人们就会自觉地加强伦理道德的建设，使人们处于高度文明的伦理道德观念中，因而凭借伦理道德，特别是以公平、正义为原则来制定法律规范或社会管理制度，让法律规范和社会管理制度真正充满人情关怀、伦理关怀，而不致使它们成为僵化的、僵硬的冷冰冰的条条框框，彻底消除社会主义法治建设过程中偏面强化法律和制度的严峻性、残酷性的色彩，以促进依法治国真正服务人民群众对美好生活的追求和实现。

三、锚定公民权益法治导向

社会公共规则或法律制度是维护和保障社会各利益主体合法权益的客观基础，是所有社会成员合法谋取社会财富的根本依据或手段。是依靠规则或法律制度，还是依靠少数人的意志，来维护和稳定社会秩序，保障或实现各利益主体的利益，是政治统治和社会管理的重大的根本性问题。前者可以称之为"法治"，后者可以称之为"人治"。近代以来的历史证明，以"法治"取代"人治"是社会历史发展的必然趋势，法治是人类文明进步的重要标志。对于现代社会来说，社会公共规则或法律制度是维护和保障社会各利益主体合法权益的客观基础，也是所有社会成员合法谋取社会财富的根本依据或基本手段。建设中国特色社会主义现代化强国，就要自觉地抛弃"人治"传统，为维护公民权益锚定"法治"方向，切实维护公民合法权益。

"人治"之所以将随着历史的发展而被淘汰，在于它实际上存在着极大的弊病。不可否认，任何法律制度，或者说社会公共管理规则，都是人制定、颁布的，然而，在不同的社会历史条件下，在不同的社会制度下，法律制度的制定、颁布，其属性却存在着根本性的差别。在独裁、专制或贵族制下，即虚幻的共同体下，这些法律制度或社会公共规则，归根结底体现了极少数人或个别利益集团的意志，表达的是他们的特殊利益要求，因此，这种制定和颁布的法律制度或社会公共规则归根结底依然是为特殊利益服务的，其本质属性是"人治"。这就表现为以"人治"为实质的"法制"。就其实施来说，既然这些法律制度本身是为统治阶级或极少数人的特殊利益服务的，因此，当这些法律制度触及他们的利益时，这些原本还蒙着虚伪面纱的、因而显现为整个社会任何人都遵循的公共规则就成为统治者任意解释的把戏。当然，更为甚者，许多规定、限制或惩罚性措施都是直接指向被统治者的，而把统治者自身豁免在外，这就是中国传统中曾经盛行的"刑不上大夫"的规则。

相反，"法治"之所以能够取代"人治"，就在于法治是真正地依赖法律制度或社会公共规则本身的科学性、合理性来维护和保障整个社会成员或共同体成员的合法权益的，它体现的是全体社会成员或共同体成员的意志和利益要求。所谓"法治"，归根结底就是依据法律规范或社会公共规则本身来实现统治（确切地说，实现治理，即安定、和谐、有序）。然而，为了能够达到这一点，就必须科学地、合理地制定法律制度或社会公共规则，使它们能够全面地体现全体社会成员或共同体成员的意志和要求，换言之，使调整和维护整个社会公共秩序的法律制度、社会公共规则本身具有科学性、合理性。毫无疑问，在一个社会共同体内部，只有这些法律制度或公共规则体现了其成员的意志和利益要求，为所有人所认可和接受，它们才可能被这些成员所自觉、自愿地遵守，人们也能够按照这些规则或法律制度来规范和约束其他成员的思想和行为。尽管在此，法律制度或社会公共规则看似与"人治"情况下差别不大，但其实质是根本不同的。李德顺指出："法制可以在人治体系下建立，属于人治的体系，也可以在法治体系中建立，属于法治的内容。作为'法治'体系内的组成部分时，'法制'是法治所要实现的一套制度体系本身，'法治'则是它的全面建设、实施和兑现。这是一种理想的状态。"[①] 因此，"法治"与"人治"实际上存在着根本性的差别。在当代社会中，随着人类法治文明的自觉建设，以法治为根本实质的法律制度建设和社会公共规则的制定已经越来越成为人们治理社会、维护和协调社会秩序的重要举措。客观而言，这种意义上的法律规范和社会制度就是中国传统话语中的道或道义，因为这是符合社会成员或人民群众根本利益的。

按规则办事，或者按制度办事，是法治社会的基本特征。由于人们遵循的是所有社会成员普遍认同的社会公共规则或制度，因此，只要树立起自觉的、明确的规则意识、制度意识，就能够按照规则和制度来管理社会，开展社会交往，科学地分配社会公共利益。当然，这也是每个社会成员能够平等地在由规则和制度所创造的安定、有序的社会环境中通过合法的劳动谋取自身的合法利益的根本途径。从根本上说，这种重规则、重契约而不是重血缘、重关系的社会是文明的社会，也是人类社会发展最基本的理想状态。

四、贯彻义利统一公正原则

公正是公共社会生活中科学解决社会纠纷、理顺社会关系、合理分配利益的重要价值原则。一个社会或国家，甚至整个世界、整个人类，是否公正，极大地影响着人们的正常生活秩序。对于社会主义社会来说，公正更是在利益分配的过程中必须全面贯彻的根本分配原则，显

[①] 李德顺：《与改革同行——中国特色社会主义的哲学理论之思》，黑龙江教育出版社，2008，第430页。

然，"义利统一"范畴中的"义"在此就集中地体现为"公平正义"。因此，只有坚持公正原则，坚持公平正义，才能做到义利统一，才能更好地化解利益分配过程中出现的各种纠纷和矛盾，实现整个社会的稳定与和谐。

社会主义法治社会的典型特征是法制法律面前人人平等，任何社会成员与他人都处于利益分配的平等地位上。因此，在利益分配问题上，只要每个人实际的贡献相等，那么，都有条件要求，或者说，无条件地要求分配同等的利益。袁贵仁强调："公正所强调的是某人从他人或社会那里得到他应得的东西，或社会付予其成员所应当付予的东西。这里的关键是'相称'二字。在人的社会关系中，凡所付和所得之间'相称的'就是公正的；凡所付和所得之间'不相称的'，就是不公正的。'相称'具体地说包含两个方面的内容：人从他人、社会中所得不能高于应得，高于应得说明人是不公正的；同样，社会对个人所付不能低于应付，低于应付说明社会是不公正的。"①因此，公正原则，在利益分配上，就体现为按劳分配原则。当然，利益问题，实际上绝不仅仅表现为物质利益或经济利益，还表现为政治利益、精神利益、文化利益、发展利益等。但是，不管在哪个方面或领域，在利益分配时，只要充分地体现公正原则，就能够最大限度地避免因为利益分配不公而导致的纠纷与矛盾，就能够科学地维护社会生活秩序，避免整个社会陷入无序的混乱之中。

客观而言，公正原则所以能够成为最科学的利益分配原则，因而能够实现义与利的统一，还在于这一原则本身根源于社会成员，即公民之间的平等性，而任何原则一旦声称具备公正性，那么，它就势必能够普遍地适用于任何一个公民，即能够为任何一个公民所效仿、推广与应用。赵汀阳强调，公正是一个能够经受住普遍模仿的原则："最能抵制

---

① 袁贵仁：《马克思的人学思想》，北京师范大学出版社，1996，第263-264页。

互相伤害的合作策略是对称性公正，一旦公正策略被普遍模仿，人人都能各得其所，一切良好的相互关系都成为可能。因此，公正是任何权利获得普遍有效性的唯一条件，也是权利获得正当性的唯一根据。只有公正原则才能定义不会自毁的权利游戏。"① 就是说，由于公正原则具有对称性，任何一个人只要处于对称性的一方，就势必因为这种对称性而取得相应的地位和利益，最终在模仿之中，就能够使得每一个人达到一种实际上的平衡与公正。特别是，公正原则正因为本身是公正的，它的制定本身就具有绝对的权威性，能够赢得最大的认同度，得到最严格的遵守。就公正何以能够如此，马克思还有深刻的认识，即他认识到，公正原则实际上面对的并不是每一个具体的人，而是一种"关系"，即一种对所有人来说一视同仁的"关系"。马克思曾经指出："人们在研究国家状况时很容易走入歧途，即忽视各种关系的客观本性，而用当事人的意志来解释一切。"② 毫无疑问，"关系"是客观的，它不依人的意志为转移。马克思说："只要人们一开始就站在这种客观立场上，人们就不会违反常规地以这一方或那一方的善意或恶意为前提，而会在初看起来似乎只有人在起作用的地方看到这些关系在起作用。"③ 因此，应当立足关系来看待公正，进而立足公正关系考虑义利统一问题。

总之，公正原则派生于社会成员的平等原则，其实质表现为人们之间在利益分配上的权利与义务之间的对待关系，只有付出一定的劳动，才能够享受到相应的利益。

五、创造美好生活实现条件

义利统一的最高境界就是能够极好地促进整个社会经济的繁荣发

---

① 赵汀阳：《坏世界研究》，中国人民大学出版社，2009，第338页。
② 《马克思恩格斯全集》，第1卷，人民出版社，1995，第363页。
③ 《马克思恩格斯全集》，第1卷，人民出版社，1995，第363页。

展，促进社会的富强、民主、文明、自由、和谐，为每个人实现自由全面发展和追求美好生活创造实现条件。毋庸置疑，从伦理道德角度所说的"道义"与从经济利益角度所说的"利益"，其所以形成不可分割的内在联系，以科学地维护和协调人们之间的社会关系和秩序，就在于只有坚持社会物质利益的科学分配、公正分配，才能实际上为每个人创造美好生活奠定坚实的物质基础或条件。

人们对美好生活的追求和向往，对实现自由而全面的渴望，永远推动着人类社会的发展。美好生活和自由全面发展意味着文明程度、文化素质、伦理道德素养或精神境界、思想道德修养境界的提高，意味着人的各种现实能力的发展。然而，人们要实现美好生活，实现自由全面发展，必须首先实际上拥有实现这些自由全面发展的客观基础和现实条件。显然，为了为每个人的自由全面发展奠定坚实的物质基础，创造必要的有利条件，就必须保证在社会物质财富的分配上做到科学、客观、公正，即能够充分地根据其客观情况和实际贡献照顾到每个人的利益，为其创造和奠定坚实的自由全面发展的物质基础和有利条件。一旦整个社会能够做到这一点，不仅意味着整个社会所有成员都实际地拥有了实现自由全面发展的物质基础或条件，而且实际地说明整个社会所有成员已经具备较高的文明程度和伦理道德素养，能够科学地、客观地、公正地因而也自觉地协调和处理与社会上所有其他成员之间的关系，切实地推进了社会的和谐构建。因此，坚持义利统一的公正原则，是新时代为人们创造和奠定实现美好生活和自由全面发展物质基础和条件的必要选择。

总之，经济社会的持续繁荣发展，整个社会的富强、民主、文明、自由、和谐，是义利关系彻底得到科学统一的必然结果；而坚持义利统一的公正原则，为每个人创造和奠定坚实的物质基础和条件，就能够更好地推动社会主义现代化强国建设。

第四节　新时代践行义利统一精神的现实途径

目前，我国正处于社会主义市场经济建设的深入发展时期，伴随着市场经济的繁荣，人们的思想已经发生了多方面的深刻变化。其中，有些人受西方资本主义社会思潮的影响，以赢利为目的的物质利益至上、唯利是图的思想"泛滥成灾"，严重地影响着人们之间在物质生产、生活过程中普遍存在着的利益分配关系，进而危害着人们之间正常的人际交往关系，败坏着人们的伦理道德观念，导致社会道德领域乱象丛生。因此，如何科学地认识和解决我国社会主义现代化建设过程中，在全面建设、健全社会主义市场经济体系，不断推进社会经济改革深入发展的过程中所出现的社会利益分配的"混乱现象"及其导致的社会矛盾，从而更加迅速地推进整个社会和谐有序运转，就成为当代中国社会面临的一个重要时代课题。毫无疑问，在此时代课题解决中，核心问题依然是中华传统伦理道德中如何实现义利统一的问题。因此，为到21世纪中叶全面建成社会主义现代化强国，必须大力继承和弘扬中华传统伦理道德中的义利统一精神，取其精华，弃其糟粕，发挥其应有价值。

一、培育社会主义利益观　规范公民思想行为

推进社会和谐有序运转，必须全面加强社会主义精神文明建设，特别是加强社会主义和谐文化建设。其中，为了适应中国特色社会主义市场经济建设，更科学地协调和规范人们之间的经济关系、利益关系，就必须全面地塑造顺应时代潮流和我国当代社会发展趋势的价值观、利益观、义利观，以科学地引导和规范全社会公民的思想和行为。

当前，随着改革开放和中国特色社会主义市场经济建设的深入推进，我国社会生活业已发生深刻的变化，各族人民群众的精神文化生活在呈现出繁荣发展态势的同时，更表现出了对更高精神文化生活的向往和追求，特别是面对思想道德领域里出现的许多新情况、新问题，人们更渴望通过全面加强社会主义精神文明建设、文化建设、道德建设，科学地解决因思想意识、道德观念、价值取向的多元化、多样性而导致的思想伦理道德问题。毫无疑问，随着改革开放和社会主义市场经济建设深入推进而在思想道德领域里呈现出来的许多新情况、新问题，从根本上来说，总涉及人们之间的利益关系，考量着人们的义利观念，或者说，利益关系就是绝大多数伦理道德问题的总背景、总根源。有些人之所以在伦理道德上出现问题，往往在于过分关注利益，特别是个人的私利，即为了个人私利而公然挑战、践踏社会公德，违背人间道义。无可否认，市场经济本质上遵循着资本逻辑。陈忠指出："现实性、现世性、不平等性、竞争性、效率性，是资本逻辑的内在精神原则。"[1] 张德胜则指出："像市场这样由工具理性支配的场所，优胜劣败，适者生存，与霍布斯所描绘的'人人为敌'的局面非常接近。所不同者，只是市场有一定的游戏规则，而法律则保证大家按照这些规则办事罢了。在这种场合或情景之下生活的人，不可能是舒适安泰的。"[2] 当今世界，很多人都活得非常现实，看重现世利益而不再迷恋神圣与崇高，具有鲜明的竞争意识、效率意识，几乎"唯利是图"。在这种情况下，对于一个国家、社会来说，如果整个社会缺乏明确的主流价值观念，陷入文明沦丧、道德失范、诚信缺失、价值观扭曲的可怕状况，那么也就根本谈不上社会的有序健康发展和国家的文明昌盛。中国进入新时代以来，由于受国际

---

[1] 陈忠：《发展伦理研究》，北京师范大学出版社，2008，第280页。
[2] 张德胜：《儒家伦理与社会秩序——社会学的诠释》，上海人民出版社，2008，第175页。

国内形势深刻变化的影响，受社会多元思潮的冲击，由于社会主义市场经济还没有真正健全、完善，社会治理还没有真正完善、到位，道德领域里的失范现象还比较突出，见利忘义、唯利是图、损人利己、损公肥私的现象还久治不绝，我们必须以社会主义核心价值观为引领，全面倡导科学的、正确的利益观，特别是要加强体现义利统一精神的新型伦理道德观、价值观、利益观、义利观的建设。

从根本上说，任何伦理道德观、价值观、利益观、义利观都在于规范和协调人们之间的义利关系，但这些观念是否真正地、科学地实现了义利统一则很难确定。加强体现义利统一精神的新型伦理道德观、价值观、利益观、义利观建设，就是要使人们自觉地从义利统一的角度规范自己的思想和行为，科学地处理和协调人们之间的义利关系，从而塑造整个社会的和谐秩序。

二、培育公民公正理念　维护公民合法权益

必须加强培育公民的社会公正精神，把公正原则全面贯彻到社会公共利益分配过程中，科学维护和保障公民的合法权益不受侵犯。公正原则是社会主义社会科学、合理利益分配的唯一根本原则。恩格斯曾经强调："如果我们不愿意用流血的办法解决社会问题，如果我们不愿意使我们的无产者的智力水平和生活状况之间的日益加深的矛盾尖锐到像我们对人性的理解所启示的那样，必须要用暴力来解决，要在绝望和强烈的复仇心中来解决，那末，诸位先生，我们就应当公正地处理社会问题，就应当尽一切努力使现代的奴隶得到与人相称的地位。"[1]众所周知，实现社会的公平正义，是中国共产党人的一贯主张，是发展中国特色社会主义的重大任务。对于国家或政府来说，必须按照民主法治、公平正义、诚信友爱、充满活力、安定有序、人与自然和谐相处的总要求和共

---

[1]《马克思恩格斯全集》，第2卷，人民出版社，1957，第525–526页。

同建设、共同享有的原则，着力解决人民最关心、最直接、最现实的利益问题，努力形成全体人民各尽其能、各得其所而又和谐相处的局面，为发展提供良好社会环境。但是，与之相适应，我们还必须清楚地认识到，社会主义社会利益的分配公正与否的问题并非单纯国家或政府的问题，而是涉及每个公民自身的问题。显然，每个公民不能静待着国家或政府为自己实现利益分配上的客观公正，而利益分配公正与否，还客观地需要公民自身对合法利益的自觉争取和维护。因此，无论是国家或政府也好，公民自身也好，都必须加强公民的社会公正意识的培育。

加强公民的社会公正意识的培育，使公民树立牢固的公正意识，就是要让人们在社会主义社会利益分配的根本问题上时时处处以公正为最基本、最基础的原则和尺度全面衡量和应付各种复杂情形，把公正原则全面地、彻底地贯彻到利益分配的全过程，不仅科学地维护和保障自身的合法利益，而且还自觉地维护和保障他人的合法利益。显然，一般情况下，人们往往能够积极地、自觉地维护和保障自身的合法利益，能够时时处处为自己着想，甚至为此与一些不法分子展开斗争；但是，一旦涉及的是他人利益而与自己无关，往往采取漠视、回避或事不关己高高挂起的态度。然而，我们必须认识到，这本质上是社会公正意识没有真正培育起来的表现，是没有全面而彻底地贯彻公正原则的表现。因为这些人没有看到，只要出现利益分配不公的现象，就意味着是对整个社会利益分配公正制度和原则的侵犯和破坏，而这种侵犯和破坏虽然当下并不直接危及自己的利益，但这种遭到侵犯和破坏的规则和制度本身却注定会在随后涉及自己利益分配时不能发挥作用。因此，加强公民的社会公正意识培育，就是要达到任何公民在面对任何社会利益分配问题时，无论这些利益分配是否涉及自己，都有自觉的公正意识，能够秉持客观公正的态度和原则进行科学的处理。为此，要做到，既不因为自己是整个利益分配中的享有者之一而偏私自己，也不因为其中有些人是自己不喜欢的人或竞争对手而有所克扣或不公。可以说，公民意识中的社会公正意识成熟与否，实际上标志着现代公民社会的成熟与否。

三、完善社会主义市场经济体制　营造法治健全营销环境

自改革开放以来，我国已经从计划经济向市场经济转型，建立、健全社会主义市场经济体制，完善社会主义法治，确立市场在配置社会资源方面的决定性地位，规范企业或市场经营主体的交易行为，打造良好的市场环境，已经成为我国社会历史发展不可逆转的趋势。

众所周知，中国传统社会是以血缘为纽带、以地域为特征所形成的典型的熟人社会、人情社会，人们的法律观念、制度观念、规则观念向来不成熟，当法治问题遇到基于血缘、地缘的亲人、邻里、朋友或熟人时，就会遭到其抵制和扭曲。已故著名社会学家费孝通对中国传统社会有深刻的描述，他说："提到了我们的用字，这个'家'字可以说最能伸缩自如了。'家里的'可以指自己的太太一个人；'家门'可以指伯叔侄子一大批；'自家人'可以包罗任何要拉入自己的圈子，表示亲热的人物。自家人的范围是因时因地可伸缩的，大到数不清，真是天下可成一家。"① 如前所述，费孝通对中国社会结构称之为"差序格局"，并运用在水面上丢石头所激起的一圈圈推出去的波纹作形象的比喻。在他看来，中国社会最重要的亲属关系具有类似这种丢石头形成同心圆波纹的性质，我们每个人都有这么一个因亲属关系而发展出来的关系网，但没有一个网所罩住的人是相同的，每个网络都以自己为中心，因而每个网络的中心实则不同。在乡土社会里，不但亲属关系如此，地缘关系也是如此，即每个家庭、每个村落、每个社区，实际上都是以自己的地位为

---

① 费孝通：《乡土中国》，北京出版社，2009，第34页。

中心而在周围划分出一个个圈子。费孝通强调，中国传统社会中这种具有极强伸缩性的差序格局深刻地影响着人们对世态炎凉的感悟，即差序格局中心势力的大小往往影响和决定着人们之间的亲疏程度，与西洋社会里争的是权利不同，在我们却是攀关系、讲交情。正因为如此，费孝通强调："在差序格局中，社会关系是逐渐从一个一个人推出去的，是私人联系的增加，社会范围是一根根私人联系所构成的网络，因之，我们传统社会里所有的社会道德也只在私人群系中发生意义。"①也就是说，中国传统社会里的道德归根结底都是由私人联系派生出来的，谈道德也仅仅指向与自己相关的因而纳入到自己的圈子的人。费孝通强调："这网络的每一个结附着一种道德要素，因之，传统的道德里不另找出一个笼统性的道德观念来，所有的价值标准也不能超脱于差序的人伦而存在了。"②他由此还强调："中国的道德和法律，都因之得看所施的对象和'自己'的关系而加以程度上的伸缩。……因为在这种社会中，一切普遍的标准并不发生作用，一定要问清了，对象是谁，和自己是什么关系之后，才能决定拿出什么标准来。"③也就是说，对于以"差序格局"为特征的中国传统社会来说，道德和法律实际上并不具有普遍性的意义，即并不作为维护和协调整个社会的统一标准而起作用；相反，势必受到血缘关系、地缘关系或亲情、友情、交情的影响而有所伸缩。

新中国成立70多年来，我国的法治文化已经发生了从"人治"向"法治"的历史性转变，而这意味着传统的重血缘、重地缘、重亲情、重交情、重关系的传统乡土中国正逐渐地向重规范、重法律、重制度、重权利的现代法治中国转型，中国特色社会主义市场经济体系的建立、健全和完善则意味着中国传统社会向现代社会的彻底转变。当然，我们

---

① 费孝通：《乡土中国》，北京出版社，2009，第42-43页。
② 费孝通：《乡土中国》，北京出版社，2009，第52页。
③ 费孝通：《乡土中国》，北京出版社，2009，第52-53页。

也应当看到,从"人治"向"法治"的转变,从"以法治国"向"依法治国"的飞跃,其间必然经历复杂的历程,在人们的社会生活中还存在着这样那样的问题时,还无法在很短的时间内完全消除"人治"痕迹,塑造出健全的社会主义法制体系,但正如央视"今日说法"栏目强调要"点点滴滴记录中国法治进程"一样,这种根本性转变虽然缓慢但却是一种历史的必然性。因此,为了实现义利统一,就必须顺应时代发展潮流,不断加强社会主义法治建设,实现法制与法治的最佳结合,为现代社会建立新的伦理道德规范和社会制度,并使这些规范和制度具有普遍性的意义,以全面地衡量和协调人们之间的各种物质利益关系,从而达到全面构建和谐社会的目的。如上所述,义利统一实现的最高境界是人的自由全面发展。对于社会来说,自由是现代法制的最基本价值原则,自由、民主、法治本身是统一的,都是以人的自由全面发展为目的的。因此,制定体现义利统一精神的现代法律制度或规范,就必须以人的自由全面发展为最终的目标,为人们实现各自的自由全面发展创造良好的法律制度环境。可以说,对当代中国来说,以自由为基础,全面建设以人的全面发展为最终目标的现代法制,是进入新时代我国社会主义法治建设的内在要求。

四、提高政府公信力　保障社会利益分配公正

政府作为社会参与主体,在整个社会生活中发挥着至关重要的作用。从根本上说,政府代表着国家,利用其特殊的地位和力量维护着整个国家、社会的经济、政治、文化生活秩序,保障着整个国家、社会和全体公民的利益。然而,政府自身的角色和职能究竟如何,实际上影响和制约着它对社会的管理、治理效果,而只有那些取信于人民因而具有公信力的政府,才能对社会进行有效的管理、治理,相应地,真正合理的管理、治理恰恰在于能够服务于社会和公民,科学地实现社会财富的公正分配。因此,必须促进政府职能转变,完善政府服务功能,提高政

府公信力，使政府成为公正分配社会公共利益的权威机构。

众所周知，政府有广义与狭义之分。狭义的政府指政府的行政机关，而广义的政府则是国家政权机关的总称，包括行政、立法、司法、检察等机关。对于广大民众来说，所谓政府实质上往往就是指广义的政府，即作为国家政权代表的所有机关总和。确切说来，这种广义上的政府就是以合法性力量为后盾对特定领土范围内的居民进行管理的权威性组织。从某种意义上说，政府是国家的代表，政府职能，特别是中央政府的职能，往往与国家职能存在着本质上的一致性、重叠性或相互蕴涵性。但从根本上说，无论是其对内职能还是其对外职能，如维护国家主权的独立、领土的完整、国民的安全，实现国家的繁荣昌盛，提高国家在国际舞台上的地位、声望和影响力，不断完善国家的政治制度、经济制度、文化制度，实现国家利益的有效保障，维护国家特殊的政治文化、历史传统、价值观念、民族精神、社会习俗、生活方式等，无不是为了维护和保障国家的根本利益，特别是在整个国家经济、政治、文化生活居于统治地位的统治阶级的权利和地位。当然，对于任何一个国家或政府来说，国家利益并非仅仅包含统治阶级的利益，实际上还包含社会各阶级、阶层的利益，因此，国家利益是一个具有宽泛意义的概念，是一个统治阶级利益与其所支配的社会公共利益的混合[1]。毫无疑问，对于社会主义国家来说，由工人阶级占统治地位的国家政权从根本上维护的是广大人民群众的根本利益。这也说明，随着人类社会历史的发展，随着社会主义国家的诞生和发展，政府所维护和保障的国家利益将越来越体现为最广大人民群众的根本利益。众所周知，毛泽东曾经指出："国事是国家的公事，不是一党一派的私事。……共产党是为民族、为人民谋利益的政党，它本身决无私利可图。"[2] 正是在此思想基础上，他

---

[1] 俞可平主编《政治学通论》，当代世界出版社，2002，第48页。
[2]《毛泽东选集》，第三卷，人民出版社，1991，第809页。

所提出的"为人民服务"思想最终被确立为党的根本宗旨。党所确立的这一根本宗旨在不同的时代得到坚持和弘扬。习近平总书记在党的二十大报告中指出："全党要坚持全心全意为人民服务的根本宗旨，树牢群众观点，贯彻群众路线，尊重人民首创精神，坚持一切为了人民、一切依靠人民，从群众中来、到群众中去，始终保持同人民群众的血肉联系，始终接受人民批评和监督，始终同人民同呼吸、共命运、心连心，不断巩固全国各族人民大团结，加强海内外中华儿女大团结，形成同心共圆中国梦的强大合力。"①因此，从根本上说，我们要始终牢记党的根本宗旨，坚持以人为本、执政为民的理念，始终把人民利益放在第一位，科学地为人民谋利益。因此，这就要求我们必须不断地改进、改善党的领导，特别是要通过加快推进政府职能转变，完善政府服务功能，努力提高政府的公信力，使政府成为科学、合理分配社会公共财富的权威。

从根本上说，政府职能的转变意味着政府角色的转变，从统治、治理到管理、服务，实际上这是与我国经济社会发展的客观必然趋势相适应的。自改革开放后，特别是进入21世纪以来，我国政府角色和政府职能的转变已经越来越深入推进。胡锦涛在党的十八大报告中强调："行政体制改革是推动上层建筑适应经济基础的必然要求。要按照建立中国特色社会主义行政体制目标，深入推进政企分开、政资分开、政事分开，建设职能科学、结构优化、廉洁高效、人民满意的服务型政府。"②政府职能的转变，涉及很多问题，如职能是否科学、结构是否优化、是否廉洁高效、人民是否满意等，但核心的问题是要在人民群众中树立政府的公信力。习近平总书记在党的十九大报告中就"深化机构

---

① 习近平：《高举中国特色社会主义伟大旗帜 为全面建设社会主义现代化国家而团结奋斗——在中国共产党第二十次全国代表大会上的报告》，人民出版社，2022，第70页。

② 《胡锦涛文选》，第三卷，人民出版社，2016，第635页。

和行政体制改革"强调:"转变政府职能,深化简政放权,创新监管方式,增强政府公信力和执行力,建设人民满意的服务型政府。"①在党的二十大报告中就"扎实推进依法行政",他强调:"法治政府建设是全面依法治国的重点任务和主体工程。转变政府职能,优化政府职责体系和组织结构,推进机构、职能、权限、程序、责任法定化,提高行政效率和公信力。"②建设职能科学、结构优化、廉洁高效、人民满意的服务型政府体现了中国共产党执政为民的必然要求。显然,政府职能科学、结构优化、廉洁高效是使人民满意的前提,也只有这样的政府才能够赢得人民的信任,才能够在人民心目中树立起自己的权威,成为为人民根本利益服务的权威性组织。当然,为了建设这样具有公信力的政府,加速推进政府职能的转变,就必须加强民主建设和民主监督,使广大人民群众能够参与到对政府的行为有切实监督的监督活动中,保证公共权力的科学运行。特别是,要通过基层民主建设,实现政府管理与基层民主管理的有机结合,在直接涉及广大民众的城乡社区治理、基层公共事务和公益事业中实现群众自我管理、自我服务、自我教育、自我监督,使人民依法直接行使民主权利、监督权利,以便更好地维护和保障自身的根本利益。对此,习近平总书记在党的二十大报告中提出了"全过程人民民主"概念,强调:"全过程人民民主是社会主义民主政治的本质属性,是最广泛、最真实、最管用的民主。必须坚定不移走中国特色社会主义政治发展道路,坚持党的领导、人民当家作主、依法治国有机统一,坚持人民主体地位,充分体现人民意志、保障人民权益、激发人民创造活

---

① 习近平:《决胜全面建成小康社会 夺取新时代中国特色社会主义伟大胜利——在中国共产党第十九次全国代表大会上的报告》,人民出版社,2017,第39页。
② 习近平:《高举中国特色社会主义伟大旗帜 为全面建设社会主义现代化国家而团结奋斗——在中国共产党第二十次全国代表大会上的报告》,人民出版社,2022,第41页。

力。"①毫无疑问，全面地发展"全过程人民民主"，为人民群众更加自觉地、积极地参与国家社会管理，更好地监督政府，促成政府职能转变，提升政府公信力，提供了新的思想和制度保障。

---

① 习近平：《高举中国特色社会主义伟大旗帜 为全面建设社会主义现代化国家而团结奋斗——在中国共产党第二十次全国代表大会上的报告》，人民出版社，2022，第37页。

第八章　公而忘私精神

公私关系是义利关系在涉及国家、集体与个人利益分配时所呈现出的必然内容。西汉贾谊曾说："国丑忘家，公丑忘私。利不苟就，害不苟去，唯义所在。"[①] 即当国家遭受危难时会忘却家庭利益，公共利益遭受危害时会忘却个人私利；遇到利益不随便获取，遇到危害不随便逃避，当以道义作为标准[②]。北宋程颐更直截了当地指出："义与利，只是个公与私也。"[③] 明朝徐问亦强调："学者知心上公私，便知事上有义利。"[④] 所以说，中华传统伦理道德在义利统一思想的基础上，形成了可贵的公而忘私精神。在中华民族辉煌灿烂的悠久历史上，当面对国家、社会或集体利益与个人利益发生严重冲突时，涌现出无数可歌可泣的精神高尚的人物，为了维护国家、社会或集体利益而奋力抗争，不顾私利，不徇私情，甚至牺牲自己的生命。毫无疑问，如何科学地解决和协调公私关系，做到公而忘私、客观公正，是任何一个社会都必须认真思考的重要问题。当前，我国道德领域受各种因素的影响，依然有一些社会成员唯利是图、损人利己、损公肥私，严重危害着国家社会的健康发展，因而更需要充分弘扬中华传统伦理道德思想中的公而忘私精神，全面协调公共利益与私人利益之间的关系，促进整个社会各个领域、各个

---

① 《新书·阶级》。
② 《新书·阶级》。
③ 《河南程氏遗书》卷十七。
④ 《读书劄记》。

维度上的和谐。

第一节　公而忘私概念的历史溯源

公私关系是义利关系的延伸，因此，如同"义"与"利"概念一样久远，"公"与"私"两个概念同样在中国先秦文化典籍中已经出现。紧密结合中华传统伦理道德思想中的"义利之辨"，深入而详细地梳理"公"与"私"概念，全面地阐释中华传统以儒家伦理道德思想为主导的"公而忘私"概念，有利于人们更全面地认识和把握公私关系。

一、"公"概念溯源

"公"在殷商甲骨文中已经出现，作"㕣"和"㕣"等，在金文中作"㕣"和"㕣"等，形象变化不大，均由"八"和"厶"构成。"公"在《说文解字》中作"㒫"，解释为："平分也。从八，从厶。八犹背也。韩非曰：背厶为公。"就是说，"公"的本义为"平分"，所谓"公"就是"背厶"，即"背私"。许慎在此肯定韩非子的"背厶为公"的说法。韩非子所谓的"背厶为公"出自《韩非子·五蠹》。在此篇章中，韩非子还进一步解释说："自环者谓之'私'，背私谓之'公'。"然而，在左安民看来，以"平分"来解释"公"，"恐非本义"，他引述朱芳圃的观点，认为"公"字本为"瓮"字的初文，即"公"是一种大口瓮，上有瓮盖，只是后来被假借为"公私"和"公平"等，而因此之故，只好在"公"之上再加"瓦"字作为义符，造成一个"瓮"字，与作为"公私"和"公平"的"公"相区别，从此以后，便有了明确的分工①。

---

① 左安民：《细说汉字——1000个汉字的起源与演变》，九州出版社，2006，第46页。

但不管怎样说，自先秦以来，"公"的基本含义已经基本稳定下来。

具体说来，"公"主要具有"国家的、帝王的、官府的"、"公事"、"公共、共同的"、"公正"、"公平"和"公开"等意义。例如，《尹文子·大道下》说："君宠臣，臣爱君；公法废，私欲行；乱国也。""公法"即指国家的法律制度。例如，《诗经·召南·采蘩》说："夙夜在公。"所谓"在公"，就是为公事操劳。荀子说："不下比以暗上，不上同以疾下，分争于中，不以私害之，若是则可谓公士矣。"①在此，荀子所谓"公士"就是指公正的士人，即坚持公正原则的人。荀子还提出"公患"说，指出："凡万物异则莫不相为蔽，此心术之公患也。"②在此，所谓"公患"则指共同的、普遍存在的祸患、病患、毛病。荀子还强调："然后明分职，序事业，材技官能，莫不治理，则公道达而私门塞矣，公义明而私事息矣。"③在此，"公道"即公正之道或至公至正之道。韩非子也记述："殷之法，弃灰于公道者，断其手。"④在此，"公道"即公共道路。就"公"为"公开"，《史记·文帝纪》载："宋昌曰：'所言公，公言之；所言私，王者不受私。'"在此，宋昌所谓的"公言之"，其意思就是指在众人面前公开发言、讲话。

综合上述，可见，"公"的主要意义指公事、公务、公共、公正、公平、公开等，是相对于私而言的。

二、"私"概念溯源

"私"古字作"厶"，在《六书通》里作"ᴗ"、"△"和"○"等。《说文解字》对"厶"和"私"均有解释。其中，"厶"解释为："奸衺也。韩非曰：'苍颉作字，自营为厶。凡厶之属皆从厶。'"在此，"奸"

---

① 《荀子·不苟》。
② 《荀子·解蔽》。
③ 《荀子·君道》。
④ 《韩非子·内储说上七术》。

即"奸",指心不公,而"衺"则指衣不正,因此,"厶"即不公不正,其实质在于通过奸邪之道谋取私利。在此,许慎依然采用韩非子的观点,指出传说中的苍颉造字时,以一画自绕成圆表示"厶",而凡有"厶"之意的皆从"厶"。实际上,《说文解字》在解释"鬼"和"篡"等字时,就体现了这种思想宗旨。例如,"鬼"释为:"人所归为鬼。从人,象鬼头。鬼,阴气贼害,从厶。凡鬼之属皆从鬼。"即"鬼"是指具有阴气而贼害人的特性。在此中,就蕴涵着阳为公、而阴为厶的思想。针对"篡"之"从厶",显然更能够使人明白篡夺总是通过阴谋手段而非法、非正义地夺取权力、财物的行为,其"从厶",主要在于强调"篡"乃奸邪之行。"私"在《说文解字》中作"私",释为:"禾也。从禾,厶声。北道名禾主人曰私主人。"意思是说,"私"即禾,作为形声字,发音为"厶",而北方称禾主人为私主人。《诗经·小雅·大田》云:"雨我公田,遂及我私。"对于这句诗,历来的解释多遵从郑玄。他在《毛诗笺》中把"私"释为"私田"。但关于何谓"私田",历来学者们有争议。例如,这句诗在相当程度上引起郭沫若的注意,他指出:"这并不是孟子所解释的'井九百亩,其中为公田,八家皆私百亩'的那种情形,而是足以证明在公有的土田之外已经有了私有的土田。"[①] 因此,他把"私"亦译为"私田"。实际上,"私主人"即"禾主人",无非是"庄稼的主人"。但是,按照郭沫若的观点,随着"私田"的出现,"私主人"就进而演化为"私田庄稼的主人"。可以说,相对于"公"而言的"私",逐渐获得了其比较固定的意义,即所谓"私",就是"属于自己的"、"自家的"和"个人的"。

事实上,"私"用来表示属于自己的、自家的例子,其构成的词语也都非常多。例如,"私人"在古代指王室公卿大夫的家臣,"私史"即为私家或个别家庭所撰写的历史。由于属于自己、自家,因此,"私"

---

① 郭沫若:《青铜时代》,中国人民大学出版社,2009,第80页。

进而延伸出"私下的"、"私自的"、"隐秘、暗中活动的事"以及"出自自己的偏爱"等意义。例如，就"私"表示"私下的"，孔子在描述自己的得意弟子的学习与实践状况时说："吾与回言终日，不违，如愚。退而省其私，亦足以发，回也不愚。"① 在此，孔子去"省其私"，就是观察颜回的私下生活。"私"表示所谓"私自"，例如，《左传·宣公十六年》记载："晋侯使士会平王室，定王享之，原襄公相礼，殽烝，武子私问其故。"在此，"私问其故"即私自问其原因。就"私"表示"隐秘、暗中活动之事"，例如，《史记·项羽本纪》记载："项王乃疑范增与汉有私，稍夺之权。"在此，"与汉有私"，即与汉有暗中活动之事，换句话说，彼此有隐秘的勾结。就"私"表示"偏爱"，《仪礼·燕礼》说："寡君，君之私也。"当然，更主要的是，"私"相对于"公"而言，指利己的、谋私的、不是为公务或官方设置或服务的、不合乎法律制度或公共伦理规范的、不公正的。例如，"私心"表示个人的利己之心，"私赏"指按照功劳赏赐之外的私情恩惠，而"私身"指无官役的百姓，"私情"多指非正常的男女爱情，"私子"则指非婚生的因而也不合乎法律制度或伦理规范的孩子。

总之，"私"在中国传统伦理道德思想中，其基本的意义是相对"公"而言的，既有表示纯粹自己的、个人的等不涉及公众、公共生活或他人的意思，也有私下的、暗自的、隐秘的、不公开的意思，更有在法律或伦理的视域里的非官方的、不合乎法律和伦理道德规范的，因而利己的、谋私利的、不公正的等意思。毫无疑问，作为与"公"相对应的伦理概念，这几个方面都是非常重要的。

三、公而忘私

"公"与"私"密切相关，不可分割。在社会生活中，在涉及国家、

---

① 《论语·为政》。

社会、集体与个人的物质利益分配和各种事务时，确实存在着"非公即私"或"非私即公"的现象，然而就究竟如何对待公私问题而言，彰显的是人们的价值态度，它决定着人们的价值取向和价值选择。在中华传统以儒家思想为主导的伦理道德思想中，中华民族确立起了"以公为贵"、"先公后私"、"以公灭私"、"公平无私"、"公正无私"、"至公无私"和"公而忘私"等基本一致的公私观念。所谓"以公为贵"或"先公后私"，是指以公家、公事、公务、公共利益等非私人、个体、一己之私为高、为先、为上，即以实现和维护公家或公共的利益为优先原则。明确地表达这种观念的当首推《吕氏春秋·贵公》，例如，《贵公》说："昔先圣王之治天下也，必先公，公而天下平矣。平得于公。"又说："智而用私，不若愚而用公。"再如，明末清初王夫之亦强调："有一人之正义，有一时之大义，有古今之通义；轻重之衡，公私之辨，三者不可不察。以一人之义，视一时之大义，而一人之义私矣；以一时之义，视古今之通义，而一时之义私矣；公者重，私者轻矣，权衡之所自定也。"[①]中华民族正是在"以公为贵"或"以公为先"、"公重私轻"的基本观念之上，确立了"以公灭私"、"公平无私"、"公正无私"和"公而忘私"等价值观念或思想行动原则。例如，《尚书·周官》说："以公灭私，民其允怀。"意思是说，只要以公心消灭私欲，老百姓就会信任而归依于执政者。"公平无私"出自《管子》，《管子·形势》说："天公平而无私，故美恶莫不覆；地公平而无私，故小大莫为载。"《战国策·秦一》亦说："法令至行，公平无私。""公正无私"出现于东汉班固编撰的《白虎通》，《白虎通·爵》说："公之为言，公正无私也。"当然，在公私观念中，"公而忘私"最具有代表性，这一说法出现于西汉贾谊的《新书》，《新书·阶级》说："主丑忘身，国丑忘家，公丑忘私。利不苟就，害不苟去，唯义所在。"在此，所谓"公丑忘私"，即公共利益遭到危害而

---

① 《读通鉴论》卷十四《安帝一四》。

忘却个人私利，后来演化为"公而忘私"。概括说来，中华传统伦理道德思想中形成了"以公为贵"、"先公后私"以及"以公灭私"、"公平无私"、"公正无私"和"公而忘私"等思想和行为准则，它们以"公而忘私"为代表，反映了中华民族在对待公私问题，协调和处理国家、社会、集体和个体利益关系，构建正常社会秩序方面的基本立场和态度。

客观而言，公与私的问题、义与利的问题，归根结底，涵盖国家、社会、集体与个人利益，即整体利益与个体利益各个层面上的分配及其相关原则的问题，是任何国家、民族、组织和个人无不身处其中、倍加关心的重大问题，因此，它们注定是任何国家、民族伦理道德思想史上最值得人们探讨的基本问题。但是，由于各个民族传统伦理文化的基因实际上存在着内在的差异，对公与私、义与利的问题的基本态度或倾向也存在着根本的差别。在中国，自先秦以孔子为创始人的儒家伦理道德思想在中华民族的文化传承中奠定了特殊的文化基因，因此形成了以儒家伦理道德为主导的中华传统伦理道德观念，这其中，就内在地包含着"以公为贵"、"公而忘私"等公私观念。

第二节　公而忘私思想的基本精神

以"公而忘私"为核心的中华传统伦理道德思想中的公私观念全面地反映了中华民族在认识和处理国家、集体与个人利益分配时的根本价值取向，是中国传统以儒家义利观为根本宗旨的义利观念的彰显，深刻而具体地呈现在社会生活的方方面面，对于中华民族道德人格的塑造和精神境界的追求产生了广泛而深远的影响。具体说来，中华传统伦理道德中的"公而忘私"思想具有以下基本特征。

一、奉行公道　摒弃私情

当天下、社会、国家或集体利益与个人利益发生矛盾和冲突时，始终存在着当事人究竟应该坚持什么原则和如何抉择取舍的问题。事实上，中国人更主张为了天下、社会、国家或集体的利益而奉行公道，尽可能地摒弃私情、私欲、私念。

公私问题是义利问题在天下、社会国家公共生活、政治生活层面的呈现，可以说涉及每个人，因为任何一个人实际上势必都会生活在社会上，出现在社会国家公共生活中乃至政治生活中，但事实上，公私问题是更多地牵涉从政人员或官吏的利益矛盾问题。天下、社会国家并不是具体的人，纵使古人有"溥天之下，莫非王土。率土之滨，莫非王臣"①的政治理念，因此说天下国家为帝王所有，但也过于笼统和模糊，尤其在所谓"天高皇帝远"的地方，更难以把握公共利益的具体存在。这种情况下，作为当事的官吏或从政者，实际上就存在着如何正确地看待公共利益与个人私利之间的关系的问题，特别是当两者发生矛盾和冲突时，就更能考验他的利益抉择是否合理。在总结了无数的历史教训后，中国人深刻地认识到治国理政必须树立公道、摒弃私情的必要性。东晋袁宏指出："居上者不以至公理物，为下者必以私路期荣，御员者不以信诚率众，执方者必以权谋自显。"② 在这里，袁宏区分了"居上者"与"为下者"、"御全者"和"执方者"，实际上就是强调作为处于天下、国家统治地位、管理地位的统治者、官吏，尤其是掌握着天下、国家大政的帝王、权贵，必须奉行公理、公道，以政治诚信引领其下级的地方官吏，避免他们各自为了私利而寻求私路，以权谋私。北宋苏轼强调："夫人胜法，则法为虚器。法胜人，则人为备位。人与法并行而不相胜，

---

① 《诗经·小雅·北山》。
② 《晋书》卷九十二《文苑·袁宏传》。

则天下安。"①南宋胡宏亦指出:"为天下者,必本于理义。理也者,天下之大体也;义也者,天下之大用也。理不可以不明,义不可以不精。理明,然后纲纪可正;义精,然后权衡可平。纲纪正,权衡平,则万事治,百姓服,四海同。"②即理明义精,纲纪正,权衡平,万事治,百姓服,四海同,是以理义为本的儒家经世观。南宋叶适指出:"臣闻人君必以其道服天下,而不以名位临天下。夫莫尊于君之名,莫重于君之位,然而不得其道以行之,则生杀予夺之命,皆无以服天下之心,其所以为之臣者,特迫于名位而不敢抗耳。"③君主必须用"道义"治理天下,而不能持名位统治天下百姓。天下最尊贵的不过是君主的名声,天下最重要的不过是君主的位置。但是,君主如果不用道义治理天下,君主所制定的生杀予夺的命令,天下人就不会服从。那些甘愿当大臣的人,只是迫于名位,不敢违抗罢了。叶适所强调的就是道义具有征服人心的力量,只有道义才能治好天下,保持住自己的名位,而手中的权力如果离开道义的约束,就会导致不堪设想的严重后果。

中国人将以道义治理天下的君主称之为有道之君。东晋郭璞说:"有道之君未尝不以危自持,乱世之主未尝不以安自居。故存而不忘亡者,三代之所以兴也;亡而自以为存者,三季之所以废也。是以古之令主开纳忠谠,以弼其违;标显切直,用攻其失。至乃闻一善则拜,见规诫则惧。何者,盖不私其身,处天下以至公也。"④就是说,夏商周三代兴亡,既有"有道之君",又有"乱世之主",其兴在于"存而不忘亡",其废在于"亡而自以为存",而真正的圣明君主则"闻一善则拜,见规诫则惧",而他们之所以能够做到这一点,关键在于"不私其身,处天下以至公"。归根结底,正是因为在天下、社会、国家、集体利益问题

---

① 《苏轼全集·文集》卷四十八《应制举上两制书》。
② 《胡宏集·知言·义理》。
③ 《叶适集·水心别集》卷一《进卷·君德一》。
④ 《晋书》卷七十二《郭璞传》。

上没有私心，没有强化自己的私人利益，所以能够坚持至公的价值原则。西汉陆贾说："据土子民，治国治众者，不可以图利，治产业，则教化不行，而政令不从。"①即治国治众的官吏如果图个人私利，治自己的产业，就无法推行教化和政令。唐朝韩愈说："慕当官而行，不求利己。"②因此，作为治国治众者的官吏，不应该图私利。东汉荀悦阐发了"树五公去五私"的必要性，指出："问人主有公赋无私求，有公用无私费，有公役无私使，有公赐无私惠，有公怒无私怨。私求则下烦而无度，是谓伤清。私费则官耗而无限，是谓伤制。私使则民挠扰而无节，是谓伤义。私惠则下虚望而无准，是谓伤正。私怨则下疑惧而不安，是谓伤德。"③西晋傅玄强调："政在去私，私不去而公道亡，公道亡则礼教无所立；礼教无所立，则刑罚不用情；刑罚不用情，则下从之者，未之有也。夫去私者，所以立公道也，惟公然后可正天下也。善为政者，天下不能害也，而况于人乎？尧水汤旱，而民无菜色，犹太平也。"④因此，为政要去私，否则危及公道，不能正天下。作为开明帝王、有道之君，唐太宗李世民亦认识到官吏必须秉持公道管理社会国家，而不能为了自求安身一味顺着帝王或上级官吏的心意。他指出："逆主耳而履道，戮孔怀以安国，周公是也。顺上心而安身，随君情以杀子，易牙是也。弃己之命，安君之身，纪信是也。挟国谋事，以报私仇，袁盎是也。子身而执节，孤直而自毁，屈原是也。外显和睦之端，内怀汤火之意，宰噽是也。忠谄之道，以此观之，足为永鉴。"⑤在此，李世民总结了历史上帝王兴亡的经验教训，一口气列举了三个方面的一反一正的史实，用来揭示忠与谄、善与恶、直与邪的根本区别在于是为国家还是为自己，即

---

① 《新语·怀虑》。
② 《韩昌黎全集》卷三十八《为裴相公让官表》。
③ 《申鉴·政体》。
④ 《傅子·问政篇》。
⑤ 《唐太宗全集·金镜》。

为国则忠则善则直，为己则谄则恶则邪。他告诫太子李治说："夫为国之要，在于进贤退不肖，赏善罚恶，至公无私，汝当努力行此"①李世民自己的姐姐长广公主为儿子谢罪，求免于惩罚，他说："赏不避仇雠，罚不阿亲戚，此天下至公之道。"②事实上，为政离不开刑赏，而"刑赏之本，在乎劝善而惩恶，帝王之所以与天下为画一，不以亲疏贵贱而轻重者也"③。《新唐书》也记载，李世民论功行赏，反对争功邀赏时，真正做到了"至不私其亲"从而令群臣佩服的效果。

树立公道或至公之理，秉持公道，做到至公无私非常不易，但真正的君子总是摒弃、克制私情、私欲、私念，不以私害公。西汉刘向转述楚人庄善的话说："闻君子不以私害公。"④即君子不因私心而损害公益，不因私情而危害公正原则。唐朝大理少卿徐有功有句名言："汝所言者私愤也，我所守者公法也，安可以私害公！"⑤在此，他强调不能以个人私怨损害治理国家的法律。中国传统语境中的"公"指公正、公益、公心、公法等等概念，而"私"则指私情、私利、私心、私怨等等概念。隋朝王通指出："夫能遗其身，然后能无私；无私，然后能至公；至公，然后以天下为心矣，道可行也。"⑥即能够忘记自身利益的人，办事才能做到无私，然而无私就能够大公。这说明忘我是无私的前提条件，而大公则是无私的必然结果。按照公开、公共、公正的原则，即公法或国家法律来处理事情，就能够做到不以私害公，即不徇私情、不谋私利、不存私心、不报私怨，如此等等。唐太宗李世民指出："人之意见，每或不同，有所是非，本为公事。或有护己之短，忌闻其失，有是有非，

---

① 《资治通鉴》卷一百九十七《唐纪十三》。
② 《资治通鉴》卷一百九十七《唐纪十三》。
③ 《贞观政要》卷八《刑法第三十一》。
④ 《新序·义勇》。
⑤ 《隋唐嘉话》。
⑥ 《中说·魏相篇》。

衔以为怨。或有苟避私隙，相惜颜面，知非正事，遂即施行。难违一官之小情，顿为万人之大弊。"①即是说，个人的意见不同是自然的事，如果为了公事，出于公心，则很容易沟通交流，但如果有了个人恩怨，彼此存在嫌隙，顾及颜面，一味施行，就难免因一官之小情而造成对社会大众的危害。也就是说，如果顾及私利、私情或个人颜面，就会运用公共权力或力量施行反映个人意志的政策，结果造成公共危害。北宋苏辙说："居之以强力，发之以果敢，而成之以无私。"②这是说，一个国家平时要有雄厚的实力，发动一件事要坚决勇敢，取得成功必须无私。苏辙所讲的前两者并不是最重要的，而取得成功和胜利的关键在于为国家干事时要没有私心，富有正义。南宋杨万里说："利于私，必不利于公，公与私不两胜，利与害不两能。"③这里，杨万里强调公与私之间存在着矛盾性，两者不能两全，不能同时并存。因此，应当弃私为公，舍去私利，大公无私。出于公心，为天下、社会、国家、集体利益考虑，就必须摒弃私情。唐朝狄仁杰强调："荐贤为国，非为私人也。"④又说："苟利于国，岂为身谋？"⑤北宋司马光说："专利国家而不为身谋。"⑥即一心为国家谋利益，而不为自己打算。北宋苏轼甚至强调："报国之心，死而后已。"⑦即报效国家的心，只有到死了才会了结。

中国人认识到，公私问题处理得当则天下太平，否则就会导致社会混乱。"奉公如法则上下平，上下平则国强。"⑧即奉公执法，能够实现社会上下平衡、国家富强的目的。西晋刘颂也强调说："尽公者，政之本

---

① 《贞观政要》卷一《政体第二》。
② 《新论》。
③ 《诚斋集》卷六十五《代萧岳英上宰相书》。
④ 《资治通鉴》卷二百七《唐纪二十三·则天后久视元年》。
⑤ 《资治通鉴》卷二百六《唐纪二十二·则天后久视元年》。
⑥ 《司马光集》卷六六《谏院题名记》。
⑦ 《苏轼全集》卷三十二《杭州召还乞郡状》。
⑧ 《史记·廉颇蔺相如列传》。

也；树私者，乱之源也。"① 这就充分地认识到为公尽职是从事事务的根本，而为己谋私利则是导致社会混乱的根源。清代刘鹗则说："人人好公，则天下太平；人人营私，则天下大乱。"② 总之，公正、廉洁、秉公执法对于社会政治的清明、权威的产生和国家的强盛具有重要的意义；相反，如果徇私舞弊，势必造成整个社会的混乱。

二、秉公持法　亲疏如一

在处理利益纠纷、协调人际关系时，中国传统思想中确立了法治思想、制度思想。例如，北宋司马光强调："法者天下之公器，惟善持法者，亲疏如一，无所不行，则人莫敢有所恃而犯之。"③ 南宋杨万里亦强调："以法从人，不若以人从法。以人从法，则公道行而私欲止；以法从人，则公道止而私欲行。"④ 但在强调法治的同时，中国古代思想家们都注意到在面对和处理公与私问题时，必然关系到恩与法，即情感与法律之间的矛盾关系，而他们一般都认识到，如果要客观地处理公私问题，就必须认识到公与私两者是势不两立的，必须秉公执法，不能因亲情而影响、危害公家利益。

中国人认识到在面对和处理天下、社会、国家或集体公共利益与私人利益关系问题时确实存在着如何规范和协调公与私的问题、恩与法的问题，强调公私不并行、恩法不两立。北宋汪藻指出："公与私不并行，恩与法不两立。以公灭私，以法夺恩者治；以私害公，以恩挠法者乱。此古今不易之道也。"⑤ 即要想达到国家治理、天下太平的目的，就必须以法取代恩，而不能以恩干扰法，这是传承古今的政道。在赏罚问

---

① 《晋书》卷四十六《刘颂传》。
② 《老残游记》第九回。
③ 《资治通鉴》卷十四《汉纪六·文帝前六年》。
④ 《诚斋集》卷六九《论吏部恩泽之敝札子》。
⑤ 《浮溪集》卷二《奏论邢焕孟忠厚除授不当状》。

题上，北宋名臣包拯则强调："赏者必当其功，不可以恩进；罚者必当其罪，不可以幸免。"①就是说，赏罚必须根据功过，而不能掺杂任何恩情。无论对作为最高统治者的帝王来说还是对于作为人臣的官吏来说，都必须以法为准绳，为治国的依据。明朝何大复强调："夫为人君者，法不可以有己。为人臣者，法不可以有己。法也，非甘物也，有国者之药石绳墨也。"②明朝钱琦强调："因喜用赏，赏必不当；因怒用罚，罚必不当。故王者无私喜无私怒，然后赏罚当而下平。"③战国慎子强调："为人君者不多听，据法倚数以观得失。无法之官，不听于耳；无法之劳，不图于功；无劳之亲，不任于官。官不私亲，法不遗爱，上下无事，唯法所在。"④在此，"据法倚数"即依据法律、凭仗制度，也就是说，作为全面治理国家、社会的最高统治者，不要经常听臣下向自己诉说如何做事，而是根据法律来评判事情的得失；只有对于那些真正依据法律的人才听取其言论，只有按照法律做出的劳动才给予奖励，只有做出功绩的亲属才授予官位，在任用官职时，不偏私自己的亲属，执行法律时也不出现偏爱。这样就能够达到全国上下安定无事，只有法律永恒发挥着作用。当然，依据法律、制度解决国家社会公共事务，做出不偏私、偏爱的最高境界就是"大义灭亲"⑤。与之相反，韩非子强调："道私者乱，道法者治。"⑥即以私心做事，国家就混乱，而按照国家法度办事，国家就太平。明代洪应明说："惟公则生明，惟廉则生威。"⑦当然，能够做到奉公守法、秉公执法，是必须具备相应的操守的。北宋范仲淹说："能守

---

① 《上殿札子》。
② 《何大复集·何子十二篇·法行篇》。
③ 《钱公良测语·治本》。
④ 《慎子·君臣》。
⑤ 《左传·隐公四年》。
⑥ 《韩非子·诡使》。
⑦ 《菜根谭·前集》。

节者始可制奸赃之吏，镇豪猾之人，法乃不私，民则无枉。"①总之，为了实现天下、社会、国家或集体的安宁、和谐，就必须坚守公道，摒弃私情，而这也需要个人的节操和廉洁。

三、天下为公　心明大义

"天下"是中国传统伦理政治思想中观察、分析和解决经济、政治、文化等一系列问题的最高单位或视域。众所周知，北宋范仲淹在《岳阳楼记》里的名句"先天下之忧而忧，后天下之乐而乐"充分地彰显了中国传统士大夫的天下情怀和担当意识。从公私关系的角度来说，以"天下"为最高视域而形成的天下观或"公天下"的思想，具有重要的政治伦理意义。中国人胸怀天下，奉行天下为公理念，心明大义，敢于为了天下、社会、国家、集体利益而牺牲个人私利乃至生命。

中国人的天下视野是最为高远、宽阔的。《易传·系辞下》："古者包牺氏之王天下，仰则观象于天，俯则观法于地。"《周髀算经》则说："夫高而大者，莫大于天；厚而广者，莫广于地。"因此，天至为高大，地至为广厚，万物皆生成演化于天地之间，涵盖在天之下。除了这种形象的视角之外，中国人天下视野的形成还得益于心胸的无限开阔。清朝金缨强调："大其心，容天下之物；虚其心，受天下之善；平其心，论天下之事；潜其心，观天下之理；定其心，应天下之变。"②因此，正是心胸的开阔、清虚、平和、沉潜、宁静，才使得人能够容纳天下万物，能够感受天下之善，公正地谈论天下之事，深刻地观察天下之理，随心所欲地应对天下之事。可以说，这种心胸的开阔、清虚、平和、沉潜、宁静使中国人形成了世界上其他民族所少有的天下视野、天下情怀。

"天下为公"是中国人的义利统一思想，尤其是公而忘私思想以

---

① 《治体·答手诏条陈十事》。
② 《格言联璧·存养类》。

"天下"为最高视域或伦理政治分析单位的必然表现，是其最高的实现形态或所能够达到的最高境界。儒家《礼记》提出了"天下为公"理念，表达了"天下大同"的政治理想，指出："大道之行也，天下为公，选贤与能，讲信修睦。故人不独亲其亲，不独子其子，使老有所终，壮有所用，幼有所长，矜寡孤独废疾者，皆有所养，男有分，女有归。货恶其弃于地也，不必藏于己；力恶其不出于身也，不必为己。是故谋闭而不兴，盗窃乱贼而不作，故外户而不闭。是谓大同。"①儒家的这一"天下为公"理念和"天下大同"理想，对后世影响深远，成为历代中国人不懈追求的目标。"天下为公"理念既强调了天下为最大的生存空间、政治统治空间，又承认了这一最大的生存空间和政治统治空间本质上不属于任何个人、私人或少数人；相反，它属于天下所有人，任何人都必须以公心对待天下的事情。北宋李觏指出："古之君子以天下为务，故思与天下之明共视，与天下之聪共听，与天下之智共谋，孳孳焉，唯恐失一士以病吾元元也。"②在此，"元元"泛指老百姓。意思是说，古代的君子始终着眼天下事务，与所有能够参与政务的人共同做事、处理问题、治理天下，而不愿因失去任何有识之士而危害天下百姓的利益。这种真正意义上的天下视野也超越了传统的家天下观念。贞观元年唐太宗李世民曾强调："朕以天下为家，不能私于一物，惟有才行是任，岂以新旧为差？"③作为帝王的李世民，认识到虽然基于传统血缘宗族观念而推行"家天下"观念，但绝不能从狭隘的家族观念出发偏私于一物，相反应当根据人们各自的才能加以任用，而不是给予差别对待。北宋赵普批评赵匡胤未能提拔他自己平时不喜欢的人时说："刑以惩恶，赏以酬功，古今通道也。且刑赏天下之刑赏，非陛下之刑赏，岂得以喜怒专

---

① 《礼记·礼运》。
② 《李觏集》卷二十七《上富舍人书》。
③ 《贞观政要》卷五《公平第十六》。

之。"①显然，在此，赵普明确区分了"天下"与"陛下"；换言之，区分了"天下"与具体的国君。明清之际，思想家们已经逐渐地发现"家天下"的思想事实上存在较大偏颇，"黄宗羲、王夫之、顾炎武从公私之辨出发对'家天下'发起了诘难"②。因此，王夫之提出了"公天下"的观念，顾炎武强调"亡国"与"亡天下"的区别。实际上，区别"国"与"天下"，是先秦已经形成的观念。例如：孟子指出："不仁而得国者，有之矣；不仁而得天下者，未之有也。"③尤其是，如果说得"国"实际上就是掌握一定的政权，那么，得"天下"实际上则是得到人民的拥护与爱戴。例如，汉高祖刘邦著名谋士郦食其说："臣闻之，知天之天者，王事可成；不知天之天者，王事不可成。王者以民为天，而民以食为天。"④因此，应当从"天下"，而不是从"国家"，特别是帝王本人，来看待社会治理和刑罚问题。北宋李觏强调："刑者非王之意，天之意也。非天之意，天下之人之意也。"⑤明朝海瑞亦指出："天下之事，图之固贵于有其法，而尤在于得其人。"⑥当然，得天下之人在于使他成为"天下之官"，以"成天下之事"。《朱子语类》中，曾有一段对朱熹与其弟子问答的记载："或言今日之告君者，皆能言'修德'二字。不知教人君从何处修起？必有其要。曰：'安得如此说，只看合下心不是私，即转为天下之大公。将一切私底意尽屏去，所用之人非贤，即别搜求正人用之。'"⑦在朱熹看来，君主进行道德修养，一是要去掉自己的一切私心，以天下为公，二是要任用贤人，二者相互联系，缺一不可。清朝陆

---

① 《宋史》卷二百五十六《赵普传》。
② 贾红莲：《中国传统政治伦理思想的架构及现代价值》，《中国哲学史》2004年第2期。
③ 《孟子·尽心下》。
④ 《宋史·郦生陆贾列传》。
⑤ 《李觏集》卷十《刑禁第三》。
⑥ 《海瑞集》上篇《中举前后时期·治黎策》。
⑦ 《朱子语类》卷一百八《朱子五·论治道》。

寿名指出:"天下之事,必隶于天下之官;用天下之官,而后可以成天下之事。"①而从向君王举荐贤能之才角度来说,亦要出于公心。元朝张养浩强调:"夫士有公天下之心,然后能举天下之贤。"②即一个人只有以天下为公的思想,才能够着眼于天下举荐普天之下所有的贤能。因此,以"天下"为最高视域或政治分析单位,中国人超越了西方狭隘的民族国家视域,而从更宽广的世界观来观察、分析和解决以整个人类为利益主体的经济、政治、文化等问题,更好地解决了各个国家、民族、区域在交往过程中所遇到的更复杂的矛盾和冲突问题。

正因为中国人以天下为公,拥有了公心,树立了公道,因而放眼天下,情系苍生,心明大义。荀子强调:"公生明,偏生闇,端悫生通,诈伪生塞,诚信生神,夸诞生惑。此六生者,君子慎之,而禹、桀所以分也。"③即是说,用公心去处理事物一定能明察事理,而用私心去处理事物则一定昏暗不清;端庄老实,事业一定能够成功,而弄虚作假,事业一定失败。忠诚守信通向神明,衿夸妄诞则贪惑于物。这六条,君子应该慎重对待,而且这也是禹桀区分开来的重要标准。西晋傅玄说:"有公心必有公道,有公道必有公制。"④即"公心"是产生公道和公制的德性前提。明朝吕坤说:"与人共事,当公而不私。苟事之成,不必功之出自我也;不幸而败,不必咎之归诸人也。"⑤大意是,与人一起共事,应当公正而不应当偏私;如果成功不必把功劳归于自己,而不幸失败也不要把罪责都归于别人。因此,公正地对待公事,就不应当偏私,既不能贪天之功以为己有,也不能把错误委推给别人。贪功诿过之人是不道德的。南宋叶适强调:"臣闻欲明大义,当求公心;欲图大事,当立定

---

① 《皇朝经世文编》卷一《原学·治安文献序》。
② 《为政忠告·风宪忠告·荐举第六》。
③ 《荀子·不苟》。
④ 《傅子·通志篇》。
⑤ 《呻吟语》卷上。

论。自献者追忿，自安者忘仇，非公心也；勇者惟欲进，怯者惟欲止，非定论者。善为国者，务实而不务虚，择福不择祸。条目先定而始末不差，斯所谓公心矣；措己于安而制敌之危，斯所谓定论矣。"① 在此，"务实而不务虚，择福不择祸"才是"公心"，才能"定论"，这体现了叶适把"义理"和"功利"相统一的思想，反对忽视"功利"、尚"义理"的空谈。明朝王阳明弟子王艮指出："人心本自乐，自将私欲缚。私欲一萌时，良知还自觉。一觉便消除，人心依旧乐。乐是乐此学，学是学此乐。不乐不是学，不学不是乐。乐便然后学，学便然后乐。乐是学，学是乐。呜呼！天下之乐，何如此学？天下之学，何如此乐？"② 王艮把"人心"、"快乐"和"学习"融为一体，认为束缚和消除私欲是实现三统一的基础，是非常深刻的思想观点，尤其是，他把这种学视为"天下之学"、把这种乐视为"天下之乐"，归根结底从天下来看待学问和快乐，将自己的心与天下融为一体。作为王阳明心学的继承人，尽管这种"天下之学"还存在着自身的不足，即更多地在精神世界里实现圣贤境界，但毕竟还是超越了个人的私欲和局限性，考虑的是关乎天下苍生的大事、公事。

以天下为公，归根结底在于实现天下太平，而对于统治者、君主或帝王来说，在于得天下。但得天下归根结底以得人心为本。北宋李觏强调："君人者不以身为身，以天下之身为身也；不以心为心，以天下之心为心也。"③ 意即当君主的人不要以自身为身，而要以天下万民之身为身，不要以自心为心，而要以天下万民之心为心。归根结底，只有以天下万民之心为心，才能真正得天下万民之心。明朝宋濂亦说："得天下以人心为本。人心不固，虽金帛充牣，将焉用之。"④ 这就是说，如果

---

① 《叶适集·水心文集补遗·奏劄》。
② 《乐学歌》。
③ 《李觏集》卷十八《安民策第五》。
④ 《明史》卷一百二十八《宋濂传》。

没有得到人心，而虽然得到很多金帛，但意义并不是特别大，并没有用处。因此，当彻底地以天下为公，为了实现天下太平，为了真正地得天下，就不能一味看重金帛等物质财富的获得，相反，要考虑真正得天下人心。

四、公正无私　廉洁奉公

客观而言，自觉控制情感或偏爱从而客观公正地解决涉及自身利益或亲戚、属下利益，本身就是很难做到的事情，而能够做到的就被视为具有崇高道德的"圣人"。当然，一般而言，作为普通官吏，难以谈得圣人。但是，中国传统儒家伦理道德以圣贤为理想的道德人格，而能够为官一任造福一方，留名青史就已经难能可贵。对于普通官吏而言，做到公正无私、廉洁奉公，就是为官的基本要求。

中国传统儒家崇尚的圣人是能够彻底地奉行公道的人，也是最能够克制私欲、私念、私心的人，归根结底是能够公正无私的人。明朝庄元臣说："圣人无所甚亲，无所甚疏，抱德炀和，恩怨泯如，祸孰能及之哉！"[1] 即圣人没有特别亲密的人，也没有特别疏远的人，以高尚的道德使和善成为风尚，使恩怨消灭净尽，祸患怎能到自己身上呢？换言之，真正圣明的人不搞亲亲疏疏，而是尽力弘扬和善的风尚，竭力泯灭恩怨。唐太宗李世民在回答房玄龄奏言时曾说："古称至公者，盖谓平恕无私。丹朱、商均，子也，而尧、舜废之。管叔、蔡叔，兄弟也，而周公诛之。故知君人者，以天下为公，无私于物。"[2] 唐朝韩愈说："是故圣人一视而同仁，笃近而举远。"[3] 正是由此，唐朝皮日休说："不以尧、舜之心为君者，具君也。不以伊尹、周公之心为臣者，具臣也。"[4]

---

[1]《叔苴子》卷一。
[2]《贞观政要》卷五《公平第十六》。
[3]《原人》。
[4]《皮日休集》卷九《鹿门隐书六十篇》。

即做君主的，没有像尧舜那样的心境，就是不称职的君主；而做臣子，如果没有像伊尹、周公那样的心境，就不是称职的臣子。没有伊尹、周公之心，自私自利只可能阻碍人的发展和道德境界的提升。明朝吕坤指出："盖自私自利之心，是立人达人之障。"①当然，这样的人不仅注定成不了圣贤，也成就不了像伊尹、周公那样的贤臣。像伊尹、周公那样的大臣都是真正廉洁奉公的贤臣，廉洁奉公是他们真正为了天下、国家利益而做出自己贡献的道德要求。廉洁在于消除私欲或个人偏好。韩非子强调："群臣持禄养交，行私道而不效公忠，此谓明劫。"②即在韩非子看来，既然从君王那里领取俸禄，但又行私道，不是真正地为天下、国家公务而效忠，那么，这就是公开的抢劫。西汉韩婴说："故智者不为非其事，廉者不为非其有。"③即智慧的人不会去做他不应该做的事情，廉洁的人不会去占有他不应该占有的东西。显然，廉洁的人有自知之明。

　　公正无私，廉洁奉公，对于君主来说，这样的人才确实很难得。北宋李觏感叹说："嗟乎！今之天下何其少人哉？人材高下，未敢轻量。若夫至公至忠，图国忘身者，诚不易得。"④李觏虽然认为人的才能高下不能轻易评判，然而那些至公至忠、考虑国家而忘记自身利益的人实在不容易得到。《资治通鉴》记载唐太宗李世民坚持不避嫌疑选择真正廉洁奉公的贤才的故事："十一月，壬辰，以开府仪同三司长孙无忌为司空，无忌固辞曰：'臣忝预外戚，恐天下谓陛下为私。'上不许，曰：'吾为官择人，惟才是与。苟或不才，虽亲不用，襄邑王神符是也；如其有才，虽仇不弃，魏徵等是也。今日之举，非私亲也。'"⑤唐太宗用人坚持以才能为标准，既不偏私亲故，不任用有亲近关系但无才能的人，

---

① 《呻吟语·谈道》。
② 《韩非子·三守》。
③ 《韩诗外传》卷一。
④ 《李觏集》卷二十八《寄上孙安抚书》。
⑤ 《资治通鉴》卷一百九十四《唐纪十·贞观七年》。

也不为着避嫌而压抑有才能但有亲近关系的人。科学地选人用人，既包括不偏私亲故，也包括不压制亲故，旨在选拔出能够公正无私、廉洁奉公之人。西汉黄石公曾说："为人择官者乱。"①即根据个人的喜好来选择官员势必造成混乱。从根本上说，唐太宗并不是完全根据个人喜好来选择官吏，而是根据才能来选拔。清代黄宗羲强调："不以一己之利为利，而使天下受其利，不以一己之害为害，而使天下释其害。"②因此，能够着眼于天下，以天下为公，出于公道和公心，而不顾及个人私利，就能够选拔出真正廉洁奉公的官吏。

当然，公正无私、廉洁奉公并不意味着完全不考虑个人的利益，只是不特别地顾及个人私利，不把个人私利置于首位。实际上，公正无私、廉洁奉公的最好状态不是为了牺牲自己的利益而只顾公家利益，而是做到"公私两便"。所谓公私两便，指做事对公家和私人都有好处。针对《汉书·沟洫志》中的"乃两便"，唐朝颜师古注："言无产业之人，端居无为，及发行力役，俱须衣食耳。今县官给其衣食，而使修治河水，是为公私两便也。"其也作"公私两济"。《晋书·阮种传》说："若人有所患苦者，有宜损益，使公私两济者，委曲陈之。"也作"公私两利"。《文献通考》说："惟有于要闹坊场之地，听民酝造，纳税之后，便从酤卖，实为公私两利。"③总之，公正无私、廉洁奉公，科学地解决好公共利益与个人利益之间的矛盾，做到"公私两便"，是为官的最高境界。

---

① 《素书·遵义章》。
② 《明夷待访录·原君》。
③ 《文献通考·十七·征榷四》。

第三节　公而忘私精神的现代阐释

公而忘私精神是中华民族优良传统伦理精神，数千年来，对以儒家思想为核心的中国政治伦理道德建设起着深远的影响。儒家以修身、齐家、治国、平天下为根本的思想原则和理想目标，公而忘私精神由于自觉地通过加强德性修养来协调自身与天下、社会、国家、集体的利益关系，因此比较科学地解决了公私关系问题，促进了公共社会生活领域的和谐与稳定。但是，公而忘私精神尽管被当作中华民族道德教育的目标，为历代统治者所倡导和弘扬，然而依然存在着一定的曲解和误导，严重地歪曲着这种精神。例如，打着为公的旗帜却实际上谋取个人的私利，过分强调公而忘私却造成对个人利益的侵犯，出于公心办事结果却使事情做得"更加糟糕"……毋庸讳言，新中国成立后，尤其在"文化大革命"那个受极左思想影响的特殊历史时期，为了弘扬公而忘私精神，曾经对其做出不适当的强调，如"狠斗私字一闪念"，曲解了其精神实质，在普通群众的心理上造成了极坏的影响，以至于反倒将敢于声称自己"公而忘私"、"大公无私"的人视为一些虚伪的人乃至外表富丽堂皇实则注定贪赃枉法的人。客观而言，公而忘私精神作为中华传统伦理精神的重要财富，应当进行深入的挖掘和整理，结合新时代中国特色社会主义现代化建设的实际，进行必要的创造性转化和创新性发展，以推动中国特色社会主义伦理道德体系的塑造，提高人们的思想道德素质，提高整个社会的文明程度，全面地推进中华民族的伟大复兴。

一、履行公职分内要求

公而忘私是履行公职的分内要求，即公而忘私是任何一个在公共社会里担当一定公职的人由自己的身份、地位、职责、义务所规定而必须遵循的要求。换言之，这种要求不是外在赋予的，而是由这种公职身份、地位、职责、义务所规定了的。公而忘私精神最首要的、基本的体现就是人能够自觉地确立起一个科学的观察和处理问题的视域，即公共社会的或公共生活世界的视域。确立这种公共视域，始终着眼于这种公共视域，而不是始终关注到自身，始终忧虑着自己的利益得失，就能够彻底地做到公而忘私。

毫无疑问，对公而忘私精神，尽管每个人都要参与公共生活，因而都需要坚持和弘扬，但基本上是针对一些在公共生活世界里或社会上担当某些特定的公职的人而言的。对于这些人来说，尽管每个人实际上拥有多种身份和社会关系，然而许多身份和社会关系并不具有面向公共生活世界里所有成员的重要意义；相反，在更多的情况下，只是私人生活世界里的私人关系，或者是仅仅涉及少数人的私人关系。与人在私人生活世界里的身份不同，担当或拥有公职的人，在其履行公职时，他就是一个为公而存在的人，即是一个为了整个公共生活世界里或社会上所有成员的利益而存在的人，特别是，他所担当或拥有的公职并不取决于自己的意志和态度，相反，恰恰是共同体所有成员通过一定的原则、程序和途径赋予他的。他履行公职，就是履行自己公职所规定的义务，而由公职所决定了的各种事务不仅是公共事务，而是职位与职责所规定了的事务。严格地说，这样的人就是我们所谓的"干部"、"公务员"或"公仆"。因此，担当公职的公务员就要履行公职，而履行公职，处理公务，其对象是社会上或公共生活世界里的全体成员。而当公务员面对所谓的全体成员处理公务时，并不排除作为成员存在的自己，只是意味着当自己作为成员时，自己与其他任何一个成员本身都是平等的，是无差别地存在于共同体之内的。当自己作为共同体内部无差别的成员而存在时，实际上就等于始终着眼于共同体或公共社会，等于看不到自己的存在，归根结底，而这恰恰就是公而忘私的表现。

与此相反，如果缺乏公共视域，始终将个人或私家利益放在首位，归根结底眼中只有自己、只有私人或私家利益，或者只考虑自己私人家族利益，那么，这样的官吏或公务员就违背了设置官吏或公务员的根本目的，违背了人类社会政治制度发展的根本规律，势必导致社会的混乱和瓦解。明朝何大复指出："正道坏则邪径成，公室衰则私门盛，自古及今，未之有易也。正之与邪，公之与私，氓隶之人能辨其所好恶。"① 就是说，正道遭到破坏邪路就会出现，国家一旦衰弱赃官们、私心人就会强盛起来，自古至今都是这样，而对于"正道"与"邪径"、"公室"与"私门"，一般群众都能辨清其好和坏。何大复对"正道"与"邪径"的论述，称得上是对无数历史事实的正确而深刻的总结，它启迪我们：要兴"正道"堵"邪径"，强"公室"杜"私门"。总之，履行公职旨在为所有成员服务，维护和保障所有成员的根本利益，而不是相反，仅仅替个人或私人家族的私利着想。自觉地遵守公而忘私原则，弘扬公而忘私精神，在全面深入推进和完善国家公务员制度的当代中国社会，就更具有现实意义。

二、端正公务正确态度

公而忘私是秉着公心，科学对待和处理公事、公务的正确态度和必然体现。公而忘私不仅是由人自身在公共生活世界里所担当、拥有的特定公职所决定而必须遵循的基本原则和要求，而且也是当事人从自己内心角度出于公心科学对待和处理公事或公务的正确态度和必然体现。

---

① 《何大复集·何子十二篇·上作篇》。

毫无疑问，任何一个人在一生中会遇到无数的事情、事务，人们正是在遭遇、分析、处理或解决事情、事务的过程中度过自己的一生的。人就生活在事情之中，人也因做事而成为社会生活中的人，人不做事就不可能真正地成为社会承认的人。不做事不仅不能解决自己在生存、生活和发展中遇到的矛盾和问题，也注定无法规范和协调好与其他人、与整个社会之间的关系。但是，人所遭遇和面对的事情、事务因人所具有的身份、所处的位置、所担当的职责具有不同的性质。对于担当一定公职的人，在履行自己的职务职责或义务时，所面临的事情、事务就是所谓的公事或公务，即涉及公共生活世界所有成员的共同利益的事情或事务。在此过程中，这些拥有公职、担任着公职所规定的权力和职责的当事人是否摆正自己的心态，归根结底是否能够出于公心而不是私心，就具有非常重要的意义。

习近平总书记强调："作为共产党员，作为党的干部，只有一心为公，事事出于公心，才能有正确的是非观、义利观、权力观、事业观，才能把群众装在心里，才能坦荡做人、谨慎用权，才能光明正大、堂堂正正。"[①] 显然，当官吏或公务员以私心来对待公事时，就会处处为自己的私利着想，一旦公共利益危及个人的私利，就势必始终惦记着自己的利益而首先考虑如何维护个人的私利，而这就会侵犯公共利益，当然其实质就是侵犯他人的利益；相反，如果是出于公心，那么，他就能很好地处理和协调公与私之间的关系，就会把公共利益放在首位。因此，公而忘私既是秉公办事的正确态度，也是能够真正秉公办事的必然体现。作为公职人员，在处理公私利益问题时内心究竟怎么想，别人是无法猜测的；相反，只有他自己最明白，他无法欺骗自己。在现实中，他可能按照自己的职责要求实际地做到了公，没有为自己或家人谋取到任何私利，因而看似公而忘私，但这种表面上的公却无法掩盖他内心里的

---

① 《习近平论"公"与"私"》，《民心》2018年第10期。

私，只是他为了保全自己的工作和名声而没有放大自己的私心而已。换言之，他在内心世界里始终有私心、私欲、私念，有自己无限鼓胀的自己，但在现实中却实际地克制了。按照现在的说法，他不是"不想腐"而是"不敢腐"，他始终在"想腐"，只是内心盘算了许久认识到因为一旦贪腐失去公职、损毁声誉注定得不偿失。因此，他只是不敢冒险而已，而不是真正意义上的公而忘私。真正意义上的公而忘私，在于内心世界里的"忘"以及基于内心世界的"忘"而表现出来的平和心态。

三、奠定规则思想基础

公而忘私是自觉遵守公共生活世界的秩序、制度和规范的前提，是实现公共利益分配和公共事务客观公正的重要保障。遵循秩序、制度和规范是需要必要的规则意识和思想基础的，公而忘私就是公职人员遵循公共生活世界里的秩序、制度和规范所必需的规则意识和思想基础。

无疑，公共生活世界是共同体所有成员共同参与因而在其中生产、生活、交往的世界。然而，人们在公共生活世界里或社会上的生产、生活和交往中，不可避免会发生矛盾和冲突，造成公共生活世界或社会的混乱或无序，造成彼此间的伤害和损失。众所周知，荀子曾经说过："人生而有欲，欲而不得，则不能无求，求而无度量分界，则不能不争。争则乱，乱则穷。先王恶其乱也，故制礼义以分之，以养人之欲，给人之求。使欲必不穷乎物，物必不屈于欲，两者相持而长。是礼之所起也。"① 因此，为了避免人们因为各种因素造成彼此间的纷争与冲突，造成社会的混乱和国家的贫穷，就必须通过各种有效途径，制定相应的规章制度、规范或游戏规则，即荀子所谓的"礼"，使每个人能够按照这些规章制度、规范或游戏规则有序地参与公共生活，实现、维护和保障自己的利益，而不侵犯其他人的合法利益。遵循社会伦理道德规范或礼

---

① 《荀子·礼论》。

义，对任何人来说都是必要的，因为只有遵循规范才能形成良好的社会秩序，才能保障社会的安定与和谐。然而，要想遵守社会伦理规范和秩序，就必须具有鲜明的规则意识、规范意识或法律意识。规则意识、规范意识或法律意识实质上就是明确地将规则、规范或法律摆在首位，而把当下所需要面对、分析、处理的事情、事务摆在次要位置的意识，就是自觉地遵循规则、规范和法律来分析和解决问题、事务的意识。毫无疑问，缺乏必要的规则意识、规范意识或法律意识，当事人就难以在面对具体问题、事务时避免陷入混乱之中，就可能受各种因素的纠缠和左右而迷失方向，特别是很容易破坏和违背规则、规范和法律而营私舞弊。为了避免出现上述情况，就必须在思想观念上确立公而忘私的规则意识和思想基础。

公而忘私的首要表现就是要求担当公职的当事人能够自觉地培育、确立鲜明的规则意识或法律意识，遵守公共生活世界里的秩序、制度、规范或游戏规则，按照制度办事，按照规则办事。无疑，既然制度、规则的制定本身是着眼于整个公共生活世界及其全体成员的利益的，遵守、遵循这些制度或规则，是担当公职的人自觉履行公职，科学处理公共事务的客观要求，也是其分内之事。显然，如果这些规章制度或规则的制定或形成本身是程序合法的，是科学合理的、客观公正的，那么，按照制度、规则办事，就是实现公共利益分配或公共事务处理客观公正的重要保障。因为在这一过程中，担当公职的当事人并没有掺杂任何私人的因素。也就是说，一切按制度、规则办事，是当事人履行公职，因而作为公务员的必然表现，是摆脱了任何私人利益诉求的必然表现。显然，这种境界就是典型的大公无私和公而忘私。相反，正如唐太宗李世民所说："若徇私贪浊，非止坏公法，损百姓，纵事未发闻，中心岂不常惧？恐惧既多，亦有因而致死。大丈夫岂得苟贪财物，以害及身命，使子孙每怀愧耻耶？"①因此，与其害怕徇私舞弊、违法犯罪最终被惩罚乃至处死，在思想观念上还不如自觉地弘扬大公无私、公而忘私精神，使自己的内心保持对规则、规范或法律的敬畏。

四、维护和谐逻辑前提

真正科学、客观的公共生活世界的秩序、规章制度、规范或游戏规则能够有效实现共同体所有成员之间利益的最大化和冲突的最小化，达到利益分配和公共事务处理的客观公正。而且，也只有在涉及共同体所有成员利益的公共事务的处理上达到客观公正，才能保证公共生活世界秩序的高度和谐。然而，为了保证客观公正，实现整个公共生活世界的高度和谐，任何身处公共生活世界因而参与解决和处理公共事务或公共利益分配的人，其首要的任务就是做到公而忘私。公而忘私就是忘记自己的私人利益，一心从公共事务、公共问题的解决，从公共利益的合理分配出发来思考问题，放弃为了维护自己的私人利益而与其他人进行较量和斗争的强烈冲动和愿望。因此，公而忘私就是维护和谐的逻辑前提。

不言而喻，人类社会始终充满着矛盾和斗争，无论在原始社会还是在现代社会，人们无不围绕着现实生活中层出不穷的困难、矛盾、风险、冲突和挑战进行着锲而不舍的斗争，围绕着物质利益、经济利益或社会财富而进行着彼此间的争夺和较量。历史上有不少思想家曾深刻地揭示了人类社会生活中的这种最普遍不过的现象，并由此揭示了人性中的黑暗和卑鄙，甚至直接宣称人性本恶。而如前所述，和谐是一种特殊的关系性价值，它意味着不同事物或构成事物的各要素通过共在存在、相互作用而达成了协调、稳定、安宁、有序的状态，本质上是一种以差异性为基础的多样性的协调统一。从人类社会来说，和谐意味着人们在生产、生活、交往中，在各种利益分配中，实现了平衡、协调与有

---

① 《贞观政要》卷六《贪鄙第二十六》。

序。和谐必定是有序的，但有序并不一定和谐。有序可以通过专制统治或暴力统治来塑造和维护，但这种依靠暴力或专制制度来实现的有序只意味着暂时的、僵死的秩序和稳定，一旦暴力或专制失去力量，社会或国家很快就会重新陷入混乱，甚至崩溃、瓦解。客观而言，任何依靠暴力或专制来维护的秩序本质上都在于维护少数人或个别社会集团特殊的利益。因为，要想实现社会或国家的真正和谐，就必须彻底地打破仅仅维护少数人或个别社会集团利益的暴力统治、专制统治，真正地从面对所有社会成员的立场出发，全面而客观地看待社会上每个人的正当利益，做到公而忘私。实际上，只有客观而公正地看待每一个社会成员的存在、地位、身份和利益，充分地尊重每一个人，才能更加科学地规范和协调整个社会所有人之间的关系，才能彻底地解决彼此间的矛盾和问题，促进社会的和谐。也就是说，没有客观公正就无法真正实现社会的和谐。

事实上，只有不仅担当公职的人而且每一个人，都能够公而忘私，才能保障对公共生活世界的秩序、制度、规范或游戏规则的真正遵守，最终实现整个社会公共利益分配和公务处理的客观公正。因此，公而忘私是创造公共生活世界和谐的逻辑前提。

第四节　新时代践行公而忘私精神的现实途径

社会和谐本质上体现为社会各阶层和睦相处，各种社会关系协调有序，各个社会成员彼此融洽且聪明才智和创造力得到充分发挥，各种社会资源充分得到利用，整个经济社会得到了健康发展，人与自然、人与社会、人与他人、人与自身达到了充分的和谐。其中，在各种复杂的社会关系中，公与私的关系，如国家与个人、单位与个人、集体与个人、公有制与私有制、国有企业与私营企业、社会公共领域与私人生活领域等各方面的关系，借助于科学的制度设计和法律规范，得到了有效协调，实现了公私两便，促使了公与私的协同发展和相互促进。但是，为达到这种和谐境界，需要大力培育和提升全体社会成员的思想道德素质和文明修养，其中，必须引导人们弘扬和践行公而忘私精神。

根据我国进入新时代的社会历史发展状况，弘扬和践行公而忘私精神，应当主要选择以下现实途径。

一、明确公私生活世界　兼顾公私正当利益

客观而言，任何人的生活都可以具体地划分为在社会公共领域里参与公共活动的公共生活和居家过日子以及与亲戚、邻里、朋友、老师、同学相互往来的私人生活。换言之，任何人实际上拥有、面对或身处两种性质的生活世界，即公共生活世界和私人生活世界。这两种生活世界实际上既存在着紧密的联系，彼此又不能混淆。只有运用法律制度明确而科学地划分和界定公共生活世界与私人生活世界，才能既全面地维护公共利益，又很好地保障私人的正当利益。

从根本上说，任何人的生活世界都是整体性的、不可分割的，不能简单地将其构成要素或各个领域割裂开来。然而，公共生活世界与私人生活世界的浑然一体性实际上又造成了公共利益与私人利益之间关系的"模糊与混乱"。新中国成立前，在漫长的中国传统社会上，中国人形成了重血缘、重地缘、重亲情、重友情和重关系的文化传统，由此整个生活世界呈现出鲜明的私人性、自然性，相应地，公共生活世界不发达，人们之间重视的是个人的或家庭、家族的私利，是同族同宗的私利，是邻里、朋友、师生、战友、同事、熟人等所谓"自己人"的私利。与此同时，历代统治阶级把自己家族的利益宣称和上升为国家利益或社会公共利益，要求全天下的人忠心维护。毫无疑问，无论是普通百姓形成的

实际利益观，还是统治阶级宣称的利益观，都是建立在私有制基础之上的，都是为自己的阶级服务的，但统治阶级因为实际地把持着国家的权力，披上了代表国家所有人利益的虚假外衣，因而其宣传的利益观具有极大的欺骗性。新中国成立后，随着社会主义改造的完成，我们实现了生产资料所有制变革，确立了单一的生产资料公有制，特别是通过广泛而深入的共产主义道德教育，中国人逐渐确立了财产公有的观念，但由于人们对社会主义、共产主义的理解本身还存在着较大的"偏差或曲解"，还没有真正地认识到社会主义的发展注定是一个逐渐深化的过程，还存在着很多的阶段，而在初级阶段还不可能一下子彻底消灭私有制和私有财产，消灭私有观念，因此这种道德教育也导致了一些想象不到的不良效应，即人们通过大力批判传统的私利观，形成了重公而轻私，即过分强调公共利益而忽视私人利益的新传统公私观，结果在把一切利益问题统统纳入公共利益之中，造成财产权的不明，取消了个人对自己正当利益的谋取和享有。在这种片面的公私观看来，公共利益具有至高无上的地位和权威，而私人利益不仅是不合理的，而且谋取私人利益就是不道德的，应当受到谴责，甚至内心闪过一丝"私"的观念也是不应该的。这也是应当接受批判的。这本质上是一种极"左"的观念。正如刘云华所强调的那样："这种高境界的道德要求看作对社会大众的普遍的道德要求，这隐藏着一种弊端：由于传统的公私观企图把人们的一切生活空间和事物都纳入到公的范畴，以大公无私的标准来要求，脱离了人们真实的生活现实，他们只好要么说空话、假话，言不由衷，口是心非，形成双面人格；要么我行我素，没有约束，使大公无私成了一些人心目中流于宣传和形式需要的空话和口号。"[①] 在他看来，"传统公私观念对生活领域方面公私划分的忽视，实质上是否认了人们生活领域有公私划分的必要"，而"随着时代的发展，随着人们生活领域的扩大，生活

---

① 刘云华：《谈大公无私的现实性和可能性》，《岭南学刊》2003年第5期。

内容的丰富，生活空间的扩展，有必要对不同场合下人们所需遵循的道德规范作一个划分，让人们在不同的生活领域中遵循不同的道德要求，使公而忘私也有自己的适用范围"①。总之，无论是新中国成立前或成立后，人们的利益观实际上都存在着这样那样的不足或问题。客观而言，个人是社会的基本单元，没有个人利益也无所谓整个社会的公共利益。个人利益的充分实现和保护能够客观地促进公共利益的不断实现和发展。这本来是一个很简单的道理。然而，为了实现公共利益与个人利益之间的恰当互动，就必须充分地肯定任何一个个人实际上都以两种身份存在着，即作为公民的存在和作为私人的存在，充分肯定其实际拥有两种生活世界，即公共生活世界和私人生活世界。只有科学地划分和界定公共生活世界和私人生活世界，才能正确地区别公共利益和私人利益，合理地解决两种利益之间的相互关系问题。所谓"公而忘私"，实质上是应当体现于公共生活世界领域里的利益观或公共利益分配原则。

目前，为了科学地解决公私利益问题，就必须通过建立、健全法律制度，通过法律制度来划分和界定生活世界的公共领域与私人领域，科学地、合理地界定和划分公共利益与私人利益。其中，最核心的问题是界定财产权，明确财产关系，使人们依法有效地维护和保障公共利益和私人利益，保障人们通过诚实劳动和合法经营谋取和享有私人财产的正当权利。显然，只有法律制度的建立、健全，才能使人们充分地认识到自身的双重身份，才能够拥有明确而科学的权力意识。显然，这对于公职人员来说尤其显得必要而迫切。

二、积极培育公民意识　全面维护公共权益

公民意识是每个社会成员从整个社会层面，特别是公共社会层面来认真把握自己，包括自己的社会地位、社会身份、社会权力、社会职

---

① 刘云华：《谈大公无私的现实性和可能性》，《岭南学刊》2003年第5期。

责、社会义务以及自己的思想、言论和行为所可能产生的社会影响等因素时所形成的意识。显然，树立公民意识，也就是要明确自己不仅是一个独立的个人、私人，而且还作为公民而生活在公共社会领域里，实际上自己的一言一行都会在公共社会里产生一定的影响或效应，而这种影响或效应，不仅直接地反馈于自己的生活和发展，影响着自己的前途和未来，而且还直接地影响着整个社会或他人。

具体而言，公民意识实际上包括至少四个方面的内容：公共意识、权利意识、义务意识和责任意识。所谓公民的公共意识，是指任何公民都必须清楚地明白，他作为公民是生活在公共生活世界里的一员，他的一举一动、一言一行实际上不仅具有对于自己而言的作用和意义，而且还必然地在公共生活世界里产生这样那样的影响，即还会客观地影响和作用到其他人，从而由此产生一系列的社会效应。因此，公共意识，就是着眼于整个公共生活世界的意识，是从整个公共生活世界的高度来反观自己的意识，就是能够自觉地认识到自己的一举一动、一言一行都将产生相应的社会效应从而影响社会或他人的意识。实际上，自觉的公共意识能够清楚地、客观公正地摆正自己的身份、地位和角色，能够科学、合理地处理和解决与整个公共生活世界、与他人之间的相互关系。所谓公民的权利意识，是指任何公民归根结底都是整个共同体或公共生活世界里的一个成员，是公共利益的实际创造者和享有者，同时也是公共利益实际的维护者。也就是说，对于公民来说，只要是涉及公共利益的问题，都与他存在着天然的联系，并且正因为作为公民而存在，他实际上拥有与其他公民或其他成员同等的权利。然而，作为公民，其实质也就是作为具有一定抽象性、一般性的无差别的个体而言，在此权利的实际享有过程中，绝没有任何自己的特殊性或特殊要求。当然，具体说来，权利包括权力和利益，任何人都有权力创造利益，也有权力享有和维护利益。除了应当确立权利意识，公民还必须确立义务意识。公民之所以有权力创造利益、享有利益、维护利益，归根结底在于他履行了自己的义务。权利与义务是不可分割地联系在一起的，而且义务客观地构成了权利得以产生的逻辑前提。换言之，正是因为首先履行了义务，每个人才能在社会上享有自己的权利（包括权力和利益）。因此，权利意识与义务意识尽管在每个公民头脑里侧重点不同，出现有早晚，但实际上它们两者是应当同等对待的，而且甚至应当说每个公民只有首先确立了义务意识，他才能形成比较理性的权利意识。所谓公民的责任意识，是指任何公民都必须清楚地明白自己作为公民的任何言行都可能实际地产生一定的社会效果或后果，而无论好坏，都能够自觉地为自己的行为担当相应的责任。毫无疑问，每个公民的言行举止所可能造成的社会后果，既可能有益于社会和他人，也可能有害于社会和他人，前一种情况会受到社会的肯定和赞扬，而后一种情况则会受到社会的指责和追责。因此，公民的社会责任意识归根结底就是自觉地为自己在公共生活世界里的言行承担相应的连带责任的意识。不言而喻，公民意识的四个方面是紧密地联系在一起的，即只有高度自觉而充分的公共意识，一个人才能清楚地摆正自己的公民身份、地位和社会角色，才能充分地认识到自己在公共生活世界里享有什么样的权利，以及为了享有相应的权利而应当履行什么样的义务、承担什么样的社会责任。

当前，我国社会主义现代化建设还不十分完善，人们在某些方面还缺乏与现代社会发展要求相一致的公民意识。例如，有些人很少注意自己在公共生活领域里的个人言行，而另一些人受自私自利思想的束缚，明明知道自己的言行可能会对社会或他人造成不良的后果，但就是不愿意主动承担自己的社会责任，由此导致社会上出现了许多让人困惑的违背公共伦理道德乃至法律规范的现象。特别是，由于缺乏正确的公民意识，人们对我国社会主义现代化建设过程中出现的各种复杂现象，特别是经济、政治、文化改革和建设中存在着的阶段性问题、矛盾缺乏科学、客观、冷静的深入思考，结果导致许多不必要的思想争论，甚至纯粹的口水战。着眼中国国情，赵春福等人特别强调要加强中国公民的政治伦理培育，他们早就指出："这是因为中国几千年封建社会形成的以儒家政治伦理为主导的传统政治文化，带有明显的依附型、宗法型和非参与型特征，传统政治文化长期的、潜移默化的影响，造成中国黎民百姓政治伦理的落后，封建宗法观念、皇权观念、等级观念、依附观念、草民观念、人治观念等传统政治观念代代相传，而社会公民意识、自主意识、参与意识在中国传统政治的漫长演变过程中，始终难以形成。"[①] 客观而言，这种状况至今仍然没有根本性的改变，而对于政治改革过程中出现的腐败现象，对于经济建设过程中出现的假冒伪劣现象，对于文化建设过程中的低俗、媚俗、庸俗的现象，对中国与西方发达国家之间的发展差距或优劣，对于国际政治生活中的外交策略和博弈，如此等等，人们都必须抱有科学、理性的态度来正确地认识和思考，而不能有意地掩盖，甚至颠倒黑白，有意蛊惑，既不必夸大阴暗面，也不必自觉吹嘘和抹粉，既不必灰心丧气，也不必自大狂妄。可以说，加强公民素质教育，增强公民的公共意识、权利意识、义务意识、责任意识，使公民自觉地实现自身定位，自觉地实现和维护公共利益，自觉地履行义务，并自觉地为自己的行为和言论承担相应的社会责任，就是我国不断加强现代社会建设、推动社会和谐有序的重要任务。

三、深化政治体制改革　规范约束公共权力

历史证明，人民民主是社会主义的生命，国家的一切权力属于人民。然而，如何确保人民的民主权力，使国家的一切权力掌握在人民的手中，从根本上来说，就是一个不断加强社会主义民主政治建设的重大

---

① 赵春福主编《伦理精神与中国社会现代化——兼论儒家伦理与中国社会现代化的关系》，北京出版社，1994，第161页。

课题，是一个不断深化政治体制改革，运用牢固的科学制度、有效的程序、合理的步骤具体落实的任务。这在于，如果没有相应的制度、程序和步骤，一切权力属于人民只可能停留于纸面上、口号上而毫无现实意义。任何脱离人民实际掌握的权力都会异化成控制人民的巨大力量。因此，必须建立、健全社会主义法治制度，实现依法治国，使人民民主得到有效发挥，在人民的民主监督下，科学规范和约束公共权力。

政治体制改革是我国全面改革的重要组成部分，对经济体制、社会体制、文化体制、生态文明体制等方面的改革具有实际的支配和引领作用，但也是一个注定需要耗费时间、有待逐渐深入推进的巨大工程。就目前来说，政治体制改革已经成为继经济体制改革之后的重点、难点。只有不断继续积极地、稳妥地、深入地推进政治体制改革，发展更加广泛、更加充分、更加健全的人民民主，才能实现人民当家作主、依法治国的目的。人民当家作主、依法治国的最终目的是为了从根本上维护和保障最广大人民群众的根本利益，彻底地使国家利益、公共利益与每个人的个人利益紧密地联系起来，让人民群众对自己的根本利益充分彻底地享有管理权。因此，只有保证人民当家作主，人民群众的根本利益才能得到最切实的维护和保障。事实上，正是由于人民群众的积极参与、民主参与，整个国家的政治生活才注入了持续的活力。因为在这种情况下，抽象的、因而脱离了人民群众切身感受的公共权力不复存在，而公共权力直接地就掌握在人民群众自己的手中，在人民群众自己的驾驭下，这种公共权力能够实际地、切实有效地发挥着维护和保障自己利益的威力。人民当家作主必须借助科学而健全的民主制度、丰富多样的民主形式来落实。缺乏必要的民主制度和民主形式，就会造成众说纷纭、无所适从的糟糕局面，就形成不了有效的决策，就不能科学地、及时地处理和解决整个社会、国家或集体出现的各种复杂问题、事务，结果也无从实现和保障每个人自己的根本利益。因此，要真正地实现人民当家作主，就必须通过建立、健全民主制度和丰富民主形式，以确保人民依法实行民主选举、民主决策、民主管理、民主监督。从根本上说，加强社会主义民主制度建设，就必须以加强法治建设为核心。自党的十八大以来，我们更加注重发挥法治在国家治理和社会管理中的重要作用，维护国家法制统一、尊严、权威，保证人民依法享有广泛权利和自由，把制度建设摆在突出位置，充分发挥我国社会主义政治制度优越性[①]。尤其是，我们的民主制度建设取得了巨大的成就，不断拓展民主观念，提出和发展了"协商民主"和"全过程民主"的思想。在党的十九大报告中，习近平总书记强调："必须坚持中国特色社会主义政治发展道路，坚持和完善人民代表大会制度、中国共产党领导的多党合作和政治协商制度、民族区域自治制度、基层群众自治制度，巩固和发展最广泛的爱国统一战线，发展社会主义协商民主，健全民主制度，丰富民主形式，拓宽民主渠道，保证人民当家作主落实到国家政治生活和社会生活之中。"[②] 他还强调："我国社会主义民主是维护人民根本利益的最广泛、最真实、最管用的民主。发展社会主义民主政治就是要体现人民意志、保障人民权益、激发人民创造力，用制度体系保证人民当家作主。"[③] 党的十九大报告提出了"协商民主"概念，指出："有事好商量，众人的事情由众人商量，是人民民主的真谛。协商民主是实现党的领导的重要方式，是我国社会主义民主政治的特有形式和独特优势。"[④] 二十大报告进而提出了"全过程民主"概念，指出"全过程人民民主是社会主义民主

[①]《胡锦涛文选》，第三卷，人民出版社，2016，第633页。
[②] 习近平：《决胜全面建成小康社会 夺取新时代中国特色社会主义伟大胜利——在中国共产党第十九次全国代表大会上的报告》，人民出版社，2017，第22页。
[③] 习近平：《决胜全面建成小康社会 夺取新时代中国特色社会主义伟大胜利——在中国共产党第十九次全国代表大会上的报告》，人民出版社，2017，第35-36页。
[④] 习近平：《决胜全面建成小康社会 夺取新时代中国特色社会主义伟大胜利——在中国共产党第十九次全国代表大会上的报告》，人民出版社，2017，第37-38页。

政治的本质属性，是最广泛、最真实、最管用的民主"，不仅强调"协商民主是实践全过程人民民主的重要形式"，而且相比十九大报告提法，进一步丰富和发展了"协商民主"的内容，提出了"全面发展协商民主"的要求，强调要"完善协商民主体系，统筹推进政党协商、人大协商、政府协商、政协协商、人民团体协商、基层协商以及社会组织协商，健全各种制度化协商平台，推进协商民主广泛多层制度化发展"[①]。我国政治制度改革的根本着眼点是充分发挥我国社会主义政治制度的优越性，我们也认识到，为了更好地促进我国政治体制改革，必须积极借鉴人类政治文明的有益成果，但绝不是照抄照搬西方的政治制度模式。实际上，这一要求，从根本上体现了社会主义国家人民当家作主的实质，保证了我国社会主义国家的发展方向。

加强政治制度建设，以制度确保人民当家作主，从根本上来说就是为了规范、监督和约束公共权力。公共权力或公权力本质上是指国家、社会或共同体所具有的其影响力覆盖整个生活领域、指向所有公民或成员的权力。因此，公共权力具有覆盖面广、影响力大等特点。公共权力所以需要规范、监督和约束，就在于无约束的公共权力很可能成为少数人操纵下为自己谋取私利的特权，即公共权力若没有体现人民群众的意志和要求，反倒会成为少数掌权者手中的得力工具。为了避免这种现象的发生，就必须加强各种形式和途径的监督作用。特别是，人民群众享有知情权、参与权、表达权、监督权，各级领导干部是否依法决策、科学决策，是否依法行使手中的权力，人民群众完全有权力进行必要的监督。习近平总书记强调："我们的权力是党和人民赋予的，是为党和人民做事用的，姓公不姓私，只能用来为党分忧、为国干事、为民谋利。

---

① 习近平：《高举中国特色社会主义伟大旗帜 为全面建设社会主义现代化国家而团结奋斗——在中国共产党第二十次全国代表大会上的报告》，人民出版社，2022，第37—38页。

要正确行使权力、依法用权、秉公用权、廉洁用权，做到法定职权必须为，法无授权不可为，保持如临深渊、如履薄冰的谨慎，做到心有所畏、言有所戒、行有所止，处理好公与私、情与法、利与法的关系。"①因此，各级领导干部也要增强民主意识，发挥民主作风，自觉地接受人民监督，让自己手中的权力运行在阳光下，当好人民公仆。

四、完善国家公务员制度　增强为民服务意识

"学而优则仕"是中国儒家士文化的主导思想，对中国历代知识分子在国家政治生活、社会生活中的生存、发展和奋斗产生了深远的影响，是其实现人生价值和意义的根本途径。改革开放以来，"学而优则仕"的"官本位"思想不仅没有随着中国社会文明的发展而逐渐淡化，而且随着我国公务员制度的确立和实施在一定程度上得到复兴。当前，我国的就业形势依然不容乐观，整个社会的就业压力依然较大，而经历新冠疫情考验后，更多的人倾向选择比较稳定的工作。我国国家公务员制度的实施为广大青年，特别是高校毕业生，提供了服务国家和社会的机会和岗位，但也为一部分头脑还残留着传统"学而优则仕"的"官本位"观念的人提供了契机。这些人显然还不具备科学的公务员观念。因此，从不断完善和改进国家、社会管理的角度而加快推进社会主义和谐社会建构来看，全面完善公务员制度，培育公务员意识，是科学解决和协调整个社会公私关系问题的关键。

规范和约束公共权力，一个极为重要的内容就是考核、选拔、任命官员必须严格规范程序，真正选拔优秀人才，发挥其聪明才智，实现为国家和社会公共事业服务的目的。目前，最能引起全社会普遍关注的热门话题就是，某地个别年轻官员连续被破格提拔，以致较快拥有较高的级别和岗位，而不像很多常人要经受长期的历练。这种现象尽管极为

---

① 习近平：《习近平谈治国理政》，第二卷，外文出版社，2017，第147页。

个别，却极易引起群众的质疑和热议。事实上，这些人之所以被质疑往往因为他们在人们眼中看起来比较平庸，并不比别人特别优秀。对此现象，群众往往希望当事单位能够给出具体事例来证明这些被破格提拔的人其优秀不可置疑，证明其被破格提拔的程序正当合法等等，以给公众一个合理交代。人们普遍感觉到，这些比较平庸的人升迁这么快，连续被破格提拔，实在无章法。有人甚至强调，这种破格提拔其实不仅伤害了踏实肯干的老实人，也不利于这些在短时间内被破格提拔的年轻干部以后的职业生涯发展。当然，现在用人单位选拔的干部，确实是以选调生这种特殊的储备干部为基础的。这些选调生作为储备干部，具有了一定的工作经验和能力，充满朝气和活力，党和政府也应当给他们提供适当的岗位和机会让他们发挥其聪明才干。但不可否认的是，个别地方政府对年轻干部的选拔往往存在着幕后操作和交易，因而违背了国家任命和选拔干部的程序和原则，更丧失了客观公正性，造成对其他优秀同志的排挤。显然，这种现象就是必须严格制止和消除的。规范干部选拔、任用的最科学方式是推行国家公务员制度。

然而，目前来说，通过不断探索和建设，我国公务员制度已日益系统、科学、完备，但在其贯彻落实过程中，某些地方或个别单位还时不时受到传统观念和因素的影响，还存在着这样那样的问题，引发社会讨论。众所周知，"考公考编"之所以成为高校毕业生仅次于"考研升学"、"企业就业"的重要选择，尤其是面对所谓"国考"，大量的大学本科生、硕士研究生甚至博士研究生投身于公务员报考，不愿错过机会，一方面反映了绝大多数青年积极投身党和国家事业，服务社会，以充分发挥自己的聪明才智，实现自身人生价值和意义的良好愿望，但另一方面也反映了其中一些人在头脑里依然残存着畸形的、陈旧的"官本位"观念。首先，这些头脑里残留着"官本位"思想观念的人，之所以选择考公务员，其关注的重点不在于为党和国家服务，而在于公务员身份。在他们看来,"公务员"意味着国家干部,考上公务员等于当了"官",吃上了"皇粮",甚至能"光宗耀祖"。在当前就业形势严峻的情况下,对于不少大学毕业生,特别是农村出来的学子来说,能够在城市里找到个工作机会,尤其是在国家政府机关里谋个一官半职,实在是天大的"幸福",甚至是"荣耀"。因此,对于一个刚刚毕业的大学生来说,如果顺利考上公务员,势必令不少人刮目相看,一些乡邻、亲戚、同学、朋友甚至会登门祝贺。在周围乡邻、亲戚、同学、朋友羡慕的眼光中,他们首先感受到的就是公务员身份所带来的"无限风光"和内心的"无比幸福"。其次,公务员身处政府机关,掌握一定的权力,成为社会的管理者,摆脱了以往靠体力劳动而生存的局面。孟子曾说:"劳心者治人,劳力者治于人。"[1]因此,在这些人眼里,公务员无疑不再"劳力"而成为"劳心者",成为"治人"者。可以说,这种身份的转变引起心态的变化,即这些人自认为已经成为治理、管理社会和他人的人。同时,这些人生活、工作于政府机关,享有较高的社会地位,很快成为许多人联系各级政府、各个部门的"中介熟人"。特别是,如果经历几年的历练,他们就能够对"官场"非常熟悉,建立起广泛的社会关系,成为某些乡邻、亲戚、同学、朋友,特别是家乡当地政府"拉关系、走门路"的最佳"中介人"。"有熟人,好办事",这种在中国已经延续了数千年的观念,依然是不少人坚信的"真理"。"能不能办事","能办成多大的事",成为判断一个公务员在乡邻、亲戚、同学、朋友,特别是家乡当地政府官员心目中"价值"高低的重要衡量标准。一些公务员碍于情面甚至出于炫耀自身能力的畸形心态,抱着侥幸心理,做了违背工作纪律乃至法律或良知的事情。再次,在他们看来,考上公务员,就意味着找到了稳定工作,即端上了"铁饭碗",有了相对稳定的收入,生活有了

---

[1]《孟子·滕文公上》

保障。相比于一些大学生毕业后相当长时间找不到工作，而且没有稳定收入，公务员不仅找到了社会地位相对较高、性质比较稳定、压力不算太大的工作，而且解决了城市户口，有了稳定的收入和待遇，生活问题一下子得到了基本的解决。特别是，中国本身是一个具有深远历史传统的人情社会，重人情，讲交情，这种传统既使整个社会成为充满人情味的社会，也注定滋生着官场上请客送礼、行贿受贿、公款吃喝等歪风邪气和违法乱纪现象。尽管党的十八大以来随着"八项规定"的实施，整个社会风气大幅度改善，但这些歪风邪气并没有完全杜绝、根除。年轻公务员如果不能自觉地抵制这些"潜规则"和歪风邪气，就很容易被腐蚀，从而享受到它们带来的"好处"，体验到"当官"的"乐趣"。因此，在当代中国社会，尤其在公务员制度不断推进的背景下，"学而优则仕"的"官本位"思想依然根深蒂固，每个公务员不仅要从根本上确立起正确的权力观，而且要坚决打赢反腐败斗争攻坚战、持久战，尤其要强化制度反腐作用。习近平总书记在党的二十大报告中强调："深化标本兼治，推进反腐败国家立法，加强新时代廉洁文化建设，教育引导广大党员、干部增强不想腐的自觉，清清白白做人、干干净净做事，使严厉惩治、规范权力、教育引导紧密结合、协调联动，不断取得更多制度性成果和更大治理效能。"[1] 单就国家公务员制度完善来说，不仅要规范招考、录用程序，而且也要"加强和改进公务员工作，优化机构编制资源配置"[2]，保障优秀人才脱颖而出，让真正能够为人民服务、愿意为人民服务的人民公仆为国家、社会有机会、有平台做实事。

---

[1] 习近平：《高举中国特色社会主义伟大旗帜 为全面建设社会主义现代化国家而团结奋斗——在中国共产党第二十次全国代表大会上的报告》，人民出版社，2022，第69—70页。

[2] 习近平：《高举中国特色社会主义伟大旗帜 为全面建设社会主义现代化国家而团结奋斗——在中国共产党第二十次全国代表大会上的报告》，人民出版社，2022，第67页。

第九章　天人合一精神

天人关系问题，即自然与人之间的关系问题，是中国传统伦理思想中所面对的最高问题。如何科学地解决天人之间的矛盾与问题，协调天人关系，塑造天人之间的和谐秩序，实现天人合一，成为中国传统伦理学的重要论题之一。目前，随着现代科学技术的飞速发展，人类对自然界的认识日益深化，而对自然界的改造力度亦逐渐加强，并且已经出现了无限制地开发利用自然资源导致资源枯竭、生态破坏、生存环境恶化、气候变暖等严峻的全球性问题，结果造成人与自然处于高度的紧张状态。针对我国而言，走中国式现代化道路，建设富强、民主、文明、和谐、美丽的社会主义现代化强国，实现中华民族伟大复兴，必须充分认识到加强生态文明建设的重要意义，而这就告诫我们，必须继承和弘扬中华传统伦理道德思想中的天人合一精神，全面塑造人与自然之间的和谐秩序，以创建和建构全方位真正自由和谐的中华民族生活世界。

第一节　天人合一概念的历史溯源

人与自然的关系在中国传统哲学中有自己独特的话语。庄子说："知天之所为，知人之所为者，至矣。"[①] 即认识自然与人的分别及其作

---

① 《庄子·大宗师》。

用，就是人的认识所达到的至高境界。在庄子看来，达到这种境界的认知称为"真知"，达到这种真知境界的人称为"真人"。因此，"知天"、"知人"成为中国传统哲学思想史上的重大课题。然而，"知天"旨在"知人"，天人之间的关系成为问题中的核心问题，而所以能够通过"知天"而"知人"，全在于"天人一体"或"天人合一"。深切研究天人关系，全面认识复杂的社会生活，著书立说，成为一家之言，是中国传统思想家的终生事业。在这方面，以西汉最著名的史学家司马迁为代表，他曾说："欲以究天人之际，通古今之变，成一家之言。"[①]宋代邵雍甚至说："学不际天人，不足以谓之学。"[②]可以说，只有全面地梳理中国传统思想文化中的"天人合一"概念的渊源与流变，才能结合人类社会的当代发展和中国特色社会主义现代化建设，全面阐释"天人合一"价值理念的现代意义，为构成人与自然和谐相处的富强、民主、文明、和谐、美丽的社会主义现代化强国提供更科学的思想和理论基础。

一、"天"概念溯源

"天"在中国汉字文化中历史悠久，其甲骨文作"𠘑"、"𠀾"和"𠀇"等，金文中作"𠕋"、"𠀤"、"𠀭"和"天"等，《六书通》中的篆字作"𠘑"、"大"、"𠀇"和"𠀤"等。在《说文解字》中其作"页"，并释为："颠也。至高无上，从一、大。"意思是说，"天"就是"颠"，其特征是"至高无上"。在此，关键是如何理解"颠"。实际上，"颠"即是"顶"，就是人的头部、顶部。这一点可以从"天"字的历史演变中得到确证。显然，"天"从甲骨文的形象到篆字的形象，其变化规律是可梳理的，即它总是一个头部变大的象形的人，而在最后的定型中，表示头部变大的符号演变成了"一"，因此，"天"就成了"从一、大"。

[①]《报任安书》。
[②]《皇极经世·观物外篇下》。

在《说文解字》中,"颠"与"顶"是互释的。"颠"释为:"顶也,从页,真声。""顶"则释为:"颠也,从页,丁声。"两者都表示人的头顶,并进而引申为一切事物的顶部,如"山颠"、"塔颠"、"颠峰"等词组中的"颠",都表示"顶部"的意思。而由人的头部变大而延伸出来的"天",尽管还在现代汉语中部分地使用,如俗话称婴儿出生时头顶没有骨质覆盖的部分为"天窗",而周岁前后覆盖后所形成的骨质部分称"天顶盖"等等,但"天"的基本意思表示人头顶之上"至高无上"者,显然,在此,"天"是个会意字,即它的真实意思不是表示人的头大,而是指在头顶之上"至高无上"者。因此,就本源意义来说,"天"实际上就是人头顶之上至高、至广、至大的广大自然、广大天宇。可以说,这一点应当是毋庸置疑的。例如,孔子就感叹"天"高广、宏大,他说:"大哉尧之为君也!巍巍乎!唯天为大,唯尧则之。"① 在此,孔子赞赏尧作为君王的伟大与崇高,认为只有天是最高最大,只有尧能效法天,即尧的伟大和崇高是通过效法天而造成的。庄子亦赞叹说:"天之苍苍,其正色邪?其远而无所至极邪?"② 正因为"天"指人头顶之上的广大的自然、天宇,因此,这种意义上的"天"是与"地"相对的。例如,《中庸》云:"今夫天,斯昭昭之多,及其无穷也,日月星辰系焉,万物覆焉,今夫地,一撮土之多,及其广厚,载华岳而不重,振河海而不洩,万物载焉。"③ 其中,"洩"现在作"泄",意思是说,天地都是无限广阔的,能够负载万物。因此,"天"的最基本的意义是指人头顶上无限广阔的自然界。

然而,在中国传统文化中,"天"的意义绝不仅仅如此。

首先,由广大自然或天宇的"天"延伸出"自然而然的"、"非人

---

① 《论语·泰伯》。
② 《庄子·逍遥游》。
③ 《中庸·二十六章》。

为的"等意义。在中国传统哲学中,由此而引发出来的"天人之辨"实际上是一个具有深厚意蕴和深远影响的论题。最早提出这种意义上的"天人之辨"的是庄子。如上所述,庄子说:"知天之所为,知人之所为者,至矣。"① 随后荀子亦强调"天人之辨",他说:"故明于天人之分,则可谓至人矣。"② 庄子与荀子所说的话几乎相同,都认为认识和辩明天人各自的所作所为及其差异,是人们认识所能达到的极致。针对什么是"天"或"人",《庄子·秋水》借助河伯与北海若之口给出了详细的说明:"曰:'何谓天?何谓人?'北海若曰:'牛马四足,是谓天;落马首,穿牛鼻,是谓人。'"也就是说,"自然而然的"为"天",而"人为改变的"为"人"。

其次,同样由于"天"的广大、高远,甚至神秘,"天"演绎成了宇宙间最高的主宰,甚至具有人格和意志的神灵或上帝。张岱年强调:"上古时代的宗教思想以为天是有意志的,是世界的最高主宰。哲学家中,孔子所谓天,仍有最高主宰的意义。"③ 例如,孔子痛惜得意弟子颜回夭折时,感叹说:"噫!天丧予!天丧予!"④ 他还说:"天之将丧斯文也,后死者不得与于斯文也;天之未丧斯文也,匡人其如予何?"⑤ 在这里,所谓"天丧予"或"天之将丧斯文",都是把"天"视为有意志的最高主宰。但是,孔子语境中的"天"毕竟还不是具有鲜明人格的神,他甚至很少在这种意义上谈"天"或"天道"。例如,孔子的弟子称:"子不语怪,力,乱,神。"⑥ 孔子弟子子贡亦强调:"夫子之文章,

---

① 《庄子·大宗师》。
② 《荀子·天论》。
③ 张岱年:《中国古典哲学范畴要论》,中国社会科学出版社,1989,第 20 页。
④ 《论语·先进》。
⑤ 《论语·子罕》。
⑥ 《论语·述而》。

可得而闻也；夫子之言性与天道，不可得而闻也。"①但是，与儒家不同，墨家创始人墨子认为"天"有意志，是最高的主宰，能赏罚人。他说："顺天意者，兼相爱，交相利，必得赏；反天意者，别相恶，交相贼，必得罚。"②显然，墨子的"天"不过是上古时期原始宗教的遗迹而已。值得注意的是，到西汉大一统之后，董仲舒在确立儒家思想统治地位的同时，没有继承孔子很少谈天或天道的传统，相反却吸纳了墨子的"天志"说，即认为"天"是最高的神灵。他说："天者，百神之大君也。"③正是在此基础上，他阐发出了一套神秘的"天人感应"论。因此，任继愈先生指出："汉代的'天'是人格化的神，它反映二千年前人类认识的水平。"④

最后，"天"还进一步抽象为最高的规律、原理或原则。明确地把"天"阐释为"理"的是北宋理学家程颢。他说："天者，理也。"⑤这种从理学角度阐释的"天"在南宋朱熹那里得到了进一步的深化，变成了理性神。任继愈强调："朱熹的'天'，不是活灵活现的人格神，而是封建宗法化的理性之神，它不具有人形，而具人性，有'盎然生物之心'。"⑥总之，正如张岱年所强调的："中国古代哲学中所谓天，在不同的哲学家具有不同的含义。大致说来，所谓天有三种含义：一指最高主宰，二指广大自然，三指最高原理。"⑦

---

① 《论语·公冶长》。
② 《墨子·天志》。
③ 《春秋繁露·郊语》。
④ 任继愈：《朱熹的天》，载《天人之际——任继愈学术思想精粹》，人民日报出版社，2010，第182页。
⑤ 《河南程氏遗书》卷十一。
⑥ 任继愈：《朱熹的天》，载《天人之际——任继愈学术思想精粹》，人民日报出版社，2010，第182页。
⑦ 张岱年：《文化与哲学》，中国人民大学出版社，2009，第142页。

二、"人"概念溯源

"人"字具有悠久的历史，它反映了人对自身的认识。在甲骨文中，"人"作"𠆢"、"𠆢"、"𠆢"和"𠆢"等，其表现形象多达一百多种，非常丰富，实际上反映了人的各种活动姿态。金文中，"人"作"𠆢"、"𠆢"、"𠆢"和"𠆢"等。《六书通》里的篆体字其作"𠆢"、"𠆢"和"𠆢"等。在《说文解字》中其作"𠆢"，释为："天地之性最贵者也。此籀文，象臂胫之形。凡人之属皆从人。"客观而言，无论是甲骨文、金文或籀文，其变化并不太大，纵使其篆体复杂点，依然能够识别。《说文解字》并没有从人的自然形体上来解说人，而是强调人是"天地之性最贵者也"。显然，这是着眼于人之所以为人的社会属性或价值属性来看待人。但是，人首先具有的是自然属性，甲骨文、金文等所描画的恰恰就是人的自然形象。在中国先秦典籍中，亦有从自然属性来描画人的。例如，《列子·黄帝》云："有七尺之骸、手足之异，戴发含齿，倚而趣者，谓之人。"此种描画大致规定了人的身高，即"七尺"，说明手足不一样，长着头发，嘴里含着牙齿，能够倚靠并能行走的，就是人。与人相区别，《列子·黄帝》还指出："傅翼戴角，分牙布爪，仰飞伏走，谓之禽兽。"即长着翅膀、头角有牙有爪，飞在天上，跑在地上的，叫作禽兽。因此，人与禽兽的区别首先在于自然形体与生存活动方式。

当然，人除了自然属性之外，还存在着社会属性，正是人的社会属性标志着人之所以为人。中国先秦哲学家对人的社会属性实际上多有论述。《论语·宪问》曾记载子路向孔子询问有关"成人"的问题："子路问成人。子曰：'若臧武仲之智，公绰之不欲，卞庄子之勇，冉求之艺，文之以礼乐，亦可以为成人矣。'曰：'今之成人者何必然，见利思义，见危授命，久要不忘平生之言，亦可以为成人矣。'"在此，所谓"成人"，也就是全人、完人，即完善自我的人。在孔子看来，具备较高的智慧，能够克制自己的欲望，富有勇气，掌握一定的才艺，并经受礼乐文化的长期陶冶，就算得是"成人"。因此，真正看来，孔子心目中的人实际上就是社会化的人，即经过知识教育，遵守伦理规范，克制自己的私欲，具有勇气，能够见义勇为，掌握一定的才艺，又经受礼乐文化熏陶，因而文化了的人。因此，正如肖万源、徐远和所说："所以在孔子看来，人不仅是天地'生就'的，而且是人自我'成就'的。一个仅具人的形骸的人成就自己为真正的人，有一条必由之路，这条路即修己之道。关于修己之道的论述是孔子人道观的核心。"[1]此外，《中庸·第二十章》还记载孔子的一个重要命题："仁者，人也。"在此，"仁"的基本含义是二人，因此，所谓"仁者，人也"，是说人的规定性取决于人与人之间的相互关系。换言之，孔子主要是从人的社会属性，尤其是人与人之间的社会关系来规定人之所以为人的。"仁者，人也"的观点为孟子所继承和发挥。孟子强调："人之所以异于禽兽者几希，庶民去之，君子存之。舜明于庶物，察于人伦，由仁义行，非行仁义也。"[2]即在孟子看来，人之所以区别于禽兽就在于"明于庶物，察于人伦，由仁义行"，即按照事物的道理和社会伦理规范待人接物。众所周知，孟子还提出"四端"之说，借以规定人。《孟子·公孙丑上》云："无恻隐之心，非人也；无羞恶之心，非人也；无辞让之心，非人也；无是非之心，非人也。恻隐之心，仁之端也；羞恶之心，义之端也；辞让之心，礼之端也；是非之心，智之端也。人之有四端也，犹其有四体也。"因此，"仁"、"义"、"礼"和"智"这"四端"成为人之所以为人的"四体"，从而超越了自然属性意义上的"四体"。当然，除了从社会属性或伦理道德属性来规定"人"之外，如上所述，"人"还与"自然"对举，即"人"表示人为改变或加工伪造的，而"自然"则表示自然而然的、

---

[1] 肖万源、徐远和主编《中国古代人学思想概要》，东方出版社，1994，第7页。
[2] 《孟子·离娄下》。

非人为改变的。

但是,"天人关系"或"天人之辨"中的"人"不仅包含着人与禽兽之间这种自然意义上的差异,而且还主要涉及人与自然在相互影响、相互作用过程中所涉及的方方面面;其中,着眼于伦理视域中的人与自然之间的生态伦理关系就是重要的内容。

三、天与人及其关系

在中国古代思想中,"天人关系"实际上涵盖哲学与宗教两个维度。哲学意义上的天人关系实质上就是人与自然之间的关系,而宗教意义上的天人关系则是人与神之间的关系。《管子·形势》云:"持满者与天,安危者与人。失天之度,虽满必涸;上下不和,虽安必危。"在此,"天"与"人"对举。在中国思想文化史上,对"天"与"人"之间究竟存在着什么样的关系,不同学派的哲学家实际上存在着较大的差异。但是,从总体而言,中华民族形成了"天人合一"的思想观念。

"天人合一"不仅是一种观念,而且本身是天人关系的一种特殊命题,即它揭示了"天"与"人"之间一种相互关系。在中国思想文化史上,"天人合一"早在先秦时期就已经出现,在《道德经》、《庄子》等典籍中,蕴涵着丰富的"天人合一"思想。例如,葛荣晋强调:"老子哲学关于人是自然界即天地万物的一部分,人应当师法自然的思想,实际上就是中国古代最早的一种'天人合一'论。"[①]庄子非常崇尚"天人合一"观念,《庄子·齐物论》说:"天地与我并生,而万物与我为一。"在此,既然"天地与我并生",并达到"万物与我为一"的境界,显然,这已经是"天人合一"。相比于老子、庄子,西汉董仲舒则比较接近地提出了"天人合一"观念,他指出:"以类合之,天人一也。"[②]又说:

---

① 葛荣晋:《道家文化与现代文明》,中国人民大学出版社,1991,第217页。
② 《春秋繁露·阴阳义》。

"天人之际，合而为一。"①这些说法，其精神实质显然是指"天人合一"。但是，无论是老子、庄子还是董仲舒，都没有直接提出"天人合一"这一成语。据张岱年考证，"明确提出'天人合一'四字成语的是张载"②。北宋张载指出："儒者则因明致诚，因诚致明，故天人合一，致学而可以成圣，得天而未始遗人。"③在此，"天人合一"思想成为引起中国古代哲学家们普遍兴趣的重要论题，而正是他们多角度、多层面的阐释和发挥，使得"天人合一"成为中国传统思想文化所推崇的最高价值理念。

毫无疑问，"天人合一"这种价值观念全面影响和支配着中华民族生活的方方面面，无论是日常的生产、生活，还是医学、建筑、工程、军事、环保等，无不深刻地体现着这一价值理念。

第二节　天人合一思想的基本精神

"天人合一"是中国传统哲学的主要命题，是中国传统思想文化所祈求的最高价值理念，它对中华民族的文化思维方式、理想追求、价值判断、道德修养、人格培育、审美情趣、心灵境界、精神信仰、治国安邦、养生保健等，产生了广泛而深远的影响。因此，"天人合一"思想的意义和影响是多方面的、多层次的，结合上述各个方面，全面地揭示其基本特征，有助于我们对中国传统哲学中这一主要命题和最高价值理念的深刻理解，从而更深刻、更全面地理解和把握中华传统伦理道德思想的精神实质和根本价值诉求。

具体说来，对中华传统伦理道德思想起着最高统率作用的"天人合

---

① 《春秋繁露·深察名号》。
② 张岱年：《文化与哲学》，中国人民大学出版社，2009，第141页。
③ 《正蒙·乾称》。

一"思想具有以下基本特征。

一、至诚能化　参赞化育

在中国传统伦理道德思想中,"诚"是一个相当重要的概念,它不仅用来指称人的内在德性,而且首先被认为是自然或"天"的内在属性,中国古人相信,人恰恰就是通过"诚"的最高境界,即"至诚"来实现天与人的合一。子思在《中庸》中强调:"诚者,天之道也;诚之者,人之道也。"①即真诚是天然赋予的品德,而自觉地追求真诚,则就是人为努力得到的品德。朱熹认为:"诚者,真实无妄之谓,天理之本然也。诚之者,未能真实无妄,不待思勉而从容中道,则亦天之道也。"②因此,无论是从子思的观点来看,还是从朱熹的观点来看,"诚"或"诚之"都是能够通达"天之道"的德性前提。

子思在《中庸》中特别强调了"诚"与"道"之间的关系:"诚者,自成也;道者,自道也。诚者,物之始终,不诚无物。是故君子诚之为贵。诚者,非自成己而已也,所以成物也。成己,仁也;成物,知也。性之德也,合内外之道也。故时措之宜也。"③意思是说,诚或真诚是自我完善的基础,贯彻于万物的始终,万物皆依赖"诚"而存在,而且"诚"并非达到自我完善就罢休,还要进而成就万事万物,而这正是仁与智的统一,是实现内外统一或天人合一的根本途径。正因为如此,子思强调:"唯天下之至诚,为能尽其性。能尽其性,则能尽人之性;能尽人之性,则能尽物之性;能尽物之性,则可以赞天地之化育;可以赞天地之化育,则可以与天地参矣。"④在此,"天下之至诚"指天下最真诚的圣人,即具备至诚品德的人。换言之,只有天下最为真诚的人才能够充

---

① 《中庸·二十章》。
② 《四书章句集注》。
③ 《中庸·二十五章》。
④ 《中庸·二十二章》。

分发挥自己的固有本性，充分地调动一切人的固有本性，领会万物的固有本性，从而达到协助天地造化养育万物、与天地共存的境界。当然，能够达到这种境界的绝对都是"圣人"。子思感叹道："大哉，圣人之道！洋洋乎，发育万物，峻极于天。"① 子思的《中庸》通过奠定天人共有的"至诚"品德基础，强调了圣人能够赞天地之化育，达到与天地参的至高境界。除圣人之外，中国传统儒家思想还肯定了那些自觉追求真诚的人，也能够达到与天地化育的境界。其所以能够如此，《中庸》强调："其次致曲，曲能有诚，诚则形，形则著，著则明，明则动，动则变，变则化，唯天下至诚为能化。"② 即尽管有些人的诚还达不到圣人的天然纯真、充实的境界，也能够借助于内在的真诚而从一些局部细节处下功夫进行推究，最终达到至诚、至善的境界，协助天地的化育。因此，中国传统伦理思想中，儒家，特别是子思的《中庸》所倡导的"至诚"思想，实际上为探索天人合一找到了两者彼此间共有的内在属性。

尽管"天人合一"思想在中国传统思想各家各派中其具体的表现存在着较大的差异，但相信人能够通过一定程度上的修身养性进而与天地共存，参与大化流行和万物化育，会有某种程度上的近似。在儒家思想中，《中庸》以"至诚"为德性基础，阐明了天人合一的最高境界，"赞天地之化育，与天地参"，即亲身参与、协助了天地的化育，并且实现了与天地并列为三的地位。因此，儒家为人们所确立的最高境界就是参与天地、宇宙的大化流行，取得与天地同等的地位。以老子、庄子为代表的道家思想，亦塑造了一种达到天人合一境界的理想人格，庄子称之为"真人"、"神人"或"圣人"。《庄子》指出："古之真人，不逆寡，不雄成，不谟士。若然者，过而弗悔，当而不自得也；若然者，登高不

---

① 《中庸·二十七章》。
② 《中庸·二十二章》。

栗，入水不濡，入火不热。是知之能登假于道者也若此。"①即在庄子看来，"真人"就是不仅能够全面地超脱世俗评判标准，不为俗务所牵制，而且能够全面融入自然的人，归根结底是能够上达于道的人。因此，尽管不同于儒家，然而道家亦相信能够通过某种程度上的修身养性而参与天地万物的造化，庄子所刻画的"真人"实际上就是达到这种天人合一境界的人。

当然，中国古代对天人合一作为天与人和谐共存最高境界的向往和追求，是以"知天"、"知人"、"知道"为前提的，而所谓"知天"和"知人"就是知"天道"和"人道"。因此，"知天"、"知人"和"知道"实质上是内在统一的，而这一点无论是儒家还是道家基本上都是一致的。《中庸》强调："质诸鬼神而无疑，知天也；百世以俟圣人而不惑，知人也。是故君子动而世为天下道，行而世为天下法，言而世为天下则。"②君子的最高境界就是"知天"与"知人"，即无论质证于鬼神，还是后世的圣人，都能够达到没有疑问或迷惑，而没有疑问，处于这种天人合一境界中的君子，其言行举止都能世代成为天下人的法则和楷模。《庄子》强调："知天之所为，知人之所为者，至矣。知天之所为者，天而生也；知人之所为者，以其知之所知，以养其知之所不知，终其天年而不中道夭者，是知之盛也。"③在此，庄子强调"知天"与"知人"同样重要，其关键在于知其"所为"，即知道天的作用和人的作用。在他看来，只要知道天的作用，就能够使自己处于自然而然生长化育的状态之中，而知道人的作用，亦能够通过其心智所理解的来保养其心智不知的，使自己达到长生，终其天年而不致中途夭折。庄子把能够"知人之所为"因而达到"终其天年"者，认为达到了"知之盛"。他反问道：

---

① 《庄子·大宗师》。
② 《中庸·二十九章》。
③ 《庄子·大宗师》。

"庸讵知吾所谓天之非乎？所谓人之非天乎？且有真人而后有真知。"①因此，在他看来，"知天"与"知人"实际上具有内在的一致性，而能够达到"知天"即"知人"和"知人"即"知天"这种认识境界的就是"真人"，而达到这种境界的认知就是"真知"。

二、把握时机 深察几微

中国传统思想中，非常注重对"时"或"时机"的认识和把握，这也非常鲜明地体现于"天人合一"理念中。如上所述，子思在《中庸》中指出："性之德也，合外内之道也，故时措之宜也。"②天人合一是儒家思想的重要价值取向，而要想达到天人合一，必然要考虑到人与天之间合乎时序和规律的协调统一。儒家的这种思想贯彻在他们对人类社会生活各个领域里相关问题的思考中。就国家统治和社会治理来说，孔子亦非常强调"时"的作用。他说："道千乘之国，敬事而信，节用而爱人，使民以时。"③即在孔子看来，贤明的君主在治理国家、社会时，不仅要恭恭敬敬地做事，与天下百姓树立诚信关系，在日常用度上厉行节约，施仁爱于百姓，而且要根据农时来使用民力。"使民以时"观念的宗旨归根结底就是科学地把握天时，恰当地发挥社会劳动力进行物质生产、创造物质财富，而这恰恰就体现为人们自觉地运用自然规律实现人、社会与自然之间的恰当的物质能量变换，体现为中国古代人对天人合一动态关系的深刻洞察和驾驭。

中国古代人对"天人合一"的理解，不仅从时机上侧重于要顺时而为、顺时而变，而且还特别强调要深刻地认识和把握事物运动变化的细微之处，即"几"，借以成就事业，达到天人合一。《周易》强调："几

---

① 《庄子·大宗师》。
② 《中庸·二十五章》。
③ 《论语·学而》。

者,动之微。"①因此,所谓"几",就是事物运动变化的细微之处,或细微变化。中国古人所形成的"几"的思想充分说明中国人对世界的认识从来都是首先把世界视为一个运动发展着的整体的,是视为一种动态存在的。众所周知,《周易》所阐释的宇宙图景是大化流行,是大道的生生不息。由此而言,"几"即是不断生成化育的"道"的细微变化。实际上,能够给人以生活启示的就是道的细微变化,就是"几"。"几"作为与人生活、生命和发展息息相关的道的细微变化,从某种意义上来说就是道启示给人的宇宙万物变化的苗头和萌芽,是直接的吉凶祸福的玄机、兆头。《周易》说:"夫《易》,圣人之所以极深而研几也。唯深也,故能通天下之志;唯几也,故能成天下之务。"②"成天下之务",实际上就是根据世界动态变化的规律和趋势而采取适当的行动而成就一番事业。《周易》还强调:"知至至之,可与言几也。"③因此,对"几"的认识,实际上就是认识的最高境界。总之,中国古人相信,只有深刻地把握万事万物细微变化,即把握"几",才能顺应自然演化规律而参赞天地化育,最终达到天人合一。

三、顺势而为 无为而成

《周易》引孔子的话说:"天之所助者顺也。"④即天所帮助的是那些能够顺势而为、顺势而变的顺随之人。中国古人向来强调"大势所趋,人心所向"。就为什么必须顺势而为、顺势而变,南宋陈亮指出:"天下大势之所趋,非人力之所能移也。"⑤这就是说,天下事物变化有其客观趋势,不是人们根据自己的意志和能力所能改变的。在此情况下,就要

---

① 《周易·系辞下》。
② 《周易·系辞上》。
③ 《周易·文言》。
④ 《周易·系辞上》。
⑤ 《陈亮集》卷一《书疏·上孝宗皇帝第三书》。

顺势而为，绝不能逆势而动。因为，人们认识到，逆势而动，只可能遭到挫折、失败，甚至覆灭。

天人合一的最高境界不仅体现为人能够参与、协助天地的化育，而且体现为人基于至诚的道德品质而与天地达到自然协调，完全顺应天地变化，结果不动而变，无为而成，从而达到时间上的永恒。子思在《中庸》中提出一个重要的命题："至诚无息。"① 在此，"无息"也称"不息"，意思是说，最高境界的真诚是永远不会停息的。子思强调："不息则久，久则征，征则悠远，悠远则博厚，博厚则高明。"② 就是说，因为至诚而不停息，因此就能够持久运行，得到验证，悠久而永恒，积累深厚，达到高大而光明。然而，如果圣人达到这种情境，实质上就实现了天人合一。《中庸》强调："博厚配地，高明配天，悠久无疆。如此者，不见而章，不动而变，无为而成。"③ 这是说，人因为具有广博而深厚的德性，就能够像大地那样承载万物，因为具有高大而光明的德性，就能够像天那样普照而彰明万物，达到如此境界，其实质上就达到了如同天地那样无边无际永世长存。尤其关键的是，在这种天人合一的境界里，人根本上是"无为而成"的。换言之，至诚之人对天地化育的参与并非一味地强调自己的能动改造，而是强调充分地根据天地化育的规律而参与化育。所谓"不见而章，不动而变，无为而成"，就在于说，一旦达到"博厚配地"和"高明配天"的天人合一境界，实际上不必表现就能够自然彰明，无所行动就会自然变化，无所作为就可以自然成就万物。

从总体而言，就"天人合一"思想在各家各派那里的具体特色而言，显然，儒家讲"天人合一"侧重于从伦理道德上寻求"天人合德"，道家则注重回归自然。此外，以董仲舒为代表的汉儒则偏重于"天人感

---

① 《中庸·二十六章》。
② 《中庸·二十六章》。
③ 《中庸·二十六章》。

应",为封建统治者论证"君权神授"。但应当认识到,如何科学地解决天人之间的矛盾与问题,协调天人关系,塑造天人之间的和谐秩序,实现天人合一,特别是从精神上、道德人格上祈求人与天地的最高融合与统一,是中国传统伦理道德思想的最高论题。

第三节 天人合一精神的现代阐释

天人关系问题,即自然与人之间的关系问题,实际上是整个人类哲学所面临的最高问题,是哲学研究的永恒主题,因而从整体上统率着包含伦理学、美学等哲学分支学科在内的整个哲学领域中涉及的任何问题。中国传统哲学更为明确地表现出这一特征,并对天人究竟应当确立什么样的关系给出了以"天人合一"为根本价值取向的答案。然而,真正说来,到底什么是天人关系?为什么要探讨天人关系?着眼当代社会科学文化发展的客观实际和必然趋势,如何全面地审视中国传统哲学中的"天人合一"价值理念,全面阐释其对塑造新时代中国特色社会主义伦理道德体系所具有的重要价值、地位和意义,则依然是一系列值得学者们深入思考的问题。著名学者任继愈先生曾经指出:"哲学上的永恒主题——'究天人之际',在全世界,在中国都是一个薄弱环节,这就是学术上、理论上,对自然界的知识较多,对社会(人)的知识相对却贫乏。"[①]因此,在他看来,尽管各个国家、各个民族存在着地区差别和民族特性,因而在政治统治和社会发展道路上存在着独立性,需要独立探索;但是,社会科学毕竟存在着共同性,其难处就是如何把共同性与本

[①] 任继愈:《哲学的永恒主题——究天人之际》,载《天人之际——任继愈学术思想精粹》,人民日报出版社,2010,第5页。

民族的特殊性相结合。他强调："在人与自然的关系上，说到底，还是'天人之际'的老问题。"[①]可以说，当前，坚持马克思主义自然观，特别是坚持马克思主义中国化的最新成果，即习近平新时代中国特色社会主义思想这一21世纪的马克思主义，贯彻新发展理念，以塑造新时代更科学的中华民族新型伦理道德观念为指向，全面阐释中国传统哲学中的"天人合一"价值理念，实现其现代化改造，对于促进人与自然和谐共生，构建人与自然命运共同体，建设富强、民主、文明、和谐、美丽的社会主义现代化强国，实现中华民族复兴，具有重要的理论意义和现实意义。

一、考量宇宙人生的根本背景

毫无疑问，人生哲学的最大问题就是人的地位、价值和生命意义问题，就是人如何在宇宙所给定的生存和发展的空间里不断地实践和创造以探索人生意义的问题。但是，究竟从哪个角度来全面地考量人在宇宙中的地位、价值和生命意义或生活意义，从根本上决定着人生哲学思考的境界和层次。客观而言，"天人合一"是人与自然之间和谐相处的最高境界，因此它本身亦是全面地考量人在宇宙中的地位与价值的根本出发点和背景。

对于人来说，一个最为根本而核心的问题就是：人是什么？或者说，我是谁？这一根本问题制约和统率着涉及人的所有问题，其中，尤为关键的问题就是，人在整个宇宙中处于什么地位？人究竟有什么价值？人的生命究竟具有什么意义？然而，无论是对于"人是什么"或"我是谁"的问题，还是对于"人在整个宇宙中处于什么地位"、"人究竟有什么价值"和"人的生命究竟具有什么意义"的问题的回答，都必

[①] 任继愈：《哲学的永恒主题——究天人之际》，载《天人之际——任继愈学术思想精粹》，人民日报出版社，2010，第5页。

须有一个客观的话语背景作为根基，因为只有基于一定的话语背景，立足于一定的问题域所奠定的根基之上，问题的提出以及回答才是有意义的。唐文明指出："从原始儒家的思想看来，自我的本真所是在于天命。'生命'就是'生'作为天命而被给出，人之为人，就在于人身上承担的天命。自我之本真性来源于自我与天之间的终极伦理。在人与天的终极伦理中，天是授命者、给予者，人是聆听者、接受者。人天生地处于与天的伦理之中，人要成为自己就应当顺从天命。正是对终极伦理的认同性领悟构成着人的自我。人与天的终极伦理是生存意义上的，当天仍具有位格神的性质时，终极伦理就意味着人与天的本真共在。"[①]刘述先则指出："文明发展到一个地步，乃作出'解消神话'的努力。但有一个根源的神话是不可以解消的，那就是我的生命是有意义的神话。我的生命来源不在自己，甚至也不在父母，而在神秘的'天'。我们不能证明生命是有意义的，但没有了这样的预设，一切将沦为虚无，故我们不得不信仰这一个得不到解释的神话。"[②]诚然，我们现在语境中的"天"或"自然"既不是无比神秘的东西，也不是绝对失去神秘性的东西，我们对"天"或"自然"的认识是一个无止境的过程。但不管怎样说，"天"或"自然"构成了与"人"对待而言的对象，正是通过与这种绝对他者的相互观照，我们才能深刻地理解自己，并进而去规范和协调彼此间的关系。

客观而言，在整个人与"天"或"自然"所能够涉及的关系中，基本上可以划分为人与自然的关系、人与社会的关系、人与他人的关系以及人与自身的关系，而后三种关系，归根结底依然是人与人的关系。这样一来，人所可能具有的关系就是基本上再归结为人与自然的关系、人

[①] 唐文明：《与命与仁：原始儒家伦理精神与现代性问题》，河北大学出版社，2002，第201页。

[②] 刘述先：《论儒家哲学的三大时代》，贵州人民出版社，2009，第48页。

与人的关系。但是，从人与人的关系中所反映或反思的人毕竟是人的自我观照，实际上根本不可能揭示出人之所以为人的根本所在。因为人只有以他物或外在事物为参照时，才可能反观到自己的存在以及彼此间的差异，从而揭示出自身何以为人的根本原因。显然，自然是对人而言最大的他者，人类只有以人与自然的关系为根本的思想背景才能更全面地考量人在宇宙中的地位与价值。任继愈先生指出："人类自从脱离动物界，进入人类社会，关心的重大而根本的问题是探索人在自然界的地位、探索人对自然界的影响以及自然界对人的影响，也就是古人所说的'究天人之际'。"[①] 事实上，所谓"究天人之际"，就是把人与天对待起来，就是把天作为全面地衡量和考察自己的最大背景或参照物，并进而在此背景或参照物的反衬之下清楚地把握人自己。唐文明强调："自我从根本处是由终极伦理所构成的，也就是说，人只有在天人之伦中方能确立自己。"[②]

作为人与自然和谐相处的最高境界，"天人合一"是中国传统文化的最高价值诉求，因此不仅构成了人与自然彼此相处所应达到的最高境界，而且本身就成为人自觉地审视自己在宇宙中的地位和价值的根本出发点和背景。换言之，天人合一实际上是中国人所阐明出来的独特的世界图景，是特定世界观的产物。刘述先强调："现代人虽已不声称能够把握客观的真理，但仍不能不肯定事象有一定的规律性，虽然我们并不明白这样的规律性的来由。由此我们不妨容许自己大胆跳出科学实证的领域，作出一些宇宙论的推断，作出一些合理的世界假设，由生态和谐的要求做进一步的拓展，建构一套天人合一的世界观。"[③] 因此，尽管

---

① 任继愈：《哲学的永恒主题——究天人之际》，载《天人之际——任继愈学术思想精粹》，人民日报出版社，2010，第3页。
② 唐文明：《与命与仁：原始儒家伦理精神与现代性问题》，河北大学出版社，2002，第202页。
③ 刘述先：《论儒家哲学的三大时代》，贵州人民出版社，2009，第48页。

随着现代科学的发展，人们对自然界的认识正不断地深化，但事实也证明，实证科学本身亦存在着这样那样的问题，对世界的理解仍然存在着偏颇，因此，继承和弘扬中国传统文化思想中的天人合一伦理精神，依然具有重要的现实意义。

二、确立生态伦理的核心理念

生态伦理学是现代伦理学发展的重要分支，是传统伦理学思想的延伸，其根本的实质在于用伦理学的思维模式来全面地研究生态环境对于人类生存和发展的价值，研究如何规范和调节人与自然生态环境之间的关系，从而塑造人与自然之间的和谐秩序。既然"人与自然之间的和谐"归根结底体现为中国传统思想中的"天人合一"理念，因而"天人合一"从根本上来说就是现代生态伦理学的核心价值理念，是塑造人与自然和谐关系的最终归宿。

客观而言，任何学科都必须有自己特殊的研究对象，而社会科学，特别是伦理学，更拥有自己作为奠基的内在的价值理念。生态伦理学也不例外。生态伦理学是由法国哲学家、1952年诺贝尔和平奖获得者施韦泽和英国哲学家莱昂波德在20世纪40和50年代提出的。然而，正因为生态伦理学把传统用于观察和规范人们之间以及人与社会之间的伦理关系的伦理学理念运用于观察和规范人与自然之间的关系，因此实际地突破了传统思想的视野，带来了伦理学发展史上的革命性变革。结果是，生态伦理学引起了整个伦理学界普遍的关注，其研究和探讨的深度和广度不断得到拓展。然而，生态伦理学自诞生以来，一直存在着争议，其中，生态伦理学所调节和规范的伦理关系究竟是什么，特别是，生态伦理学究竟以"人类中心主义"或"非人类中心主义"为根本的价值理念基础，依然没有得到全面、彻底的解决，特别是令人信服的解决。学者们普遍认识到，生态伦理学归根结底在于维护生态环境，改善人类生存和发展的困境，而所有这一切势必以人类为中心。人们也意识到，自然生态或自然界的万事万物本身都存在着相对于人而言的价值，而无论其价值是现实的或是潜在的。换言之，人不能轻易地否认事物的价值。然而，如此一来，一方面需要强调人类中心主义，另一方面也必须认识到任何事物本身都具有相对于人而言的价值，不能根据当下的认识或眼光轻易地否定其价值，这就要求我们必须以一种新的理论思维模式来全面地摆正自然生态或自然界万事万物与人之间的伦理关系。伦理关系本质上是人与人之间的关系，因此，如果把这种人与人之间的伦理关系推广应用到人与自然生态之间、人与自然界万事万物之间，那么，生态伦理学实质上必须形成特殊的伦理思维模式，即把自然生态或自然界万事万物自觉地进行拟人化，把它们作为"人"而看待。我们曾经强调："可以说，正是拟人化思维客观地构成了生态伦理学最内在的致思模式，当然，能够为生态伦理学奠定科学基础的拟人化思维，完全不同于古代朴素情感主义或原始宗教视野中的拟人化思维，即前理性、前逻辑、前概念、前科学的非理性主义的拟人化思维，它是经历了近代理性主义的主体—客体致思模式或主体性哲学之后向古代拟人化思维的辩证复归，是理性基础上的自由自觉的拟人化思维，是人类人文精神真正升华的表现。"[①] 显然，把自然生态或自然界的万事万物进行拟人化因而纳入到伦理学视野中全面衡量其对于人类生存和发展的价值和意义，就为生态伦理学确立了必要的哲学价值理念或价值论基础。

特别是，当把生态环境或自然界的万事万物进行拟人化，因此从某种意义上视其为"人"时，就从根本上奠定了人与自然合而为一的根本思维导向，而这正是中国传统哲学思想中的"天人合一"价值理念。事实上，"天人合一"是中华传统文化所祈求的终极价值理想。钱穆强调：

[①] 鹿林：《拟人化思维：生态伦理学的致思模式》，《吉首大学学报》2009年第4期。

"中国人的现实,只是'浑全一整体',他看'宇宙'与'人生'都融成一片了。融成一片,则并无'内外',并无'彼我',因此也并无所谓'出世与入世'。此即是中国人之所谓'天人合一'。"①事实上,以"天人合一"为终极的价值理想,绝不是钱穆一人的观点,是人们所形成的关于中国传统文化的普遍观念,而这正是中国文化的最高信仰。所以说,以"天人合一"为价值理念,发展现代生态伦理学,对于中国传统文化来说,是毫不陌生的课题。以"天人合一"为价值导向构建生态伦理学体系,从根本上来说是完全符合现代哲学,特别是价值哲学发展的趋势的。

三、彰显主体创造的自觉能动

"天人合一"并非消极被动的状态,而是彰显了人在与自然和谐相处过程中的自觉能动性。这是因为,"天人合一"的最高和谐境界是通过人的自觉能动的追求、创造活动来"合"的。言外之意,"天"与"人"原本并非完全一致,而"合"字却表明:两者之所以能够达到"一",即取得一致性或统一,是人必须经过一定的努力而实现的,在此过程中,人是追求、创造"合"的行动主体。因此,我们应当清醒地认识到,"天人合一"本身体现着人在认识和改造自然的过程中的主体能动性,即人在此过程中并非是消极无为的,而是通过自觉地努力对自然施予一定的积极作用而实现的,实现了人与自然的互化。

毫无疑问,"天人合一"是人与自然相处、和谐共生的最佳状态,也是狭隘意义上的人与自身的自然所处的最佳状态。众所周知,荀子曾指出,"养备而动时,则天不能病;修道而不贰,则天不能祸",相反,"养备而动罕,则天不能使之全;倍道而妄行,则天不能使之吉",其结论是"故明于天人之分,则可谓至人矣"②。事实上,荀子所强调的重点

---

① 钱穆:《中国文化史导论》,商务印书馆,1994,第47页。
② 《荀子·天论》。

是指人只有遵循自然规律，即"道"，才能够达到保全自身的目的，使自己处于最佳状态，即"天不能病"或"天不能祸"的状态。可以说，荀子所期望达到的就是"天人合一"的状态，他称达到这种状态的人为"至人"。但是，很多人曲解了他的"天人之分"思想，一味地认为荀子强调的是人与自然之间的分别。张岱年强调："近年有些哲学史著作中以'天人相分'概括荀子的这一观点。事实上，这样来概括荀子的观点是不准确的。荀子固然强调天人的区别，但是同时也承认天人的联系，他称人的感官为'天官'、人的心为'天君'，以为'人之性'是'天之就'。天与人是有分别的，却也有一定的联系。把荀子的观点称为'天人相分'，是不全面的，不足以表达荀子思想的真谛。"[①]事实上，荀子所谓的"明于天人之分"，在于强调天有天所为，人有人所为，只有达到一切顺其自然，才能达到彼此的融洽、和谐。在此过程中，荀子强调："天有其时，地有其财，人有其治，夫是之谓能参。舍其所以参，而愿其所参，则惑矣。"[②]显然，荀子实际上是主张人的自觉参与的。因此，他强调："圣人清其天君，正其天官，备其天养，顺其天政，养其天情，以全其天功。如是，则知其所为，知其所不为矣，则天地官而万物役矣。其行曲治，其养曲适，其生不伤，夫是之谓知天。"[③]在此，荀子所谓的"圣人"或"至人"，就是真正达到了"天人合一"最佳状态的人。因此，我们应当看到，真正意义上的"天人合一"恰恰体现了人与自然，特别是人与自身的自然的和谐相处。特别是，荀子告诫我们，能够达到这种状态的"圣人"或"至人"，实际上是能够"知其所为，知其所不为"的，能够达到"天地官而万物役"的。换句话说，人在自然面前能够清楚地认识到自己该做不该做，达到了天地被他所掌握、万物为他

---

① 张岱年：《中国哲学史方法论发凡》，中华书局，2012，第59-60页。
② 《荀子·天论》。
③ 《荀子·天论》。

所役使的境界。显然，这才是真正意义上的"天人合一"。

然而，荀子强调"知其所为，知其所不为"，本质上是人类在认识和改造自然的过程中的高度自觉，是一种在充分认识自然规律的前提下自觉地控制和调节自己的行为，达到真正遵循规律、顺从规律而驾驭规律。荀子强调："故大巧在所不为，大智在所不虑。所志于天者，已其见象之可以期者矣。所志于地者，已其见宜之可以息者矣。所志于四时者，已其见数之可以事者矣。所志于阴阳者，已其见和之可以治者矣。官人守天，而自为守道也。"① 这是说，人在自然面前，实际上是有所为有所不为，所期望于天、地、四时、阴阳者，归根结底在于它们已经显现出一定的趋势或现象，而只有根据这些趋势或现象，才能达到真正的"治"，即人与自然的高度和谐。因此，"天人合一"并非是对人的自觉能动的参与的否定，相反，正是在充分认识自然规律的前提下自觉地参与其中，使人与自然都达到了最佳的状态。众所周知，荀子的"天论"实质上是在批判庄子"蔽于天而不知人"观点的基础上形成的。对此，张岱年亦强调："庄子更将'天'与'人'对立起来，主张'不以心捐道，不以人助天'（《庄子·大宗师》），'无以人灭天'，'无以故灭命'（《秋水》）。这是要求放弃人为，随顺自然。如果完全放弃人为，就达到了'畸于人而侔于天'（《大宗师》）的境界，也称之为'与天为一'（《达生》）。但是，这所谓'与天为一'不是天人相合，而是完全违背了人。"② 荀子所倡导的"天人合一"观念实际上代表了中国传统思想文化的主流，它是人积极认识自然规律，根据自然规律自觉能动地改造自然界，并与自然达到充分和谐的重要思想基础。荀子的这种思想实际上体现了人与自然在实践基础上的互化，即自然界的人化和人的自然化。何中华指出："对马克思主义来说，所谓'天人合一'，也就是人的自然化

---

① 《荀子·天论》。
② 张岱年：《文化与哲学》，中国人民大学出版社，2009，第144页。

（天）和自然界的人化（人）的历史地统一。"①

当然，理应明白，中国传统文化中的"天人合一"观念，由于时代的局限，即人们当时对自然界认识的深度及其反映客观事物本质和规律的概念和范畴还停留在比较笼统、模糊和粗浅的层面上，因此本身还存在着一定的局限性。对此，张岱年就曾强调："中国古代哲学中的天人合一观点采用了神秘的形式，从其神秘的形式中辨识其合理的内核，正是哲学史研究的任务之一。"② 这就说明，虽然我们今天依然沿用着中国传统文化中的"天人合一"观念，但这一切都必须经过科学的阐释，特别是一定要消除其神秘主义色彩。

四、实现生活和谐的逻辑前提

"天人合一"作为人与自然之间的最佳相处状态、和谐状态，不仅实际地化解了人与自然之间的矛盾，规范了人对自然的行为，而且它本质上还作为坚实的基础，成为实现人与社会、人与他人、人与自身关系和谐的前提。

客观而言，人与社会、人与他人以及人与自身的矛盾是社会化了的人所必然遭遇的客观矛盾。换言之，只要作为人，只要参与社会生活，势必与社会、他人以及自身发生一定的这样那样的社会关系，从而产生这样那样的矛盾关系。当然，由物质生产所决定的经济关系处于核心的、支配的地位，因此，就其实质而言，人与社会、与他人之间的根本矛盾产生于人们之间的社会经济关系之中，特别是产生于社会利益分配过程中，产生于对物质财富或物质利益等的占有与争夺问题上。客观而言，社会物质利益分配是整个生产和再生产过程中起着决定性作用的重

---

① 何中华：《马克思与孔夫子——一个历史的相遇》，中国人民大学出版社，2021，第171-172页。

② 张岱年：《中国哲学史方法论发凡》，中华书局，2012，第76页。

要环节之一，对整个社会物质生产的发展起着重大的影响，科学、公正的利益分配能够更好地促进社会生产的持续进行，相反，不科学因而不公正的利益分配终将导致整个社会生产的停滞或倒退，相应地伴随而来的就是整个社会人们之间社会关系处于高度紧张之中，社会矛盾激化，并由此导致人与自身之间的矛盾。然而，科学的、公正的利益分配归根结底体现着劳动付出与经济利益之间的合乎比例的增长。无疑，如何科学地解决人与社会、人与他人之间的矛盾关系，尤其通过这些矛盾关系的解决进而解决人与自身之间的矛盾，其核心的问题就是实现社会利益分配的公正。在此，一个核心的问题就是如何端正自己的态度，使自己作为社会利益分配的公正主持者。显然，真正能够做到这一点的人恰恰就是清楚地明白自己的劳动付出与劳动所得理应真正对等的人。换言之，就是能够根据自己的现实生存和发展的主客观需要而自觉地知道自己该做什么与不该做什么，该占有、享有什么与不该占有、享有什么的人。事实上，社会生活中的各种矛盾往往是社会利益分配不公造成的，是人们过分、不合理的物质欲望在社会利益分配过程中不能实现而造成的。因此，自觉地端正自己的态度，首先做到自身的"天人合一"，达到自己的物质利益与精神欲望的统一，就能够进而在处理各种社会关系的过程中，科学地认识人与社会、人与他人以及人与自身之间的矛盾关系，真正地达到所有社会关系的自由和谐。

总之，可以这样说，由于天人合一思想在中国传统思想文化中影响、渗透、浸染到各个领域、各个层面，对中华民族的文化心理、民族性格、思维方式、价值取向、审美情趣、人生追求、人格塑造、精神信仰、日常生活等产生了广泛而深远的影响，因此，天人合一思想实际上孕育出中华民族独具特色的思维方式，成为中华民族审视天地万物的最高价值判断标准，是中华民族道德修养、人格培育的至高境界和最高原则，亦是中华民族的终极理想、最高信仰和最高的审美旨趣，归根结底是中华民族各个方面心灵祈求的最高境界。

第四节　新时代践行天人合一精神的现实途径

自改革开放后，我国的社会主义现代化建设在生态环境领域走过了"曲折"的道路，一度造成了严重的生态环境问题，直接影响着经济社会发展的质量，危害着人民群众的生命健康，与人民群众对美好生活的向往和追求有一定距离。众所周知，十年前，经常性的雾霾天气曾严重地困扰着我国各大城市，危害着人们的身体健康，改善生态环境、看到天蓝水清的愿望再没有比那个时候更强烈和迫切。胡锦涛同志在党的十八大报告中指出："建设生态文明，是关系人民福祉、关乎民族未来的长远大计。面对资源约束趋紧、环境污染严重、生态系统退化的严峻形势，必须树立尊重自然、顺应自然、保护自然的生态文明理念，把生态文明建设放在突出地位，融入经济建设、政治建设、文化建设、社会建设各方面和全过程，努力建设美丽中国，实现中华民族永续发展。"[①]经过持续而深入的宣传，生态文明观念如今在全社会牢固树立。而进入新时代以来，以习近平同志为核心的党中央在新发展理念指导下，在生态文明建设方面取得了让全世界人民瞩目的成就。习近平总书记在党的二十大报告中总结了十年来的成绩，强调："我们坚持绿水青山就是金山银山的理念，坚持山水林田湖草沙一体化保护和系统治理，全方位、全地域、全过程加强生态环境保护，生态文明制度体系更加健全，污染防治攻坚向纵深推进，绿色、循环、低碳发展迈出坚实步伐，生态环境保护发生历史性、转折性、全局性变化，我们的祖国天更蓝、山更绿、

[①]《胡锦涛文选》，第三卷，人民出版社，2016，第644页。

水更清。"①全面小康社会的建成、生活质量的提高和生态环境的改善使中国人民直接感受着生活的幸福和美好，人们所向往的美好生活正日益变成现实。但纵使如此，生态文明建设依然任重道远，不可掉以轻心、麻痹大意。正如习近平总书记所强调的，我们面临着继续"深入推进环境污染防治"任务，依然要"坚持精准治污、科学治污、依法治污，持续深入打好蓝天、碧水、净土保卫战"，要"加强污染物协同控制"，"基本消除重污染天气，统筹水资源、水环境、水生态治理，推动重要江河湖库生态保护治理，消除城市黑臭水体"，"加强土壤污染源头防控，开展新污染物治理"，"提升环境基础设施建设水平，推进城乡人居环境整治"，"健全现代环境治理体系"，"严密防控环境风险"②。在新时代，要深入推进生态文明建设，全面塑造人与自然之间的和谐共生关系，必须继承和弘扬中华传统伦理道德思想中的天人合一精神，以创建和建构全方位的真正自由和谐的中华民族生活世界。

一、变革发展思路 创新发展理念

"发展是党执政兴国的第一要务。"③实现什么样的发展、怎样发展是我国实现社会主义现代化所面临的重大发展战略问题。发展的问题所以成为影响全局的重大战略问题，在于经济社会的发展客观地存在着是否平衡、是否协调、是否可持续的问题，存在着是主要依靠科技创新还

---

① 习近平：《高举中国特色社会主义伟大旗帜 为全面建设社会主义现代化国家而团结奋斗——在中国共产党第二十次全国代表大会上的报告》，人民出版社，2022，第11页。

② 习近平：《高举中国特色社会主义伟大旗帜 为全面建设社会主义现代化国家而团结奋斗——在中国共产党第二十次全国代表大会上的报告》，人民出版社，2022，第50-51页。

③ 习近平：《高举中国特色社会主义伟大旗帜 为全面建设社会主义现代化国家而团结奋斗——在中国共产党第二十次全国代表大会上的报告》，人民出版社，2022，第28页。

是主要依靠劳力、资源的问题，存在着整个社会产业结构是否合理的问题，以及城乡区域发展是否协调、城乡居民收入分配差距是否适度等问题。因此，发展的问题不仅涉及人与自然环境、资源、能源等因素的关系，而且还客观地涉及科学技术发展、产业结构调整、城乡区域协调和收入分配等社会和民生问题。自改革开放以来，党的历代领导均高度重视发展问题，尤其是，"党的十六大以后，以胡锦涛同志为主要代表的中国共产党人，团结带领全党全国各族人民，在全面建设小康社会进程中推进实践创新、理论创新、制度创新，深刻认识和回答了新形势下实现什么样的发展、怎样发展等重大问题，形成了科学发展观，抓住重要战略机遇期，聚精会神搞建设，一心一意谋发展，强调坚持以人为本、全面协调可持续发展，着力保障和改善民生，促进社会公平正义，推进党的执政能力建设和先进性建设，成功在新形势下坚持和发展了中国特色社会主义"[①]。面对当年突如其来的非典疫情，以胡锦涛同志为总书记的党中央及时总结了国家发展实践和发展的阶段性特征，提出了"科学发展观"等重大战略思想。"科学发展观"的提出无疑既深化了对发展问题的认识，也丰富了马克思主义发展观，而且形成了长期指导中国特色社会主义现代化建设的指导思想。毫无疑问，只有实现科学发展，科学地解决和处理经济社会发展过程中存在的各种矛盾和问题，才能实现整个社会的和谐构建，促进人与自然、人与社会、人与人以及人与自身之间的和谐。进入新时代，以习近平同志为核心的党中央在科学发展观基础上，进一步研究发展规律，创新发展理念，创造性地提出了新发展理念。习近平总书记在党的十九大报告中指出："发展是解决我国一切问题的基础和关键，发展必须是科学发展，必须坚定不移贯彻创新、协

[①]《中共中央关于党的百年奋斗重大成就和历史经验的决议》，人民出版社，2021，第16-17页。

调、绿色、开放、共享的发展理念。"①以"创新、协调、绿色、开放、共享"为核心内容的"新发展理念"不仅继承和吸纳了科学发展观的思想精髓，而且拓展了科学发展观的内涵，融入了更科学的价值理念，成为指导中国特色社会主义的新的、更科学的战略思想。

实际上，科学发展是衡量经济社会发展合理的最高尺度。"科学发展"的真正意蕴是指遵循规律的、具有科学性的发展。一般而言，健康、有序、和谐、均衡等是衡量经济社会发展是否科学的重要价值指标。显然，只有当经济社会的发展达到了人与自然、人与社会、人与人以及人与自身之间的健康、有序、和谐与均衡，才能充分地肯定这种发展本身是科学的、合理的，是符合人们的发展愿望和要求的，也是客观地符合人们生存和发展的客观规律和实际状况的。换言之，经济社会发展的科学与否，不仅有主观的评价，而且有客观的衡量标准，归根结底要反映主客观的辩证统一。当然，它更以客观的发展现实及其与人类生存和发展的客观规律及要求相一致为根本的评价基点。如果说，科学的发展旨在达到人与自然、人与社会、人与人以及人与自身之间的健康、有序、和谐与均衡，因而达到整个世界中的各种要素之间的最佳共存状态，那么，还必须深刻地认识到，这种最佳状态的发展实际上是客观地认识把握自然规律、遵循自然规律并根据人类生存和发展的客观要求和前提而改造自然的结果。事实上，认识并遵循事物或社会历史发展的客观规律，正是发展之所以具有科学性的前提。这实际上也告诉我们，对于实现科学发展来说，首要的、根本的任务就是不断深化对客观事物或经济社会发展的基本规律的自觉探索和深刻把握。进入21世纪以来，中国特色社会主义现代化建设事业之所以能够取得节节胜利，关键在于以胡锦涛、习近平为代表的中国共产党人在继承马克思列宁主义、毛泽

---

① 习近平:《决胜全面建成小康社会 夺取新时代中国特色社会主义伟大胜利——在中国共产党第十九次全国代表大会上的报告》，人民出版社，2017，第21页。

东思想、邓小平理论和"三个代表"重要思想的基础上，深刻认识人类社会发展的规律、社会主义建设规律、中国共产党执政规律，对实现什么样的发展、如何实现发展做出了认真思考和科学回答，创造性地形成了科学发展观，形成了"创新、协调、绿色、开放、共享"新发展理念。中国共产党人对发展问题的思考和回答所形成的科学发展观和新发展理念本质上是马克思主义关于发展的世界观和方法论在21世纪中国实践中的集中体现，而其蕴涵的科学精神恰恰体现为对经济社会发展规律，特别是中国特色社会主义发展规律的深刻认识和把握。

众所周知，我国实现社会主义现代化的道路并不平坦、通顺，而是充满曲折与坎坷。迄今，社会发展不平衡、不充分、不协调的问题依然突出，人与自然之间的紧张关系还没有得到彻底改善，资源枯竭问题、江河湖海污染问题、沙尘暴问题、泥石流问题、山体滑坡问题、生态破坏问题、禽流感问题、食品安全问题等严重的自然灾害或人为灾难依然困扰着人们，而自2019年末以来的新冠疫情更是给人民群众带来严重的危害，造成前所未有的生命和财产损失。这一切都促使人们深刻地认识到，实现发展和现代化，实际上是一个充满着种种困难与障碍的过程，而只有深入地认识经济社会发展的客观规律，把握发展规律，创新发展理念，破解发展难题，才能实际地推进经济社会高质量发展，早日建成中国特色社会主义现代化强国。习近平在党的二十大报告出再次强调："必须完整、准确、全面贯彻新发展理念，坚持社会主义市场经济改革方向，坚持高水平对外开放，加快构建以国内大循环为主体、国内国际双循环相互促进的新发展格局。"[①] 当然，人们对发展的认识并没有终止，还需要随着时代实践而不断继续总结、丰富和发展，归根结底，

---

① 习近平：《高举中国特色社会主义伟大旗帜 为全面建设社会主义现代化国家而团结奋斗——在中国共产党第二十次全国代表大会上的报告》，人民出版社，2022，第28页。

还需要在原有认识成果的基础上不断创新。只有如此，我们才能在新的形势和条件下，以更科学的方式和途径全面地塑造人与自然、人与社会、人与人以及人与自身之间的和谐关系。

二、培育生态意识　构建生命共同体

如何全方位地认识自然生态在人类生存、生活和发展过程中的根本地位、作用、意义，这种思想和认识实际上就是人类的自然生态观，而真正有利于促进人类生存和发展，改善人类生活条件、生活环境和生活质量，提高生活水平的科学的自然生态观就是生态文明思想。"生态文明"是人类文明思想发展的产物，是继物质文明、精神文明、政治文明、社会文明等文明观念之后拓展出来的新的文明维度，体现了对原有文明观念的丰富和拓展，本质上反映了人类立足自身立场对人与自然生态环境之间关系的全面思考和认识。建设生态文明，全面地衡量自然生态在人类生存、生活和发展过程中的根本地位、作用和意义，一个核心的内容就是重新摆正或规范人与自然生态或自然万物之间的关系。随着人类社会现代化进程的推进，人类已认识到西方传统的以"人类中心主义"为核心价值理念的自然观实际上存在着严重的弊病，它以典型的"主体—客体"二元对立的思维模式把自然视为人类征服和改造的对象，已经给自然环境和生态环境造成了严重的破坏；同时，人们认识到，人对自然的任何改造和利用，实际上是以尊重自然规律、生态规律为前提的，即只有遵循自然规律、生态规律，顺应自然，人们才能有效地改造和利用自然，使人与自然之间处于和谐状态之中。基于这种超越"主体—客体"二元对立的思维模式，人们发展出了生态伦理思想，认为人与自然之间应当是友好相处的，因此提出通过规范和调节人与自然之间的伦理关系，构建环境友好型社会。显然，这是现代生态文明不断获得突破的重要标志。事实上，人与自然之间不仅应当是友好的，而且人与自然本身是生命共同体。习近平总书记在党的十九大报告中指出:"人与自然是生命共同体,人类必须尊重自然、顺应自然、保护自然。"① 人与自然生命共同体理念的提出既继承和发展了中国共产党人的生态文明思想,也丰富和拓展了现代生态伦理观念,对指导我国社会主义现代化建设提供了观念上的革命性变革。

加强生态文明建设首要的任务是加强生态文明宣传,其实质是培育全民的生态文明观念,其核心是培育全民的生态伦理意识。客观而言,生态文明是一个蕴涵着丰富内容的概念,它不仅要求人们全面地、正确地认识自然、利用自然、改造自然、保护自然,也不仅仅具体地要求人们自觉地厉行节约、加强环保、维护生态,而且还内在地蕴涵着支配和规范人们一切思想和行为的核心价值理念,要求人们在现实生产、生活中真正贯彻这些核心价值理念。换言之,任何的自然观或生态文明观归根结底都是某种特殊的核心价值理念的彰显或体现。"人类中心主义"价值观把人确立为整个地球的主宰,而地球及其所属的一切存在物,如植物、动物、矿产资源、水资源、大气等,就成为人任意开发、利用甚至宰割、榨取的对象,而近代以来随着科学技术的迅猛发展,人类在日益膨胀的物质欲望的支配下,更是空前地加大对自然的掠夺和破坏,结果造成整个自然生态的严重破坏,各种自然灾难、人为灾难频繁地发生,极大地危害着人类的生存和发展。这种自然观、价值观所贯彻的"主体—客体"二元对立的思维模式,其实质就是把自然视为人所主宰的奴隶或人所需要征服的敌人。然后,随着现代社会生态危机的加重,人们逐渐地从这种狂想的迷梦中觉醒,认识到人自身的生存和发展本质上取决于人的特殊的生命活动方式。就当下而言,人根本离不开由地球自然演变而提供出来的特殊的生态环境,即人只有在由地球所提供出来

---

① 习近平:《决胜全面建成小康社会 夺取新时代中国特色社会主义伟大胜利——在中国共产党第十九次全国代表大会上的报告》,人民出版社,2017,第51页。

的生态环境中才能生存。可以说，由这一根本的规定性决定，人类必须重新审视自己在整个地球上的地位、身份、权力、义务和责任，从而自觉地摆正地位与身份，在行使权力的同时，积极地履行义务，担当责任。正是在这种重新反思和审视中，人们发现，地球上的一切其他事物实际上与人自身的生存和发展存在着紧密的联系，也正是它们的存在，使得人的存在更有基础和保证，因此人与地球上的一切其他事物，并不是"主体—客体"二元对立思维模式下需要征服和占有的敌人，相反，是人类的生存和发展须臾不可分离的身体或朋友。如前所述，马克思曾经强调："人在物质上只有依靠这些自然物——不管是表现为食物、燃料、衣着还是居室等等——才能生活。实际上，人的万能正是表现在他把整个自然界——首先就它是人的直接的生活资料而言，其次就它是人的生命活动的材料、对象和工具而言——变成人的无机的身体。自然界就它本身不是人的身体而言，是人的无机的身体。人靠自然界来生活。这就是说，自然界是人为了不致死亡而必须与之形影不离的身体。"[①] 因此，自然不仅是人类的朋友，而且是人类无机的身体，人对自然既要开发、利用，要科学地打交道，要像对待朋友一样对待自然，构建环境友好型的社会，同时也要自觉保护自然，而这就如同保护自己的身体。人与自然之间这种特殊关系，归根结底体现了人与自然是生命共同体的实质。人与自然生命共同体思想深刻地揭示了人与自然万物之间不仅存在着开发和利用的关系，而且从根本上存在着共在、共生、共赢的关系。可以说，正是充分地认识到这一点，人们把原本仅仅适用于人与人之间的伦理道德观念推而广之地应用于人与自然之间的关系上，创造性地提出和发展了生态伦理学（或环境伦理学），而人与自然生命共同体思想则深化了现代生态伦理学对人与自然关系的认识。因此，生态伦理学从根本上变革了人们对人与自然之间关系的根本认识，使人们自觉地以朋

---

① 马克思：《1844年经济学哲学手稿》，刘丕坤译，人民出版社，1979，第49页。

友的眼光，以对待朋友、对待自身身体的态度来对待自然界中的万事万物。加强生态文明建设，不仅要通过广泛的宣传教育，增强全民的节约意识、环保意识、生态意识，使人们自觉地养成厉行节约、加强环保、维护生态的良好习惯和社会风尚，而且要从根本上强化和培育人们的生态伦理意识，更自觉地规范和调节人与自然之间的伦理关系。

蕴涵着人与自然生命共同体思想的现代生态伦理学要求人们树立尊重自然、顺应自然、保护自然的生态文明理念，但这种尊重、顺应和保护并非回归原始社会纯粹自然状态下的对自然的绝对皈依和臣服，相反，是客观尊重、顺应自然规律与按规律开发、利用、改造和保护的并重。事实上，生态伦理学对现代生态文明的塑造，也避免了重新把自然神秘化的倾向。众所周知，在中国历史上，汉代的董仲舒将儒家思想神圣化，发展出了一套完整的天人感应论，这种思想在尊重"天"的同时，却把"天"神秘化了。胡适就曾指出："汉朝的国教，挂着儒教的牌子，把灾异解释作一种仁爱而全知的神（天）所发的警告，为的是使人君和政府害怕，要他们承认过错，改良恶政。这种汉朝的宗教是公元前一二世纪里好些哲人政治家造作成的。他们所忧心的是在一个极广阔的统一帝国里如何对付无限君权这个实际问题，这种忧心也是有理由的，他们有意识或半有意识地看中了宗教手段，造出来一套苦心结构的'天人感应'的神学，这套神学在汉朝几百年里也似乎发生了使君主畏惧的作用。"① 这一套宗教神学看似非常完整，实则存在着根本性的缺陷和问题，为后代众多思想家所诟病。但是，在揭批了"天人感应"论的神学实质之后，在人类科学和文明已经非常发达的当今时代，我们已经没有必要再次将自然神秘化来塑造人与自然之间的和谐关系。葛枫强调："我们当下所面临的生态危机实质是文化和价值的问题，而不是科

---

① 胡适：《中国哲学里的科学精神与方法》，载胡适《读书与治学》，生活·读书·新知三联书店，2013，第164页。

学和技术的问题。中国在古代逐步发育出来的'天人合一'思想不仅具有至高的精神境界和道德水平，而且蕴含着深刻的生态智慧，汲取'天人合一'思想中的精华，将有助于协调人与自然的关系，化解生态危机，弥合现代工业文明的伤疤。"[1] 因此，在新时代我们有必要充分认识"天人合一"思想中的精华，弘扬"天人合一"精神，建设现代人与自然之间的和谐关系。尤其是，针对三年来的新冠病毒引发的疫情及其背后的生态危机，葛枫强调："我们更应将此次生态危机作为一个提升整个中华民族精神境界和道德水平的良好时机，使善待自然成为人们普遍接受的生态理念。善待自然，就是善待自己。"[2]

三、改变发展方式 发展循环经济

众所周知，国民经济发展的质量、速度和效益与一定的经济发展方式存在着紧密的联系，而一定的经济发展方式又势必对资源环境和生态承载力造成不同程度的实际影响。人类社会经济发展的历史事实证明，过分依赖自然资源，以污染、浪费和资源过度消耗为特征的经济发展方式无疑对资源环境造成极大的破坏，严重地削弱了生态环境的承载能力，造成系列的生态危机。归根结底，这种以资源消耗型、环境破坏型为特征的经济发展方式是直线性的、不可持续的经济发展方式。出于对生态环境和自然资源的保护，人们逐渐地形成了生态经济学理论和循环经济学理论。以生态经济学理论为基础的循环经济学，其根本的宗旨就是把人类经济活动视为生态与经济互动的系统工程，从生态系统与生产力系统的相互影响、相互作用、相互制约、相互促进来全面揭示人类社会生产与自然资源环境之间的本质联系和根本规律，从而达到生产、

---

[1] 葛枫：《"天人合一"思想在生态文明法治建设中的意义》，《中国政法大学学报》2020年第4期。

[2] 葛枫：《"天人合一"思想在生态文明法治建设中的意义》，《中国政法大学学报》2020年第4期。

交换、分配、消费所有环节的有序循环与协调，达到对自然资源的充分利用和对生态环境的充分保护。

毫无疑问，由于循环经济全面地贯彻着系统论方法，把生态保护与经济发展紧密地联系在一起，既注重了对生产力的发展，又顾及自然资源和生态环境的承载能力，认识到生产方式与消费方式对生产与生态的反作用，因此它本质上科学地揭示了人与自然之间最合理的物质、信息、能量的变换关系和变换方式，是一种既尊重自然生态规律又尊重经济发展规律的经济发展方式。特别是，所以称为循环经济，在于它主要贯彻着或体现着三个基本原则，即减量化原则(Ruduce)、再利用原则(Reuse)、再循环原则(Recycle)，简称"3R"原则。减量化原则旨在强调尽可能地减少进入生产和消费流程的物质，以预防废弃物的产生及其相应的治理；再利用原则旨在强调尽可能重复地使用物质，防止物质过早成为垃圾；再循环原则旨在强调尽可能多地对物质进行再生利用，即使之转化为新的资源，加以重复利用。由于循环经济遵循着这样的"3R"原则，因此，它不同于传统的线性经济发展方式。线性经济过分依赖自然资源，向生产和消费流程投入过多的物质，由于物质没有充分地利用，造成了过多的废弃物或垃圾，无论对垃圾的填埋、焚烧或物理化学处理，实际上都造成了资源的浪费和生态环境的破坏；相反，由于全方位地考虑生态系统与经济系统的良性互动，充分地利用和再利用了自然资源，提高了资源的利用效率，减少了污染和浪费，因而循环经济能够充分地协调经济社会发展与生态发展之间的关系，实现彼此共赢。显然，这是人类经济社会发展与生态发展所期望达到的最佳理想境界。客观而言，循环经济理论贯彻着一种全新的生态哲学与经济哲学理念。循环经济以人与自然的和谐共生为根本原则，认识到人为了实现自身的发展而对自然的改造和利用必须以充分地尊重自然规律、敬畏自然的无限威力为前提，在充分、高效利用自然资源的同时，必须尽可能地减少资源浪费和环境污染，考虑生态环境的承载能力、适应能力，最终在顺应和遵循自然规律的前提下实现经济社会的发展，实现人与自然之间的最佳和谐。

20世纪90年代，随着可持续发展战略成为世界经济社会发展的主流思潮，西方循环经济理论被引入中国，引起了中国共产党人对经济发展模式变革的思考。在党的十五大报告中，江泽民最初提出了"转变经济增长方式，改变高投入、低产出，高消耗、低效益的状况"①的要求，在党的十七大报告中，胡锦涛在"实现全面建设小康社会奋斗目标的新要求"涉及经济发展和生态文明建设方面提出了"循环经济形成较大规模，可再生能源比重显著上升"②的新要求。在党的十八大报告中，胡锦涛进一步强调："以科学发展为主题，以加快转变经济发展方式为主线，是关系我国发展全局的战略抉择。要适应国内外经济形势新变化，加快形成新的经济发展方式，把推动发展的立足点转到提高质量和效益上来，着力激发各类市场主体发展新活力，着力增强创新驱动发展新动力，着力构建现代产业发展新体系，着力培育开放型经济发展新优势，使经济发展更多依靠内需特别是消费需求拉动，更多依靠现代服务业和战略性新兴产业带动，更多依靠科技进步、劳动者素质提高、管理创新驱动，更多依靠节约资源和循环经济推动，更多依靠城乡区域发展协调互动，不断增强长期发展后劲。"③可以说，这是我国经济发展战略的重要调整。在全面促进资源节约问题上，胡锦涛还特别指出："发展循环经济，促进生产、流通、消费过程的减量化、再利用、资源化。"④进入新时代，以习近平同志为核心的党中央在"推进绿色发展"的旗帜下，进一步深化循环经济建设。习近平总书记在党的十九大报告指出："加

---

① 《江泽民文选》，第二卷，人民出版社，2006，第24页。
② 《胡锦涛文选》，第二卷，人民出版社，2016，第628页。
③ 《胡锦涛文选》，第三卷，人民出版社，2016，第628页。
④ 《胡锦涛文选》，第三卷，人民出版社，2016，第645页。

快建立绿色生产和消费的法律制度和政策导向，建立健全绿色低碳循环发展的经济体系。构建市场导向的绿色技术创新体系，发展绿色金融，壮大节能环保产业、清洁生产产业、清洁能源产业。推进能源生产和消费革命，构建清洁低碳、安全高效的能源体系。推进资源全面节约和循环利用，实施国家节水行动，降低能耗、物耗，实现生产系统和生活系统循环链接。倡导简约适度、绿色低碳的生活方式，反对奢侈浪费和不合理消费，开展创建节约型机关、绿色家庭、绿色学校、绿色社区和绿色出行等行动。"[1]在党的二十大报告中，"加快发展方式绿色转型"依然是我们未来的战略任务，习近平总书记强调："推动经济社会发展绿色化、低碳化是实现高质量发展的关键环节。加快推动产业结构、能源结构、交通运输结构等调整优化。实施全面节约战略，推进各类资源节约集约利用，加快构建废弃物循环利用体系。"[2]因此，我们对经济社会发展过程中经济发展方式的认识，对自然资源环境、生态环境的认识，实际上已经不断地深化，循环经济思想已经成为新的、具有战略意义的经济发展方式，只有充分发展循环经济，才能在促进我国经济社会发展过程中，实现经济系统与生态系统的良好互动与循环，达到人与自然的和谐共生。

四、完善法治建设　保护生态环境

客观而言，生活环境、自然环境或生态环境，甚至自然资源等，无不是相对于人类的生存、生活和发展而言的，归根结底是环绕着人类这一生存、生活和发展的主体而言的。实际地影响人类社会生存和发展的

---

[1] 习近平：《决胜全面建成小康社会　夺取新时代中国特色社会主义伟大胜利——在中国共产党第十九次全国代表大会上的报告》，人民出版社，2017，第50-51页。

[2] 习近平：《高举中国特色社会主义伟大旗帜　为全面建设社会主义现代化国家而团结奋斗——在中国共产党第二十次全国代表大会上的报告》，人民出版社，2022，第51页。

各种自然因素总和，是人类生存、生活和发展须臾不可分离的客观物质条件、物质环境、物质基础。如前所述，马克思曾说过："没有自然界，没有外部的感性世界，劳动者就什么也不能创造。自然界、外部的感性世界是劳动者用来实现他的劳动，在其中展开他的劳动活动，用它并借助它来进行生产的材料。"① 但是，在现代社会，这些物质条件、物质环境、物质基础，如果不借助成熟、完善的法律制度加以有效保护，就势必遭到片面追求经济利益最大化的生产企业或追求其他目的的社会组织、单位或个人的肆意破坏。因此，为了有效地规范人们的行为，更加地保护生活环境、自然环境、生态环境或自然资源，就必须不断加强和完善环境法制建设，加大环境法的执法与司法力度。

从根本上说，环境法依然是新兴的法律部门，而环境法学亦是法学与环境科学相结合的新兴边缘性学科。秦天宝指出："一般认为，环境法的调整对象是以环境为中介而形成的人与人之间的社会关系，而环境法学（我国学科分类将其称为'环境与资源保护法学'）则是以环境法的理论与实践及其发展规律为研究对象的一门新兴、交叉法学学科。环境法学关注的主要是生态环境污染、自然资源过度开发和生态系统破坏等社会问题，因此具有非常强烈的问题意识。"② 然而，从根本上说，社会大众对环境法的认识和熟悉还有待时日。这在于，一方面，人们对环境的认识还不深刻。例如，一般而言，所谓环境，包括大气、水、海洋、土地、矿藏、森林、草原、野生动物、自然古迹、人文遗迹、自然保护区、风景名胜区、城市和乡村等因素，即通常所谓的影响人类社会生存和发展的各种天然的和经过人工改造的自然因素总体。在此，环境被实体化，换言之，环境成了各种实体化的要素。把环境实体化，实质

---

① 马克思：《1844年经济学哲学手稿》，刘丕坤译，人民出版社，1979，第45页。
② 秦天宝：《构建新时代中国特色的环境法学"三大体系"》，《中国社会科学报》2019年8月21日第5版。

上是哲学上主客二分思维模式的产物,以此为思想基础的环境法势必侧重于对实体要素的保护,以为保护了实体要素就保护了环境,而看不到环境因素与人之间的关系,忽视了从关系中把握相应的人的权利与责任。但真正说来,环境并非指实体性要素,而是指这些要素与人类的相互作用、相互影响、相互制约而塑造、营造出来的动态关系体系。以此思想为基础的环境法,就能够充分地认识到人的相应的权利与责任,即人在环境各要素的相互关系上,实际上既享有利用自然环境、自然资源的权利,而且承担着相应的责任。另一方面,各种专门领域里的环境法律法规还来健全,还没有形成有机的法律制度体系,执法、司法缺乏可操作性。也就是说,不仅需要制定和颁布具有普遍适用性、解释力度更强的一般环境法,而且还必须结合各种具体领域、具体行业、具体保护对象颁布有针对性和可操作性的法律、法规或规章制度,以便能够及时地、有效地开展执法和司法,特别是,在环境立法方面,必须使各领域、各部门或各行业的法律、法规或制度形成有机的联系,避免彼此间的矛盾、冲突或混乱。当然,我们应该承认,自20世纪80年代环境法观念和环境法学引入我国的40多年来,环境法学也成为法学门类里发展最快的新兴学科,相关环境法的出台也正改变着我国在生态环境方面的法治现状和人们的环境法治观念。秦天宝指出:"环境法学的理念也从'边防边治''治理为主''单向治理'逐步过渡到'预防为主''保护优先''综合治理''多元共治'等,层出不穷。可以预见的是,未来环境法学将更多地关注在保护优先的前提下如何平衡经济社会发展与生态环境保护,以及如何防控日益增多的生态环境风险。"①

颁布、实施环境法,就是要通过对生产企业、社会组织、单位或个人凡涉及生活环境、自然环境、生态环境或自然资源等影响和危害人类

---

① 秦天宝:《构建新时代中国特色的环境法学"三大体系"》,《中国社会科学报》2019年8月21日第5版。

生存、生活和发展的各种自然因素的行为进行必要的规范和调节，以最终有效地促进人与自然关系的和谐共生。所谓规范和调节企业、社会组织、单位或个人的行为，就是进一步明确其权利、义务与责任，不仅使其能够充分享有开发、利用生活环境、自然环境、生态环境或自然资源的权利，而且自觉地、主动地承担必要的社会义务和社会责任，自觉地履行自己的职责，切实地完成保护生活环境、自然环境、生态环境或自然资源的历史使命。此外，需要指出的是，虽然环境法颁布和实施的主体是世界上的各个国家，然而由于环境问题实际上是一个全球性问题，为了保护全人类赖以生存的唯一地球家园，就必须在环境立法和执法方面开展全方位的国际合作、全球合作。例如，通过加强双边合作，与邻国就双方共同关心的资源、环境、生态等问题开展合作与交流，共同维护边境地带的生态环境安全；通过加强区域合作，实现多个国家在环境资源保护方面的共赢；通过联合国及其他组织，开展非区域性的全球合作，共同保护关系全球的生态环境，如防止大气污染、海洋污染等。总之，目前世界上已经普遍地形成了环境保护意识，环境法的立法与执法已经不再局限于个别国家，国际环境法的立法与执法问题已经成为国际法的重要内容。1989年12月26日我们颁布了《中华人民共和国环境保护法》，2014年4月24日经修订于2015年1月1日正式实施，其根本宗旨是"保护和改善环境，防治污染和其他公害，保障公众健康，推进生态文明建设，促进经济社会可持续发展"。事实上，自我国《环境保护法》颁布实施以来，我们在生态环境保护方面执法力度是不断加强的，很多长年积累的生态环境保护旧账得以消除；但问题是依然有一些机构、企业或个人生态环境保护法治意识淡薄，这导致生态环境破坏或污染案例时有发生，后果和性质恶劣令人触目惊心。在此背景下，我们必须顺应时代发展潮流，紧跟时代步伐，推进环境法的执行力度，进一步加强和完善其内容，促进我国经济社会发展在资源环境得到合理保护的前提下迅速发展。国家十四五发展规划强调："建立地上地下、陆海统筹的生态环境治理制度。全面实行排污许可制，实现所有固定污染源排污许可证核发，推动工业污染源限期达标排放，推进排污权、用能权、用水权、碳排放权市场化交易。完善环境保护、节能减排约束性指标管理。完善河湖管理保护机制，强化河长制、湖长制。加强领导干部自然资源资产离任审计。完善中央生态环境保护督察制度。完善省以下生态环境机构监测监察执法垂直管理制度，推进生态环境保护综合执法改革，完善生态环境公益诉讼制度。加大环保信息公开力度，加强企业环境治理责任制度建设，完善公众监督和举报反馈机制，引导社会组织和公众共同参与环境治理。"[1] 习近平总书记在党的二十大报告中再度强调："坚持精准治污、科学治污、依法治污，持续深入打好蓝天、碧水、净土保卫战。"[2] 因此，通过全面而系统的生态环境保护法治建设，通过深入而持续的蓝天、碧水、净土保卫战，我们就能够在新的历史时期实现人与自然的和谐共生。

五、深化绿色革命　创造优良生态

加强生态文明建设，塑造人与自然之间的友好关系，不仅需要从思想观念上、经济发展方式转型上、环境立法上做出扎实的努力，而且还必须不断深化技术革命，加快发展绿色技术，为人们现实地认识自然、改造自然、充分利用自然资源和保护生态环境奠定坚实的物质技术基础。从根本上说，技术上的革命创新决定着人类认识自然和改造自然的方式和水平，对于改变经济发展方式，特别是企业的生产方式，起着

---

[1]《中华人民共和国国民经济和社会发展第十四个五年规划和2035年远景目标纲要》，《人民日报》2021年3月13日第1版。

[2] 习近平：《高举中国特色社会主义伟大旗帜　为全面建设社会主义现代化国家而团结奋斗——在中国共产党第二十次全国代表大会上的报告》，人民出版社，2022，第50页。

决定性的作用。因此，不断推进技术革命，特别是发展无污染的绿色技术，已经成为各国保护自然环境、生态环境或资源环境的重要战略。

所谓绿色技术，是指充分利用自然资源、实现其经济效益最大化而不造成浪费和污染的高新技术，是包括新能源技术、新材料技术、新生物技术、污染治理技术、资源回收技术、环境监测技术和清洁生产技术等在内的一系列高新技术。换言之，绿色技术就是通过新能源、新材料、新技术全方位地利用自然资源，减少污染和浪费，实现资源的回收和再利用，从而做到对生态环境有效保护的高新技术体系。总之，绿色技术就是对自然环境无污染、无损害的技术。显然，从技术发展的角度来说，这种意义上的绿色技术是人类认识自然和改造自然、塑造人与自然之间和谐共生关系的重要物质技术基础，是整个技术革命创新和发展的必然趋势。由于绿色技术从根本上来说旨在充分利用自然资源、减少污染和浪费，因此，它对实际地转变经济发展方式，特别是企业的生产方式，具有重大的历史性意义。毫无疑问，企业生产技术、污染治理技术、资源回收技术等的革新意味着企业的整个生产、经营、管理模式的改变，意味着企业经济效益的迅速改观。特别是，如果在政府的主导下，用法律法规、市场力量、公众舆论等力量积极引导企业的生产经营活动，规范企业行为，企业就势必更积极地选择绿色发展战略，推进绿色技术创新，改革生产工艺，不断开发绿色产品，塑造企业新形象，为企业率先占有市场、提高市场占有率、增强企业竞争力奠定坚实的基础。客观而言，绿色技术的提出是20世纪90年代的事情，尽管已经有二三十年的发展，但人们对绿色技术的认识深度和重视程度还很有限，自觉视为自身生产技术革新和发展战略的企业还不是太多。这种情况说明，对于政府来说，作为整个社会经济发展的宏观管理者，必须通过大力宣传绿色技术理念，塑造整个社会企业、社会组织、单位或公民个人的观念，使人们能够清楚地认识绿色技术、绿色产品对自然环境、生态环境、生活环境以及我们每个个人的生活所具有的重要意义。显然，这种对以绿色技术理念为核心的生态哲学、生态文化或生态文明的宣传、普及，不仅能够实际地影响和改变整个生产企业的技术革新，而且能够实际地影响和改变着整个社会产业结构的升级改造，影响和改变着全体公民的生活方式。

对我国来说，吸收、借鉴西方发达国家实现现代化的经验和教训，以绿色技术革命为契机，大力发展绿色经济，已经是时代的客观需要和现实选择。西方发达国家已经开始认识到传统的以"人类中心主义"为核心价值理念的"现代化"思想存在着极为严重的偏颇性，甚至是致命性的缺陷，认识到自然根本不是人们征服的对象，相反人类对自然的改造首先以遵循自然规律为前提，如果再继续发展那种以"高污染"、"高能耗"、"高浪费"、"高排放"等为特征的现代技术，就势必因为生态环境的破坏，最终造成巨大的经济损失，危害人们的健康和生命。作为发展中国家的中国，显然，必须吸收和借鉴西方发达国家实现现代化的经验和教训，避免重新走"先污染，后治理"的老路，确立绿色技术发展战略，以重点发展绿色技术为突破口，增加绿色技术的经济贡献率，从而从根本上转变企业的生产、经营、管理方式，推进我国产业结构的升级、改造。众所周知，中国虽然向来宣称"地大物博，资源丰富"，但并非所有的资源都是丰富的，而且丰富的资源其分布也是不均衡的，再加上生产方式、生产技术的落后，事实上资源、能源的短缺和浪费现象相当普遍，如果不积极地、自觉地大力发展绿色技术，就很可能造成更大的污染和浪费，特别是在整个世界绿色技术革命浪潮中如果不及时地成为时代的弄潮儿，就可能造成被动和滞后，结果在引进和转让技术问题上付出更大的代价。

在我国，从党的指导思想上来说，在观念上推进绿色革命，发展绿色经济是党的十八大以来重点强调的事情。胡锦涛在党的十八大报告中强调:"坚持节约资源和保护环境的基本国策,坚持节约优先、保护优先、自然恢复为主的方针,着力推进绿色发展、循环发展、低碳发展,形成节约资源和保护环境的空间格局、产业结构、生产方式、生活方式,从源头上扭转生态环境恶化趋势,为人民创造良好生产生活环境,为全球生态安全作出贡献。"[1]众所周知,大力推进经济绿色发展成为以习近平同志为核心的党中央在新时代建设中国特色社会主义的着力点,由他特别强调的"绿水青山就是金山银山"的观念可以说如今家喻户晓、妇幼皆知。在"推进绿色发展"的旗帜下,习近平总书记在党的十九大报告中指出:"加快建立绿色生产和消费的法律制度和政策导向,建立健全绿色低碳循环发展的经济体系。构建市场导向的绿色技术创新体系,发展绿色金融,壮大节能环保产业、清洁生产产业、清洁能源产业。推进能源生产和消费革命,构建清洁低碳、安全高效的能源体系。推进资源全面节约和循环利用,实施国家节水行动,降低能耗、物耗,实现生产系统和生活系统循环链接。倡导简约适度、绿色低碳的生活方式,反对奢侈浪费和不合理消费,开展创建节约型机关、绿色家庭、绿色学校、绿色社区和绿色出行等行动。"[2]现如今,"绿色"和"低碳"早已成为普通老百姓的日常话语,可以说,这场经济发展、生态保护观念上的绿色革命已经深入人心。但是,绿色革命绝不能停留在思想观念上,特别是不能停留在口头上,停留在宣传标语上,而要深化落实到每个人具体的生产方式和生活方式上。在党的二十大报告中,"加快发展方式绿色转型"依然是我们未来的战略任务,习近平总书记强调:"推动经济社会发展绿色化、低碳化是实现高质量发展的关键环节。加快推动产业结构、能源结构、交通运输结构等调整优化。实施全面节约

---

[1]《胡锦涛文选》,第三卷,人民出版社,2016,第644-645页。
[2] 习近平:《决胜全面建成小康社会 夺取新时代中国特色社会主义伟大胜利——在中国共产党第十九次全国代表大会上的报告》,人民出版社,2017,第50-51页。

战略，推进各类资源节约集约利用，加快构建废弃物循环利用体系。完善支持绿色发展的财税、金融、投资、价格政策和标准体系，发展绿色低碳产业，健全资源环境要素市场化配置体系，加快节能降碳先进技术研发和推广应用，倡导绿色消费，推动形成绿色低碳的生产方式和生活方式。"① 事实上，我们只有养成了绿色低碳的生产方式、生活方式，才能从根本上创造出优良的生态环境。

---

① 习近平：《高举中国特色社会主义伟大旗帜 为全面建设社会主义现代化国家而团结奋斗——在中国共产党第二十次全国代表大会上的报告》，人民出版社，2022，第50页。

结束语　重塑新时代中华伦理精神世界

　　经过40多年的改革开放，我国获得了全方位突飞猛进的发展，各项事业蒸蒸日上、欣欣向荣，总体发展势头良好。然而，在改革过程中，人们同样也遇到了许多复杂的问题，对问题的认识也存在着一定程度上的"偏差"，在相当一段时间内，改革处于"摸着石头过河"的探索之中。这种改革的探索所造成的就是社会的发展往往因为政策的"不稳定"而出现相当多的社会问题，出现了因为"不恰当的改革"而带来的新问题，如新的阶层和利益集团的出现，整个社会结构出现了新的变化，而人口结构、职业阶层结构、收入阶层结构、城乡结构等众多方面的变化既说明了我国经济社会正在发生着深刻的转型，国家的发展出现了新的活力和契机，但同时也意味着迎来了新的风险和挑战。这在于我国的经济社会发展呈现出不平衡性，不同区域、阶层或群体之间的差异性明显，还引发一些人的不满和怨言。事实上，每个人都关心国计民生，都关心孩子未来的发展，都希望能够生活和工作在一个富强民主文明和谐美丽的社会主义国家里，都希望自己的国家和民族是充满希望、拥有未来的。习近平总书记在党的十九大报告中强调，"必须清醒看到，我们的工作还存在许多不足，也面临不少困难和挑战"，而与广大人民群众相关的主要困难和挑战则是"发展不平衡不充分的一些突出问题尚未解决"，"民生领域还有不少短板，脱贫攻坚任务艰巨，城乡区域发展和收入分配差距依然较大，群众在就业、教育、医疗、居住、养老等方面面临不少难题"，"社会文明水平尚需提高"；并指出"社会矛盾和问题交织叠加，全面依法治国任务依然繁重，国家治理体系和治理能力有待加强"，"一些改革部署和重大政策措施需要进一步落实"，"党的建设方面还存在不少薄弱环节"；最后强调，"这些问题，必须着力加以解决"①。党的十九大报告对改革开放40多年来我国经济社会发展的主要矛盾做出了新的判断，即"中国特色社会主义进入新时代，我国社会主要矛盾已经转化为人民日益增长的美好生活需要和不平衡不充分的发展之间的矛盾"②。这一判断真实地反映了新时代中国经济社会发展的实情，也成为我们推进中国特色社会主义现代化事业、实现中华民族伟大复兴的新的基点。

众所周知，中国共产党始终与人民同呼吸、共命运、心连心，党的十八大以来，又把人民对美好生活的向往作为奋斗目标，把人民的利益摆在至高无上的地位上，坚持以人民为中心的发展理念，让改革发展成果更多更公平惠及全体人民，不断朝着共同富裕的全面小康社会前进，努力改善社会治理环境，以增强人民群众的获得感、幸福感、安全感。正如习近平总书记在党的二十大报告中所指出的："十九大以来的五年，是极不寻常、极不平凡的五年。"③他强调："五年来，我们坚持加强党的全面领导和党中央集中统一领导，全力推进全面建成小康社会进程，完整、准确、全面贯彻新发展理念，着力推动高质量发展，主动构建新发展格局，蹄疾步稳推进改革，扎实推进全过程人民民主，全面推进依法治国，积极发展社会主义先进文化，突出保障和改善民生，集中力量实

---

① 习近平：《决胜全面建成小康社会 夺取新时代中国特色社会主义伟大胜利——在中国共产党第十九次全国代表大会上的报告》，人民出版社，2017，第9页。
② 习近平：《决胜全面建成小康社会 夺取新时代中国特色社会主义伟大胜利——在中国共产党第十九次全国代表大会上的报告》，人民出版社，2017，第11页。
③ 习近平：《高举中国特色社会主义伟大旗帜 为全面建设社会主义现代化国家而团结奋斗——在中国共产党第二十次全国代表大会上的报告》，人民出版社，2022，第2页。

施脱贫攻坚战,大力推进生态文明建设,坚决维护国家安全,防范化解重大风险,保持社会大局稳定,大力度推进国防和军队现代化建设,全方位开展中国特色大国外交,全面推进党的建设新的伟大工程。"①经过全体人民的努力奋斗,中国经济社会已经发生了根本性的变化,中国在国际上的影响力和话语权得到前所未有的提升,已经处于世界舞台的中央,而中华民族实现了从站起来、富起来到强起来的伟大飞跃,中华民族伟大复兴的历史进程已经不可逆转,我们在历史上从没有像今天这样更接近、更有信心和能力实现中华民族的这一伟大梦想。尤其是,"人民群众获得感、幸福感、安全感更加充实、更有保障、更可持续,共同富裕取得新成效"②。

毋庸置疑,改革越是进入深水区越是面临着极其严峻的挑战,深层次的矛盾和问题正逐渐暴露。习近平总书记在党的二十大报告中指出:"发展不平衡不充分问题仍然突出,推进高质量发展还有许多卡点瓶颈,科技创新能力还不强;确保粮食、能源、产业链供应链可靠安全和防范金融风险还须解决许多重大问题;重点领域改革还有不少硬骨头要啃;意识形态领域存在不少挑战;城乡区域发展和收入分配差距仍然较大;群众在就业、教育、医疗、托育、养老、住房等方面面临不少难题;生态环境保护任务依然艰巨;一些党员、干部缺乏担当精神,斗争本领不强,实干精神不足,形式主义、官僚主义现象仍较突出;铲除腐败滋生土壤任务依然艰巨,等等。对这些问题,我们已经采取一系列措施加以

---

① 习近平:《高举中国特色社会主义伟大旗帜 为全面建设社会主义现代化国家而团结奋斗——在中国共产党第二十次全国代表大会上的报告》,人民出版社,2022,第2-3页。

② 习近平:《高举中国特色社会主义伟大旗帜 为全面建设社会主义现代化国家而团结奋斗——在中国共产党第二十次全国代表大会上的报告》,人民出版社,2022,第2页。

解决，今后必须加大工作力度。"①客观而言，只要人类社会存在，发展永远面临着问题，而人类也正是在不断解决问题的过程中实现社会发展的。随着中国经济社会发展主要矛盾性质的变化，我们所面临的问题也呈现出新的特征。但是，最为广大人民群众关注的问题莫过于党员、干部的腐败问题。国家的建设与治理绝不能光靠广大人民群众道德意识的觉醒，惩治腐败分子，也绝不能寄希望于他们的道德自律。相反，我们必须全面加强社会主义法治建设，治理腐败现象，要从根本上依赖法律和制度；如果每天喊着反腐败，而没有切实加强社会主义法治建设，没有建立起有效地发挥着监督作用的机制体制，那么，正如很多人所感受的那样，这就是单纯的政治"作秀"。习近平总书记在党的二十大报告中指出要"坚决打赢反腐败斗争攻坚战持久战"，他强调："腐败是危害党的生命力和战斗力的最大毒瘤，反腐败是最彻底的自我革命。只要存在腐败问题产生的土壤和条件，反腐败斗争就一刻不能停，必须永远吹冲锋号。"②他尤其强调："深化标本兼治，推进反腐败国家立法，加强新时代廉洁文化建设，教育引导广大党员、干部增强不想腐的自觉，清清白白做人、干干净净做事，使严厉惩治、规范权力、教育引导紧密结合、协调联动，不断取得更多制度性成果和更大治理效能。"③对于普通群众来说，党和国家不仅要培育起为社会主义事业和中华民族的伟大复

---

① 习近平：《高举中国特色社会主义伟大旗帜 为全面建设社会主义现代化国家而团结奋斗——在中国共产党第二十次全国代表大会上的报告》，人民出版社，2022，第14-15页。

② 习近平：《高举中国特色社会主义伟大旗帜 为全面建设社会主义现代化国家而团结奋斗——在中国共产党第二十次全国代表大会上的报告》，第69页，人民出版社，2022，第69页。

③ 习近平：《高举中国特色社会主义伟大旗帜 为全面建设社会主义现代化国家而团结奋斗——在中国共产党第二十次全国代表大会上的报告》，人民出版社，2022，第69-70页。

兴而奋斗的勇气和自信，而且更根本地来说，必须充分尊重广大人民群众的生活自主权、自由权，以及参与国家、社会管理的民主权，对国家经济社会发展的决策权、知情权等，发挥广大人民群众的首创精神。

全面建设社会主义现代化强国，实现中华民族伟大复兴，必须坚持中国特色社会主义文化发展道路，建设社会主义文化强国，发展面向现代化、面向世界、面向未来的，民族的科学的大众的社会主义文化，而其中核心的任务就是实现中华优秀传统文化的创造性转化和创新性发展，以构筑顺应人类当代文明发展趋势的中华民族共有的精神家园和精神生活世界。从根本上说，全面认识中华传统文化，取其精华，弃其糟粕，一个至关重要的内容就是实现中华传统伦理道德思想的创造性转化和创新性发展。季羡林曾说："全世界都承认，中国是伦理道德的理论和实践最发达的国家。"[①]《新时代公民道德建设实施纲要》强调："坚持在继承传统中创新发展，自觉传承中华传统美德，继承我们党领导人民在长期实践中形成的优良传统和革命道德，适应新时代改革开放和社会主义市场经济发展要求，积极推动创造性转化、创新性发展，不断增强道德建设的时代性实效性。"[②] 对于中华传统伦理道德思想，我们不仅要认识和把握其基本特征和基本精神，更要抓住其核心思想和核心精神，结合新时代改革开放和社会主义市场经济发展要求，以社会主义核心价值观为引领，做好创造性转化和创新性发展。仁爱精神、谦和精神、孝慈精神、诚信精神、勤劳俭朴精神、义利统一精神、公而忘私精神、天人合一精神是新时代亟须实现创造性转化和创新性发展的中华传统核心伦理精神，这些核心伦理精神塑造着整个中华民族的伦理生活秩序和伦理精神世界，对中华民族的传承和发展具有永远不可磨灭的价值和意义。

---

① 季羡林：《季羡林谈人生》，当代中国出版社，2006，第117页。
②《新时代公民道德建设实施纲要》，人民出版社，2019，第4-5页。

主要参考书目

一、原著译注类

[1] 杨伯峻译注：《论语译注》，中华书局，2009 年版。

[2] 杨伯峻译注：《孟子译注》，中华书局，2005 年版。

[3] 杨伯峻译注：《孟子译注》（简体字本），中华书局，2008 年版。

[4] 李泽厚：《论语今读》，天津社会科学出版社，2007 年版。

[5] 陈晓芬、徐儒宗译注：《论语·大学·中庸》，中华书局，2011 年版。

[6] 方勇译注：《孟子》，中华书局，2010 年版。

[7] 朱熹：《四书章句集注》，中华书局，2011 年版。

[8] 陈鼓应注译：《老子今注今译》，商务印书馆，2003 年版。

[9] 陈鼓应注译：《庄子今注今译》，中华书局，2009 年版。

[10] 曹础基：《庄子浅注》，中华书局，2007 年版。

[11] 王弼注，楼宇烈校释：《老子道德经注》，中华书局，2011 年版。

[12] 钱穆：《论语新解》，读书·生活·新知三联书店，2005 年版。

[13] 钱逊：《〈论语〉读本》，中华书局，2007 年版。

[14] 高华平、王齐洲、张三夕译注：《韩非子》，中华书局，2015 年版。

[15] 胡平生译注：《孝经译注》，中华书局，1996 年版。

[16] 汪受宽：《孝经译注》，上海古籍出版社，2004年版。

[17] 林觥顺：《孝经我读》，九州出版社，2006年版。

[18] 卢付林注译：《忠经·孝经》，崇文书局，2007年版。

[19] 金启华译注：《诗经全译》，江苏古籍出版社，1984年版。

[20] 周振甫译注：《诗经译注》，中华书局，2010年版。

[21] 楼宇烈等：《荀子新注》，中华书局，2018年版。

[22] 张世亮、钟肇鹏、周桂钿译注：《春秋繁露》，中华书局，2012年版。

[23] 陈广忠译注：《淮南子》，中华书局，2012年版。

[24] 王博、王德有、李申、郑万耕、廖名春译注：《周易经传译注》，湖南教育出版社，2004年版。

[25] 刘大钧、林忠军：《周易古经白话译》，山东友谊书社，1991年版。

[26] 张沛：《中说校注》，中华书局，2013年版。

[27] 王世舜、王翠叶译注：《尚书》，中华书局，2012年版。

[28] 方勇译注：《墨子》，中华书局，2011年版。

[29] 韩敬译注：《法言》，中华书局，2012年版。

[30] 方向东译注：《新书》，中华书局，2012年版。

[31] 陈桐生译注：《国语》，中华书局，2013年版。

[32] 江灏、钱宗武译注：《今古文尚书全译》，贵州人民出版社，1992年版。

[33] 蒋南华、罗书勤、杨寒清译注：《荀子全译》，贵州人民出版社，1995年版。

[34] 周才珠、齐瑞端译注：《墨子全译》，贵州人民出版社，1995年版。

[35] 吕友仁、吕咏梅译注：《礼记全译·孝经全译》，贵州人民出版

社，1998 年版。

[36] 王守谦、金秀珍、王凤春译注：《左传全译》，贵州人民出版社，1990 年版。

[37] 黄水堂译注：《国语全译》，贵州人民出版社，1995 年版。

[38] 叶光大、李万寿、黄涤明、袁华忠译注：《贞观政要全译》，贵州人民出版社，1991 年版。

[39] 许匡一译注：《淮南子全译》，贵州人民出版社，1993 年版。

[40] 谢浩范、朱迎平译注：《管子全译》，贵州人民出版社，1996 年版。

[41] 李万春译注：《晏子春秋全译》，贵州人民出版社，1993 年版。

[42] 金池等：《〈论语〉新译》，人民日报出版社，2005 年版。

[43] 王孝鱼点校：《二程集》，中华书局，2004 年版。

[44] 陈克明点校：《周敦颐集》，中华书局，2009 年版。

[45] 王星贤点校：《朱子语类》，中华书局，1986 年版。

[46] 《王阳明全集》，上海古籍出版社，2011 年版。

[47] 王晓昕译注：《传习录译注》，中华书局，2018 年版。

[48] 郑玄注，孔颖达疏：《礼记正义》，北京大学出版社，2000 年版。

[49] 李泽厚：《论语今读》，天津社会科学出版社，2007 年版。

[50] 李零：《丧家狗——我读〈论语〉》，山西人民出版社，2007 年版。

[51] 刘太恒：《周易述论》，河南人民出版社，1997 年版。

[52] 段玉裁注：《说文解字注》，上海书店出版社，1992 年版。

[53] 李恩江、贾玉民等：《〈说文解字〉译述》，喀什维吾尔文出版社，2002 年版。

[54] 何新：《论语新解：思与行》，北京工业大学出版社，2007 年

版。

[55] 张道勤直解：《书经直解》，浙江文艺出版社，1997年版。

[56] 陈焕良注译：《格言联璧》，岳麓书社，2003年版。

二、著作类

[1]《马克思恩格斯选集》，第一卷，人民出版社，2012年版。

[2]《马克思恩格斯选集》，第三卷，人民出版社，2012年版。

[3]《马克思恩格斯选集》，第四卷，人民出版社，2012年版。

[4]《马克思恩格斯全集》，第一卷，人民出版社，1995年版。

[5]《马克思恩格斯全集》，第二卷，人民出版社，1957年版。

[6] 马克思：《1844年经济学哲学手稿》，人民出版社，1979年版。

[7] 恩格斯：《自然辩证法》，人民出版社，2018年版。

[8]《毛泽东选集》，第一卷，人民出版社，1991年版。

[9]《毛泽东选集》，第二卷，人民出版社，1991年版。

[10]《毛泽东选集》，第三卷，人民出版社，1991年版。

[11]《邓小平文选》，第三卷，人民出版社，1993年版。

[12]《江泽民文选》，第一卷，人民出版社，2006年版。

[13]《江泽民文选》，第二卷，人民出版社，2006年版。

[14]《胡锦涛选集》，第二卷，人民出版社，2016年版。

[15]《胡锦涛文选》，第三卷，人民出版社，2016年版。

[16]《习近平谈治国理政》，第二卷，外文出版社，2017年版。

[17]《习近平谈治国理政》，第四卷，外文出版社，2022年版。

[18]《孙中山全集》，第六卷，中华书局，1985年版。

[19]《孙中山全集》，第九卷，中华书局，1986年版。

[20] 蔡元培：《中国伦理学史》（外一种），商务印书馆，2010年版。

[21] 蔡元培：《蔡孑民先生言行录》，岳麓书社，2010年版。

[22] 胡适：《读书与治学》，生活·读书·新知三联书店，2013年版。

[23] 郭沫若：《青铜时代》，中国人民大学出版社，2009年版。

[24] 冯友兰：《新原道》，读书·生活·新知三联书店，2007年版。

[25] 费孝通：《乡土中国》，北京出版社，2009年版。

[26] 张岱年：《中国古典哲学概念范畴要论》，中国社会科学出版社，1989年版。

[27] 张岱年、方克立等：《中国文化概论》，北京师范大学出版社，2004年版。

[28] 张岱年：《文化与哲学》，中国人民大学出版社，2009年版。

[29] 张岱年：《中国哲学史方法论发凡》，中华书局，2012年版。

[30] 张岱年：《中国伦理思想发展规律的初步研究中国伦理思想研究》，中华书局，2018年版。

[31] 钱穆：《中国文化史导论》，商务印书馆，1994年版。

[32] 钱穆：《学龠》，九州出版社，2010年版。

[33] 《罗国杰文集》，河北大学出版社，2000年版。

[34] 罗国杰等：《中国传统道德：理论卷》，中国人民大学出版社，1995年版。

[35] 罗国杰等：《中国传统道德：名言卷》，中国人民大学出版社，1995年版。

[36] 罗国杰等：《中国传统道德：规范卷》，中国人民大学出版社，1995年版。

[37] 罗国杰等：《中国传统道德：德行卷》，中国人民大学出版社，1995年版。

[38] 罗国杰等：《中国传统道德：教育修养卷》，中国人民大学出版社，1995年版。

[39] 任继愈：《竹影集——任继愈自选集》，新世界出版社，2002年版。

[40] 任继愈：《天人之际——任继愈学术思想精粹》，人民日报出版社，2010年版。

[41] 费孝通：《乡土中国》，北京出版社，2009年版。

[42] 季羡林：《季羡林谈人生》，当代中国出版社，2006年版。

[43] 楼宇烈：《中国文化的根本精神》，中华书局，2016年版。

[44] 张岂之等：《中华文化的底气》，中华书局，2017年版。

[45] 林毓生：《中国传统的创造性转化》，生活·读书·新知三联书店，1988年版。

[46] 蒙培元：《心灵超越与境界》，人民出版社，1998年版。

[47] 李申：《简明儒学史》，中国人民大学出版社，2006年版。

[48] 葛荣晋等：《道家文化与现代文明》，中国人民大学出版社，1991年版。

[49] 张立文：《中国哲学范畴精粹丛书：道》，中国人民大学出版社，1989年版。

[50] 刘述先：《论儒家哲学的三大时代》，贵州人民出版社，2009年版。

[51] 郭齐勇：《中国儒学之精神》，复旦大学出版社，2009年版。

[52] 李秀林、李淮春、陈晏清、郭湛等：《中国现代化之哲学探讨》，人民出版社，1990年版。

[53] 李德顺：《与改革同行——中国特色社会主义的哲学理路之思》，黑龙江教育出版社，2008年版。

[54] 袁贵仁：《马克思的人学思想》，北京师范大学出版社，1996年版。

[55] 赵汀阳：《坏世界研究——作为第一哲学的政治哲学》，中国人

民大学出版社，2009年版。

[56] 赵汀阳：《历史·山水·渔樵》，生活·读书·新知三联书店，2019年版。

[57] 赵汀阳：《赵汀阳自选集》，广西师范大学出版社，2000年版页。

[58] 宋希仁等：《伦理学大辞典》，吉林人民出版社，1989年版。

[59] 廖申白：《伦理学概论》，北京师范大学出版社，2009年版。

[60] 江畅：《理论伦理学》，湖北人民出版社，2000年版。

[61] 江畅：《自由与和谐》，武汉大学出版社，1995年版。

[62] 邓晓芒：《儒家伦理新批判》，重庆大学出版社，2010年版。

[63] 樊浩：《中国伦理精神的历史建构》，江苏人民出版社，1992年版。

[64] 樊浩：《道德形而上学体系的精神哲学基础》，中国社会科学出版社，2006年版。

[65] 刘太恒、魏长领、朱长安：《中国传统道德与当代精神文明建设》，中央文献出版社，1999版。

[66] 唐文明：《与命与仁：原始儒家伦理精神与现代性问题》，河北大学出版社，2002年版。

[67] 黄侯兴：《孔子与〈论语〉》，河南文艺出版社，2012年版。

[68] 丁四新：《郭店楚墓竹简思想研究》，东方出版社，2000年版。

[69] 陈忠：《发展伦理研究》，北京师范大学出版社，2008年版。

[70] 许斌龙：《从血缘走向契约——马克思实践观视野下的经济学、伦理学与法学分析》，法律出版社，2009年版。

[71] 任剑涛：《伦理王国的构造——现代性视野中的儒家伦理政治》，中国社会科学出版社，2005年版。

[72] 赵春福等：《伦理精神与中国社会现代化——兼论儒家伦理与

中国社会现代化的关系》，北京出版社，1994年版。

[73] 张德胜：《儒家伦理与社会秩序——社会学的诠释》，上海人民出版社，2008年版。

[74] 国际儒学联合会等：《儒学与现代性探索》，北京图书馆出版社，2002年版。

[75] 何中华：《马克思与孔夫子——一个历史的相遇》，中国人民大学出版社2021年版。

[76] 俞可平等：《政治学通论》，当代世界出版社，2002年版。

[77] 肖万源、徐远和：《中国古代人学思想概要》，东方出版社，1994年版。

[78] 于海：《西方社会思想史》，复旦大学出版社，2009年版。

[79] 高明、涂白奎：《古文字类编》，上海古籍出版社，2008年版。

[80] 左民安：《细学汉字——1000个汉字的起源与演变》，九州出版社，2006年版。

[81] 鹿林：《博弈伦理学》，河南人民出版社，2018年版。

三、期刊论文类

[1] 许纪霖：《"传统的创造性转化"与现代化》，《探索与争鸣》，1995年第1期。

[2] 谢阳举：《谦和虚——孔孟和老庄论交往态度之比较》，《唐都学刊》，1996年第3期。

[3] 刘云华：《谈大公无私的现实性和可能性》，《岭南学刊》，2003年第5期。

[4] 贾红莲：《中国传统政治伦理思想的架构及现代价值》，《中国哲学史》，2004年第2期。

[5] 陈奇：《刘师培的伦理学》，《贵州师范大学学报》，2003年第1期。

[6] 王强：《从道德革命到伦理觉悟：唯物史观视野下中国伦理精神的现代转化与创新发展》，《思想战线》，2022 年第 4 期。

[7] 杜灵来：《伦理精神的哲学意蕴及其基本特征》，《河南师范大学学报（哲学社会科学版）》，2021 年第 3 期。

[8] 干春松：《多重维度中的儒家仁爱思想》，《中国社会科学》，2019 年第 5 期。

[9] 肖玉峰：《儒学救世论的现代化透视——以"仁爱"与"和谐"为例》，《自然辩证法研究》，2011 年第 12 期。

[10] 安丽梅：《中华仁爱思想的历史演变、当代价值及时代发展》，《社会主义核心价值观研究》，2019 年第 6 期。

[11] 阮旻：《对孟子仁爱思想的可实现性分析》，《中共宁波市委党校学报》，2011 年第 4 期。

[12] 王常柱、武杰：《孝慈精神对现代家庭伦理的重要意义》，《石家庄铁道大学学报》，2011 年第 3 期。

[13] 张鹏：《诚信精神：实现中国梦的伦理精神支持》，《兰州学刊》，2014 年第 2 期。

[14] 邓子纲：《儒家耕读传家思想的现代意义》，《湖南第一师范大学学报》，2007 年第 1 期。

[15] 刘厚莲：《世界和中国人口老龄化发展态势》，《老龄科学研究》，2021 年第 12 期。

[16] 姜文明：《论现代消费观下的俭德内涵》，《理论月刊》，2013 年第 1 期。

[17] 马军远、王征：《论孝慈精神的内涵及其对当代社会的适用性》，《人文天下》，2016 年第 1 期。

[18] 鲁从明：《如何理解马克思主义关于社会生产一般规律的基本理论及其现实意义》，《中国党政干部论坛》，2000 年第 5 期。

[19] 葛枫：《"天人合一"思想在生态文明法治建设中的意义》，《中国政法大学学报》，2020年第4期。

[20] 鹿林：《论生活世界的伦理建构》，《河南大学学报（社会科学版）》，2012年第4期。

[21] 鹿林：《拟人化思维：生态伦理学的致思模式》，《吉首大学学报》（社会科学版），2009年第4期。

四、文件报告类

[1]《新时代公民道德建设实施纲要》，人民出版社，2019年版。

[2]《中华人民共和国国民经济和社会发展第十四个五年规划和2035年远景目标纲要》，《人民日报》，2021年3月13日第1、10、11、12、13、14版。

[3] 习近平：《决胜全面建成小康社会 夺取新时代中国特色社会主义伟大胜利——在中国共产党第十九次全国代表大会上的报告》，人民出版社，2017年版。

[4] 习近平：《高举中国特色社会主义伟大旗帜 为全面建设社会主义现代化国家而团结奋斗——在中国共产党第二十次全国代表大会上的报告》，人民出版社，2022年版。

[5] 中共中央宣传部：《习近平总书记系列重要讲话读本》，学习出版社、人民出版社，2016年版。

五、报纸报道类

[1]《机构改革怪象：无领导下岗临时工增多》，《新京报》，2013年3月24日。

[2]《绿水青山就是金山银山》，《光明日报》，2014年11月9日。

[3] 曹林：《警惕"改革到官为止"》，《中国青年报》，2012年3月

10日。

[4] 秦天宝:《构建新时代中国特色的环境法学"三大体系"》,《中国社会科学报》,2019年8月21日。

后　记

　　伦理道德问题是每个人在人际交往中不可避免的问题。任何一个国家和民族如果不能解决好人与人之间的伦理道德关系问题，不能塑造出适应国家和民族需要的社会伦理道德生活秩序，不能培育出涵养所有人的心灵的伦理道德精神世界，这个国家和民族势必陷入精神分裂之中。探讨一个国家或民族伦理道德思想文化体系中最具有普遍意义的核心伦理精神，有目的地积极实现传统伦理精神的创新转化，塑造真正适应人类社会历史发展趋势和现代化要求的现代伦理道德体系，是任何国家整个伦理学界不可推卸的学术使命。作为中国人，生于斯，长于斯，置身传统社会向现代社会转型的历史时代，每天亲身处于与其他人的伦理道德交往之中，直接感悟着中华传统伦理道德的精神气质，对各种伦理道德问题，尤其是紧密地涉及自身利益的问题，所造成的各种情感体验，无不引发自己的思考。

　　然而，认真地将伦理道德问题作为学术问题来研究，特别是学习和研究中华传统伦理道德，实在是我最近十年来的事情。从中国社会科学院研究生院毕业后，回到郑州工作，与在郑州大学攻读硕士学位时的导师刘太恒教授等师友恢复了往日的交往与学术交流，而在刘太恒老师的引荐下，逐渐地参与到河南省儒学文化促进会主办、组织的一系列活动之中。河南省儒学文化促进会自成立以来，以传承和弘扬以儒家文化为主体的中华优秀传统文化、实现中华民族伟大复兴为己任，在学习、研究、宣传和普及中华优秀传统文化，特别是儒家伦理道德思想文化方面，创造了不菲的业绩，在全国儒学文化界形成了一定影响，对推动中原文化的传承、繁荣和发展作出了自己的独特贡献。河南省儒学文化促进会本身是民间学术社团，由王廷信、周桂祥、徐东彬、李若夫、刘太恒等一大批热心中华优秀传统文化，特别是儒家文化的老领导、老专家、老学者、老同志共同参与创办。这些老同志不辞辛苦、热诚奉献，其对古圣先贤的崇敬之情，对学术问题的认真精神，对学会工作的敬业精神，对青年后辈的关心之情，让广大年轻人为之感动。学会中每个人心情舒畅，形成了良好的学术氛围。在学会中，很多人存在着师承关系，既有同辈间的学术交流与学习，更有长者们的言传身教，实在让我受益匪浅。此前，我虽然喜欢中华传统文化，但一直没有深入学习，在加入河南省儒学文化促进会后，尤其是与其他人交往后，深感自己在传统文化方面知识的苍白和认识的肤浅。为了补课，我主动承担起学院开设的中华传统优秀文化专题课，硬着头皮读原著，点点滴滴积累知识，开阔视野，提升认识。近些年来，如果自己在中华传统伦理道德思想文化学习和研究上有些进步和成就，更多地是因为受自己的导师刘太恒老师的教诲和引导，受河南省儒学文化促进会各位领导、专家、同仁的教导和启发；同时，学院领导、同事乃至自己的学生对我在中华传统文化研究上的理解和支持，也起了不小的促进作用，自己也正是在系统地讲课及与学生的交流过程中深化了对相关问题的认识。

对中华传统核心伦理精神的探讨，更得到了刘太恒老师的精心指导，这其中不仅贯彻着他对中华传统核心伦理精神主要内容的认知，更包含着他对这些核心伦理精神各自实质内涵的理解。当然，作为中华传统文化的学习者，我的学习和领悟都是极其有限的。尤其是，严格地说，这部书稿的写作要早于《博弈伦理学》等书，多年来一直没有时间和精力补充、修改和完善。近些年来，我培养的硕士研究生也逐渐登上高校讲台，其中，不乏愿意像我的前辈们那样踏上学术研究的道路之人。代晓雅已经毕业多年，在教学方面兢兢业业，已经取得了令其单位领导和同事赞赏的可喜成绩，如今在研究上也愿意进一步提升自己。她富有热情，精力充沛，愿意与我一起研究伦理道德问题。在她的直接参与下，我们对书稿进行了全新地修改、调整和完善。如果没有她的参与，这部书可能至今还无法呈现在读者面前。当然，完全打破原书稿的框架和论述也是不现实的。书中对许多问题的论述没有很好地深入展开，还存在着这样那样的不足和遗憾。可喜的是，多年来的学习和研究没有白费，它为以后进一步的研究奠定了一定的基础，而对伦理学、对现实的伦理道德问题、对中华传统伦理道德和中华优秀传统文化的研究，注定将成为我们研究的主要方向。

在此，除向自己的硕士生导师刘太恒老师，向河南省儒学文化促进会王廷信、周桂祥、徐东彬、李若夫等老师，向学院领导、同事和自己的学生表示感谢外，还要向我的博士生导师李铁映等老师表示感谢，向我的母亲、兄嫂、姐姐及家人表示感谢，向我的同学、朋友表示感谢，正是他们一直在默默地关怀着我的成长和发展。最后，再次感谢河南大学出版社给予的支持，感谢编辑薛建立同志精心编校书稿，付出辛苦劳动！

对书中存在的错误和不足之处，敬请各位专家、读者批评指正！

鹿　林

2023 年 6 月 18 日